JN302273

知の政治経済学

― あたらしい知識社会学のための序説

ましこ・ひでのり

三元社

知の政治経済学

あたらしい知識社会学のための序説

[目次]

はじめに 11

序章　問題の日常的忘却としての
　　　「NIMBY（Not In My Back Yard）」を中心に　29

第1部　人文・社会科学の政治経済学序説

第1章　知の序列
　　　　　学術の政治経済学序説　　　　　　　　　　　　　53

1. 「職業の貴賤」と「学術の序列」　53
   - 1.1.「職業の貴賤」と社会学の階級階層論　53
   - 1.2. 自己省察の対象としての「学術の序列」　55

2. 「学術の序列」の基本構造　57
   - 2.1. 学術の諸領域の格差　57
   - 2.2. スポーツとの比較　61

3. 「学術の序列」の社会的基盤　62
   - 3.1. テクノクラシーにとっての学術知　63
   - 3.2. 大衆的権威主義　67
   - 3.3.「みせびらかしの消費」としての学術　74

4. 世俗的価値の反転としてのアカデミズム　77
   - 4.1. 非実学＝精神的貴族の証明としての「哲学」　78
   - 4.2. 身体蔑視の価値観　81

5. おわりに　84

第2章　社会科学の射程＝境界線・再考
狭義の社会科学と広義の社会科学　　85

1. はじめに　85
2. 人文・社会・自然という領域の実態　86
3. 言語科学のばあいを参考に　90
4. 狭義の社会科学と広義の社会科学をかんがえる　97
5. 予算獲得競争といった次元での政治労働をこえて　100
6. おわりに　102

第3章　科学の対象としての文化・再考
文化の社会学序説　　105

1. 研究対象としての「文化」　105
2. 「下位文化」「大衆文化」の再検討　109
3. 「生活文化」がてらしだす「文化」概念　114
4. 科学的対象たりえる「文化」の諸相　118
5. おわりに　122

第2部　ことばの政治経済学
疑似科学＝イデオロギー装置としての言語論

第4章　言語研究者の本質主義
近年の俗流言語論点描 1　　131

1. はじめに：俗流言語論の存在基盤　131

2. 日本語特殊論1：「漢字不可欠論」の新傾向について　133

3. 日本語特殊論2：「カタカナ」語論をめぐって　136

4. 専門家支配の追認＝無自覚な偽善としての「いいかえ」　141

5. おわりに　144

第5章　漢字依存と英語依存の病理
近年の俗流言語論点描 2 ……………………………………… 147

1. はじめに　147

2. 近年の漢字表記論点描：
   いわゆる「人名用漢字」をめぐる騒動を中心に　149
   - 2.1.「人名用漢字拡大案」騒動　149
   - 2.2. 対「中国」の文脈での漢字表記　154
   - 2.3.「日本事情」系（？）の漢字論　155
   - 2.4. 脳科学系の言語教育論　159

3. 近年の英語教育論の動向点描：
   早期教育の是非／いわゆる国際化／表記論など　162

4. そのほか　164

5. おわりに　165

第6章　日本語特殊論をつらぬく論理構造
近年の俗流言語論点描 3 ……………………………………… 167

1. はじめに　167

2. 表記体系の「特異性」論：3種類のまぜがき表記体系を中心に　170

2.1.「社会的事実」としての「3種類のまぜがき」の自明性　170
  2.2. 知的反動としての日本語表記特異論　171
  2.3. 漢字表記混入による、はなしことば体系への影響の検討　173
  2.4. 盲人など、非識字層の言語意識　177

3.「日本の美の象徴」としての「敬語」　178
  3.1. あらたな本質主義＝知的反動としての1990年代　178
  3.2. 特殊性／美化／有用性　181
  3.3. 権力／親疎関係と敬語　184
  3.4.「フェミニズム言語理論」批判という知的反動　186

4. おわりに　192

第7章　辞書の政治社会学序説
近年の俗流言語論点描 4 ……………………………… 195

1. はじめに　195

2. 安田敏朗『辞書の政治学』をもとに　196
  2.1. 理念としての記述主義と現実としての規範主義　196
  2.2.『問題な日本語』の提起する問題群と提起自体の問題性　205
    2.2.1. 表記法および「よみ」の並存状況　206
    2.2.2. 転化問題についての説明原理　210

3. 教養主義と権威主義のたそがれ　215

第8章　日本語ナショナリズムの典型としての漢字論
近年の俗流言語論点描 5 ……………………………… 221

1. はじめに　221

2. 固有名詞表記および同音対立をめぐる漢字不可欠論　223
  2.1.「苗字」など固有名詞表記の合理化論　223

2.2.「オトよりも表記が本質」とする議論1：
      伝統主義にたつ書家のモジ論　229
  2.3.「オトよりも表記が本質」とする議論2：地名の漢字表記擁護　237
 3. 現状／前史の合理化イデオロギーの政治的意義　241
 4. おわりに：疑似科学としての日本語論をこえて　245

第9章　公教育における第二言語学習の選択権
言語権とエスペラント履修 ……… 249

 1. はじめに　249
 2. 第一言語以外をまなばせる公教育空間の社会的機能　250
 3. 「言語権」からみた、公教育における第一言語／第二言語　254
 4. 生徒／教員の言語権覚醒の媒介項としてのエスペラント：
    あらたな言語権の確立　258
 5. おわりに　266

第3部　配慮と分離の政治経済学

第10章　新憲法＝安保体制における受苦圏／「受益」圏の分離・固定化としての琉日戦後史
「復帰」をはさむ、2つの4半世紀に貫徹する「1国2制度」 ……… 273

 1. はじめに　273
 2. 「施政権返還」（1972年）＝《ふしめ》によってわけられる
    2つの4半世紀　274

3. 4半世紀「新憲法」のソトにあった琉球列島への「本土」の
   まなざし　280

4. 「新憲法」のもとにはいった琉球列島の4半世紀と「本土」の
   まなざし　287

5. 駐留軍用地特別措置法「改正」の意味再考　294

第10章 補論　日本国憲法下における沖縄人の地位
代理署名拒否訴訟「沖縄県第三準備書面」を素材にした日本国憲法再読　303

1. はじめに　303

2. 背理法により、「沖縄人を日本人にふくめない」現状を
   論証する　305

3. 「違憲状態」をのりこえるために　313

第11章　イデオロギー装置としての戸籍
戦後沖縄にみる戸籍制度周辺の諸矛盾を中心に……317

1. はじめに：日本の戸籍制度の特異性　317

2. 施政権返還後の、いわゆる無国籍児の事例をめぐって　322
   2.1.「集団無責任」体制としての実務家集団　322
   2.2. 戸籍簿と住民登録の癒着　326

3. 沖縄戦による「滅失戸籍」再製がうきぼりにするもの　333
   3.1.「臨時戸籍」の位置づけ：照射する官僚主義＝一元性至上主義　333
   3.2. 通称ほか個人名の共存状態　337

4. おわりに　344

第12章　障がい者文化の社会学的意味 347

1. マイナーな知識としての障がい者文化　347
2. 障がいゆえの文化と社会的文脈ゆえの文化　350
2.1. 障がいと技術革新　350
2.2. 多数派社会による規定　351
2.3. 多数派にとっての「常識」への妥協　352
2.4. 障がい者文化の自立性と差別意識　355
3. 障がい者の多様性とネットワーク　356
3.1. 聴覚障がい者のなかの異質性　356
3.2. 視覚障がい者のなかの多様性　357
3.3. 身体障がいの実態のバラつき　358
3.4. 障がいごとのグループ／ネットワークの差異　359
4. 文化の維持と多数派社会　361
4.1. 家族ほか地域社会の障がい者文化への影響　361
4.2. 盲人／聾者にとっての近代公教育の意義　362
4.3. 全身性障がいにとっての収容施設の意義　365
4.4. 障がい者文化の再生産と多数派の視線　365
5. 文化的アイデンティティと、ほかの障がいへの差別意識　367
5.1. 病理学的「障がい」概念の二重の基準　367
5.2. 被差別存在としての共通性と連帯意識　368
6. 障がい者文化に社会学がとりくむ意義　369
6.1. すぐとなりに共存する異文化としての「障がい者文化」の発見　369
6.2. 当事者による理論化をうながす意義　371

おわりに　373

参照文献　377

はじめに

　フランシス・ベーコンが「知は力なり」[1]とかたった[2]のに対して、ジョージ・オーウェルは風刺小説『1984年』で、舞台となるオセアニア[3]のイングソック[4]がうちだすスローガンにおいて、「無知は力なり」[5]と再三くりかえしてみせた。ラテン語"scientia"が英訳されるとき、"knowledge"があてがわれるとすれば、"ignorance"は

1　"Nam et ipsa scientia potestas est." "And thus knowledge itself is power." (Francis Bacon)
2　かれは、帰納法によって、いわゆる「4つのイドラ」からの解放＝真理への到達をといたが、「知（scientia）」が、どの次元で位置づけられているかは、ここではふれない。
3　物語中、世界は3超大国オセアニア・ユーラシア・イースタシアによって分割支配されているという舞台設定。
4　「党のイデオロギーはイングソック（IngSoc、Ingland Socialism、つまりイングランド社会主義の略）と呼ばれる一種の社会主義であり、核戦争後の混乱の中、社会主義革命を通じて成立したようだが、誰がどのような経緯で革命を起こしたのかは、忘却や歴史の改竄により明らかではない」（ウィキペディア「1984年 (小説)」）。
　「イングソックとはニュースピーク（新語法）による単語であり、「イングランド社会主義」（English Socialism）の略称。1984年に公開された映画『1984』では、イングソックは党の名前でもあった（小説版では党の名前は明記されない）」（ウィキペディア「イングソック」）。
5　"IGNORANCE IS STRENGTH"　直訳すれば、「無知は、つよさ」となるであろう。しかし、新庄訳をはじめとする定訳、および、それを素材とした、「無知はちからである」（ましこ『たたかいの社会学』5章6節）での議論の延長線上で、「ちから」「つよさ」の質的相違については、ふみこまないことにした。後述するとおり、この原理にそって行動を律する＝感覚マヒする諸個人の防衛機制は、本来両者を厳密にわけて議論すべきかもしれないが。

"knowledge"の欠如であり、まさに「知／無知」という対義語にあたる。オーウェルがベーコンらに発する定型をしたじきにしたことは、ほぼ確実だろう。

しかし、党がくりかえしうちだしたスローガンが、つぎのような3本だてであった以上、オセアニアをおおっていた、「ダブルシンク（doublethink 二重思考）」に即して"IGNORANCE"は理解されねばなるまい[6]。

・戦争は平和である（WAR IS PEACE）
・自由は屈従である（FREEDOM IS SLAVERY）
・無知は力である（IGNORANCE IS STRENGTH）[7]

「二重思考」は、日本語版ウィキペディアで「1人の人間が矛盾した2つの信念を同時に持ち、同時に受け入れることができるという、オセアニア国民に要求される思考能力。現実認識を自己規制により操作された状態」[8]、「相反し合う二つの意見を同時に持ち、それが矛盾し合うのを承知しながら双方ともに信奉すること」[9]と紹介されている。これが使用者・受容者の心理内部で、自己欺瞞をともなう防衛機制が作動しないかぎり成立・維持されないものであることは明白だ。日本語版ウィキペディア「二重思考」の関連項目に「認知的不協和」「詭弁」「ダブルバインド」などがあがっているのは、ごく自然ながれであろう。

しかし、以上のような「二重思考」に対する記述は、反体制派知識人[10]によって批判的に（つまり第三者的に）しるされたものであり、かつ「党内局」というエリート層にしかあてはまらない偽善・矛盾というべきだろう。たとえば、

6　名詞形"ignorance"に対して、動詞形"ignore"は「無視する」「気づかないふりをする」という語義をもつ。
7　ウィキペディア「1984年（小説）」。ちなみに、「（直面する）現実」と「意味付与」を強引にむすびつける点で、「戦争は平和である（WAR IS PEACE）」と「無知は力である（IGNORANCE IS STRENGTH）」は実にわかりやすいが、「自由は屈従である（FREEDOM IS SLAVERY）」という主部・述部関係は、よくわからない。「屈従は自由である（SLAVERY IS FREEDOM）」ではないのか？
8　ウィキペディア「1984年（小説）」。
9　ウィキペディア「二重思考」。
10　作品内では、地下潜行して政府転覆運動を指揮しているとされている、エマニュエル・ゴールドスタイン。

……二重思考はイングソックの核心である。何故なら、党の本質的な行動は意識的な欺瞞手段を用い乍ら、完全な誠実さに裏打ちされた堅固な目的を保持することだからである。一方で心から信じていながら、意識的な嘘を付く事、不都合になった事実は何でも忘れ去る事、次いで再びそれが必要となれば、必要な間だけ忘却の彼方から呼び戻すこと、客観的事実の存在を否定する事、それでいながら自分の否定した事実を考慮に入れる事――以上は全て不可欠な必須事項なのだ。

　二重思考という用語を用いる場合とても、二重思考により行わねばならぬ。その言葉を用いるだけでも、現実を変造しているという事実を認めることになるからだ。そして二重思考の新たな行為を起こすことでこの認識を払拭する訳だ。かくて虚構は常に真実の一歩前に先行しながら、無限に繰り返される。結局、二重思考の方法によってこそ党は歴史の流れを阻止できた。……[11]

　いいかえれば、こういった、文脈に応じて、ごつごう主義的＝ひよりみ主義的に、コロコロ見解をかえられるよう、現時点での「ワーキングメモリー」を消去・再生できるような器用な自己欺瞞は、内局外の構成員には不可能だし、必要でもない。したがって、つぎのようなウィキペディアの記述[12]は、自己矛盾をきたしている。

　……二重思考は、個人の信仰体系（ものの見方）の中の矛盾に対する、よく訓練された、意識的な、知的な無視のかたちである。二重思考は、心の中で悪いことを考えながら外面では善を装う「偽善」や、複数の対立する立場のどれにも味方しない中立的な思考と関連があるが、はっきりと異なっている。二重思考をする者は偽善者と異なり、自分の心の中にある対立した信念を

11　新庄哲夫訳，ハヤカワ文庫版（1972年）pp.275-6＝ウィキペディア「二重思考」から再引。

12　ウィキペディア「二重思考」。なお、序章の脚注を中心に、日本版ウィキペディアの記述が再三利用されるが、単純に利便性ゆえである。記述の信頼性に対する基本的認識は、これらを素材として批判的に検討した、ましこ［2008c］、およびそのあとがき終盤部分（pp.144-5）参照。

同時に信じ込み、対立が生み出す矛盾のことを完全に忘れなければならない。次には、矛盾を忘れたことも忘れなければならない。さらに矛盾を忘れたことを忘れたことも忘れ、以下意図的な忘却のプロセスが無限に続く。オーウェルはこれを「管理された異常精神」と書いている[13]。

作中では、主人公ウィンストン・スミスは「真理省」の「記録局」で最新の党の発表に基づき過去の記録や報道を改竄し続けている。二重思考は、記録改竄の作業を進めることを可能にし、そして改竄したばかりの新しい記録を正しいものだと信じる精神状態である。真理省の名前自体が二重思考の実践である。真理省の役人たちにとって、真理省は「虚構を所管している省庁」である、ということを認識できないと仕事は不可能だが、同時に真理省で生み出される記録はすべて真理であるということを信じなければならない。

忘却したことを忘却するという、メタ否認という自己欺瞞については、抑圧などといったモデルによって、S. フロイトらがさまざまな議論をかさねてきたわけだが、すくなくとも作中の主人公ウィンストン・スミスは、自分の日常業務の政治性を忘却しきれていない（でなければ、ジュリアとともに、ひそかに党に反旗をひるがえし、処刑されたりはしなかった）。「意図的な忘却のプロセス」は破綻しているわけだ。同時に、スミスは、おそらく偽装してしまった記録の具体的操作は完全に忘却してしまっている。その意味では、主人公は「ワーキングメモリー」レベルでは、担当する情報処理について「意図的な忘却のプロセス」を無限にくりかえす日常業務に埋没している。そして、そこでは「心の中で悪いことを考えながら外面では善を装う「偽善」や、複数の対立する立場のどれにも味方しない中立的な思考」といった、メタ思考的なプロセスを欠落させている。そういった過程が無意味で、政治的には有害無益であるという洗脳の結果、思考停止・理性マヒが常態となっているからだ。

要するに、上位組織からの指令に応じて、それまで継承してきた公文書・メモのたぐいは、全部取捨選択・再構築される。電源をきった電卓が作業中の演算をなかったことのように消去するように、「真理省」の作業には、主人公が直感してい

---

[13] ウィキペディア「二重思考」。脚注[4]＝新庄哲夫訳, ハヤカワ文庫版（1972年）p.278

るとおり、そこには、過去と未来がなく、現在しか存在しないのだ。いいかえれば「二重思考」とは、微視的には、目前の政治課題に即した直前の「ワーキングメモリー」の消去作業なのであり、巨視的には情報のでっちあげ（「旧語法」における「真実管理」）の総体を表現したものだ。

「二重思考」の本質は、記録操作という権力犯罪への加担を適宜おもいだす、といった、当局にとって有害無益な心理機制にはなく、記録操作という権力犯罪への加担について完全に犯意をマヒさせ、当局の現在の利害に即して、過去・未来に責任をおわない、完全無責任な情報提示を抵抗なくできることにある。その意味では「自分自身の現実認識を絶えずプロパガンダと合致する方向へと操作し、しかも操作したという事実をどこかで覚えている」という記述は、作品に即するかぎりまちがってはいないが、「二重思考」の本質を充分つかんでいるかといえば、微妙なものというほかない[14]。たとえば主人公スミスは、処刑直前まで「自分自身の現実認識を絶えずプロパガンダと合致する方向へと操作し、しかも操作したという事実をどこかで覚えている」という有害無益な防衛機制の段階にとどまっていた。当局にとって、真理省記録局の係員は、数分程度の「ワーキングメモリー」だけをそなえた「人材」にほかならず、「操作したという事実をどこかで覚えている」といった余計な記憶能力・関心をもたない存在でなければいけなかったのだ[15]。

しかし、オーウェルがえがこうとした「二重思考」に支配される官僚独裁体制は、どこか既視感がないだろうか？　そうである。某国の中央官庁をはじめとする中央政府・地方政府のありさま、あるいは、企業組織の体質である。

たとえば、現在利用中の「現用文書」はともかくとして、常時参照するわけではない公文書はもちろん、完全に御用ずみの文書まで、情報公開法による開示請求をできるかぎりかいくぐろうとしてきた行政機関。敗戦直後の「混乱期」を最悪のケ

---

[14] もちろん、それは、「一方で心から信じていながら、意識的な嘘を付く事、不都合になった事実は何でも忘れ去る事、次いで再びそれが必要となれば、必要な間だけ忘却の彼方から呼び戻すこと、客観的事実の存在を否定する事、それでいながら自分の否定した事実を考慮に入れる事」といった説明を、ゴールドスタインにさせているように、オーウェル自身が設定に一貫性をもたせられない混乱があったのだとおもわれるので、しかたがないことであろう。

[15] だから当局によって、洗脳のうえ自己批判させられ、党への完全な愛を実感しながら、処刑されるという運命をたどった。有害分子を無害にかえるだけでなく、党の無謬性を演出するための、格好の「人材」として充分活躍するかたちで。

ースとして、膨大な公文書・記録類を「処分」しつづけてきた公権力。住民からの個人情報や申請を大量に収集・受理しておきながら、その管理にまったく責任をおってこなかった諸組織。職員のサービス残業の実態等、現状を記録すべきところを、逆に「記録」がないことをもって「現実」が存在しないような運用を自明視してきた政官財の現場。……

　このように列挙していくと、読者の各人が、その周辺に膨大な「オセアニア」をみききしていること、そこで横行し「現実」をでっちあげてきた「二重思考」のかずかずを具体的に想起できるのではないか？　そうである。『1984年』でオーウェルがえがいた陰惨な寓話は、なにもスターリニズムとその劣化コピーの政体ばかりにあてはまる愚劣な官僚制の病理ではない。われわれの周囲に、つねに、あまねく反復されている組織的不条理であり、当局による「大本営発表」やら、人権侵害などの隠蔽などへの感覚マヒとして、当事者ないし傍観者としてやりすごしてきている「現実」である[16]。

　ひょっとすると、ウィンストン・スミスとは、社会主義など独裁体制を管理主義・監視社会的にえがいたSF寓話の主人公という、虚構のキャラクターなどではなく、われわれの「陰惨な自画像」ではないか？　いや、それがいいすぎだというなら、直視することをさけることで、かくのをさきのばしにしてきた、われわれの「潜在的自画像」の陰惨なデフォルメ・パロディーなのではないか？

　孔子は「人民を政道（あるいは「伝統文化」「社会の習慣や規範」）に従わせることはできるが、一人一人にその内容を理解させることは難しい」との意味で、「民は之に由らしむべし。之を知らしむべからず」とのべた[17]そうだが、「この章を「人民は黙って政治につき従わせておくべきで、いちいち内容を説明すべきものではない」と曲解している人に時たま出会わしますが、これは可（べし）・不可（べから

16　てのこんだ情報操作の次元ではなく、単なる露骨な情報統制の事例にもことかかないが、たとえば、産業廃棄物の処理場建設計画に反対する住民がかつぎだした新町長が、なにものかに瀕死の重傷をおわされて一時重態になるといった事件もふくめた騒動を詳細にしるした県史の記述が刊行直前に介入され、結局大量削除という結末をむかえたこと。こういった不当な介入に担当執筆者が異議申し立てをしたが、この問題に対して県当局の依頼をうけた検討委員会は、そのメンバーが当の県史原稿で批判される当事者自身であったこと。等々、スキャンダルそのものの経緯の再検証をしたものとして、ましこ［2008b］。

17　『論語を読む会』「泰伯第八　196　子曰、民可使由之。不可使知之。」

ず)を命令形（～せよ！～するな！）と勘違いしているんですね。(残念ながら日本の官僚は皆勘違いしているようですが）ここで使われている可（べし）・不可（べからず）は可能形で、できる・できないの意味です」という字義的解釈をおこなうだけでは、単なる大衆蔑視の合理化に貢献するだけだろう。これは、保守勢力が世論操作をおこなうためのキャンペーンとして利用した「B層」[18]概念などに典型例が

---

18 「B層（一そう）とは、広告代理店「スリード」が提唱した概念。……
　概要
　　竹中平蔵の知人が代表を務めるスリードが、2005年の小泉内閣における郵政民営化政策に関する宣伝企画の立案を内閣府から依頼された際に定義した概念である。その後、ポピュリズムに動員される国民層を揶揄する意味合いで使われるようになった。
　　スリードの企画案では国民を「『聖域なき構造改革』（以下「構造改革」）に肯定的か否か」を横軸、「IQ軸（EQ、ITQを含む概念とされる）」を縦軸として分類した時に、「IQ」が比較的低くかつ構造改革に中立？肯定的な層をB層とした。主に主婦や教育レベルの低い若年層、高齢者層を指すものとされる。
　　資料中に使用されたIQ（知能指数）の語が物議を醸した。
　階層分類
　　小泉内閣当時に行われた世論調査及び国民対策、特に郵政民営化の面において、スリードが内閣府の「郵政民営化・合意形成コミュニケーション戦略」立案を受注した。その結果、2004年12月に提出されたが、本文中に構造改革に肯定的か否かとIQ（知能指数）の分類表において、記述されていた。
　　スリードは国民を4層に分類し、以下のように分析した。
　A層
　　エコノミストを始めとして、基本的に民営化の必要性は感じているが、これまで、特に道路公団民営化の結末からの類推上、結果について悲観的な観測を持っており、批判的立場を形成している。IQ（EQ・ITQ（IT普及度））が比較的高く、構造改革に肯定的。
　　構成
　　財界勝ち組企業、大学教授、マスメディア（テレビ）、都市部ホワイトカラーなど
　B層
　　現状では郵政への満足度が高いため、道路などへの公共事業批判ほどたやすく支持は得られない。郵政民営化への支持を取り付けるために、より深いレベルでの合意形成が不可欠。IQ（知能指数）が比較的低く、構造改革に中立的ないし肯定的。
　　構成
　　主婦層、若年層、シルバー（高齢者）層、具体的なことは分からないが小泉総理のキャラクター・内閣閣僚を支持する層など
　C層
　　構造改革抵抗守旧派。IQ（EQ・ITQ）が比較的高く、構造改革に否定的。

あるような、説明責任の放棄とその合理化＝ひらきなおりだと解釈すべきではないか。

実際、医療現場などにおける「説明と同意」などのてつづきの定着は、患者家族の人権尊重というよりは、アメリカ社会などに取材した訴訟対策の一環なのだとうたがわれる。それが証拠に、そういった具体的リスクがおよぶはずがないと、たかをくくっている組織ほど、「（どうせ理解できっこない）この層には、説明するだけムダ」といった責任放棄が横行してきたではないか。たとえば、2009年に導入された裁判員制度と裁判における被告への「説明」をくらべてみればよい。量刑などに関与する裁判員に対しては、法律のしろうとむけとしては、異例ともいうべき懇

　　　構成
　　　　上記以上の分析は無い。小泉流の「構造改革」に否定的なインテリ層は少なくないが、彼らの存在は意図的に黙殺されている。
　　　D層？（命名なし）
　　　　IQ（EQ・ITQ）が比較的低く、構造改革に否定的。
　　　構成
　　　　既に失業などの痛みにより、構造改革に恐怖を覚えている層
　　　PR提言
　　　　「B層に絞ってPRを展開すべし」という基本方針の下、ネガティブな表現を極力避け、「B層」に伝わりやすい新聞折込みフライヤー（チラシ、ビラ）やテレビ・ラジオの広報番組を利用し、郵政民営化の必要性を「ラーニング」させるよう提言。
　　　　また、「A層はB層に強い影響力を持つ」とされ、A層向けにWebを利用して数万人規模のイベントを開催して「ラーニング」し、間接的にB層にも影響を与えるように提言した。
　　　　「C層」は元より、現に構造改革で実害を被っている層はPRの対象外であるとして無視しており、後者については名前も付けていない。
　　　批判
　　　　「IQ」の語を持ち出したため、"支持層や失業者など主権者である有権者を頭が悪いと馬鹿にしている"と批判が上がった。2005年6月29日の郵政民営化特別委員会で、共産党の佐々木憲昭は、スリードの企画書の概略を述べ、「竹中大臣に聞きます。これは余りにも国民を愚弄した戦略ではありませんか」と質問した。竹中は「民間の企業の企画書でございますから、私はコメントをする立場にはございません。政府としては、そのような話を政府の中でしたという事実もございません」と答弁した。
　　　　スリード側は……、分析は情報戦略において行う通常手法に基づいて行ったものであり、指摘されるような差別的な意図は全く無く、また問題となった企画書はあくまで「会議用資料であり、内容の是非は、そこで行われた弊社の説明を含めて語られるべき」と反論したうえで、「内部資料とはいえ、こうした誤解を誘発する表現を行った」ことに対して謝罪した…」（ウィキペディア「B層」2009/10/26 07:30確認）。

切さが徹底しているようだが、さばかれる被告への人権保障としての「説明」は充分だったといえるだろうか？　国選弁護人など、被告の人権状況に対する動機づけがたかまらない弁護士があてがわれた被告が、ぬれぎぬをきせられたケースなどは、検察官等はもちろんのこと、被告の人権保障のための弁護人自身が、「説明」をおこたってきたことの証拠ではないか？　前者と後者の歴然たる対比の原因は、ほぼ特定できる。前者は、新制度の失敗につながりかねないリスクを回避するためにも、裁判員への「説明と同意」は不可欠の要件だった。しかし、後者のばあい、法律知識はもちろんのこと、自分たちの人権を保障しようとする刑法や訴訟法等のさまざまな制度があること自体、知識不足である被告（被疑者）、そして、かれへの徹底周知する必要性をみとめない検察官や弁護士がおおいということの必然的産物と推定できる。被疑者・関係者の無力感からくる敗北主義をせめるのは、責任転嫁というべきだろう。

　ただし、オーウェルが独裁体制における官僚制の病理現象を戯画化しようとした「二重思考」や「真理省」、スローガン「無知は力である（IGNORANCE IS STRENGTH）」などの本質は、うえにあげたような官僚組織の隠蔽体質とは断絶がある。

　たしかに、「知らしむべからず」をうそぶく官僚たちは、「真理省」やスローガン「無知は力である（IGNORANCE IS STRENGTH）」と同質の合理化をくりかえしている。記録改変や情報操作という権力犯罪に感覚マヒし、体制護持のために「無知は力である（IGNORANCE IS STRENGTH）」を正当化するだけでなく、大衆がかかえても不毛な機密や複雑な事情等は、「しらぬがホトケ」である＝どうせ処理能力をこえた機密・経緯等にはこだわらないほうが「みのため」であるといった合理化も、「オセアニア」の内局に酷似しているようにみえる。

　しかし、本邦の「霞ヶ関」の住人たちは、自己欺瞞のために二重思考を維持するといった、ことさらな防衛機制など必要としていないだろう。かれらは良心にせめさいなまれる心理的負担などないだろうし、大衆をだますために、まずは自分自身に自己催眠的な欺瞞をこらす必要性さえ感じないのだとおもわれる。「オセアニア」の内局において、体制護持の「基盤」として統治者各人が自己正当化を徹底するために二重思考が必要であったのとは対照的に、「霞ヶ関」では抑圧などの防衛機制を

ともなわない意識的な偽善としての欺瞞が「基盤」であった。また、露悪的な「ひらきなおり」としかおもえない「無知は力である（IGNORANCE IS STRENGTH）」といったプロパガンダもありえない。官僚たちは、常時「充分な説明と同意」をくりかえしているとの公式見解をかえないだろう。それが実態として「アリバイ的で偽善的な説明と、強引な同意の演出」であり、公然の秘密であろうとも。すくなくとも、「無知は力である（IGNORANCE IS STRENGTH）」を「みざる・きかざる・いわざる（三猿）」といった処世訓とするのは、事情通であって、「おんな・こども・しろうと」などとして一括される、あるいは「B層」などと侮蔑された部分は、実際、ウラ事情をしらされないがゆえに「しらぬがホトケ」なのであった。自衛のために「みざる・きかざる・いわざる」をきめこむ、わけしり層とは、「裸の王様」に登場する家来・見物人たち同様、保身の産物なのだが、そういった部分の「沈黙」によって、膨大な「しらぬがホトケ」層が人口の相当部分をしめることこそ、肝要なのである。その意味で、「みざる・きかざる・いわざる」層と「しらぬがホトケ」層の人口比が相当変化し、事実「量から質への転化」（F. エンゲルス）という問題があるにせよ、「大衆各人の無知は政治経済権力の微視的源泉である」と「大衆各人の無知は、かれら自身の生命力の基盤（＝本能的危機回避原則）である」という双方を含意する「無知は力である（IGNORANCE IS STRENGTH）」は、日本列島を普遍的に支配している原理のようにさえみえる。

　このような分析をほどこしていくと、久野収・鶴見俊輔『現代日本の思想』[19]が、大衆版の権威主義的天皇制＝「顕教」、大衆には公式にあきらかにしないでふせておく「天皇機関説」＝「密教」というふうに図式化した政治的擬制の二重構造が、おもいおこされるだろう。後者は、エリートだけが操作主義的に図式を了解するが、大衆が擬制のカラクリをしってしまったのでは、体制維持が困難なので、中等教育段階までの教育課程でおえてしまう層には、徹底的にふせられる。いいかえれば、後者による体制理解とは、かなりの程度虚無的な政治的態度であり、体制維持至上主義という点では保守的であるが、擬制の大局的理解としては超然主義である。しかし、マルクス主義や政治経済学的な分析を多少なりともかじってしまえば、後者の詐欺的なごまかしは即座に露見してしまうから、戦前の旧制高校での「赤化」事件

19　くの／つるみ［1956］。

や、逮捕後の「転向」問題などでは、知識層にとって、かなり深刻な試練だったと推測される。

　問題は、こういった政治的擬制の二重構造が、天皇制ファシズムの終焉後消滅し、支配的エリート層にとって、無意味化したかである。おそらくそうではない。自民党に代表される保守政治家と中央官庁の官僚組織の政治的癒着をみるとき、旧自治省が地方自治の保護・助成組織ではなく、戦前の旧内務省をひきついだ、地方支配組織そのものだったように、「密教」部分のカラクリを大衆にあかさない「二重思考」「ニュースピーク」的な本質をかかえていたとみるべきだろう。「地方自治」を指導するという名目で「地方支配」が貫徹・維持されるなら[20]、それは「オセアニア」のイングソックがとなえたスローガン、「自由は屈従である」そのものだし[21]、「密教」の存在が、たとえば公教育で児童・生徒にあてがわれる検定教科書のたぐいから完全にしめだされているとすれば、それは「無知は力である」そのものといえるだろう。政府自民党がイラクへの自衛隊派兵を、海外への軍事行動ではないといいはった論理も、同様の分析が可能である。「イラクでは、大小のテロ行為はくりかえされているが、宣戦布告を明確にした主権国家同士の戦闘状態は終結した（＝「戦地」ではない「戦後イラク」）」、「イラクで自衛隊がおこなった任務は、現地の生活インフラの整備や、戦後復旧支援のために出動・治安維持にあたっている米軍ほか多国籍軍の後方支援であり、じもとの武装勢力と戦闘状態にはいる危険性などない」といった、政府解釈とは、「戦争は平和である」そのものだろう。現地のテロ攻撃をくりかえす勢力にとって、自衛隊が敵軍と位置づけられているかどうかはともかく、軍事作戦も、小規模な戦闘も、以前継続中のはずである。それが、人体になぞらえることが可能なような、中枢－末端への秩序だった指揮系統によるものか

20　以前よくいわれたとおり、「自治省」は「地方自治省」の省略形ではなくて、「地方支配省」という本質のカムフラージュのための名称＝詐称であった。
21　蛇足ながら補足しておくなら、「自治」とは、本来住民による主体的統治を意味するわけで、中央政府による財源・人事システムによる実質的支配とは、正反対の原義をもつ。地域住民による主体的統治とは、中央政府による実質的支配からの「自由」を意味しなければならず、たとえば、旧自治省にかぎらないが、たとえば「沖縄県」という地方自治体が中央政府によるコントロールから「自由」でないとすれば、それは中央からの「支配」への「屈従」にほかなるまい。「沖縄県」という自治体が、米軍基地がもたらす、さまざまな「基地被害」をはじめとする、日米安全保障条約等の諸矛盾を是正するために「主体的統治」を実行できたことがあっただろうか？

どうかはわからないが。

　日本列島で半世紀以上にわたって継承されてきた保守政治・官僚支配とは、まさに「密教」の実在をしらされていない層による投票行動ないし権威主義的容認によって維持されてきた「民主主義」体制の産物といえるだろう。冷戦期間、そして冷戦終結後も維持されてきた「軍事植民地」構造を直視せずに展開された「自主憲法制定」運動とか、「核の傘」のもとの「反核運動」といった、「二重思考」なしには到底成立しえない、さまざまな奇怪な思潮・運動がくりひろげられたこの列島の戦後史とは、公教育やマスコミ報道でくりかえされた情報統制と「自主規制」のたまものであり、まさに「過去の消去」を前提にした「二重思考」の反復であった。しかも、民主主義の基盤としての情報統制されていない時事情報の流通（「自由主義」体制）という共同幻想がいまだに支配的な「ハイパー独裁」（田中宇）体制という、実に洗練されたシステムができあがった[22]。内部告発によってくりかえし露見する膨

22　「▼マスコミが軽信されるとハイパー独裁に
　　3月14日にチベットの中心都市ラサで始まった暴動では、チベット族が漢族の商店を焼き討ちして店内にいた住民が焼死したり、チベット族がよってたかって通りすがりの漢族を殴ったりした。これらの光景は、中央テレビなど中国のマスコミで繰り返し報じられ、中国人（漢族）の多くは「チベット族は、勤勉な漢族をねたんで暴動を起こした」と考え、中国当局がチベット人を弾圧することに賛成している。
　　これは911テロ事件後、アメリカ人の多くが「アラブのイスラム教徒は、自由と民主主義を成功させて発展するアメリカをねたんでテロを起こしたんだ」と考え、ブッシュ政権がアフガン侵攻やイラク侵攻を実行することに賛成したのと同じ構図だ。
　　中国のマスコミが「チベット族がラサの漢族を殴り、焼き殺した」と繰り返し報道したのは世論を誘導するためであるが、同様にアメリカ（欧米）のマスコミは911後、アルカイダやサダム・フセインがいかに悪者かを誇張して報道し、誇張や歪曲は今も続いている。日本のマスコミは、アメリカの報道を鵜呑みにして翻訳している。
　　中国人の多くは、自国のマスコミがプロパガンダだと思いつつも影響されているが、欧米人や日本人の多くは、自国のマスコミが真実を報じていると勘違いしており、事態は欧米日の方が深刻だ（ブッシュ政権のおかげで、最近は報道に疑念を持つ人がやや増えたが）。
　　国民にうまいことプロパガンダを信じさせた上で行われている民主主義体制は、独裁体制より効率の良い「ハイパー独裁体制」（ハイパーは「高次元」の意）である。独裁国の国民は、いやいやながら政府に従っているが、ハイパー独裁国の国民は、自発的に政府に協力する。その結果「世界民主化」の結果であるアメリカのイラク占領に象徴されるように、独裁より悪い結果を生む」（「北京五輪チベット騒動の深層」『田中宇の国際ニュース解説』2008年4月17日）。

大な政官財各界でのスキャンダルも、これら「ハイパー独裁」のもと、感覚マヒを
おこしてどんどん忘却する大衆にとっては、「自由な報道」を「立証」する素材で
しかない。自分たちが放置し容認してきた体制の本質がなんなのかを直視せず、「自
由主義体制を謳歌している自分たち」という慢心を合理化する防衛機制は、かわら
ず作動しつづける[23]。

　こうしてみてきたとき、われわれをとりまく政治経済学的環境は、情報のエリー
ト支配と、大衆的な権威主義的支持という、ファシズム期や旧社会主義体制での情
報統制にとどまらず、「自由主義社会」がほこってきた「健全なジャーナリズム」
幻想自体を疑念の視線で検証しなければなるまい。その意味で、著者が着目するの
は、先年死去した社会学者梶田孝道が、官僚制を分析するうえで提示した「知識社
会学」の適用である[24]。旧大蔵省の官僚を典型として、国民各層の利害・主張を客観
的公平に調整しているとうそぶいていたかれらの論理を梶田が検証したとき、それ
は、エリート意識にもとづいて展開されるパターナリズムそのものであり、最終的
には自民党の族議員や各省が管轄する業界組織等、圧力団体間の利害調整にすぎず、

23　近年とりざたされている「ハイパー独裁」のうたがいのこいものとして著者が特に
　　着目しているのは、「メタボリック症候群」周辺と「新型インフルエンザ」にまつわ
　　る騒動である。
　　　前者は、ウィキペディア「メタボリックシンドローム」をはじめとして、複数の
　　医学者から異論がだされており、政府・自治体・企業等がこぞって防止策に奔走す
　　るだけの通説になりえているとは到底おもえない。2006年7月19日放送分の「クロ
　　ーズアップ現代」(NHK総合)の「メタボリックシンドロームの衝撃」では、「その
　　一方で、この新基準の統計学上の問題点や取り扱いを巡る行政の対応に疑問の声も
　　あがっている。どうすれば生活習慣病の予防ができるのか。有害なものを社会的に
　　排除していく米国の取り組みも交えて検証する」といった予告がなされていたのに、
　　「NHK『クローズアップ現代』で"メタボの真実"がカットされた」といった不自然
　　な編集経緯が週刊誌でスクープされたこともあった(『週刊ポスト』2007年6月15
　　日号＝2007/06/04発売)。
　　　後者は、メールマガジン「世界の環境ホットニュース［GEN］」(http://archive.mag2.
　　com/0000083496/index.html)のシリーズ「豚インフルエンザ報道を検証する」(現在22
　　回)や、「ブログ版ききみみずきん」(http://blogs.yahoo.co.jp/bloom_komichi)のシリー
　　ズ「新型(豚)インフルエンザの通説を斬る」(現在12回)などが、WHO・政府・自
　　治体などによる情報統制や、製薬会社等の暗躍をうかがわせる情報をつたえている。
24　かじた［1988］4章「テクノクラートの思考様式」。

およそ、地域住民や弱者の福祉の権利を代行・代表するような実態などないことが立証された。

たとえば、2009年に成立した民主党政権のもと、羽田空港＝ハブ空港化構想で浮上したのは、東京国際空港（成田空港）が構想され、開港にこぎつけるまでに、いかに無用な血がながされたか、事実上の強制収用を決断した旧運輸省の手法がいかにじもと軽視だったかという、歴史的経緯であった[25]。旧運輸官僚や族議員らは、首都圏の住民を「受益者」とする公共工事として新空港建設を正当化し、そこに実在するとされる「公共の福祉」を前面にうちだすことで、農地等を強制収用されるじもと住民の反対を違法なものと、きってすてたわけだし、その背後には、旧大蔵官僚たちによる、財政面での合理性追求があったはずだが、そこでは、「公共の福祉≫地域住民の利害の総和」という、功利主義的な自明の不等式が想定されていた。「公共の福祉」のまえに、従順に「私利」を放棄すべき住民が、抵抗勢力として、不法行為をくりかえし、国家権力にはむかっていると、かれらは信じてうたがわなかったのである。そして、国民の大半も、結局は官僚たちの功利主義を容認し、反対派農民を支持した勢力が最終的に新左翼各派だけになってしまった経緯も検証せずに「過激派」といったレッテルはりをおこなった警察当局・マスコミの論調にのってしまったのであった。

民主党政権下で浮上した、各地のダム工事の中止問題も、「成田闘争」ほど劇的でないにしろ、自治体の長や地域ボスらをまるめこんだ中央官庁と族議員らの利害の産物の本質を再度照射するものとなった。環境アセスメントや公共経済学的な試算が、技官や経済官僚らによっておこなわれたはずだが、それらのパターナリスティックな「試算」の合理性が、とわれようとしている。しかし、当時のマスコミは、じもとの反発・動揺なども一部つたえつつも、結局は当局の発表をタレながすかたちで、国民各層による予算執行の追認をあとおししたのであった。

梶田が旧大蔵官僚の存在被拘束性（K.マンハイム）として指摘した論点は興味ぶ

25　もちろん、千葉県知事や成田市長など、じもと自治体の首長らが、ハブ空港構想への反発をしめす根拠として、もちだした成田闘争等の経緯は、単に、東京国際空港の地位低下がもたらす、地域経済や地域ボスの利害を代弁するための素材でしかないだろうことは、かれらのほとんどが「成田闘争」の真の被害者だった農民等のたちばにたっていないだろうことで、すけてみえるものである。

かい。自民党など保守政党との癒着関係[26]はもとより、審議会など政策におすみつきをくれる経済学者を権威主義的に動員するだけの政治性などはジャーナリズムもおりにつけ指摘してきたことだ。しかし、政策立案を正当化できる論理構成に有用な経済学理論のみをつまみぐいする恣意性となると、次元がことなってくる[27]。

〈学者先生たちは現場をしらないから　〉といった軽侮は、よくみみにするセリフだが、経済官僚や技官らが、政策を合理化する手段としてのみ科学理論を援用するなら、その姿勢は結局のところ、医学理論を体系性をしらず恣意的につまみぐいして自覚のない民間療法のたぐいと同質である。当人たちは、アカデミズムを「非現実的な象牙の塔」と位置づけているが、官僚たちが信じている「現実」というものが、地域住民固有の福利厚生と巨視的な利害のバランスとで致命的矛盾をきたさない「正解」である保証などない。現に、すでに言及したとおり、多目的ダムなどにみられる各種の「試算」は、アセスメントなど、数値などを援用したもっともらしい作文だったはずだが、それらが結局あやしげな「つじつまあわせ」にすぎなかったらしいことは、今後どんどんあばかれていくだろう。かれらのいう「現実」とは、自民党などの族議員や業界団体、地域ボスらの利害調整の結果としての「おとしどころ」にすぎなかったのであり、技術工学的な合理性、中長期的な環境負荷の是非、巨視的経済における「解」の妥当性など、結局は「あとづけ」だったのだとおもわれる。たとえば経済学者やエコロジストたちを「非現実」よばわりするが、それは、官僚たちが知悉する自民党的な保守政治を前提にした「政治的現実」にはあてはまっても、中長期的・巨視的な視座にたった「現実」総体ではなかったはずだ。経済学者やエコロジストたちの、アカデミックないし運動論的な議論が、一部の「現実」しかすくいとれていないモデルにもとづいていたにしても、官僚たちが「現実」総体を把握していたかのような総括は、自覚の有無にかかわらず

26　かじた［1988: 111-3］4章「テクノクラートの思考様式」3節「大蔵官僚と自民党との『共犯的分業』」。
27　「政策科学の『虚構的』政策
　　学者・研究者にとって政策科学は理念的原則を含むものであり、きわめて重要な意味をもっている。しかし、官僚にとって、それは便宜的なものにすぎず、できあがった政策、予算案等を正当化するための最後の段階で、いわば事後的に付与されるアクセサリーでしかない。いいかえれば、大蔵官僚がある種の『政策原理』や『社会科学的理論』を採用しているからといって、彼らがそれを『正しい』と見ているとは限らないのである」［かじた 1988: 103-4］。

僭称・詐称のたぐいというべきだろう。

　このようにかんがえてみると、ことは疑似科学的に「科学的」データ・モデルをパッチワークする実務官僚たちや、それに癒着する政治エリートたちの政治社会学的・政治経済学的な分析では、たりないことがわかるだろう。官僚・政治家たちが駆使する疑似科学的論理は、それらを「配給」する研究者の存在ぬきにはありえないからだ。おそらく、支配的な政治経済・文化体制の存続には、エリートが援用し支配を合理化するための疑似科学が不可欠であり、それら疑似科学を「用意」してくれる「研究者」集団がとぎれずに「用意」されねばならない。であるならば、知識社会学が分析の主軸としてきたイデオロギーや日常感覚、科学社会学が分析の主軸としてきた自然科学や各種工学技術以外に、かなりの精力をそそぎこむべき対象がみえてくる[28]。官僚制や議会が政策の根拠としてきた人文・社会諸学のイデオロギー的性格と、それを疑似科学的に援用する人的資源の再生産システムである。

　著者のデビュー作にあたる『イデオロギーとしての「日本」』［1997=2001c=2003c］では、「国語」や「日本通史」といったナショナリズムの産物を自明で「自然」な制度として「信仰」させるシステムが公教育とアカデミズムに実在することをあきらかにした。その続編にあたる『日本人という自画像』［2002a］と『ことばの政治社会学』［2002d］は、それぞれ「日本通史」周辺、「国語」周辺の公教育・アカデミズム批判の具体的展開である。また、社会学の一般むけ紹介として発表した『たたかい

---

[28]　化学工学についてのたちいった分析にはふみこんでいないが、化学メーカーが、まさに疑似科学的な詐称をおこない、それに共犯的に自治体が協力した公害事件の事例として、一時全国的な話題にもなった「フェロシルト」事件があげられる。石原産業と三重県のとった一連の言動についての分析については、ましこ［2008a］。また、前述したメタボリック症候群・新型インフルエンザ周辺のうごきをみただけでも、自然科学・生命科学を応用したビジネスが巨額の資産形成や国威にかかわる以上、いわゆるサイエンスライターの育成と、市民のサイエンス・リテラシーともいうべき能力の養成と、監視システムの確立が急務であることは、いうまでもない。
　のちほどとりあげる問題群でいえば、いわゆる「地政学」的論理をもちだしては、沖縄島周辺を軍用地として確保することにこだわる日米両政府が、いわゆる軍需産業の利害関係と無縁のはずがない。基地情報のある程度は、情報公開制度によってとりよせることができること、軍事テクノクラートの暴走や利権構造を監視するためにも、平和学的な観点から軍事学的研究が必要であり、産廃問題同様、経理処理からの究明をふくめた市民オンブズマン的な監視活動が急務であることも、わすれてはならない論点であろう。うめばやし［1992, 1994］参照。

の社会学』[2000a=2007]では、5章「あいてを自分の土俵にあげる」において、専門家による文脈支配などについて、ごく簡単ではあるが素描をおこなっておいた。民族意識等を素材としてとりあげた『幻想としての人種／民族／国民』[2008c]も、疑似科学が放置され、差別意識の再生産に無自覚に援用されてきたことへの批判的検討といえる。本書は、以上のような問題意識のもと、近年かきためてきた論考を再編して集約したものを中心としたものである。

たとえば『幻想としての人種／民族／国民』の副題を〈「日本人という自画像」の知的水脈〉としたように、疑似科学的表現には、たがいに通底すると推定しないと不自然な類似性がみてとれる。本書にあつめた諸領域には、一見科学的にきこえるモデルが恣意的に援用され、一定の政治的意図を合理化するために動員されていることが確認できるだろう。そこには、こまった意味での「知的水脈」＝共通性がみてとれる。各領域の当事者たちは、意図的に情報を交換して連携しているといった策動・計画をたてていないだろう。おそらく、支配を貫徹するために機能的な知的体系の動員をおこなううちに、たがいが無自覚にしてしまう、あるいは、過去の事例にまなぶうちに、同質の知的操作にたどりついてしまうのだろう。対象に優位にたち支配を維持するために洗練化をつづけてきた軍事学や法律学等が、普遍的合理性の追求ではなく、特定の政治目的遂行のために必要な知的処理の結集として成立してきた経緯が象徴しているように。相対的弱者の構造的弱点を徹底的に整理し、自派の合理化をおこなうための恣意的な知的資源の動員なのだから、ある意味当然かもしれない。他者に対する優位の確立と、支配・収奪の維持のためには、普遍的真理の追究は無意味であり、科学的な厳密さとか体系的一貫性ではなくて、体制維持のために「ほころび」が完全にかくされることが必要なのである。「政策科学」と称される知の一群や「実務」理論とよばれるものが、官僚組織の住人にとってだけ合理的であり、外部の観察者や中長期的な比較検討のなかで、強引な「結論ありき」の恣意的体系にみえるのは、ある意味当然なのだ。

したがって、本書においては、一種の既視感にとらわれる読者がおおいかもしれないが、それは、恣意的に同質な事例をあつめたからではない。恣意的な知的処理を動員しないかぎり支配が合理化できないような領域に着目して、そこで援用されているカラクリを抽出するかぎり、そこにはおのずと類似性・同質性が発見され、一定の「知的水脈」や「相互参照」関係が確認されるという構図があるのだ。

たとえば、歴史的な言語や家族等が、計画によって人工的につくられたのではなく、自生的に秩序が発生するとおり、人間社会のうち近代空間がいかに人工的であろうと、自生的秩序と無縁な体系ばかりに収斂することはなかろう。しかし、疑似科学が動員されて「自然」がよそおわれる政策科学は、「国語」教育、「通史」教育の恣意性をみただけでも、なんら「自生的秩序」など「自然」な要素などなく、イデオロギーの介在ぬきには構築・維持が不可能なものばかりなはずである。政策による人工物を「自然」であるかのように批判能力のない層におしつける正当性が問題なだけでなく、それらによる受苦層が人為による被害者であること＝理不尽がおおいかくされる構造も問題だろう。これらの支配構造は、人工物を「自然」であると信じこませる姿勢の養成という意味で、典型的な「かくれたカリキュラム」といえるばかりでなく、人工物による受苦層＝少数者が目前にいないかぎり、問題が不在であるかのように鈍感な層を多数派として形成する、巧妙な大衆操作といえる。
　こういった支配の手法は、もともと、支配される弱者の「きずつきやすさ」の通底性、搾取の目的や効率性など、さまざまな面から共通性をもつだろうが、それだけではなく、恣意性の隠蔽、さらには「恣意性の隠蔽」の忘却といった、支配層の意識の諸相・諸層の次元・水準に即した、合理化の結集という意味で、時空をこえて相互参照されながら、たがいが類似していくとおもわれる。すでに言及した、支配エリートが共有する「密教」と、実務官僚と被支配層が「方便」としてあてがわれる「顕教」という、二重の基準のつかいわけ、それらに対応した人材補充（リクルート／再生産）構造も、すべて必然性をもった「知的水脈」として、通底性をおびることだろう。

　ちなみに、「政治経済学」と称したことに、政治思想史的なふかい含意はない。知的源泉のなかに世界システム論（ウォーラーステイン）や環境社会学などがふくまれていることなども関係しているが、ひとびとの資源動員・分配・消費にまつわる「政治」という、問題群の通底性をひとことでしめそうとおもったまでである。

序章

問題の日常的忘却としての「NIMBY (Not In My Back Yard)」を中心に

　高度成長期以降の日本社会には、数多くの社会問題がうず巻いている。なかでも関心を引くのは、各地のコンビナート開発、高速道路・新幹線の公害問題、成田空港・大阪国際空港・関西新国際空港をはじめとする空港問題、原子力・火力発電所建設問題、核燃料サイクル基地建設問題、CTS（原油備蓄）基地・パイプライン等の石油関連施設の建設問題、大型タンカー事故による汚染問題、琵琶湖開発、中海・宍道湖の干拓・淡水化事業、本州四国連絡橋建設、……等々である。これらの問題は一括して「大規模開発問題」と呼ぶことができるが、それらに共通するのは、広範囲な社会システムの要請から発せられた形で、特定の局地的地域に社会的意味をおびた巨大な資本の投下がなされ、その結果、一部の地域に大きな構造的緊張を生んでいるという点である。つまり、開発にともなって広範囲にわたる国民が稀薄化された利益を享受する一方で、一部の地域住民には致命的ともいえる犠牲が及んでいるのである。

　こうした「大規模開発問題」は、資源の有限性と欲求の無限性とのジレンマが生んだ問題といいかえることもできよう。つまりこの種の問題は、1950年代後半以降における各種の社会的需要の飛躍的増大、およびそれと平行した形で進行したスケール・メリット（規模の経済）の追求、社会構造上の急激な変化の結果として生み出され、かつ日本社会の狭隘さによって増幅されてきた問題ばかりである。事実、1960年代以降、各分野において社会的需要

の飛躍的増大がみられた。電力等のエネルギー消費量の増大、自動車台数の増加、上下水道利用の増加、新幹線・航空機利用者数の増加、ゴミ排出量の増加……。しかも、高度成長から低成長へと移行したにもかかわらず、これらの需要は、必ずしも減少していないのである。このような状況下で新幹線が建設され、国際空港が建設され、原子力発電所が運転を開始しているのである。

　今日、多くの人々から「公害反対」「大規模開発ストップ」が叫ばれ、そうした言葉はいわば常識とさえなっている。また一部の識者たちによって、今日の高度産業社会にかわる社会像の模索が試みられている。……

　この一連の文章をよんだばあい、時代がかった違和感が生ずるのは、最後の1段落の「今日、多くの人々から「公害反対」「大規模開発ストップ」が叫ばれ、そうした言葉はいわば常識とさえなっている」といった指摘ぐらいだろうか？　ひょっとしたら、読者の世代によっては、「空港問題」の存在をしらなかったりするかもしれないし、「本州四国連絡橋建設」が「一部の地域住民には致命的ともいえる犠牲が及んでいる」ような事業だったのか、いぶかしくおもうかもしれない。また、読者によっては、「琵琶湖開発」に象徴させることが困難な、列島各地のダム建設事業への言及の不在が不自然にみえるだろう。むしろ最後にひいた「一部の識者たちによって、今日の高度産業社会にかわる社会像の模索が試みられている」という指摘のほうが、一部にしろ大衆的な認識水準として定着している現状との不整合が不自然にみえるかもしれない。

　しかし、昭和後期をオイルショック（1973年）によって2分するとき、「高度経済成長期」の終焉後を「安定成長期」とよぶか、「低成長」とよぶかは、よってたつ経済理論のちがいにすぎないだろう。また、「1960年代以降、各分野において社会的需要の飛躍的増大がみられ……、高度成長から低成長へと移行したにもかかわらず、これらの需要は、必ずしも減少していない」し、「新幹線が建設され、国際空港が建設され、原子力発電所が運転を開始している」という指摘などは、ここ5年程度までさかのぼるなら、まったく同時代的な指摘といってよい。財政問題などに発した公共工事計画のみなおしが一般化し、保守政党各派の政策提言や政治的とりひきの素材として浮上する時代になったにもかかわらず。

むしろ、「開発にともなって広範囲にわたる国民が稀薄化された利益を享受する一方で、一部の地域住民には致命的ともいえる犠牲が及んでいる」という報道が、散発的に、しかしあまりにもおびただしく配信されるために、読者各層の大半が感覚をマヒしてしまっている。あるいは、「犠牲」報道に対する関心の格差が常態化、「広範囲にわたる国民が稀薄化された」問題関心にとどまり、報道の停止が、すなわち当該地域住民の忘却を意味するという、所詮「ひとごと」の構図を指摘することが可能だろう。これらは、環境社会学周辺で「常識」化している、「受益圏／受苦圏」「NIMBY（Not In My Back Yard）」といった図式によって浮上する、現代的ではあっても、かなり普遍的な問題群である[1]。だからこそ、うえの文章群は、われわれよむものに違和感をいだかせることがすくない「一般論」の印象（たとえば、「戦後日本列島史」「戦後日本環境問題史」……）をいだかせるのだとかんがえられる。

　実は、引用文は、先年死去した社会学者、梶田孝道の初期の代表作のひとつ、『テクノクラシーと社会運動』におさめられた、第一章「紛争の社会学」の冒頭部分である［かじた1988: 3-4］。「昭和末期」に刊行された論文集であり、「紛争の社会学」の初出はさらに10年ちかくさかのぼる1979年であることをかんがえるなら、1980年代の問題意識が多少追加されているとはいえ、基本的に1970年代までの日本列島を素描している論考とかんがえてよい。この30年間という「時代差」をかんがえるなら、さきの文章群への違和感のちいささは、現代日本の基本構造のかわらなさをうらがきしているとも、よめる。近年の情報関連を中心とした科学技術の長足の進展、インターネットをはじめとする情報流通の革命的展開をかんがえるなら、この30年間の「かわらなさ」は、驚異的もいえる。

　かりに、「財政問題などに発した公共工事計画のみなおしが一般化し、保守政党各派の政策提言や政治的とりひきの素材として浮上する時代になった」としてもである。それは、梶田の着目した「テクノクラシー」論の相当部分が、いまだに「耐用年数」をこえていない「普遍的」わくぐみである可能性がたかいということも意味するだろう。

　しかし、同時に、さきの文章群は、詳細にみていくと、とりこぼしもふくめて、

1　つちや［2008］など。

かなり問題のある記述であることも、事実である。

　たとえば、「こうした「大規模開発問題」が、資源の有限性と欲求の無限性とのジレンマが生んだ問題」であり、「この種の問題は、1950年代後半以降における各種の社会的需要の飛躍的増大、およびそれと平行した形で進行したスケール・メリット（規模の経済）の追求、社会構造上の急激な変化の結果として生み出され、かつ日本社会の狭隘さによって増幅されてきた問題ばかりである」という指摘。これら諸問題が、あたかも消費者の肥大する欲望の産物でしかないかのような、ゆがんだ印象をあたえる。せまい国土にもかかわらず、みのほどもわきまえず、エコノミックアニマルとして消費・生産に没頭した、精神性のひくい国民の醜悪な実態、といった印象である。

　しかし、以上のような、「文明論」「文化論」めいた「一般論」が、問題構造の重要な部分をとりこぼした、ゆがんだ状況認識・歴史認識であることは、明白だ。たとえば、酸性雨問題など、環境先進国であるはずの西欧でも深刻であること、旧ソ連地域での放射性物質問題や中国大陸で報告される環境破壊、ブラジルや東南アジアなどの熱帯雨林の現象、低緯度地域の砂漠問題など、いずれも、地球上屈指の地理的ひろがりをもっていてもなお深刻であることを、あげれば充分だろう。BRICsをはじめとする新興産業国家群は、いずれも広大な国土と巨大な人口をかかえる大国であり、そのいずれもが大量生産・大量消費にねざした、あるいは原子力発電所・原子力潜水艦などの事故がもたらした環境問題にくるしんでいることも、みのがせない。つまり、せまい列島で過剰な消費にはしった暴走した小国民といった、問題の矮小化になりかねない総括は、致命的な欠陥をかかえているのである。むしろ、「エコ」をかたることによってさえ消費をあおり、市場の「自転車操業」をテコいれしないと深刻な世界同時不況におちいるといった、暴走をやめられない「消費依存症」的経済体制が、世界をおおっているというべきだろう。それは、「狭小な列島の強欲なエコノミックアニマルの生態」でなどない。

　また、さきの文章群のような、「生産・消費体制の産物」論は、たとえば成田空港建設問題など、テクノクラートや政治家が強引な建設計画をおしすすめたがゆえに、おびただしい犠牲をうみだした事例などの、政治性がぬけおちてしまうきらいがある。もちろん、「成田空港建設問題」については、同書第二章「受益圏・受苦圏と民主主義の問題」で詳細に構造分析をこころみているとおり、梶田自身は問題

の所在に充分意識的だったことが、あきらかだ。しかし、「成田空港」建設が、市場経済の必然的な産物で、たとえば「NIMBY」問題の一種にすぎないとか、「受益圏／受苦圏」の構造的な利害対立といった問題にすぎない、といった矮小化ができないことは、はっきりしている。

「各種の社会的需要の飛躍的増大、およびそれと平行した形で進行したスケール・メリット（規模の経済）の追求、社会構造上の急激な変化」という動向が否定できない現実、そして、それら「社会的需要の飛躍的増大」が累積することで、「漸進的グロテスク化」（pp.31-2）がもたらされるという構造は普遍的かもしれない。しかし、そういった「現実」を列挙することをもって、テクノクラートや政権政党などによる「最大多数の最大幸福」という功利主義的な政治判断にもとづいた「受苦圏」の犠牲を自明視してよいはずがない。功利主義とは、「民主主義」と通底する「多数決」原理であり、「最大多数の最大幸福」≫「少数者の不利益回避」という量的比較を自明の前提としているからである。極端なことをいえば、「あきらかな犯罪行為でないかぎり、多数の受益者のために、相対的少数者の権利は最低限に限定されてよい」といった非道が正当化される。「成田空港」問題とは、まさに関東一円という潜在的「受益圏」のために、かぎられた空間（＝農家の耕作地）が強制収用されて当然という論理の産物だった（「受苦圏」の合理化）。

さらに、梶田が列挙した具体例には、奇妙な欠落がみとめられる。それは、とりわけ沖縄島周辺に局在してきた駐留米軍基地である。駐留米軍基地は、「広範囲な社会システムの要請から発せられた形で、特定の局地的地域に社会的意味をおびた巨大な資本の投下がなされ、その結果、一部の地域に大きな構造的緊張を生んでいる」こと、「開発にともなって広範囲にわたる国民が稀薄化された利益を享受する一方で、一部の地域住民には致命的ともいえる犠牲が及んでいる」典型例のはずである。

第二次世界大戦での悲惨な経験をもとに、戦争をおこなわない憲法を世界にさきがけて保持したという自尊感情をもつはずの日本国民。しかし、冷戦構造のもと無自覚な偽善として選択してきた日米安全保障条約、およびそれに付随する「核の傘」という打算は、まさに「広範囲な社会システムの要請」であった。それは、近年でいえば、いわゆる「北朝鮮有事」といった不安がかきたてられないかぎりは、通常意識されることがない程度まで「稀薄化された利益」として、「広範囲にわた

る国民が」「享受する」もののはずである。いわゆる民需用の公共インフラではないにしても、国際的な軍事リスクへの現実的対応のための、公共インフラという位置づけが、官民で共有されていないかぎり、駐留米軍用の諸施設が強制執行をともなってでも建設・維持されることは、ありえなかった。その意味で、空港や新幹線や原発などと、なんら区別する必要がない性格の「公共インフラ」と位置づけてよかろう。なぜ、梶田は、米軍基地を除外したか？

　実は、梶田は、米軍基地だけでなく、ダムも、列挙から除外している。梶田は、巨視的構造を把握するために、ダムを無視・みおとししているわけではない。たとえば、つぎのような記述。

> 　ただ、最近では、大規模開発による受苦圏の発生をはるかに相殺する形での「見返り的地域開発」の要求が強くなっている点にも留意しておきたい。例えば、最近のダム開発において、水没地域住民からは、補償よりももっと前向きに地域全体の開発を求める意見が出され、これが水没地対策費を急増させ、結果的には、大都市部の水道料金を引き上げるところまできつつある（たとえば、「首都圏最後の水ガメ」といわれる群馬県八ッ場（やんば）ダムの場合）。いまだ少数例とはいえ、補償もここまでくれば、「擬似受益圏」という呼称は、かならずしも適当ではなくなってくる。　(pp.47-8)

「八ッ場ダム」のケースを現在もこのように位置づけてよいのか、「水没地対策費を急増させ、結果的には、大都市部の水道料金を引き上げるところまできつつある」といった、あたかも受益圏の住民に不利益であるかのような表現が妥当なのか、深刻な問題がはらまれているとおもうが、ここではたちいらない。しかし、梶田がダム建設にともなう受苦圏への補償問題が非常に政治的であることを充分意識していたことが、この一節だけでも、よくわかるだろう。

　さらに、「水資源問題」(pp.253-4)などにはふれているにもかかわらず、なぜ第一章冒頭部という、重要な箇所で列挙することから、はずしたのか？　それは、米軍基地への言及の欠落と同様、梶田の問題意識のなかで、最重要課題ではなかったか、すくなくとも、受益圏／受苦圏の対立構造という基本モデルを具体的に再確認するうえで、重要な項目ではなかった。あるいは、議論のながれにおける、時代的要因

として、「現在進行中」の主要問題にはおさまらない、と梶田が判断していたかの、どちらかだろう。とても、一時のきまぐれとか、うっかりととりこぼしたとか、そういったたぐいの「欠落」ではないと、おもわれる。

　以下は、少々、ウラとりの不可能な推定になるが、1980年代後半（2009年時点では、4半世紀ちかくまえ）の地域紛争に関心をよせる社会学者が、なにゆえ、多目的ダムと米軍基地を「大規模開発問題」の具体例からはずしてしまったかの仮説をしるしておく。つづく各章の論点との通底はもちろん、本書全体をつらぬく問題意識と密接な関連をもつとおもわれるからだ。

　梶田にとっては、1950年代後半ないし1960年代以降の「各種の社会的需要の飛躍的増大」がもたらした「大規模開発」にこそ、現代的な問題構造がある。おそらく、近代の国民国家が定着して以降、基本的に普遍的な現象である、多目的ダムや軍基地という施設確保のための「大規模開発」は、現代的課題には、みえなかったのだ。

　一般に「消費社会」とよばれる、大量生産・大量消費・大量廃棄空間は、最初に1920年代米国に登場したとされている。しかし、戦間期ですではじまっていた、単に化石燃料を消費する大量生産・消費・廃棄システムではなく、消費の質・量の高密度化・加速化をともなう、高速移動や複製技術の飽和・革新の、あらたな段階こそ、梶田が着目した「各種の社会的需要の飛躍的増大」の内実のはずである。T型フォードではなく、数年で陳腐化する「トヨタ・カローラ」など、家電・耐久消費財における「計画的陳腐化」、ソロバン・計算尺・タイプライター等の習熟による事務処理ではなく、電子計算機の開発競争に象徴される「ドッグイヤー」現象……等々。「大量生産・大量消費・大量廃棄」。単なるモータリゼーションではなく、高速道路・航空機路線・高速鉄道などを前提とした「高速・大量移動」……等々。これら、1920年代米国で出現した人類史上はじめての大衆社会における大量生産・大量消費・大量廃棄空間を基盤として、より一段次元のことなる生産・消費水準がもたらした、あらたな「消費社会」こそ、梶田が着目した「各種の社会的需要の飛躍的増大」であり、その必然的帰結が「大規模開発問題」だったと。

　しかし、それなら、そういったあらたな「消費社会」の独自性に直接分類できないからといって、多目的ダムや軍事基地など近現代に通底する「大規模開発問題」

は、「受益圏・受苦圏」問題から除外してよいのか？　すでに過去化して、早晩どうでもよい現象群として消滅していく宿命にあるのか？　いや、そうではあるまい。

　実際問題、2009年に民主党政権が誕生する以前から、多目的ダムをはじめとする公共工事のムダ、という課題は、財政危機、財政の分配の妥当性という観点から、問題化していた。そして、群馬県八ッ場ダムのケースのように、「受苦圏」への補償というべき地域開発は、公共工事にともなう公金の投入、それを前提にした地域経済という、ぬきさしならない「構造」と化している。下流の大都市地域での上水需要の減少や、洪水対策としての価値低下という、没機能化が歴然としても、「慣性の法則」のように、容易にとめられないのである。在来の地域システムを破壊してしまったことによる、あらたな体制の始動という現実のまえに、インフラ整備や雇用対策など、公共工事を前提にした「生産-消費」体制がうごきはじめている。ダムなど「大規模開発」がもたらした、地域システムの破壊・混乱と同様に、「大規模開発」の中止・減速自体が、あらたに回転しはじめた体制を破壊し、混乱をひきおこす。いくぶん減速するかとおもわれた過疎化を、再度加速化する。……等々の「問題」が発生してしまう。

　米軍基地をはじめとする軍事基地の存在も同様である。横須賀・広島など、軍都＝近代都市として人口集中の中心地となった例はすくなくない。旧帝国陸海軍であれ、自衛隊であれ、米軍基地であれ、一種の「企業城下町」の住民≒基地依存経済をいきぬいている社会各層にとっての「ご利益」は実在するにちがいない。しかし、すくなくとも第二次大戦後に政策的に増設された基地機能は、「基地経済」ということで正当化しきれるものではない「巨大迷惑施設」としての本質があり、「受苦圏」が実在する。だからこそ、「原発」の地域へのおしつけのために「補償」として、さまざまな助成金が投下されるように、米軍基地の維持のために、さまざまな助成・補償がくりかえされる[2]。「補償金」「助成金」のたぐいとは、それら「巨大迷

2　沖縄の駐留米軍用地の地権者に対して、軍用地代金を日本政府が米軍にかわって支給すること自体が、「補償」の典型例といえるだろう。もちろん、自治体にさまざまな「補償」がおこなわれてきた。たとえば、基地が集中しているがゆえに、軍用機の離着陸にともなう爆音対策として、二重窓と冷房が常備されている沖縄中部地区の学校であるとか。金丸信防衛庁長官（当時）が考案した「思いやり予算」（1978年〜）も、「円高ドル安などによってアメリカの負担増を考慮」し、「在日米軍基地で働く日本人従業員の給与の一部（62億円）を日本側が負担する」ことからはじまった

惑施設」をおしつける責任主体たる当局の「やましさ」「うしろぐらさ」の「補償」というべき本質をかかえているというほかない[3]。

実は、ダム同様、梶田は、軍事関連施設建設についても、つぎのように言及している。

　　先述した大規模開発の定義からはややはずれるが、軍事関連施設の建設問題にも触れておきたい。国防問題は極度に政治的な問題であり、それゆえ軍事関連施設が受益を生むか否かという点では、国民の意見が大きく分かれる。その意味で、この問題をここに併記するのは適当ではないかもしれない。し

　　（ウィキペディア「思いやり予算」）という経緯でわかるとおり、慢性的に高水準の失業率をいくぶんかは緩和できるよう雇用確保に配慮した、失業対策費という側面が否定できない。
　　また、けっして公言されることはないが、性暴力をふくめた凶悪犯罪や、しばしば発生する事故（ときに死傷者をだすような重大事件もふくめて）など、治安・生活不安に対する「ガスぬき」として、さまざまな「助成」措置がくまれていることも、周知の事実といえよう。核兵器・毒ガスをふくめた大量破壊兵器の貯蔵・一時配備など、人為的な操作ミスや天災などによって、破局的な事態をまねきかねないリスクという意味では、原子力発電所と通底する「巨大迷惑施設」が、治外法権化した基地内部である。また、訓練ほかでたまったストレスによって、しばしば凶暴な存在と化す海兵隊員など、基地外部にモレだすリスクも、原発の放射線モレ事故と通底するとおもわれる。近年でも、1995年の暴行事件、2004年のヘリ墜落事件などが想起されるように、凶悪犯罪と重大事故は、わすれさせないぞ、と脅迫するかのように、ちょっとまをおいて発生し、ちいさな犯罪・事故は、それこそ頻繁にくりかえされるのが、沖縄島の中部・北部の現実である。
　　また、沖縄以外でも、在日米軍再編にからんで、山口県岩国市の岩国基地への空母艦載機部隊移転問題では、反対派市長が誕生、住民投票でも反対派が多数をしめたが、市庁舎改築事業への補助金が「元々は1996年の沖縄に関する特別行動委員会（SACO）での合意に基づく沖縄・普天間飛行場からの空中給油機移転を受け入れる見返りによるもの」であるからとの判断で、防衛施設庁（当時）が2007年度予算計上しない、といった、いやがらせをするなど、財政問題につけこんだ、露骨な介入のケースもみうけられる（ウィキペディア「在日米軍再編」）。
3　それは、形式上「対等」であるという擬制によってなりたつ「商行為」と通底する「交換」というより、性役割に依拠した搾取関係≒一種の「セクハラ」に対する「うめあわせ」と通底する本質をもつだろう。要するに、基本的に「不愉快」な状況、不平等な関係性をおしつけているという罪悪感をやわらげるための補償行為として「対価」（「迷惑施設」のばあいなら、補償金・助成金等）が用意されていると。

かし、軍事関連施設の建設が周辺地域住民にもたらす諸結果という点では、先述したエネルギー関連施設の建設と大差ないのである。軍事施設の建設も、「迷惑施設」としての性格が強く、国は、しばしば開発の遅れた過疎地において、こうした施設の建設を強行しようとしている。その例としては、三宅島のNLP基地建設をあげることができる。過疎地ではないが、逗子市の池子弾薬庫跡地への米軍住宅建設の問題も、類似した性格をもった問題である。

(p.267)

　梶田自身は、日本列島に点在する軍事関連施設の「迷惑施設」としての本質はもちろん、「大規模開発」との連続性についても、充分自覚的なのである。しかし、奇妙な欠落はここにも再確認されたといえよう。乱暴なことをいえば、「三宅島のNLP基地建設」問題だとか、「池子弾薬庫跡地への米軍住宅建設の問題」などは、かりに地域でのはげしい政治的紛争にうつったにせよ、「ちいさな」問題にすぎない[4]。すくなくとも、沖縄島・伊江島に集中した米軍基地の局在ぶりからすれば、なぜあれだけ政治化したのか？　なぜ沖縄島・伊江島の米軍基地問題は、全国紙でごくマレにしかとりあげられない程度の政治性にとどまっているのか？　その奇妙な対比こそ、実に社会学的な課題とさえいえる。そして、米軍基地問題ときりはなすことができるはずのない、琉球列島の施政権返還問題を、大学紛争のさなかで、再三めにしたであろう、「団塊の世代」たる梶田が、いわゆる「沖縄問題」「米軍基地による植民地状況」、さらには「施政権返還」後の米軍基地問題等に、気づかなかったはずがないのである。なにしろ、原子力発電所をおしつけられた地域の政治的異議もうしたてなど、「新しい社会運動」の典型例をフランスにもとめ、アラン・トゥレーヌやピエール・ビルンボウムらに着目した梶田が、沖縄島・伊江島で展開された反基地闘争の動向に無知なはずがない。三里塚闘争などと同様、新左翼各派が、双方を政治運動の拠点とさだめて論及し、あるいは支援闘争をくみ、あるいは敵対セ

---

[4] 『幻想としての人種／民族／国民』などでも指摘したとおり、沖縄県と「本土」との米軍基地の「平均」集中度は、ざっと500：1であり、基地が集中する、沖縄島＋伊江島が沖縄県の約半分の占有面積であることをかんがえるなら、約1000：1の格差である。あえて乱暴な議論をいうなら、「本土」の米軍基地問題など、散在するちいさな問題群にすぎない。かりに、基地周辺（受苦圏）の爆音が沖縄中部と大差ないとか、横浜市内でおきた墜落事故の死傷者のような惨劇が過去にあったとはいえである。

クトを論難する「素材」として、再三並行してとりあげたのだから[5]。

梶田の議論の、奇妙な欠落（沖縄の米軍基地問題）は、おそらく、①オイル・ショック（1973年）以降も、「社会的需要の飛躍的増大」が累積することで「漸進的グロテスク化」がもたらされるという構造とは異質なメカニズムの産物であったこと、②三宅島や池子など、首都圏の政治勢力（新左翼各派以外の）が反対運動を展開する、政治的問題とは異質で、全国紙には散発的にしか登場しないマイナーな社会問題でしかなかったこと、の両面を、梶田ら社会運動論・社会紛争論の理論家たちも、無意識のうちにひきずっていたのではないか？

需要をあてこんだ地域商店街や、軍作業や各種サービス業雇用の「提供者」として「基地経済」を形成してきた米軍基地。散発的に大事故や凶悪事件が全国紙等で報じられても、「コザ暴動」（1970年）以来、はげしい反米闘争がなりをひそめ、まがりなりにも「共存」状態という「秩序」が成立しているようにみえる、沖縄島・伊江島という地域社会の実態……。おそらく、政治闘争に充分敏感だっただろう梶田ら社会学者にとっても、「沖縄闘争」は、もはや過去の問題と化し、三宅島や池子のような政治紛争よりも軽視してよい空間という、暗黙の了解があったのではないか？

こういった推測がただしいとしたら、「沖縄の米軍基地」問題は、梶田ら社会運動論の理論家たちにも、みすてられたのである。「平均」してしまえば、1000分の1程度の「散在」でしかない「本土」の米軍基地の諸問題[6]など、沖縄島や伊江島で頻発してきた凶悪犯罪や大小の事故の経緯・現状からみれば、優先順位をウンヌンするにおよばない次元にすぎない[7]。「過疎地」への「迷惑施設」のおしつけでなどなく、

---

5 梶田の視野が「沖縄」にもおよんでいることは、「本章の執筆時（1988年）において国民的関心を集めている沖縄県の石垣島空港建設問題は……問題点を示す格好の事例である」（p.259）という記述をみても、あきらかである。サンゴ礁を軸とした環境破壊や住民の反対運動を「国民的関心を集めている」と着目するのであれば、地元紙しか着目しなかろうが、沖縄で継続中の米軍基地関連の諸問題に社会学者が着目しないのは、不自然だし、すくなくとも、バランスを失しているだろう。
6 ましこ［2008c: 118］。
7 誤解をおそれずいうなら、東京・神奈川でおきた厚木基地がらみの墜落事故（1964年、1977年）、福岡でおきた板付飛行場＝福岡空港がらみの墜落事故（1968年）などの意味を検討しても、以上のように断言したい。死者こそでなかったものの、沖縄国際大学構内に米軍ヘリが墜落炎上した事件（2004年8月）とその後の治外法権状態が露

人口集中地の中央に君臨しつづける嘉手納飛行場や普天間飛行場などが、なにゆえ維持されつづけるのか？ 「思いやり予算」などをともなった、米軍最優先政策を歴代の政府・自民党諸組織がかわらず継承しつづけたからだ[8]。そして、こういった政治経済的な戦後史の総括をこころみれば、「国防問題は極度に政治的な問題であり、それゆえ軍事関連施設が受益を生むか否かという点では、国民の意見が大きく分かれる」といった、空疎な一般論が、単なる「およびごし」、ないしは、一般化による「ごまかし」でしかないことも、あきらかだろう。今後の民主党政権がアメリカ政府と安全保障問題で、どのように協議し、沖縄の米軍基地の集中問題を「改善」していくのか、注目されるが、すくなくとも、日本国民の相当数が、米軍の「核の傘」をなかば前提にした「平和憲法」なる幻影にしがみつき、それとせなかあわせのかたちで、安保体制・地位協定の矛盾を集中的に沖縄島・伊江島に転嫁する「政策」を追認してきたのである。自民党と防衛庁（省）・外務省の「政策」「施策」を事実上黙認する投票行動をくりかえした、日本の有権者たちは、沖縄の犠牲を容認するかたちで、「安全保障」を「享受」するという政治選択を明確に継続してきた罪科を直視しないまま、施政権返還後の40年弱をすごしてきたのである。あたかも、米国の世界戦略の動向や、北東有事や中国脅威論などをもって、駐留米軍を「必要悪」として容認する（「用心棒」論、「警備員」論）ことを「免罪」するかのように、1971年以降の、安保条約の自動更新を黙認してきたのが、「日本国民」の実像である。そして、そういった「自画像」をかきそこねたのが、国家権力を冷酷に描写したつもりだろう、梶田ら社会学者の本質だったのではないか？ その意味では、テクノクラートらの知的鈍感さを批判した梶田の知的鈍感さも、また、同様に指摘することが可能だろう[9]。

呈したのは、ほんの5年まえにすぎない。

8　村山政権のように、安保体制に反対をつづけてきた社会民主主義勢力まで、安保体制を維持しつづける政策に加担した経緯は、日本の社会民主主義のあしこしのよわさ、政治オンチの象徴的事例といえよう。本書執筆時点で、成立したばかりの民主党政権は、懸念されたとおり普天間飛行場移転問題で迷走をつづけている。「民主党沖縄ビジョン」（2005年）では、「普天間基地の移転についても、海兵隊の機能分散などにより、ひとまず県外移転の道を模索すべきである」とのべていたのだが。

9　梶田は、「公的・準公的機関は、主要には受益に焦点をあわせて設定された受益調整機関である場合が多く、被害・受苦に対しては相対的により鈍感な構造をもっている。……たとえば、通産省、運輸省、建設省等のほとんどの省庁は、主要には受益

ただ、以上のような梶田の限界もふくめて、同書は、(1) 受苦圏をとりまく政治状況が、すぐれて知識社会学的な課題であること、(2) 広義の環境問題が、受益圏／受苦圏の単純な地理的分離にとどまらず、重層的で複雑な政治力学・利害関係がからんでいること、(3) 受益圏にある住民のおおくは、おもには受苦圏と地理的にへだてられているがゆえに問題構造に鈍感であり、受苦圏のかかえる諸問題に対して無知か過小評価しがちであり、かりに社会問題化しても、すぐさま忘却してしまうこと、などを再確認させてくれる。梶田が、おそらく無意識のうちに、およびごしになった、あるいは黙殺してしまった、沖縄への米軍基地の異常な集中も、梶田の限界をふまえながら、その図式を適用するなら、実に明解な政治性をうきぼりにできる。

　たとえば梶田は、戦後日本で展開した「公害問題史」を①〜1966年、②1967-9年、③1970-3年、④1971年〜という、4段階に分類し、しかもその本質を、「加害者の分布」と「被害者の分布」の狭／広をクロスすることによって、(イ) 双方ともせまい「水俣病」のようなケースから、(ニ) 双方とも拡散してしまって、主体化・責任化がしづらくなってしまう「自動車排出ガス規制問題」を主軸とするような公害問題（「産業経済政策と密接にかかわる」もので「加害者・被害者いずれも可視的には存在せず、それゆえ被害者住民反対運動が形成されにくい」問題群）へと、重点が移行してきたと総括している (pp.64-6)。つまり、受益圏／受苦圏の分離の有無

を基軸にして設立され運営されている。いいかえれば、受益の集約的代弁者は存在するが、受苦の集約的代弁者が存在するということは極めて稀なのである。環境庁は、少なくともタテマエのうえでは、受苦の集約的代弁者として設定されたはずであったが、そのような存在として十分機能しているとはいいがたく、……住民運動にとってむしろ攻撃目標の一つとなっているのは、周知の事実である。また実際問題として、公的・準公的機関のみならず、工学や経済学等の学問の編成のされ方自体が、受益中心の傾向をおびている。たとえば工学部において多くの学科は、生産（物）に主眼をおいて設立されているが、廃棄（物）に主眼をおいて設立されている学科はほとんどない」［かじた1988: 11-2］とのべている。
　いささか、時代がかっている箇所が散見されるかもしれないが、20年あまりたった現在、この基本的構図に正面から反論できる官僚・大学人がどのぐらいいるだろうか？　しかし、深刻なのは、こういった慧眼そのものの梶田にしても、「施政権返還」後の沖縄米軍基地問題は、「テクノクラシーと社会運動」という対立図式のなかで、背景にしりぞいてしまった。ないしは、広義の「環境問題」とはうけとめられていなかったという点である。

とは別個に、受益圏／受苦圏の拡散・拡大傾向があること、広域に政治経済的影響がおよぶ政策の存在を梶田は強調したかったとおもわれる。しかし、沖縄をはじめとする米軍基地や原子力発電関連施設の集中、「多目的ダム」・産廃処理施設・国際空港などの建設問題等をふくめて広義の環境問題をかんがえるとき、政策の関与や受益圏の拡散・拡大という一般的傾向はみてとれるにしても、受苦圏の拡散・拡大傾向は、実はかぎられた領域にとどまるとおもわれる[10]。

　また、米国から日本へと沖縄島以南の琉球弧の施政権が返還された1972年以降が、④期にふくまれてしまうことも象徴的というほかない。施政権返還以前であれば、受益圏は「米国本土」ということが可能だったが、安保体制のもとでの「施政権返還」となれば、その受益圏に「日本本土」がふくまれないというのは、非常に曲芸的な位置づけとなるからである。もちろん、「安保体制は、単なる米国による世界戦略のための一装置にすぎず、米軍基地の集中地である「沖縄島」周辺はもとより、「日本本土」でさえも、防衛対象になどなっていない。日本列島・琉球列島は、そろって米軍のアジア中央部への出撃基地であり「後方」である」という見解は、「しるひとぞしる」地政学的現実であるが、そういったことが過去の政府・自民党の答弁等で明示されたことなどない。しかし、それこそ、そういった「安保体制の本質」論＝「密教」にほかならず、「核の傘」論をふくめて「米軍は日本をまもってくれる」という共同幻想こそ、安保体制を容認してきた政府・自民党支配への「有権者」の追認＝「顕教」だったはずである。すくなくとも「施政権返還」後の1970年代以降にかぎっていえば、虚無主義的な軍事植民地論にたつ一部をのぞいて、安全保障コスト負担論に暗黙のうちにたってきた「有権者」の立脚点は、「NIMBY（Not In My Back Yard）」そのものだったといえるだろう。

　しかも、こういった体制上の矛盾の集約的転嫁は、おなじ地点が、同時並行的に「リゾート地」として観光資本の開発対象となり、かつまた「日本本土」の観光客を集中的にうけいれる時空となったという経緯と対照したとき、実にグロテスクな

10　もちろん、原発震災や核兵器事故が発生したばあいには、「チェルノブイリ原発事故」などと同様、受苦圏は国境をこえた世界規模・長期間におよぶ巨大な時空をかかえこむことになるが、すくなくとも「受益圏」にすんでいると信じている支持者＝NIMBY層は、そういった最悪の事態がおきないと信頼しきっているはずであり（すくなくとも、不安を日常的には意識していない）、自分たちが潜在的受苦圏にははいっていないという確信があるからこその"NIMBY"という姿勢なのである。

様相をあらわす。

　東シナ海という地理的条件にもとづいた「受益圏／受苦圏」の分断による日常的忘却と、それにささえられた投票行動・政府への無批判な姿勢も卑劣だが、米軍基地に隣接するリゾート地に短期間にせよ観光してなお、その存在に鈍感なまま日常に帰還できてしまう感覚。リゾート地にむかうバスやレンタカーの車窓に再三あらわれるだろう米軍基地のフェンスへの無反応。ホテルで朝食などとりながら目をとおすだろう地元紙に毎日のようにおどる基地問題の記事への無関心。……これらの異様な心理は防衛機制そのものなのだが、全国紙レベルの問題が浮上しても、いつも「ひとごと」。かれらに「加害者意識」など、カケラもないのである[11]。太平洋戦争最後の陸上戦の舞台となった経緯、それから軍政をうけて、植民地に準ずる「占領状態」にある沖縄島周辺の状況をもたらしている構造について、公教育やマスメディアは、本気で啓発活動をつづけてきたとは到底おもえない。近年、うんざりするほどくりかえされてきた「米軍基地の県外移設は困難」というセリフとは、日本列島上に点在する米軍基地周辺を媒介に、二重の「NIMBY（Not In My Back Yard）」が自明視されるという差別構造の、卑劣でグロテスクな合理化であった。

　もちろん、沖縄島周辺の米軍基地集中だけでなく、同質の構造は、原子力発電所関連基地の集中にもみてとれる。首都圏・関西圏の電力をカバーする東京電力や関西電力を中心として、巨大消費地に電力を「安定供給」するという大義名分のために、大消費地住民にはみえない地域に建設される電力施設。なかでも、原発関連施設は、沖縄島周辺が地政学的論理で合理化されたように、その立地が自明視されてきたが、原発がコンパクトで安全なら、なぜ大消費地に隣接しないのかという批判に、電力会社や政府組織がまともに応答したことがないことは、いうまでもない。米軍の「核の傘」による「恩恵」が体感できないように、「原発による安定供給とエネルギー安保」といった「恩恵」も体感できない。しかし、重要なのは「体感」できない「恩恵」を正当化してしまう心身には、「受苦圏」がみえない点。「受苦圏」

11　これらのグロテスクさを象徴的に表現したのが、いわゆる「9・11テロ」後の、米軍基地周辺がテロ攻撃されるのではないか、という「風評」による観光客の一斉の自粛騒動であった。かれらは、「憎悪」の対象としての米軍を集中的にかかえこんでいる沖縄島周辺の経緯・現状に、自分たちが日々加担しているという自覚が全然ないのであった。しかも、これら「騒動」は、予想どおり、早々におさまって、一層の沖縄観光ブームが復活したのであった［ましこ2002a］。

の問題が一部しか報じられない、講じられない、という心理的距離が、決定的に構造的差別＝政治的磁場を決しているようにみえる[12]。

「はじめに」でのべたとおり、官僚制の構成員がくりかえす「二重思考」や、自分たちの防衛機制を合理化するために動員する「疑似科学」など、さまざまな知的詐術は、なによりも、加害者当人が、罪責にさいなまれないために不可欠な装置である。そして、そういった知的欺瞞にもとづいた情報操作は、一見「自由放任」にみえる報道体制によって、おおいかくされる。主要な経路にはまわらないマイナーな情報源が発信する重要な問題群が、あたかも存在しないかのように、悪意がないにしろ結局無視・黙殺してしまう日常生活。それらは、沖縄でくりかえされる問題群が、単なる県紙レベルのあつかいで黙殺・軽視される構造として、簡単に検証することができる[13]。なかでも、国策が背景となる「NIMBY（Not In My Back Yard）」構造のばあいは、政府や巨大企業のみならず、メディアまでが「協調」的姿勢をとることによって、大衆の「世論」が意識されることなく動員される「ハイパー独裁」は、まさに不可欠の体制といえそうだ。「自分たちは、なにもわるいことをしていない」という大衆意識の維持のためには、かれらに罪責感をもたせない必要がある。大衆支配のためにこそ、大衆の自己正当化が無自覚に維持されるように情報操作をたやすことができないのである[14]。

12　やぎ［1989］、しみず［1994, 1999］、つちや［2008］など。
13　象徴的な事例として、いわゆる「サンフランシスコ講和条約」締結50年をとりあげた社説の、おどろくほどの落差を『朝日新聞』『琉球新報』『沖縄タイムス』の3紙（いずれも2002年4月28日）で比較したものとして、ましこ［2002a］。
14　もちろん、梶田らの環境社会学的モデルのなかで、巨大消費がもたらす廃棄物問題が重要でないわけではない。たとえば行政は、分別収集や処分場問題の広報など、さまざまな情報発信をくりかえしてきた。その意味で、地域住民は充分「罪責感」をつよめてきたとおもわれる。しかし、地域住民の大半は、「すててしまえば、わすれる」という態度に終始しているのが普通であり、「すてないですむ購買」「なるべくすてないですむ消費」へと禁欲的に動員されることはマレであろう。なぜなら、廃棄後の処理過程・最終処分場などの実態を積極的に広報したりはしないからである。これは、おそらく、分別収集がまともに機能していないこと、巨大な焼却施設をつくってしまったものの活用できていないこと［すぎもと／はっとり 2009］、それどころか、大量の不法投棄をまったく捕捉・防止できていないこと［ましこ 2008a、いしわた 2002］を当局があきらかにできないからであると推定できる。一方、企業がわは、

このようにみたとき、われわれは、加害者がその自覚をもてないような知の動員すべてに対して警戒的でなければなるまい。加害者性をわすれ、共犯的に加担している構造をみえなくするような、情報操作と疑似科学による合理化総体を監視しなければならない。そのために、たとえば環境アセスメントを政策推進のための道具として、「結論ありき」の政治経済システムを合理化し、矛盾をおおいかくすような自然科学・生命科学・数理科学の悪用だけではなくて、政治経済システムを合理化するために動員される人文・社会諸科学全体に、めくばりが必要であろう。
　そして、これらの知的警戒は、こと「NIMBY（Not In My Back Yard）」構造や大量消費・大量廃棄構造の補完作業にとどまらず、あらゆる政治経済体制、支配的文化状況の合理化を画策するうごき全般にも、バランスよく配分される必要がありそうだ。政治経済権力のつねとして、「分断して統治せよ」という、普遍的戦略が指摘されてきたが、もうひとつ、「情報を全体に共有させない」、「情報の共有による自由な討論を阻止する」、「体制にとって不都合な過去情報は消去し、悲観的観測の浮上

　「環境にやさしい商品」を購買できているという幻想を徹底的に追求して、消費増大をはかっている。いわゆる成長率の鈍化によって、電力消費量や交通量などは近年あたまうちになり、減少に転じたが、消費市場全体が縮小しては企業倒産があいつぎ、失業者が社会にあふれることになるからだ。その結果、最近の環境問題の一般化の結果、消費エネルギーや廃棄物・廃棄熱等がすくない商品を「みんなでかおう」という、「マッチ・ポンプ」のようなスローガンがあふれるようになった。
　宇宙物理学者、池内了が「エコポイントを発行して電気製品を買い替え使い捨てを奨励し、エコカーの購入には破格の優遇措置を講じている。電気製品では消費電力が少なくなった、クルマでは燃費が向上したと宣伝し、それ自身はエコに貢献しているかのように見えるが、実はまだ使える製品を廃棄して買い替えを促し、売り上げを伸ばす戦術である。消費電力が減ってもその製品を作るのに投入された資源やエネルギーを考えれば省資源・省エネルギーになっていないし、いくらハイブリッド車となってもクルマの総台数が上回れば排気ガスはいっそう増えることが忘れられている。エコという言葉で環境破壊の元凶である大量消費・大量廃棄を煽っているのだからパラドックスとしか言いようがない」と批判したのは、企業・行政が共犯的に演出している偽善の本質を痛烈にうがっている［いけうち2009］。
　ちなみに、自治体管轄の廃棄物処理の実態を究明するためには、すぎもと／はっとり［2009］らのように、自治体の処理実態を個別にとりあげて、諸矛盾を指摘するばかりでなく、官庁が公表する統計から、まったく捕捉・管理できていない「暗数」を逆に推計する巨視的視点［いしわた2002］とか、逆に悪徳業者のいいのがれをゆるさないための帳簿上の矛盾をつく経営学的・会計学手法という、微視的視点［いしわた2005］も問題解明と解決のために不可欠といえよう。

を阻止する」といった、『1984年』をはじめとする、過去の作品に充分指摘ずみの普遍的戦略をいま一度ふりかえる必要があろう。

　現場版「監視・自衛のための共有資源」として、つかえそうなヒントを再整理する作業にとりかかることにしよう。

第1部

人文・社会科学の政治経済学序説

「科学の社会学」という副題をもつ、科学史・科学社会学周辺の研究者による論集『制度としての科学』[なりさだほか1989]には、いわゆる自然科学と生命科学しか射程にいれていないことが、目次だけにめをとおしても、みてとれる。知識社会学の一分野としての「科学社会学」は、事実上「自然／生命／巨大科学の社会学」であって、そこには、自明のように「人文・社会諸学」が除外されている。
　かりに、実験科学および観察等が厳密に方法化することが可能で、反証可能性や反復可能性が保障されるような、狭義の科学だけを「科学社会学」が射程にいれるのが妥当だという、方法論が成立できるとしよう。しかし、だからといって、「人文・社会諸学」が知識社会学の対象にならないとか、「広義の科学社会学」の領域にさえいれるべきでない、といった、立論は困難だろう。
　しかし、研究者養成メカニズムの社会学とか、大学論とか、そういった方向での問題意識のもとでの、科学論・知識論、あるいはカリキュラム論などはあっても、たとえば、「人文・社会諸学」を科学社会学の対象であると、方法論的自覚にたった研究は、管見では、ほとんどないといってよさそうにみえる。
　そんななかで、大蔵官僚（当時）が駆使する科学観・学問観を解析してその政治性をあきらかにした、かじた[1988]などは、例外的なとりくみだといえそうだ。博士論文に加筆した、ましこ[1997=2003c]や、その延長線上にある、ましこ[2002d]は、言語研究や歴史研究が公教育の政治性を規定するイデオロギー装置であるとの問題意識で展開した知識社会学であり、科学社会学の応用ケースであった。梶田孝道が無自覚に政治性をおびる経済官僚（テクノクラート）の科学観を対象化したのに対して、著者は、公教育に影響を行使している学界の無自覚な政治性を対象化したといえる。
　本書の第1部は、著者が1990年代から2000年代にかけて一貫しておってきた問題関心を整理した論考群である。知識人批判や学界批判をくりかえすうえで、論考ごと、論集ごとに、方法論上の問題意識は展開したし、とりわけ博士論文等では、それなりに体系的な「知識社会学」観、「科学社会学」観を展開したつもりではあるが、それらでかたりきれない論点があること、それらを総合した方法論的検討の必要性を感じていた。「知の序列：学術の政治経済学序説」「社会科学の射程＝境界線再考」「科学の対象としての文化・再考：文化の社会学序説」は、いずれも、大学常勤ポストについて、「入門書」1作めである『たたかいの社会学』を脱稿したのちに起稿

した2000年代初期の論考である。

　第1章「知の序列」でとりあげたのは、社会のなかに公然・隠然と集団・個人の序列化がくりかえされているのと同様に、諸学に事実上の威信秩序があり、社会的評価の大小や予算配分などで歴然とした格差があり、それらは暗黙のうちに正当化されていること。それら「格差」が客観的で必然的な序列によるものとは到底おもえないことは、さまざまな点からうかがえる。当然、こういった問題は、マートンによる「マタイ効果」の実証研究にそって、実際にどのように格差構造が放置・再生産されているかがたしかめられるべきであろうが、かりにこういった研究課題で科学研究費として助成金がだされたりすれば、さまざまな感情的反発が予想される。実際、具体的な研究者や組織に「迷惑」がかからない実証研究が可能にはおもえず、おそらく、おおくの人物がうすうすきづきながら、タブーにふれることをおそれてさけてきた領域だとおもわれる。しかし、「社会的事実」として、知の威信秩序と、その格差構造は実在するのであり、その相当部分は、「当然」とはいえない性格をもっているとおもわれる。第1章は、その序論的論考である。

　第2章「社会科学の射程＝境界線再考」は、副題に「狭義の社会科学と広義の社会科学」としるしたとおり、「社会科学」という学問領域にも、「言語ゲーム」「家族的類似」（ウィトゲンシュタイン）[1]といった構造があてはまることを整理しようとし

---

1 「家族的類似（かぞくてきるいじ、family resemblance）とは、言語哲学・認知言語学上の概念で、語の意味を部分的な共通性によって結びついた集合体とみなす考え方。ルートヴィヒ・ウィトゲンシュタインはその著書『哲学探究』のなかで、「ゲーム」（独: Spiel）という語をとりあげ、「ゲーム」と呼ばれている全ての外延（対象）を特徴づけるような共通の内包（意義）は存在せず、実際には「勝敗が定まること」や「娯楽性」など部分的に共通する特徴によって全体が緩くつながっているに過ぎないことを指摘し、これを家族的類似と名付けた。……」（ウィキペディア「家族的類似」2009/10/26 08:00確認）。民族文化を区分できるか、という問題設定に対する、とりあえずの解答として、このモデルを「日本文化」論に適用したものとして、ましこ[2008c: 93-5]。家族の連続性問題のアナロジーで、世界の現象を議論しようとするウィトゲンシュタインの問題設定の射程のうち、遺伝子情報上、かならずしもちかくはない男女が、性交渉によってあらたな血族ネットワークを形成する（異質な遺伝子集団を結合する結節点として核家族が機能する）という事実のもつ意味は、なぜか軽視されてきた。男女による妊娠という現象のアナロジーは、遺伝子的な次元にとどまらず、およそ文化現象全般の同一性・異同・交雑の問題を、相当程度整理してくれる。

たものである。それは、第3章「科学の対象としての文化・再考」と「分業」するかたちで、「社会科学」を「人文諸学」と別領域とするような分類は不毛であるばかりでなく、不可能であること、わざわざ「学際領域」といった「分類」をくだすことの無意味さを検討している。科学研究費の分類も、形式主義にたつほかない事情があるとはいえ、内実としては不毛な区分にもとづいた結果しかもたらさないことも、あきらかになるはずである。

　一方、第3章「科学の対象としての文化・再考」でとりあげるのは、通常「文化」現象として学問の対象とされる事物には、おおきなかたよりがあり、「サブカルチャー」をはじめとする大衆文化やマニア文化など、高級文化や伝統文化などと距離がある文化現象は、暗黙のうちに軽視されていること。それは、第1章「知の序列」とならんで、研究対象の政治性、研究助成・ポスト等の政治性という、実に政治経済学的に興味ぶかい現象でちりばめられているのである。

　これらの問題群は、第2部の「言語論」論で、さまざまな現象を素材に実証されるだろう。社会現象の典型例のひとつである、言語現象をとりまく諸問題。それを論ずることは、政治性をかならずおびるし、であるがゆえに、意識されないイデオロギーや防衛機制が作動する。それを分析する諸学も当然政治性をまぬがれない。分析する諸学（メタ言語）の同一性・異同問題も、対象（現象）の同一性・異同問題とかぶさるかたちで、あるいは別次元で発生するだろう。そのことに無自覚な政治闘争は不毛だし、かりに自覚的であれ、そこにからまる差別や序列化、資源の収集・分配の政治に、それらは陰に陽にかかわってくる。大学関係者たちも、予算やポストなど、みえやすい資源配分闘争には、充分自覚的だが、以上のような、かくされた、あるいは意識することがさけられてきた政治闘争（politics, hegemony 等々）には、なかなか意識がまわらない[2]。

---

[2]　もちろん、意識しても、政治経済的にどうにもならないケースもすくなくない。かんがえても、脱出方法がみあたらないことを直感して、ただ直視をさけてながされる層もすくなくなさそうだ。しかし、そのこと自体が、「イジメ」の黙認などと同様、「なきねいり」「受忍」といった、事実上の体制の再生産への消極的加担であることは、いうまでもない。たとえば血液型性格判断や星座うらない等の迷信を放置しておくのは、自分をとりまく集団が自明視している宗教儀礼等に、いちいちめくじらをたてることをさけるたちばと通底しているかもしれない。実際、動物行動学者リチャード・ドーキンスのような果敢で攻撃的な社会批判は、「平穏」な日常生活をおくることを窮屈にするだろうからだ。しかし、社会ダーウィニズムやミソジニー（女性

広義のリスク論は、たちばなき ほか［2007］や、それにさきんずる、ベック［1998］および、ひじかた／ナセヒ［2002］など、かなりの蓄積があるが、リスク対策なるものが、すべて「善」なるものでないことは、いわゆる公安警察の活動や各組織の防諜部隊、安全保障のなのもとの地政学的・軍事学的な合理化など、枚挙にいとまがない。犯罪統計がしめす質的・量的悪化とは別個の次元で「体感治安」を問題化する警察当局や「外国人犯罪」に焦点をあてるメディア、いたずらに不安をあおっているとしかおもえない「メタボリック・シンドローム」対策や、「新型インフルエンザ」騒動に象徴される「パンデミック」論、等々、政府当局や「学界」がさかんに喧伝する「リスク対策」は、はたして合理的な根拠をもっているのか、それらと、たとえば原発震災対策の不安などが、たとえば「原発アレルギー」といった侮蔑のこもったステレオタイプの横行とくらべたとき、それは、非常にバランスをかいた異様な光景にみえる。また、死因が不明なまま解剖がさけられたり、被疑者とりしらべ過程を全面可視化しようという人権団体・弁護士らに抵抗をこころみる、警察・司法当局の反論も、実にきなくさい。死刑存廃や刑務所の処遇などをめぐる諸問題も軽視できない。研究者自身が、ジャーナリストなどとならんで、搾取的調査など調査公害をひきおこす、加害者性も無視できない深刻な課題である。

　これらは、いわゆる自然科学・生命科学の分野にとどまらない、社会疫学や犯罪学、社会調査論など、人文・社会的要因がからまった、いわゆる「学際的」な問題領域であるが、少年犯罪リスク問題や健康不安問題などをのぞくと、社会学周辺の研究者の動向は、管見では活発とはいいがたい印象がつよい。これら山積する問題には、一般むけの議論としては、ましこ［2000a=2007, 2005a］等でふれたが、第1部では、まったくといっていいほどふれていない。今後の課題としたい[3]。

3　嫌悪）にねざした人種主義や女性差別・障碍者差別・老人差別等を合理化するような言動をまえにしながら、それらといっさいたたかわない姿勢、地政学的な言動を放置しつづける政治的位置どりとなると、はなしはかわってくる。
「体感治安」周辺の議論としては、みやざき／おーたに［2004］、かわい・みきお［2004］、はまい／せりざわ［2006］、かんが［2007］および、批判をあびている、まえだ［2000］など。死刑ほか刑務所関連については、はら［2001］、はまい［2006］、さかもと［2006, 2009］など。精神医療の犯罪的処遇の告発としては、ぜんしんとものかい［2005］。とりしらべ過程や「証言」周辺については、くまい［2001］、はまだ［2001, 2002, 2004, 2005, 2006］、いちのせ ほか［2001］、いつくしま ほか［2003］、やまもと ほか［2003］、たかぎ・こーたろー［2006］など。疫学的・社会学的な健

康リスクについては、とだ [1994]、さとー／くろだ [1998]、よねやま [2000]、うえすぎ [2002]、マーモット／ウィルキンソン [2002]、のむら [2003]、カワチ／ケネディ [2004]、こんどー [2005, 2007]、ソン [2008] など。生命工学などの政治性については、よねもと [2006] など。インフルエンザ・リスク周辺の諸問題については、もり／やまもと／はま [2004] など。被爆リスクについては、もりえ [1979, 1989]、やぎ [1989]、やまもと／あいかわ [1992]、こいで／あだち [1997]、たかぎ [2000]、ばん／まえだ／こいで [2007]、げんぱつろーきゅーかもんだいけんきゅーかい [2008]、にーがたにっぽーしゃ とくべつしゅざいはん [2009] など。調査公害問題としては、こーりつだいがくほーじんやまぐちけんりつだいがく [2008]、みやもと／あんけー [2008] など。

第1章

知の序列

学術の政治経済学序説

1. 「職業の貴賎」と「学術の序列」[1]
1.1.「職業の貴賎」と社会学の階級階層論

「職業に貴賎などない」ということわざがある。しかし社会学などは、職業の威信序列といった、事実上の「貴賎」意識の秩序構造をあきらかにしようとする。では、社会学はありもしない幻影をさがしもとめて、あるいは、一部の差別主義者にのみのこる、時代おくれの「番付意識」をむしかえしているだけなのだろうか？
社会学者が「職業威信の序列は実在する（たとえば、数量化することが可能な実体としてある）」とのべたとき、世間の反応は、およそ2つにわれるのではないか？「それはそうでしょうね。そんなあたりまえのことをたしかめて、なんになるんですか？」といった意外な感覚の表出か、「職業に貴賎などないのに、くだらない差別があったころの意識をまだひきずって、差別意識を復活させようとしている」といった感情的反発かである[2]。

---

1 本章は、中京大学社会科学研究所『社会科学研究』第23号第1号（2003年）所収の同名の論文を再録したものである。再録するにあたって、註記等を中心に、時代おくれになった事項を修正し、必要な加除をおこなった。
2 もちろん、「職業威信」という差別意識をともなった社会的序列とは別次元で、「職業の貴賎」が実在するととくひともいるだろう。たとえば、ひとを不当にこまらせることを「職業」としている層も実在する。たとえば、詐欺／恐喝など犯罪行為が

こまかな論証ははぶくが、職業威信の序列構造は否定できない。おそらく、後者の反応というのは、「職業に貴賎などない」という理念（きれいごと）を奉じていると自認する人物が、現実の社会構造をうすうす認識しつつも、そのことを躍起になって否定しているということであろう。防衛機制がつよく、自分の感覚を正直にみとめられない人物なら、認識しているという事実自体を抑圧して、みとめようとしないだろう。しかし、理づめでおいこめば、自己矛盾を自覚する可能性がないわけではない。あるいは、「職業に貴賎をつけている現実社会がまちがっている」という理念主義から、「貴賎があってはならない（から、存在しない）のだ」と断定しているひともあろう。これだと、現実をはじめから直視することをさけているのだから、議論もなりたたなければ、説得も不可能である。

　では、「（職業威信が実在するなんて）そんなあたりまえのことをたしかめて、なんになるんですか？」という反応はどうであろう。職業威信をはじめとした階級階層論などにとりくむ社会学は、無意味な知的ゲームなのであろうか？　これにこたえるためには、「なんになる」という疑問を整理する必要がまずあるだろう。モジどおりナンセンス（無意味）でないということは、おいおいわかるので、ここではぶく。とすれば、のこりのソボクな疑問とは、「なんの役にもたたないのでは？」というものであろう。わたし自身は階級階層論を専門としていない（専門としているひとに、ぶしつけにたずねたこともない）が、個人的には、階級階層論になくなってほしくない。是非同業者にデータを提供しつづけてほしい分野のひとつなのだ。そういった次元だが、わたしが感じる「必要」とは、つぎのようなものだ。

　　　生業であるばあい、あるいは、覚せい剤や武器など社会病理や巨悪の温床を製造／売買することが生業であるばあいなどを「賎業」「醜業」とみなす職業観などである。これは「理念型」としてはすぐれた世界観といえそうだが、反社会性については、あきらかに連続体であって、明瞭に善悪でわりきれないうらみがのこる。たとえば、梅澤正のいう「裏稼業」「履歴書に記入できない職業」は社会の裏面を確実にささえて機能しているのだが、反社会的性格とせなかあわせである［うめざわ2001: 2-7］。しかし、「職業の貴賎」がとわれるとき、通常それは暗黙のうちに「職業威信」の次元での序列をさしていることに着目すべきである。「貴賎」とは、労働の本質的価値というよりも、社会が「威信秩序」にそって「ねぶみ」している「序列」でしかないのが普通なのだ。そういった、ある意味、権威主義的、ないし拝金主義的価値序列でしか、職業を位置づけられない自分たちにうしろめたさを感じるからこそ、「聖職」とか「縁のしたのちからもち」といった偽善的なもちあげかたを、ときにするのであろう。

近代社会の構成原理のひとつである「業績原理」にとって、職業威信もふくめた階級階層の構造と動態とは、理念どおりに近代社会がくりひろげられているかどうかをしめす重要な指標なのだ。「業績原理」にある以上は、「属性原理」にもとづく身分社会とはちがって、同一業種内および異業種間で競争があり、そこで一定のゲームの結果（＝業績）に応じて、所得とか労働条件とか、さまざまな経済的政治的文化的な配分がおこなわれているはずだ。職業威信もふくめた階級階層の構造と動態が、公平な競争にもとづいた業績原理を反映していないのなら、それは、競争のルールや分配のルールに不公正があることを間接的に証明していることになる。たとえば、同一労働には同一の報酬が約束されるはずだが、実際には、男／女や正規雇用／臨時雇用といった属性によって、不平等な報酬が現実にある。あるいは、業績原理に即して競争がおこなわれるというなら、ゲームのスタートラインは平等でなければならないはずだが、オーナー企業の経営者が自分の血縁を後継者にえらぶとか巨大遺産をのこすなど、あきらかに特権的な層がいるかとおもえば、周囲から差別をうけたり先代の負債をひきついだりするなど、マイナスからスタートするほかない層もいる。フィリピンのゴミ処分場からカネになりそうなものをひろいあげねば生活ができない、あるいは借金のカタに自分の腎臓をうらねばならない層がいる一方で、東京中央部の広大な緑地にかこまれた大邸宅にくらしつつ、税金のかからない生活費を国税から支給されている集団が実在する。冷静に経済力の分布をみれば、不平等かつ不公正な配分がなされていることは否定できまい。要は、「業績原理」という原則は、あくまで原則にすぎなくて、例外事項がおびただしくあるということだ[3]。

1.2. 自己省察の対象としての「学術の序列」

　さて、研究者、おもに社会科学者のおおくが死角としてかかえているのは、以上

---

[3] ある意味、「業績原理」は空洞化し、破綻し、あるいは実現したことなどなかったという世界観さえも非常識ではないかもしれない。社会主義体制がどんどん破綻していくなかで、マルクス経済学の威信は地におちた観もあるが、市場競争という名の「業績原理」など洗練された搾取装置にすぎないというマルクス派の政治経済哲学は、いまだ無意味化したとはいえまい。すくなくとも南北格差の階級的構造をみれば、そのリアリティは依然きわだっているのだから。

のような政治経済学的構造から、あたかも自由に知の自律性をたもっているかのような誤解である。マンハイムらがとなえた存在被拘束性は、マンハイム自身の期待にもかかわらず、自己という存在の社会的出自から自由な知識人などありえないことを、冷酷にも論証しつづけてきたといえよう[4]。ある意味局外者かもしれない中国文学者がえがいた刑法学者の自己矛盾は、「しろうとの憶測」とかたづけられるような次元をこえているであろう（高橋和巳『悲の器』）。主人公の刑法学者、正木典膳は、内縁のつまからの損害賠償請求の被告とはいえ、よもやみずからが法廷にひきずりだされるとは想像もしていなかったにちがいない[5]。

あるいは「現在は労働力が過剰であり、調整局面である」といった、「客観的」発言をくりかえすエコノミストたちは、結局のところ「現在の失業者層は労働市場のさけられない産物である（＝しかたがない）」と放言しているにすぎない。たしかに大学人であれ民間エコノミストであれ、目前の失業者に具体的な救済をほどこす権限はあたえられていまい。その意味では、たしかに「しかたがない」。しかし「しかたがない」と専門人として公然と発言することは、「経世済民」を義務づけられた政官財エリートの営為努力の不十分さを追認する政治性をおびることをさけられない。そして、再帰的な意味でさらに問題なのは、自分たちエコノミストが、失業者のうずのなかにのみこまれることは、まずもって想定しないでの発言、という政治性である。かれら（ときに、かのじょら）は、みずからは労働市場という「闘技場」のそとで「自由かつ客観的な発言」が可能な「たちば」にあると信じてうたがっていないのである。

もう多言は要さないであろう。学術分野のほとんどは、職業威信秩序という「闘

---

[4] 「自由に浮動する知識人」といったイメージをかたったマンハイムだが、それはあくまで可能性にすぎず、第一級の知識人とて、おのれの出自が規定する認識わくぐみから自由であることは、むしろマレであろう。むしろ思想史や学説史は、歴史上（つまり第一級）の知識人の時代的制約のつよさをうきぼりにしてきたといえよう。

[5] 冷静に状況を判断できれば、みずからの不実な言動が民事訴訟にいたることは法学者として自明だったはずである。皮肉なみかたをすれば、占い師はみずからの近未来を予測しかねることがしばしばであるのと同様、専門人の認知上の死角が市民的な倫理とともに、痛烈にとわれた作品といえよう。もちろん、治安維持法下、同僚が思想犯として獄中でひねりつぶされていくことを傍観し、みずからは検事に転出して難をのがれ、戦後大学人として復帰するといった経緯＝「転向」問題もふくめて、主人公が象徴する倫理性は多岐にわたるのであるが（高橋和巳『悲の器』）。

技場」のうちがわにある。全体社会の職業威信秩序の一部＝部分社会としての研究者という層内部での威信秩序という政治経済的な序列構造のほかならない部分として。それを自覚できない大学人は、ときとして、作中の刑法学者のような失態を演ずるおそれがあるわけだ[6]。

　本論考は、通常、同僚／同業者への配慮からタブー化されることで、実は、解明され可能なかぎり改善がとりくまれるべき構造、外部に隠蔽され、ときには当事者自体の認識からも抑圧されている体制を明確化する第一歩である。これは、ともすれば自然科学の政治性、ないし自然科学者の存在被拘束性の記述／暴露にかたよってきた知識社会学の本来的な射程をひろげる意味もあわせもつであろう[7]。

2. 「学術の序列」の基本構造

2.1. 学術の諸領域の格差

　学術には事実上の序列が厳然としてある。第1に、学術とはみなされない知的生産物があること自体がそのことをうらがきしている。これは「オタク文化」ほか、いわゆる「サブカルチャー」などの学術と認識されない知的領域だけをさしているのではない。「サブカルチャー」を対象化する、いわゆる「カルチュラル・スタディーズ」自体が、長期間かけてようやく学術研究の一部と認知されるようになったという経緯ひとつとっても、実は、ひとつの学問領域が確立し認知されるまでには、一種の政治経済学的な闘争がくりひろげられているといえるのである。いや、もっとも長期間かかって認知された学問領域としては、フェミニズム研究をあげるべきだろう。それはリベラリズム思想や社会主義思想の下位単位として出発しながらも、独自の研究分野として理解されたのは、1970年代以降といってよかろう[8]。

6　もちろん、研究者の威信秩序問題の外部に、みずからが超越的にたつと夢想する社会学研究者や、政治経済学研究者がいるとしたら、とんだおろかものといえよう。
7　人文・社会科学の政治性についての知識社会学的分析については、すでにいくつかの実践をとうてきた。たとえば単行本にかぎっても［ましこ1997=2001c=2003c, 2000a=2007, 2002a, d］。
8　ある意味、フェミニズムは、皮肉にも人種主義批判を用意した人類学同様、カルチュラル・スタディーズのつゆはらいをしたのであり、フェミニズムが学術分野の一

いったん、こういった知的姿勢が認知されれば、ゲイ／レズビアン・スタディーズ、大衆文化研究、アカデミズムの社会学、社会学の社会学……などと、やつぎばやに、あらたな分野が登場するが、それらの対象が以前には存在しなかったとはかんがえにくい。対象が存在していても、研究対象として認識するわくぐみがなかったというかもしれないが、カルチュラル・スタディーズの前史が実際には相当長期間であったことなどをみても、萌芽的な意識はずいぶんまえから存在していたとかんがえられる。とりわけ、カルチュラル・スタディーズの一部である「サバルタン・スタディーズ」[9]の前史などは、被差別者自身が、被差別感／違和感をそれこそきがとおくなるぐら長期間にわたって、蓄積／継承してきたものを基盤にしたものといえよう[10]。その意味では、明確に言語化されたことがないとか、学術研究者のめにとまらなかったからといって、対自化する意識が存在しなかったと即断するのは、それこそ体制的／保守的な姿勢といえよう。

　第2に、大学人が専攻として公言している分野でも、研究費がつかないとか、分類するわくぐみが公的には存在しないといったことがしばしばある。「犯罪学」や「ギャンブル学」専攻を自称する研究者は、文部科学省の科学研究費にコードナンバーが存在しないと批判する。たしかに日本犯罪学会や日本犯罪社会学会が実在するのだから、犯罪学という学問的わくぐみはあるのだが、この研究者がのべるとおり、適切な審査員が存在しない「社会学」か、研究手法などがことなる「刑事法学」に申請するしかない。そのせいか、何回も申請をだしながら、一度も研究費を獲得できていないようだ。たしかに、役人が一度予算をつけたものを撤回しようとせず、あたらしい分野をつくろうとすると、既存の分野の予算をけずらねばならないので、いきおい保守的な姿勢が維持され、重要とおもわれる新領域に対応するコードがつくられにくい。そして予算がつきにくいという構造は容易に推測できる。「「ギャンブル学」など、どの分野で申請してよいかもわからないし、研究費が支給

　　　部として認知されるときには、ほぼ同時に後発のカルチュラル・スタディーズも認知されるという、皮肉なめぐりあわせがあったといえよう。
9　植民地化された空間、ないしは植民地に出自をもつ集団、難民など、被差別状況／意識を媒介にして、旧宗主国の帝国意識などをうきぼりにする一連の研究をさす。
10　被差別者自身が、被差別感／違和感を蓄積／継承してきたものの最たるものが、フェミニズムの原基であることは、いうまでもない。

されるはずもなかろう」というなげきも、わからなくもない［たにおか2000: 98-9］[11]。
いってみれば、新分野を開拓しようとする研究者は、企業組織のなかで新規事業を提案する企業人同様、官僚制という惰性体に挑戦するかたちで一歩一歩地歩をかためていくほかないのである。それは制度化され予算を獲得しつづけてきた既存の分野とくらべて、いちじるしく不利なあつかいにあまんじるほかないことを意味する。

実際、カルチュラル・スタディーズなどが対象化してきた大衆文化や、一部の社会学者が対象化した女子高生文化などは、文学／人類学／社会学といった、既存のわくぐみのなかで地位をえた研究者がとりくんだから、ある意味成立し、また日のめをみたのだといえよう。もし、無名な大学院生や、アマチュア研究者がとりあげても、単なる風俗描写としかうけとられなかった危険性がたかいのではないか。つまり、新規分野とは、「既存の分野の下位単位であることが判明した」、あるいは「既存の手法が同様に適用可能だとわかった」という正当化に成功した研究の別名ともいえるのである。逆にいえば、こういったテーマを修士論文や博士論文、ないしは学会誌論文として、発表することは、研究者生命を早期にたたれる危険性をともなうということでもある。

予算がつきにくいということは、常勤の研究者が個人の趣味的な関心をとうことは可能でも、共同研究者や後輩たちをたばねることが困難であることを意味するし、

11　いわゆる「科研費」の学問分野の系統分類の非科学性と矛盾については、本書第2章参照。ただし、この研究者の制度批判は、そのままうのみにはできないかもしれない。自分にはバイアスがまったくかかっておらず、評価されないのは制度や社会がわるいからだと一方的に信じているふしがあるからだ。たとえば、セクハラ被害の調査を批判する箇所では、「いやらしい目つきで体を見られた」と判断したのは、アンケートに答えた女性の主観であろう」などとのべることで、セクハラ被害者が過大にみつもられているといった結論をくだしている［たにおか2000: 40-2］。「いやらしい目つきで体を見られた」という不快な経験をセクハラとみとめないという感覚は、およそセクハラ概念、あるいは批判の動向を理解していない、かなりかたよった見解のはずだが、本人にはその自覚がまったく欠如している。また、少年非行と食生活の関連性を調査したものを批判するくだりでも、「犯罪学を専門とする筆者に言わせれば、この相関はいずれも「親の躾の手抜き」から派生した結果にすぎず」などといった論理をもちだす［同上: 26］。「犯罪学を専門とする」研究者にしては、あまりにずさんでお粗末な仮説にもとづいて研究していることが露呈しているのだが、やはり自覚はなさそうである。「筆者は学者として、そして教員として、大変厳しいレベルの倫理観を持っていると自負している」と豪語するにしては、自己省察が不足にすぎよう［たにおか2001: 6］。研究者の知的誠実さについては、註20参照。

まして大学など研究機関で後継者を育成するような条件は、まずえられないことも意味するだろう。マレに、一般うけする素材をおっている研究者が、出版社とコネをもっているばあいに、一般むけ書物として成果を公表することは可能かもしれないが、その可能性はひくいであろう。予算／なかま／後継者／発表媒体をえられない研究者／研究分野が、世間的に認知されるはずがない。科学社会学の元祖とよばれるR. K. マートンがのべた「マタイ効果」は劇的に作用するであろう[12]。

　第3に、ノーベル賞をはじめとして、さまざまな権威をおびた褒章制度自体、ある意味露骨な序列化装置といえよう。たとえば社会科学では、ノーベル賞級の評価があるのは経済学だけである（アルフレッド・ノーベル記念経済学スウェーデン銀行賞）。社会科学で厳密なノーマル・サイエンス（Th. クーン）とみなされうるのが経済学だけだからといった合理化は根拠がうすすぎるだろう。前述したように、経済理論が論者の存在被拘束性をまぬがれるといった想定は、うけいれがたいからである。もちろん、ノーベル賞をはじめとする世評が歴史的限界をおったものであることは、いうまでもない。ともかく、法学であれ、社会学であれ、政治学であれ、経済学理論に明白に貢献するとみとめられないかぎり、「ノーベル経済学賞」受賞はありえないという点で、経済学は特別な地位をあたえられているといえよう。それは自然科学においてもそうである。たとえば、動物行動学者ティンバーゲンが受賞したのは医学・生理学賞であり、生物学賞は存在しない。農学や工学、環境科学ほか無数の自然科学の分野のうち、物理学／化学／医学・生理学の3分野いずれかに貢献したとみなされないかぎり、受賞はありえないのだ。

　ノーベル賞という褒章が、特別に分野のせまい制度なのだというなら、文化勲章とか朝日賞などの対象となってきた分野をかんがえればよい。第2の論点ともかさなるが、たとえば「ギャンブル社会学」の研究者が今後、そういった権威あるかたちの受賞にあずかるだろうか？　おそらく、反体制的でもなく、著名であっても、

12　R. K. マートンは、一度顕著な業績をあげた研究者が、それ以降、知名度／予算／情報／発表の場／人材などを優先的にかちとり、業績をあげそこねた研究者がそういった諸資源／機会をあたえられないことで、両者の格差が一方的に拡大していくという科学社会学の実証研究でえられた知見を図式化し、「マタイ効果」[Matthew effect; Matea efiko] となづけた。これは、「マタイによる福音書13章12節」の「もてるものは、ますますとみ、もたざるものは、そのもてるものさえ、うばわれるであろう」という聖句に着想をえた、印象ぶかい命名といえよう [Merton1973, ましこ 2002d: 22]。

選考の候補にさえあがらないであろう。いってみれば、制度的に確立したと認知され、蓄積が重厚につみかさねられてきた分野の研究者・パフォーマーだけが褒章の対象候補なのである。新規分野の開拓者が受賞したにしろ、それは開拓の功績をたたえるのではなくて、既存の分野をひろげたという点での評価のはずである。

2.2. スポーツとの比較

　こういった学術の序列構造は、オリンピックやワールドカップなどと比較すると、明瞭な相似形をみてとることができる。

　まず第1にオリンピックやワールドカップで正式種目となっているのは、世界のスポーツのごく一部である。オリンピックが多種目化・肥大化したといわれるが、それでも一部なのである。おもいつくままあげるだけでも、以前正式種目だった「つなひき」は、はずされたままであるし、格闘技はレスリング／柔道／テコンドー／フェンシングしか種目となっていない。またフットボール系はサッカーだけである。これらの事態を、世界化したものだけが正式種目なのだといった説明をつけるのはくるしい。冬のスポーツなどは、ほとんどが欧米諸国（およびその植民地）でしかなされないものでしかなく、世界性などないし、格闘技ではテコンドーより空手のほうが世界性があきらかであろう。要は、政治力と歴史的経緯だけが、正式種目をきめているのである。つまり、世界的な権威として称揚されるスポーツとは、きわめて恣意的に選別されているのであって、世界中から注目されているわけでも、世界中で愛好されているのでもない。ひるがえって、音楽や視覚芸術もふくめた広義の学術にあっては、スポーツ以上に享受者がかぎられているのだから、こういった恣意性はより強度といえよう。

　第2に、オリンピックの種目には、注目度や資金の流動量、つまりは選手層や関係者の人口に、非常な格差がある。ワールドカップが非常にかぎられた種目しかないことは、巨大なスポンサー、つまりは膨大な視聴者マーケットという存在が前提とならないかぎり、大会がなりたたないことの証左ともいえる。優勝者のなまえが何十年も記憶されるオリンピック種目があるかとおもえば、関係者以外、ほとんどしられていない種目さえある。前者は、事実上プロ化が極度にすすんでおり、巨額の賞金やスポンサー料がうごく、巨大ビジネスである一方、後者は、構造上アマチ

ュアリズムしか成立しない空間といえよう。そこには、世界の注目度や、選手個人の知名度、選手や関係者の経済力といった、さまざまな次元で巨大な格差があり、およそ、おなじスポーツ関係者とひとくくりにすることが不可能な対照的存在として分布しているという意味で、まさに「マタイ効果」といえる。

音楽や視覚芸術もふくめた、広義の学術にあっても、構造は基本的に同形である。学会に企業の協賛があいつぎ、大会が一流ホテルをかりきるような、医学・薬学・建築学といった分野が一方であり、事実上、使用料をとられない大学しか大会会場につかえない、文科系のミニ学会がある。学会員の副収入をふくめた可処分所得や資産など、両者の経済的地位の平均水準が、おなじ「収入十分位」に位置することはなかろう[13]。まさに「○金／○ビ」の好対照であって、おなじ研究職というくくりかたは、まちがっているといえる[14]。

3. 「学術の序列」の社会的基盤

つぎに、前節でみた基本構造をささえる社会的基盤をかんがえてみよう。「学術の序列」は恣意的な要素がからまることを指摘しておいた。しかし、現実に序列が

---

[13] 「収入十分位」とは、世帯などの収入分布を世帯数全体を10等分したばあいの平均値でだす統計である。全国の「二人以上の世帯」のうち71万8110世帯が抽出され、抽出世帯全体を機械的に「年間収入」で「十分位階級」に区分し「1世帯当たり1か月間の収入と支出」があきらかにされているだけでなく、「十分位階級」ごとの「年間収入」の平均値などもしるされている。ちなみに、2008年3月時点でのデータのばあい、全体の平均年収が637万円に対して、中央値をはさむ第V位と第VI位は、それぞれ511万円と590万円で、両者の単純平均が550万円と、高所得世帯に平均値がひきずられていること、「二人以上の世帯のうち勤労者世帯」にかぎれば、同様に、平均719万円、第V位＝615万円、第VI位＝694万円、両者の単純平均＝655万円といった分布がわかる（総務省統計局「家計調査結果表」の「第2-8表 年間収入十分位階級別1世帯当たり1か月間の収入と支出」）。

[14] 原著『金魂巻』が発表された1984年、「○金／○ビ」は、『現代用語の基礎知識』を刊行する自由国民社がこの年創設した日本新語・流行語大賞で金賞（流行語部門）を獲得した（85年には映画化もされた）。大衆のあこがれの職種のなかに、ジュニアなど、実質的な階層差／階級差が存在することをえがいた着眼は、パロディ形式にもかかわらず、社会学的な意義をもっていたといえる［わたなべほか1988］。

再生産され、さまざまな稀少財があきらかな格差をもって配分される構造がみてとれる以上、そこに一定の構造とその基盤が存在しているはずである。それは一体なんであろうか？

　学会に企業の協賛があいつぐ医学・薬学・建築学といった分野の存立基盤は、ある意味自明であろう。市場、とりわけ商品の単価、ないし総額が、他分野とは別格におおきいのである。したがって、業界の資金や公共団体などの予算が大量に流入する構造が制度化されているといえよう。

　「ノーベル経済学賞」受賞の機会はないものの、すくなくとも日本で経済学に伍して勢力をたもつ学問分野といえば、もちろん法学であろう。それはもちろん、三権の根拠が法律であり、また私企業が規制されているのも法制度だからにほかならない。以下、いささかまわりみちになるが、単なる権力組織にとどまらない性格をおびるにいたった、専門知を基盤にした官僚層による支配（テクノクラシー）を素描してみよう。

3.1. テクノクラシーにとっての学術知

　合州国の支配体制を批判した社会学者ミルズは、「パワー・エリート」という概念を提起することで、先進諸地域における知識層の権力維持をうきぼりにした［ミルズ1969］。またフランスの社会学者アラン・トゥレーヌは、ポスト産業社会を支配しているのは資本家階級ではなくて、専門的・技術的知識をもった「テクノクラート」（＝技術官僚）だと指摘した先駆者であった［トゥレーヌ1970］。さらに、合州国の社会学者グールドナーは、プラトン以来、知識人はみな、暗黙のうちに、知識人＝精神的貴族による支配（「哲人支配」）をゆめみてきたと断じた［グールドナー1988］。その端的な表現が、既存社会主義体制におけるテクノクラシーだというのだ[15]。

15　社会主義体制のテクノクラシーを内部から社会学的に分析した労作としては、コンラッド／セレニイ［1986］。コンラッドとセレニイのハンガリー体制の批判的分析は、セレニイが序文でかいているとおり、マルクス的階級分析を社会主義体制に適用し、しかもそれが有効であるという、非常に皮肉な産物であり、しかも批判がまとをいているだけに、その執筆には当局からきびしい監視のめがそそがれ、当初から地下出版的性格をおびていた。ふたりは拘束されたが、国内外の抗議行動によりようやく釈放された。そして、亡命したセレニイのもとに、国外にもちだされた原稿のコ

ひるがえって近代日本をみても、学制にもとづく識字層の普遍化をインフラ整備と並行してすすめる一方、帝国大学を頂点としたテクノクラシーを意識的に推進したと総括可能だろう。戦後の高度経済成長期をへることで「学士様」のインフレが進行し、さらには「博士」のありがたみもかぎりなくかるくなりそうな気配はある。しかし政府の諸問機関に「学識経験者」と総称される知識人が配置されること、そしてテクノクラシーの具現化である「キャリア官僚」たちの権威の源泉が、有力大学でまなんだ成果を国家公務員採用試験によって証明＝選抜されたことにあるとも、いなめまい。とりわけ「キャリア官僚」選抜試験でとわれる「教養」と「専門知識」が、双方とも大学研究者の成果のクイズ化に基盤をおいていることは重要だ[16]。

16　ピーがとどけられることで刊行にこぎつけたという、いわくつきの作品である。それは、インテリゲンツィアが権力をにぎったばあい、哲学者による国家統治が妥当であるという夢想が追求されるという指摘という面でも、おなじ1979年に刊行されたグールドナーの「知識人の未来と新しい階級」（日本語訳では副題にまわっている）と問題設定や分析の両面でおおきくかさなるといえよう［グールドナー 1988］。
　官僚も、実は現在の課題のみならず、近未来にせまる難題にこたえるべく期待されている（実は、このことが、文書主義＝過去の記録保存を結局はないがしろにし、権力犯罪の所在を人事異動によってあいまい化する基盤なのだが、ここでは、おく）。それからすれば、みずから課題を発見し、解決可能かどうかためしてみるという知的勇気がもとめられもするわけで、その意味では、研究者と同様の資質をあわせもってしかるべきなのだ。しかし、官僚制がその本質的な保守性（＝組織防衛的心理の共有）に適合的なパーソナリティを無意識に選択することを暗黙の了解としているからか、選抜試験は、あたえられた課題＝パズルに、どれだけ迅速かつ器用にこたえられるかという「利口さ」を測定し序列化しているようである。一般に、こういった選抜試験の性格や、それによって序列化＝選抜される受験生へは、大衆的な畏怖感もはたらいてか、「つめたい優等生タイプ」といった、やっかみ半分のステレオタイプが横行するが、問題の所在はそこにはないとおもわれる。いわゆる官僚タイプのパーソナリティの致命的性格は、「パズル解答者」としては優秀であっても、みずから課題を開拓／発見して克服していくという姿勢を基本的にもたない人物を優秀であるかのように序列化する制度の産物である点なのだ。「パズル解答者」であるかぎり、それは課題があたえられねば主体的なうごきがとれないのであり（無論、組織防衛は日常的な課題なので、最高の能力が発揮されるが）、「正答」のある「パズル」が課題としてあたえられないときには、一様に無能化するという致命的欠陥なのである。80年代以降の大学卒業者を「新人類」などとよんだ先行世代は、「指示まち族」とか「マニュアル世代」といったボヤキをくりかえしたが、そういった世代的性格が実在したかどうかは別にして、それは官僚的パーソナリティの典型例なの

大学や研究所を中心とした研究者の実態はともかく、かれら／かのじょらの主観的な自画像は、「知的パイオニア」であろう。課題の解答がみつかるかどうか、いやあるかどうかさえ、たしかでない課題に挑戦しようとし、ときには、とりくむにあたいする課題の発見に人生をかけさえする層なのである。対して、官僚層は、そういった大学人が、パイオニアたる先端領域への言及を禁欲し、パズル化したカリキュラムでもって訓育した申し子であり、さらにいえば「課題には正答がある」と勘違いした秀才たち＝「無邪気で危険なエリートたち」なのである［たけうち1984］。そして梶田孝道が論じたとおり、官僚層は諸科学をある意味道具視しており、予算案を説得力ありげに正当化するために援用する方便程度の位置づけしか実はしていない［かじた1988］[17]。

　非専門人のあずかりしらない、複雑な利害の錯綜を絶妙なバランスでもって調整するのが自分たち中央官僚なのだという自負をたもってきた層が激変する社会に対応できずにいること、自浄作用をもたない保身集団であることが、近年、みるも無残に露呈してきている。自分たちだけが、大所高所から客観的な視線で国家／国際社会を俯瞰しているといった傲慢な自己意識は、もはや通用しない。無論、そういった実務家層に政策立案上の知見を提供してきた大学／研究所の知の正当性についても、根本的な疑義が呈されている[18]。

である。

17　ある意味大学人（特権的な部分にかぎられるが）は、みずからの後続者＝大学院生以外を「不肖の弟子」として断念し、大学外に輩出＝排出することで、アカデミズムの権威が世間的に維持されるという皮肉な運命をかかえている。大学院生たちがほどなく有力大学の教員として活躍し、アカデミズムでも引用というかたちで自分たちをもりたててくれるような層は、特権的な一部の集団である。それ以外の層は、官僚や専門人として世俗的空間で活躍する弟子たちによって、政策／実務上、参照されることでしか、権威がたもたれないのだ。「知的パイオニア」をもって任ずる大学人が、教科書化した知の体系、いいかえれば、制度化がすすみ「公理」化した到達点で満足し、世俗的権力に援用することで「ことたれり」とみなす「不肖の弟子」たちに権威をささえられているという皮肉は、一種の悲喜劇以外、なにものでもあるまい。

18　内務省＝厚生労働省関連の問題を列挙するだけでも、足尾鉱毒事件などにはじまり、水俣病、薬害エイズ、「従軍慰安婦」問題、等々、そこには、予算執行や社会的責任をささえた法的／経済的／化学的／歴史的な学知が悪用されたというほかなく、そうした正当化のための学知が、いわゆる「御用学者」によって積極的に提供されてきたのである［ましこ2000a=2007］。しかも、これまた梶田孝道が論じたとおり、公

いささか、まわりみちがすぎたが、大学人が、官僚層や実務家など「不肖の弟子」たちの行状に無関係かといえば、ムリがあろう。それは「弟子」にはちがいがなく、学知の産物にほかならないし、「弟子」たちがパワーエリートとして輩出するからこそ、大学人の権威が再生産されてきたのだから。そして、審議会や諮問委員会の委員に嬉々として推薦されて、政策に「お墨付き」をあたえるなど、研究者集団には、俗世に充分かかわる「僧侶」「神学者」にことかかないことも、わすれてはなるまい[19]。

　さらに、テクノクラシーを記述する際わすれてならないのは、実務法学（いわゆる法解釈学）の特権的な地位である。それは、財務省をはじめとする経済官庁の主流が経済学専攻出身者ではなくて、法学専攻者であることに端的にあらわれている。官僚の権限がすべて成文法に帰せられるし、官僚の権力の中心が事実上の立法（条文の策定作業）にあることをわりびいても、そして近代国家が法治主義であって、法律にかかれていないことを基本的に禁欲しなければならないとはいえ、行政サービスが法律のさだめにおさまらないさまざまな諸規則や経緯にもとづいていることをかんがえれば、その法万能主義は、異様な空間である。

　　　的・準公的機関は、おもに受益集団相互の利益調整機関という性格をもち、被害・受苦集団に鈍感な構造をかかえているし、工学・経済学など学知自体が、生産物／者に主眼をおいた論理であり、廃棄物／者に主眼をおいていないのである［かじた1988］。最終的には裁判所における審判によって決着をつけることが構造化されている法律の世界も、長期の訴訟、立証責任など、国家権力をふくめた富裕層／専門家集団に圧倒的に有利なしくみであることは論をまたない［ましこ2000a=2007］。そして、あたえられた、しかも「正答」がありそうな課題に対してのみ、器用な解答を作文してみせるだけの能吏など、現代社会にとって、単なる「カネくいムシ」にほかなるまい。それは組織防衛本能にのみたけており、公金を予算執行のみならず人件費レベルでも浪費する層にほかならないのだから。まして日本の官僚システムのように、公僕をかたり、あるいは議会や中央政府／地方政府の政治家たちの「黒子」であるかのようなポーズをとりながら、操り人形として操作するにいたっては、無知無力なタレントを支配するテレビ局ディレクターと同類といえよう。もちろん、梶田孝道や竹内啓らが指摘したとおり、官僚層は、国民の無理解とか政治家／圧力団体のスタンドプレー／無理難題になやまされる自分たちという被害者意識を共有しているのだけれども。

19　しかし、こういった研究者／実務家の癒着＝テクノクラシーには、あきらかな「たそがれ」がちかづいている。しかもそれは、単に「化けの皮」がはがれた、といった次元ではなく、根底から正当性＝正統性がうたがわれはじめているのである。

また、法務省が、事実上キャリア法曹の一部である検察官と密接な人事交流があるというより、むしろキャリア形成に不可欠なルートとなっていて、「癒着」が自明視されてきたことも、冷静に再検討すれば奇妙な現象である。法務省が法律専攻者を軸にするのは当然だろうが、検察官とは、三権のうちの司法、しかもそのうち刑事事件だけをとりあつかう官僚集団であって、きわめてせまい範囲しかカバーしていないのである。刑法・刑事訴訟法以外の公法、私法、国際私法ほか、さまざまな法領域がひろがるにもかかわらず、刑事法関係専門の官僚が自明のように法務省との「癒着」をキャリア形成につかうというのは、また異様な光景ではないか。

　もちろん、フランスのような、よりテクノクラシーの色彩がこい国家体制のばあいは、特権的な専門大学院（グラン・ゼコール）出身のエリート層が、法律以外の各分野で諸領域をリードしており、日本のような法至上主義は特殊な形態、あるいは、専門家支配の進行＝専門化（技官支配）が未発達だという解釈も可能だが。

　現在では、行政が肥大化／非効率化し、財政赤字の「主犯」として、まずは利権と化している天下り先の法人の整理圧力がつよまっているし、たびかさなる不祥事が露見するなか、キャリア官僚の権威はぐらつきつつあるが、「抵抗勢力」たりえていること自体、みずからの権力維持のために蓄積されてきた法制度とその運用ノウハウのたまものといえよう（註18、19参照）。

3.2. 大衆的権威主義

　一方で、大学関係者や研究所勤務、あるいは法律家や医師など専門職の権威の失墜ぶりは、よくきかれる［ましこ2000a=2007］[20]。文学者／芸術評論家をはじめとする

---

[20] これについて、理科系の研究者への期待はきえさっていない、ただ分野が推移をとげただけだという見解もありえるだろう。たしかに、以前の重化学工業の低落傾向といれかわるかたちで、ハイテク／バイテク／ナノテクなど先端分野へのさらなる期待がかけられていることは論をまたない。しかし、それはたとえば、手塚治虫作品（たとえば「鉄腕アトム」など）をふくめたSF全盛期とかさなる、宇宙開発／原子力開発が未来社会を期待させた時期とは、まったく異質な性格といえよう。たとえば1969年の月面着陸中継や1970年の大阪万博などが「保証」していた「かがやかしい未来」は、いまや雲散霧消したというほかない。もちろんそこには、ローマクラブが発表した「宇宙船地球号」というコピーが象徴する、有限の自然という認識のひろがりがある。石油ショックにみられる消費文明への疑問、水俣病をはじめと

する環境破壊の不安、核技術の平和利用であったはずの原子力発電の安全性神話の崩壊（スリーマイル島／チェルノブイリ）など、核戦争の不安がとおのいても、市民的な消費スタイル自体が滅亡への道程かのように、暗雲がたれこめたのである。それにくわえて、日本型資本主義の失速と世界的な経済不況は、科学技術が人類にバラ色の未来を約束するというシナリオを完全に崩壊させたといえよう（日本の驚異的成長につづくはずだった東アジア諸国が、中国以外で失速したこともおいうちをかけた）。物質的消費を無限に拡大していくことは不可能であり、したがって物質生産もあたまうちになるほかないという、エントロピー法則の必然が、ようやく体感できたといえるかもしれないが。

したがって、現在のハイテク／バイテク／ナノテクなどへの過剰ともいえる期待のたかまりは、「重厚長大」系の生産とは別種の、情報や生活の質を劇的に向上させる軽量／低エネルギー系の新技術開発という展開しか展開がのぞめないという、人類の限界の予感の産物であるし、また、そういった新技術が予想外の災厄をもたらすのではないかという不安をかかえた、悲痛ないのりとも解釈可能である。ハイテク／バイテク／ナノテクなどが世界をかえてくれなければ、人類は進歩をやめ、いずれは後退局面にむかう。そして稀少な資源をうばいあう、めをそむけたくなるような零和ゲームがまっているといった陰惨な未来イメージが反転するかたちで、過剰な期待をうむのだ。それは、過去数十年のSF作品のえがく未来像がよくしめしているといえよう。『1984年』（オーウェル、1949年）をはじめとする「ユートピア」の悲観主義的な陰画である「ディストピア」小説は、例外的少数なのではなく、たとえばメアリー・シェリー『フランケンシュタイン、あるいは現代のプロメーテウス』（1818年）あたりには、すでに予兆があったといえそうだ。その意味では、NASAなどのロケット事故などが、一層の幻滅と科学ばなれを促進するのではないかといった関係者の不安は、あくまで「業界」の利害がうみだした権威失墜の恐怖感でしかない。大衆は、無限のロマンなどから、とうに撤退しており、むしろ、虚無的なマネーゲーム／サバイバルゲームに「うち興じ」あるいは必死に「狂奔」しているというほうがスケッチとしてすぐれているはずである。

また2000年秋には、東北旧石器文化研究所副理事長だった藤村新一が、宮城県と北海道の遺跡を工作することで「発見」を捏造していたことが発覚、それ以外にかかわった遺跡でも捏造があるのではと考古学会に激震がはしったばかりでなく、歴史教科書の修正を各社がおこなうといった、とんだ茶番となった。問題を藤村個人の不誠実に帰する風潮がつよいが、ことの本質が考古学会全体の体質、なかんずく藤村周辺の常勤研究者の力量／責任感にあることは明白である。藤村の「業績」にもたれかかることで「業績」をほこってきた研究者。それに依存するばかりで、はっきりとした批判が展開できなかった学会。藤村周辺の研究者・出版社の惨状は、おかむら［2000］、および、そのおりこみ謝罪文「講談社『日本の歴史』 読者の皆様へ─藤村新一氏の「事件」について」参照。

一方、権威主義と失望という20世紀的動向［ましこ2000a=2007］という動態の概観を一歩すすめて、20世紀後半以降の学術的発見やスポーツ等における新記録樹立への注目のあつまりかたは、一種異様ともいえる。一神教ないし共同体が保証して

知識人の権威もいろあせて、ひさしい。しかしである。そうした虚妄の権威は本当に失墜し、権威主義は崩壊しただろうか。たしかに、戦前の帝国大学をはじめとした大学人や、帝大出身者を中心とした文化人、戦後の政治の季節に無視しえない影響力をほこった言論界といった、往年のかがやきは、とうのむかしに、ついえさった。しかし、権威主義は現在、「本物」志向として、しぶとくいきつづけているのではないか。

たとえば「肺ガンの名医百人」といった、患者関係者がすがろうとする「権威」であるとか、薬効がはっきりしない「特効薬」「新薬」にお墨付きをつけるための「医学博士」といった学位、地震予想・景気動向など、大衆的な不安にねざした将来予想をかたるものとして雑誌・新聞などに登場する「専門家」といったたぐいをならべてみるとき、信頼性の大小はあっても、当座の不安をやわらげてくれる、全能視された存在がもとめられていることがわかる［なだいなだ1970, 1974, ましこ2000a=2007］。マスメディアでは、編集者が読者に主張したいことを代弁させるための権威として、「専門家」が動員されることが普通だが［ましこ同上］、商業紙などのばあいは、読者に共有されるイメージをうらぎっては経営がなりたたないので、大衆の不安や欲望に即した「権威」を不可欠の装置としてかかえこむ運命にあるともいえよう。おもてむきの社会的秩序（＝為政者にとっての「善」）にとっては、事実や真理よりも、神学的合理化が不可欠なのである。国家をはじめとして、ある社会空間が「統合」されるためには、被支配者の同意と、「一枚岩」とはいえず利害がしばしば競合する支配層内部での合意をとるためにも、もっともらしい説明によって、構成員の不安がおさえこまれ、精神安定がえられる必要があるからだ。政治思想史家C. D. ラミスは、知的エリート層が大衆にいつわりの精神安定を提供するための知的アヘンとして「影の学問」が制度化すると、社会批判を展開した。たしかに、現状の体制以外の可能性はないのだ、これでとりあえずいいのだ、と信じこませるための、ニセの地図を提供することをよしとする、鉄面皮の御用知識人はあとをたたない［ラミス1982］。またマスメディアは、しばしば意識的な情報操作＝世論の方向づけに加担して、事実上体制追認にはしってきた。そこに御用学者が権威として動

> きた死に対する不安の除去・軽減が科学技術の進展によって崩壊・溶解してしまった現代がもたらした、人類全体の死滅（≒個々人の人生の意味の喪失）という巨視的不安こそ、その精神的基盤であろう［ましこ2005a］。

員されることはいうまでもない[21]。

　たとえば、原子力発電が絶対安全であるとか、既存の火力発電よりもコストがひくいといった、大ウソを東京大学をはじめとする原子工学の権威にかたらせて、おびただしい発電所をつくらせてきた政府、そしてそれに加担するような提灯記事と政府広報で利益をえてきた大新聞などの責任は重大といえよう。チェルノブイリの悲劇をへてなお、原子力行政を変更しなかった政府。東海村の大量被爆事故で死亡者をだした事件。東海地震の震源予想のちかくに設置されたままの中部電力浜岡原子力発電所。どれをとっても、そういったずさんな体制を合理化する知識人が権威として背後ないし前面にいたことをわすれてはならない。

　以上のような、国家体制擁護ないしは、国家がうしろだてとなってきた権威とは別に、マスメディアが演出するカリスマ的表現者も無視できない。かれら／かのじょらは、俗流科学を一般読者むけに大量発行することで、広範かつ深刻な影響をおよぼしつつある。たとえば、その最たるものをひとつあげるなら、遺伝子がヒトの容姿や性格をふくめた人生をきめてしまうといった乱暴な議論がある。まともな生物学者なら、みな同意するだろうこととして、実際の個体の心身の性格という「結果」を規定している要因に遺伝子情報がおおきいことはたしかでも、生育環境や個別の体験もおおきく作用するという、いってみればあたりまえの事実がある。現代の都市社会で肥満体の人物も、飢餓状態や氷河期などには、とてもふとっている状況ではなかったろう。しかし、男脳と女脳ではつくりが根本的にちがうとか、ヒトの生殖行動は遺伝子によって決定されているかのような乱暴な議論を科学的根拠が

21　そういった国家神学は、オーウェルの『1984年』がグロテスクに戯画化したように、イデオロギー装置（アルチュセール）として官僚制が貫徹した「影の学問」（ラミス）のかたちをとるであろう。実際、直視することがたえがたい状況が現実かもしれないが、それを「なぜなら事実その通りなのだから」［ラミス 1982: 29］と大衆すべてがうけいれることは、ことの本質としてありえないであろう。もしそんなことがなりたつなら、ニーチェが「超人」思想をわざわざといたりする必要もなかったはずだし。ちなみに、こういった「1984年」的国家神学が既存の社会主義体制やファシズムにしか存在しなかったように勘違いしている、おひとよしはすくなくないが、合州国が第二次世界大戦中から情報操作を伝統的におこなってきていることは、しるひとぞしる事実であろう。形式的に、そして実際、しばしば実質的に自由に報道がなされている空間だからこそ、ひそかに情報操作がおこなわれたばあいに、みわけがつかなくなるのであって、その意味では、自由主義体制での情報操作こそ、洗練されて悪質なものといえよう。

あると誤解させるような書物がしばしばベストセラーになるのである[22]。

　こういったエセ科学は俗耳になじみやすいので、ときとして10万部レベルのうれゆきをしめすのに対して、まじめな一般むけ啓発書はせいぜい数千部単位でしか市場にながれない。影響力の格差はひらく一方であろう［いけだ／かなもり2001］。まさに、ねじれた意味で「マタイ効果」がはたらくことになる。しかも、科学者のおおくは、こういった俗流本を「本気で潰す気になれば、絶対に潰せる」という自信がありながら、「あえて潰さないで、適当に泳がせているというところがある」。「アホな議論だけれども、一般の人たちがそれなりに生物学的なものになじんでくれるからまあいいか」と判断して、放置しているらしいのである［同上］。物理学者大槻義彦教授のように、超常現象と主張されているもので科学で説明のつかないものはいまだかつてなかった（つまり、デタラメだ）、といった、啓発活動を大まじめにやる研究者はおおくない。なぜなら、大槻教授のように著名人になれればまだしも、通常の啓発活動は学界でも大学内でも評価されず、使命感なしには、いそがしくなるだけで、うまみがすくないからだ。にがにがしいと感じつつ、優先順位をさげてしまっている研究者もすくなくないであろう[23]。

　また、一部の研究者は、エセ科学論者個人をいかに非科学的かといったかたちでたたくことは、知的におもしろくないという。むしろなぜそういったものが「一定程度流通するのかという、社会心理学的な」分析のほうが意味があると。いわば読者層分析である［同上: 33］。たしかに、そういったエセ科学を要求する読者層がなくならないかぎり、それにこたえることでひともうけをたくらむ筆者と媒体が再生産される構造もなくならないわけで、至言といえよう。

　しかし、同時に、筆者と媒体が市場拡大をねらって（あるいは真理と信じこみ、使命感から）表現をまきちらすことを、どうでもいいことと放置していいことには

22　俗流の「生物学的」議論、あるいはすくなくとも読者がそう誤読することを許容したベストセラーとしては、エトコフ［2000］、コーディス／ヒューイ／モラン［2000］、たけうち［1994, 1995, 1996, 1997, 1998, 1999, 2000, 2001, 2003, 2004, 2005, 2006］、バス［2000］、ビーズ／ビーズ［2001, 2002, 2004］、フィッシャー［1993］、ヘイマー／コープランド［2002］などがあげられよう。遺伝子を根拠として前面にださなくても、動物行動学を男女にあてはめた乱暴な二分法としては、いわつき［2002］がベストセラーとなった。

23　著名な科学者で、「エセ科学」撲滅キャンペーンに積極的にかかわった人物のひとりとしては、宇宙物理学者、カール・セーガンがいる［セーガン2000］。

ならない[24]。こういった構造については、歴史教科書の執筆者および出版社、検定制度、読者層の三極構造を具体例として、すでに分析したことがあるが、書き手が意識的、ないし無自覚にゆがんだ情報をながす構造がなければ、問題のほとんどは解消する性格にある［ましこ1997＝2003c］。もちろん、読者が記述についていけないとか、なっとくしないとか、みにつかずにわすれてしまう、といった啓発実態の限界の問題はのこるのだが、すくなくとも、「伝言ゲーム」の最初からあやまった情報が継承されるという矛盾はおきようがない。また、意識的に世論を一定方向に誘導しようといった目的をもっているとか、かねもうけや売名のためだったら、世間うけする記述を無節操にいくらでもかく、という層がいることはたしかでも、出版物のなりたちからいって、本気で啓発活動をしていると信じこんでいる層を想定しないと説明できない現象がたくさんあることも事実である。たとえば、教科書検定論争などには、けっしてとりあげられない、既存の教科書のナショナリスティックな論理などがそうだ。執筆人のほとんどは、記述の分量も検定という名の検閲制度も気にしないでいい参考書や資料集においても、縄文時代から日本民族が連綿とつづいているといったイメージや、天皇を象徴的頂点とあおぐ領域の拡大／定着が自明視されるような、「想像の共同体」のすりこみ作業に加担しているが、その自覚はない。一部には、個別テーマの実証史家でなくてもみやぶれるような俗流史観／記述が、批判もあびることなくまぎれこんできた。かれらは主観的には、実証史学の粋を学童むけにコンパクトにかきこんでいるつもりなのだ［ましこ1997=2003c, 2002a］。このようにかんがえたとき、なにゆえ科学的蓄積と矛盾する記述が構造的に再生産

24　たとえていうなら、「現代社会のなかでストレスなどにたえきれずに覚せい剤にはしる危険性をはらむ層がつねに潜在しているから、業者が再生産されるのであって、業者たたきは無意味だ」と結論づけるのはただしくないだろうということである。売買春のばあい、女性の身体の商品化という欲望があるからこそ売り手が再生産される、という構造があるが、これとは別個の解釈が必要であろう。後者では買い手が基本的に優位にあるのと対照的に、前者では買い手が依存症的な側面をもっている以上、売り手市場なのである（売買春のばあいも、女性を管理し商品を提供させる業者に対しては、買い手が依存症的関係にあるともいえるが、すくなくとも商品たる女性は、買い手より劣位におかれる）。権威主義的読書のばあいも、売り手のほうが上位にあるといえよう。欲望をそそり、クセになるような商品を用意しないかぎり購買層がはなれていく、という運命はともなっているけれども。

されているかという分析は不可欠といえよう[25]。
　また、歴史教科書問題は、科学と権威主義のねじれという、知識社会学的にきわめて重要な課題もうきぼりにしてくれる。まず、教科書検定が政治化しつづけてきた背景には、「国民共通の歴史認識が注入されねばならない」という教育イデオロギーが実政治的位置の左右にかかわらず共有されていたという（自覚が抑圧された）共犯関係があった。右派が国民意識の求心力の弱体化を不安におもうのか、アジア諸国の常識からうきあがった反動史観でまきかえしをはかってきているが、こういった歴史観に対する左派による批判はその熱意にもかかわらず、空転してきた。学界のなかで主流ちかくにある歴史家が、正統な実証史家とみなされていない右派大学人や言論人のエセ史学に、市場で圧倒されているのである。いいかえれば、くだんの遺伝子決定論というエセ科学のばあいとちがって、歴史科学にたずさわると自認する層が相当の覚悟でつぶしにかかっているのに、大衆が呼応してこないという悲喜劇として、攻防がくりかえされてきた。つまり、アジア諸地域の歴史観、そして学問的良心とも矛盾しない、正統な実証史学の成果にもかかわらず、日本国内では「極端なことをいう左翼の先生たち」といった少数派あつかいのうきめにあっているのである。世界と科学的空間で孤立した史観が大衆にうけいれられ、正統なはずの史観が、「自虐史観」といった負のイメージにおしこめられ、むしろ劣勢にたたされている[26]。もちろん、反動史観の論者たちが一部の例外（たとえば著名なマ

25　もちろん、反動史観がどんなに非科学的かという論証をしただけで、提唱者がだまりこむとか賛同者が消滅するといった夢想をいだいて、ひたすら精力をつかいつくすという運動が無益であること、みずからのナショナリズムが相対化できていない他者批判であり、また反動史観と「注入主義」という点で共犯関係にあるといった根本的矛盾に無自覚であるなど、左派勢力による反動批判には問題が山積している［ましこ 1997=2003c, 2002a］。それは、後述するとおり、アカデミズムのなかで権威をもっているにもかかわらず、大衆的な言論市場ではまったく劣勢であるという、戦術上の致命的限界もかさなっているのだが、かれらの大半は「正義は最後にかつ」と信じているらしい。
26　したがって、たとえば問題化した扶桑社刊行の歴史教科書が、ほとんど採択されなかったといった結果をもって、反動史観派の策動にうちかった、ないしはどうにか阻止した、といった総括を左派勢力がしているとしたら、まったくの勘ちがいであろう。採択率がひくかった理由は、第1に教科書を刊行したことのない扶桑社は既存の教科書会社の営業ルートをくいやぶるだけの戦略戦術をもたなければいけなかったのに、市販版のベストセラー化など売名行為でもって突破できるとタカをくくっ

ンガ家)をのぞいて高学歴であり、大半は大学人として、大衆的には充分な権威であることは、後述するとおり重要だが。

ともあれ、以上みてきたように、学界では研究者とはみなされていない人物による、エセ科学と認識されている書物が市場に大量にでまわることを、研究者自身が放置しているばあいがすくなくなく、その結果、一般市民は、自分たちにわかりやすく科学の粋を紹介してくれている誠実な人物なのだという誤解をやめられない構造があるのだ。

こういった俗論がまかりとおる機構としてみのがせないのは、論者の学歴である。かれら／かのじょらのほとんどは、著名な大学の博士課程中退以上の学歴をせおって言論活動をおこなっているのだ。ベストセラー作家を渇望する出版社としては、うれればいいのであって、そのためには、科学のなんたるかといった倫理観をかなぐりすてて（あるいは、そういった逸脱にはしっているという自覚をかいたかたちで）、うれるならなんでもかく、といった作家が再生産されるのはありがたいことなのだ。そして、その際、大衆がカリスマとしてその権威と信じる根拠とは、「かつて博士課程に在籍した専門家」なのだという肩書きなのである。著名な大学院で指導にあたっている研究者は、「不肖の弟子」が世間にでていかないよう、めをひからせる責務があるといえよう。思想信条の自由や表現の自由があるからといって、虚偽がどこにあるか判断できる位置にいるものが、なにをかたろうと自由ということではないのだから。

3.3.「みせびらかしの消費」としての学術

知識は継承されずに消滅していく量も膨大だが、消滅する以上に追加される情報量が圧倒的であり、累積的に絶対量が増加しているはずである。しかも情報同士の関連性や各情報の信頼度をふまえた取捨選択といった、メタ情報という次元での

ていたこと、第2に保守的な教育委員などが全国的に呼応してくれると、反動派勢力が安易な情勢判断をしていたこと、第3に中国・韓国政府などのつよい抗議によって、「世界から孤立したテキストをあえて採択した地域」といった、内外での負のイメージをおそれた関係者が既存の教科書を消去法的に採択したこと、などの結果であって、左派の運動の成果ではないのだから［ましこ 2002a］。

蓄積も累積していくと想定できる。したがって、時代がくだるほど、かりにおなじ在学期間でも、以前よりも質／量ともにすぐれた教育効果が期待できるはずであった。そして、ゆたかな社会は、よりながい在学期間をゆるすユトリをもたらすはずだから、より一層の質・量が期待できるだろう。つまり、論理的には「後世おそるべし」であって、後輩ほど知的優位にあることになる。また、順調に蓄積がなされている分野や教育機関は、累積的に人員（指導者／受講生ともに）もふえていくことになる。そして、うけざらとしての社会のほうも、より良質かつ大量の情報を必要とするはずだから、ふえた人員もムリなく吸収されるはずだった。1970年代の知識社会といった未来予想は、以上のような論理的帰結から、さほど奇矯な発想ではなかったのである。

　では実際はどうであったろう。後世ほど、情報技術の進展などによって、より効率的に情報収集や情報処理ができているらしいことはいえても、後輩ほど知的優位にあるという図式は到底是認しがたい。むしろ文献読解力などは、平均水準が低下していると判断する見解もつよいのではないか？　情報／メタ情報の累積的蓄積と時間経過にともなう取捨選択が、急速に進展するはずだったのに（実際、日進月歩の科学技術や営業のノウハウなどはそうなっているであろう）、それが大衆社会の市民ひとりひとりの素養という面ではあやしいのである。

　しかも、どうも社会自体も、そういった諸個人の素養の平均水準が飛躍的に向上していくことを前提にした「うけざら」を用意しているとはおもえないし、またその必要性も感じていないふしがある。日進月歩しなければならないのは、最前線の競争が要求される局面だけであって、それは極度に細分化された「専門」という領域でのみのはなしなのだ。ある意味、耐用年数のみじかい情報はもちろん、中長期的に価値が維持される情報でさえも過剰にふえすぎて、だれも全容をとらえられなくなっている。つまり、市民としての諸個人がうけとめられる情報処理能力をはるかにこえた「洪水」が生じていて、情報の消化はもはや飽和状態なのだ。いいかえれば、耐用年数のみじかい情報はいれかわりがはげしいから補充が必要だが、ながもちする情報は、もはや「不要」な水準でわれわれを包囲しているというのが現状だ。その結果、それなりに研究者養成期間として機能している一部の大学院博士課程以外では、耐用年数のながい知識を、在籍期間中に網羅的に提供することが不可能になりつつあるといえよう。ある専門分野のひとまず必須の知識とされる分量を

こなすこと自体、修士課程（あるいは博士課程前期）までの6〜8年間ではおえにくくなってしまったのである[27]。

そして、実際、社会自体が、諸個人の素養の平均水準のみならず、大学院修了者の専門知識をその人口ほどには必要としていないらしいことも、確実である。大学院で展開されている専門分野は、本来、大学研究所等勤務の常勤研究者の養成にとどまらず、複雑化する現代社会の各層の要求に応じられる高度に知的な市民や技術者を養成する機能もはたしていたはずであるが、人文社会系の博士課程を中心に、そのうけざらが急増しているとは、とてもおもえない。むしろ、定年者の補充が必要な大学など以外では、もはや大学院修了者をこれ以上必要としていないかのようである。充分な専門人としての博士課程修了者自体が不要なら、未完成なまま放出される修士課程（あるいは博士課程前期）修了者が、一定の専門分野を網羅的に把握していないことなど、なんの痛痒も感じないであろう。また、以上みてきたように、現代日本のばあい大学院修了者が社会の必要性に対してあきらかに過剰になっている以上、博士課程修了者が学部卒業者よりも知的にすぐれているといった比較自体が無意味化しつつあるともいえる[28]。

さて、教育社会学などをはじめとして、さまざまな実証研究がつみかさねられてきたとおり、学歴とは、当該社会（地理的時間的な限定で）内での相対的な教養／学知の序列装置の総体であって、けっして絶対的な知識量の証明装置ではない。本来的には、輩出された人材の修得した知識の絶対量を当該の教育機関が証明した、という制度こそ学歴のはずなのだが、実態は有名無実である。とりわけ近代日本

---

[27] 趣味ですきなことだけ勉強するならともかく、研究者のはしくれとして在籍して、それなりの学識をみにつけ、その証明としての知的生産物を制度内で発表するというあたりまえのことにたえらえる層は、一定限度をこえないであろう。それは、全国の大学の博士課程という名の空間が昨今しめしている惨状を冷静にかんがえれば、一目瞭然だ。もちろん、博士課程といった名称と性格を返上して、ぜいたくなカルチャー・センターとわりきって有閑階層をひろくうけいれるなら、はなしは別だが。

[28] たとえば東京大学の文科系学部のばあい、外部の評価とうらはらに、大学院進学者がもっとも優秀であるという認識は、ずいぶんまえから崩壊していたようである。きわめて世俗的な態度であるが、しかし、博士号をこれほど冷遇する社会は世界ひろしといえどもどこにもないので、ある意味非常に「健全」で当然の選択ともいえよう。ただ、政官財における博士号取得者のすくなさと冷遇ぶりは、世界と比較すると異様なことも事実。

のばあい、「学がある（相対的な高学歴）」という評価は、「相対的に学識がたかい」という周囲の劣等感がうみだすばあいもあっただろうが、複線系学歴階梯のなかで、より上級の学校に進学できるだけの資力がある保護者ないし遺産にあずかったという、階級／階層差の再確認といってよかった。高学歴とは、学識があるとか、知的にすぐれているとかいった意味よりも、相対的に社会的地位のたかい出自であるという、表示機能（文化的再生産＝階層継承の追認）をはたす指標だったのである。ある意味学歴とは、階層分化に即した階層文化にほかならず、相対的下層に対する、「みせびらかしの消費（conspicuous consumption）」の定番といって過言でなかった[29]。

4. 世俗的価値の反転としてのアカデミズム

　学術が以上のような構造をもつために、諸分野のなかには、政治経済的な利害関係とは別種の威信秩序がはらまれたことも、みのがせない。それは、ひとことでいえば、日常的な衣食住からの距離がおおきい分野ほど、聖なる領域をあつかっているという、幻想的価値観にもとづいている。

　「日常的な衣食住からの距離」とは、要は、即物的／具体的な有用性からはなれて自由に真善美などを追求できる特権性を誇示しているということにほかならない。逆にいえば、「日常的な衣食住」という、なまぐさい話題をさけたい。それらの話題は卑近にすぎて、うつくしくないという貴族的な価値観が前提にある。つまり、審美的な生活を追求するために「衣食住」のいくつかの分野をおしゃれに利用する。美学実践の素材として「衣食住」をあつかうならまだしも、「衣食住」を物理的に改善しようといった、庶民的欲求とは異次元に自分たちが属するという、階級的な差異化志向がみてとれよう。

　そして、それはまた、「世俗権力からの精神的距離」の誇示でもある。政治経済といった、やはりなまぐさい領域にてをそめず、政治経済的な論理から解放された真善美の世界こそ、自由で人間らしい空間だと、世俗エリートを軽蔑しようとい

---

[29]　もちろん、Th. ヴェブレンの『有閑階級の理論』によっている。通常の訳書では、「顕示的消費」「衒示的消費」などとなっている［ヴェブレン、＝たか訳1998; おはら訳1961］。

う姿勢がはらまれているのである。ある意味それは、世俗エリートのなりそこねがルサンチマンをかかえながら、精神至上主義というよそおいをまとった「やせがまん」をもって、世界の価値秩序を反転させようという、無意識な防衛機制なのだと解釈できる[30]。

　こういった、ねじれたエリート意識は、世俗エリートへの屈折した優越感を媒介にすることによって、世俗権力にさえあずかれない大衆の、経済的地位ゆえの文化資本のありようを二重に蔑視していることになる。そして、自分たちの文化資本を頂点とした価値体系で世俗世界を再解釈するという姿勢は、実はアカデミズム内部の威信秩序を決定づけることになるのである。いってみれば、世俗権力に直接的に貢献しようとする実学を軽蔑し、また大衆の日常生活に直結するような趣味や実学に連続する分野もひくくみる態度が暗黙の前提となるのだ。以下、具体例をあげて論証してみよう。

4.1. 非実学＝精神的貴族の証明としての「哲学」

　すでにのべたとおり、世俗エリートになりそこねた、あるいはそこへの関与を忌避した以上、社会構造のなかで二流とみなされることをいさぎよしとしない知識人は、実学が日常的な必要性から自由になれないこと、つまり知的な不自由さを軽蔑するという姿勢で、みずからの劣等感を欺瞞的に隠蔽する。そこでの象徴的な称号は「哲学博士（Ph. D）」であろう。

　政治や裁判、商売、ものづくりに直接やくだとう、それを介して、経済的利益をえようといった姿勢自体が俗っぽくたえられないという価値観からすれば、知的な自由を象徴するのは、哲学なのである。ビジネスに直結するのではなくて、天下国

---

[30]　世俗権力からの距離化という姿勢は、たとえば旧制高校や大学予科の学生などの教養主義にあらわれているといわれてきたが、かれらは高校入学時点ですでに社会のエリート層に配置されることがほぼ約束されており、また帝国大学などに進学すれば、反体制運動に加担しないかぎり、エリート層に吸収されていった。その意味では、単なる青年文化の一種にすぎないともいえる。それに対して、帝国大学の非主流の領域に教師としてのこるという選択をした層は、まさに世俗権力との距離化を演じるほかないような屈折したたちばにおいこまれていた。戦前戦後のドイツ文学者たち（＝男性研究者）の意識構造を、愛情ある意地悪さでえがいた、たかだ［2001］など参照。

家を自由に論ずる政治経済学（political economy; politika ekonomio）でなければならないし、特許をとって蓄財しようといった欲望から自由な、自然という時空をたかみから自由に記述する理学でなければならないとか。

　まして日常の衣食住に密着した実学などは、いやしい学問だといわんばかりである。たとえば、「木材工学」という講義名や研究室名はウェブ上ですぐに検索できるが、「木工学」という検索は困難をきわめる。理由は簡単である、前者は工学的利用に供するための材料科学であって、後者のような直接的な木材加工技術ではないからだ。後者は、専門学校や職業訓練校にはおかれていても、大学の教室や講義にはそぐわないという前提が、露骨に現象化している証拠である。前者には、エンジニアやそこに最先端の新技術を提供する研究者がイメージされているが、後者は町工場の職人さんが前提となっている。こういった、実学的知識を軽視する価値秩序は、工学部の入試をみてもわかる。工学部カリキュラムの基礎部分が高校以下の公教育体系にはいっていないから、関連科目を出題できないことは理解できるが、木工技術や金工技術についての科目はなぜなりたたないのだろう。工業高校出身者を有利にするために、工業科で履修される科目を選択できるようにした工学部もあるけれども、大半の工学部は、普通科出身の高校生が工業とは非常に距離のある学科目を選択することで入学することを自明の前提としている。

　おなじことは、女子学生がほとんどをしめる、家政科、生活科学科などの入試問題である。これらにおいて、中学高校で履修される家庭科を入試科目として選択できるという例はきいたことがない。工業高校のカリキュラムと工学部のカリキュラムに断絶があるだろうことは容易に予想がつくが、家政科／生活科学科などの履修内容と中学高校で履修される家庭科とは、非常に連続性がたかいといえるのではないか？　とりわけ、最近では以前、衣食住の技術の半科学化のような性格をもった高等女学校の後身としてではなくて、積極的に日常生活を科学化し、高度消費社会のなかでかしこくいきるためにはなにをみにつけねばならないか、といった性格をつよめてきた家庭科は、ひょっとすると、もっとも高校と大学が連続した領域かもしれないのに。これは非常に奇妙なことである。

　この家政科／生活科学科などの再検討は、文学部など非実学系と比較すると、もっと妙な構造がうかびあがってくる。それは、在籍生の男女比である。文学部はブルデューらが指摘したとおり、女性的性格をおびているとみなされており、実際女

子学生が過半数をしめるところがすくなくない。しかし、家政科／生活科学科などに在籍する男子学生は例外的存在であろう。いや、家政科／生活科学科などは基本的に女子大学や女子短大にある学科なのだ。そして、そこの卒業生は、保育士資格取得などを別とすれば、家政科／生活科学科などの履修内容をもって就職活動をおこなうことは、まずない。かのじょたちは、家政科／生活科学科などでまなんだことを実生活で将来いかそうとはおもっても、それを実社会で武器にできるとはかんがえない。なぜだろう。それは、家政学や生活科学が実学であるとはいえ、おもに私生活のなかで家族にむかって提供されるサービス労働の科学化の理論だからである。実際には、大学短大でまなばれた知識は、たとえば食品会社や化学工場の研究室などで活用できるかもしれないのに、そういったことは、かのじょたちに期待されていない。そういった職務は、工学部や理学部、あるいは薬学部を卒業し、通常は大学院修士課程をおえた女性にまわるということだろう。

　私的にたのしむことはともかく、実社会が専門知識を期待しないだろう分野としての文学も、その意味では家政学／生活科学とにたりよったりのはずである。しかし、そこでつちかわれたトレーニング自体は無意味でなかろうということで、社会はとりたてて差別することなく、したがって男子学生もそれなりに進学する分野なのである。文学は非生産的で、また実学でもないとされながら、文学専攻は、実生活からの距離＝自由さを知的であると評価されているということであろう。それに対して、家政学／生活科学をまなぶということは、日常生活から自由でない、したがって、実社会に転用不可能だときめつけられてしまうのだ。これは、女子大学卒業生がお茶くみ要員として「職場の花」を数年つとめたあとは、適当な男性のつまとなって家庭にかこいこまれるのが当然だといった、旧態依然たる性別分業意識とせなかあわせというほかあるまい[31]。

　そして、文学系内部でも、日常空間からの距離がおおきいものほど、価値がたかいとみなされる傾向がある。地理的にとおい空間の情報、時間的にはさかのぼった時代ほど価値があるとか。人類学／民族学のなかには、可能な範囲でもっともとおいフィールドがえらばれる傾向があるとさえいわれる［ましこ2002d］。これは、時空上の距離がおおきいほど、情報を収集／処理するコストがふえる傾向を評価しよう

31　生活科学の位置づけについては、本書第3章註20参照。

という態度として一貫しているようにみえるが、逆にいえば、大衆が到底到達できないだろうことをやるほどすぐれているという、倒錯した価値意識といえよう[32]。しかし、これも前節最後でのべたとおり、学術の相当部分が「みせびらかしの消費」という性格をおびているのだから、必然的産物であるともいえる。近代社会が競争原理によっている以上、周囲との差異化をはかるように圧力が不断にくわわるわけだし。

4.2. 身体蔑視の価値観

　もうひとつ、大学人がひそかに、ときに公然としがみつく価値観は、身体蔑視という価値意識である。これは、前項でのべた哲学志向とおそらくせなかあわせだろう、肉体労働忌避と癒着した人間観をもとにしている。かれらの差別意識を露骨に表現してしまえば、「現場で汗水たらしてはたらかされる労働者は、いやしい」という価値観である。ギリシアの市民意識や、中華帝国の文人支配イデオロギーなどを源流としているのであろうが、現実に物質をうごかし加工する人材はとりかえ可能な存在で、指揮する人材はとうといのだという、ある意味ふざけた人間観なのである（そのおかしさをはっきりとしめしてみせたのは、ニーチェといえよう）。
　こういった差別主義的な価値観は、おびただしい実例をあげることが可能だ。おなじ技師でも、現場を指揮する土木工学専攻者よりも、図面をひいて計画をたてる建築工学専攻者のほうがエライとか、前項でとりあげた生活科学でいうなら、生活技術の理論化は専門学校がになうべきで、学界がになう学問としての栄養学や材料工学や建築学などの応用場面として、市民の日常があるにすぎないとか。身体技法

---

[32] もちろん、近未来的に「消滅」する可能性がある少数言語を研究する層のなかには、現地住民と家族同様のつきあいをしているひとびともふくまれる。それは英米語をはじめとする、「実用的」な主要欧米言語でもって、経済的に活用しようといった姿勢とは正反対の行為である。ときには、そういったマイナーな研究の学術価値が評価されて、大学人としての地位を向上させるかもしれないが、それを意識的にねらうことは、危険性がたかすぎる。欧米などの有力諸言語をまなんでいたらえられたであろう遺失利益にみあうような「みかえり」は到底期待できないからである。その意味では、少数言語研究者とは、その調査姿勢が搾取的でないかどうかといった倫理問題をとりあえずおくとすると、もっともぜいたくで自由で特権的な知的生活のひとつといえそうである。

そのものであるスポーツ実技を「肉体労働者」、スポーツ医学やスポーツ社会学を「エンジニア」になぞらえることも可能だろう。後者は、身体ないし運動を対象化するたちばであり、自分自身は身体・運動から距離をおいた位置にたっているのである。もちろん、スポーツ医学やスポーツ社会学自体が、医学や社会学の傍流に位置しているのは、スポーツ自体が知識人のなかで周縁的位置にあるからにほかならない。この例をとっただけでも、知識人が自分自身はなるべくうごかず（健康維持のためのスポーツは否定しないものの）、身体を実際にうごかすひとびとからの距離をたもっていることがたしかめられよう。

　さらにいえば、工学より理学、理学のなかでも、具体的な生命や素材をあいてにする生物学や化学よりも物理学、物理学でも熱力学のような実学系ではなくて核物理学や宇宙物理学、あるいは、より抽象度をあげて理論物理学や数学がエラいなど、これらに一貫しているのは、具体的な生活からへだたり、抽象度のたかく普遍性があるものほど高貴であるといった序列なのである。いわば、脱色脱臭された対象、瞬間瞬間を具体的に喜怒哀楽とともにいきる大衆の日常から対極にある聖なる空間へのたびなのだろう。

　もちろん、身体を直接的にあつかう医学は威信がたかいではないかとか、身体からある意味はなれるかもしれない精神医学は、医学内部では相対的に威信がひくいではないかといった疑念や批判がでるにちがいない。しかしこれは、もうすこしたちいってかんがえると、例外ではないことがわかってくる。医師よりも患者／外来者におおく接し、質／量ともに感情労働の最前線にいるのは、看護士であろう。実際の出産をになっているのが助産師なのに、産婦人科医のほうが格段に地位がたかいことも同様である。医師たちは、患者の身体に直接かかわっているようにみえて、実は高額な医療機器をふくめた技術を総動員して、患者の病状の客観化をおしすめる集団なのだ。大学病院などは、ある意味実験材料として患者を対象化しているという点で、患者の心身からもっとも距離をおこうとしている層かもしれない。

　だから、精神医学が医学内部で蔑視されている現状を、内科的な治療がうまくいかない症例がおおく（ある意味劇的な改善がみられないとか、症状の原因を特定しきることができないケースがおおくて）、いわゆる科学としての制度化がすすめられずにいる、といった科学としての「未成熟性」＝他分野に対して後進的であるといったレッテルを無批判にうけいれてはなるまい。精神科での治療は、まさに患

者との真剣勝負だし、会話をふくめた感情労働ぬきにすすむことはありえない。したがって、ほかの診療科のように、自分がとわれることをさけるといったことが事実上できない。外科手術の最中は、麻酔がかかっていて、患者は自分ではどうにもならない状況に、かたにはめられてしまうが、精神科医をたずねたクライアントは、セカンド・オピニオンをたしかめにいったまま、もどってこないかもしれないし、治療をするといいはる医師自身が、患者からみすかされている可能性はたかいのである（その意味では、精神科医こそ、医者のなかの医者といえるかもしれない）。そして、心理療法士などとの境界線問題を刺激するなど、ほかの診療科にとっては医師という特権的集団の既得権をうばわれるきっかけをつくりかねない、危険な周縁部分であろう[33]。

ちなみに、医師全体の威信がたかいのは、ひとびとが死に対する不安感をぬぐえずにおり、ある意味生殺与奪の地位にあるからだろう。医師がとりあつかっているのは、患者の心身というよりは、死の不安、あるいは自分でなくなることへの不安なのである。自分の内部でおもにおきている事態を、自分ではどうしようもないという根源的な不安感が背景にあって、医師はそこをにぎってはなさないから、患者はもっともよわい部分を支配されてしまうのである。「なっとくにもとづく同意」とか告知の問題など、医師／患者関係の民主化がある程度はかられたにしても、以上のような力関係の圧倒的な非対称自体は、なくなりはしないだろう[34]。

---

33 精神科が小児科とならんで、診療報酬の点数がひくくおさえられているがために、患者をできるかぎりながく入院させて、いわば満床状態をたもたないと経営的にきびしいといったことは、露骨な差別的処遇のひとつといえよう。ちなみに医師たち内部においては、内科／外科など、いのちにかかわる診療科をメイジャー、耳鼻咽喉科や皮膚科など、基本的にはいのちにかかわる深刻な病気でないものを、マイナーとよびならわしているらしい。開業医の二世以外は、マイナーの診療科目をはじめからめざす層は例外的なはずである（医師の卓越性とは、いのちにかかわることのはずだから）。しかし、外科をはじめとして激務になることが予想されるメイジャーは、専門課程進学時にきらわれ、外科や小児科などは深刻な人手不足が心配されているようだ。
34 だから、医師が患者のきもちをちゃんと理解できるようになるのは、みずからが診察／治療をうけるがわにまわってのとき、はじめてというはなしさえある。

5. おわりに

　このように、大学人をはじめとした研究者の相対的地位を素描してみると、かなり喜劇的である。その総体としての地位が地盤沈下し（というよりインフレが進行し）、諸分野の相対的地位の上下動も予想される。しかし、本論考をおえるうえで再度強調しておきたいのは、世俗的価値にもたれかかるにせよ、諸学の価値序列にそうにしろ、不当におとしめられた領域があるということだ。冒頭でかいたとおり、社会が差別的である現状がかわらないかぎり、いいかえれば、近代の理念が空転したままで放置されるかぎり、諸学間の格差と威信の落差はしぶとくのこるだろう。それを直視せずに、めをそらすことは、結果的によくない。なぜなら、現代の大学人の地位は、近代社会のもうしごにほかならず、近代社会の理念を可能なかぎり実現すべきものだからである。近代社会の嫡子として、知的に自由であることがゆるされたのに、それと対立するような諸学の格差や差別がなくならないというのは、自己矛盾というほかあるまい。

　その意味では、特に前節でとりあげた生活科学の進展に期待したい。ヒトが日常いきていくためになにが大切な情報なのかという取捨選択と体系化をはかる学問は、21世紀の中軸になるべきである。天下国家や宇宙を論じる気概をうんぬんするまえに、等身大の日常空間をしっかり客観視できなければなるまい。そういった自己確立のための学が差別されることなく、市民の素養（男性にとっても）として定着するころには、自分の自尊心やルサンチマンを投影した学問の序列化などは、くだらないものとして、消滅しているにちがいない。

第2章

社会科学の射程＝境界線・再考

狭義の社会科学と広義の社会科学

1. はじめに[1]

　本稿は、社会科学的な記述・分析とはことなり、社会科学をふくめた諸学の方法論的議論を提案するものである。したがって、狭義の社会科学からははずれるものであるが（社会哲学の一種か）、社会科学の方法論として無意味ではなかろう。後述するように、本稿は広義の社会科学に分類可能とかんがえる。

　本稿の目的は、いまだ混乱をおえていないようにみえる議論の論点整理をはかることである。混乱とは、あとでのべるとおり、「人文・社会・自然といった3つの領域が基本的には実体としてあるから、部門や予算配分などといったばあいにも、領域ごとに分割がはっきりできる」といった信念がもたらす、さまざまな諸問題である。結論からいえば、人文・社会・自然といった3つの領域は、あくまで「めやす」にすぎず、実体視することは不毛な混乱をもたらすだけである。そして、現実的には、研究者の出身母体である大学院の研究科の当座の分類を「めやす」にして、

---

[1] 本章は、中京大学社会科学研究所『社会科学研究』第23号第1号（2003年）所収の同名の論文を再録したものである。再録するにあたって、時代おくれになった事項を修正し、必要な加除をおこなったが、とりわけ註記等を中心に相当の修正をくわえた。すくなくとも註記部分は、別稿といってさしつかえない。術語の対応関係をしめすときに、エスペラントによるばあいがある。

あいまいな境界線を前提にしたうえで、当座の配分をおこなうしかない、ということになる。

以下、以上の結論の論証をこころみる。

2. 人文・社会・自然という領域の実態

　人文・社会・自然といった3つの領域を「めやす」とはとらえられず、実体視する認識の原因は、つまるところ諸学を狭義の概念で把握しようとする理念主義・原理主義とかんがえられる。たしかに、ほかの領域とはかさなりあわない狭義の自然科学とか人文学（ないしは人文科学）があることは否定できない[2]。しかし、そういった狭義の学問領域を原則として、諸領域を実体的に分類可能であるといった発想

---

[2]　「人文学（ないしは人文科学）」と、わざわざ追記したが、これはもちろん、学問ではあっても、科学という分類になじむかどうか、あいまいな領域があるからにほかならない。ちなみにこれは、科学哲学の一部が主張する「厳密な法則科学以外は科学にあらず」といった原理主義的議論とは関係ない（複雑系ほか検証可能性や反復可能性の議論により、こういった原理主義自体が時代おくれになりつつあるようだが）。たとえば芸術作品の形成／消費／継承など諸過程の分析はまぎれもない科学であるが、鑑賞作業は、歴史的文化的規定をうけた鑑賞者の趣味／価値観／具体的体験などもからまり、結論が収束することがマレな領域だろう。それは学問に分類することが可能であっても科学とはいえまい。
　もちろん、通常社会科学とみなされている領域であっても、厳密には科学に分類することにムリがあるものは、すくなくない。たとえば法解釈学は、時代／地域／所属集団の価値観に応じて解釈が当然変動する本質をもっており、学問にはちがいないが狭義の科学とはいいがたい。応用科学でさえなかろう。しかし、これは狭義の科学概念なのであって、法解釈学を広義の社会科学にふくめることは不可能ではない。通常の認識とは正反対になるが、法制史学や法社会学の臨床的応用とかんがえるのである。通常は、法制史学や法社会学が基礎法学とされているが、それは実学としての法解釈学が法学の中軸であるとの常識がつよすぎるからである。科学が究極的には「オッカムのカミソリ」の原則にしたがい、最小の記述で現象を最大限まで説明しようとする制度である以上、抽象度がたかく普遍性のある領域こそ「科学」にふさわしい。その意味では、通常「基礎法学」とされてきた領域は、「法解釈学のしもべ」などではなく、工学にとっての理学のような「基礎科学」といえよう。また、広義の経済学に属し、通常は社会科学であることをうたがわれていない経営学・商学・会計学なども、技術学＝学問の一種ではあっても、相当部分が科学ではない（現象の記述・法則化作業ではない）という見解も当然ありえるだろう。

は、さまざまな自己矛盾をかかえこんでいる。そして、そういった発想によってもたらされるさまざまな混乱とは、自己矛盾の無自覚によるとかんがえられる[3]。

　いくつか具体的な学問領域をしめしてみよう。

　学会名などはもちろんのこと、大学院での専門家養成コースなどをそなえた学問領域＝名称として、心理学・地理学・教育学・人類学などがあげられるが、これらが人文・社会・自然といった3つの領域にまたがることに異論はあるまい。それでは、これらの「大所帯」の下位単位は、すべて人文・社会・自然といった3つの領域に分割可能であろうか？

　たとえば、ネズミをつかった記憶とか学習といった知能の実証研究（いわゆる実験心理学の一部）などを人文科学といいはるひとは、さすがになかろう。しかし、臨床心理学をはじめとする心理臨床の諸学はどうなるだろう。個人心理を規定する社会心理の規定要因には、文化的・政治的な経緯がさまざまにからまりあい、もちろん個人の遺伝子情報や薬理作用をはじめとした、さまざまな生理学的要因と相互作用をおこしているはずである。臨床心理学や精神医学などを自然科学や生命科学に分類することは可能だが、はみでる要素も実在する。したがって、分類はあくまで当座のものであり、状況次第では別のあつかいもかかせないといえよう。

　では、分野をぐっとしぼりこんで、たとえば教育史学はどうであろう。ごく一部をのぞいて自然科学に分類される研究が例外的であろうことは、ほぼ確実だ。しかし、人文・社会のいずれに分類することが妥当であろうか？　たとえば音楽教育・美術教育・舞踊教育・文学教育など芸術教育は、芸術が人文学に属するから当然人文学とはいえまい。文芸社会学が文学表現を対象としながら、文芸作品のテキスト自体にとどまらず、成立過程や消費過程の政治性を対象化し、あるいは、プロットにみいだせる近現代社会独自の関係性や社会変動を対象化する以上は、社会科学に

---

[3]　たとえば数学は当然のように自然科学に分類されているが、心理学などでの統計処理はもちろん、計量経済学・数理経済学や計量社会学・数理社会学など社会科学にとって数学的処理は不可欠の要素であり、また「理科系」とは対極にあるとみなされてきた人文系諸学でさえも、計量言語学をはじめとする数理的処理は急速に浸透している。その意味では、数理的手法は人文・社会・自然の3領域に共通の技法であって、数学・統計学などが自然科学に分類されることをうたがわない姿勢こそ問題だ。B. ラッセルらが数学と論理学・哲学にまたがる研究者であったことひとつとっても、数学は自然科学的というより、もっとも普遍的操作だからこそ、諸学の共有財産なのだ。

分類するのが妥当であることをかんがえればよい。

　いやもともと、史学一般が当然のように「人文学」に分類され、しかも下位分類が史学一般／日本史／東洋史／西洋史／考古学という5領域であるといった状況[4]自体、まったく非科学的な認識わくぐみといえよう。まず、大陸ごと、島ごとの独自性が当然予想されるのに、南北アメリカ大陸やオセアニア、アフリカといった地域を分類するわくぐみに一貫性がない[5]。しかも、地理的概念としての「日本」「東洋」「西洋」の境界線があいまいで恣意的であることも多言を要さない[6]。また学校教科

---

[4] 科学研究費補助金「系・分野・分科・細目表」。法制史を基礎法学として法学の一部に、経済史を経済学の一部に、農業経済学を農学に分類することを疑問に感じない神経も同様である。イングランド法制史やイングランド経済史は西洋史にふくめず、フランス農業史は農業経済学にふくめて当然なのだろうか？　史学が地理的概念とは次元をことにする方法論の総称であるなら（つまり地域研究ではないのなら）、文学部に史学科といった、法制度とか経済といった守備範囲を特定しない教育機関が制度化されていることは問題がおおきい。単なる地理的空間ではない具体的な対象領域を特定しない実証研究も方法論もありえないはずで、もしそれが可能なら、史学論（史料探索法および史料批判など）といった方法論を各学部に「出前」するとか、各学部から履修しにくるといった教育制度が確立したはずだからである。おそらく、史学に共通する史料探索法および史料批判などは具体的な対象領域をもつ諸分野で分有されるのが妥当なありかたなのであろう。その意味では、文献学のメッカとしての文学部に「史学科」という具体的対象領域をもたない教育機関が常置されていることは、早晩解消されねばならない問題ではないか？

[5] 「南北アメリカ」を「西洋史」のなかにふくめるという姿勢の知的欺瞞は、冷静にかんがえればすぐ浮上する。「南北アメリカ大陸」史には、先住民族と奴隷として強制連行されてきたアフリカ系諸集団の歴史もふくまれねばならないからだ。それへの視線が当然のようにかけてきたということは、とりもなおさず、アングロ・ケルティック系の入植者＝侵略者の自己中心的な史観をうけうりしてきたということである。また、「アフリカ大陸」史は、「キーワード」にさえふくまれない。「アフリカ史」は、「地域研究」の「キーワード」のなかに、「アフリカ（含アフリカ史）」と、実にあっさりとかたづけられている。「史学」を「地域研究」の一部におさめるなら、「アフリカ」以外の地域は、どうして、同様のあつかいにならないのであろう。

[6] 「日本」概念を自明視する国語学（国語科）、日本史学のイデオロギー性については、ましこ［1997＝2003c, 2002a］など。「東洋」概念が、近代ヨーロッパのオリエント学者によって構築された、幻想的空間であること、別のいいかたからすれば、ユーラシア大陸のうち、非「西洋」であるすべてという、残余概念であることは、サイード以降、否定しえない認識であろう。日本の東洋史担当者のほとんどが、近代以前の中華帝国の特定の領域の専門家であることは、より一層、イデオロギー性のたかさを感じさせる。

や一般書としての「日本史」や「世界史」とは、事実上、史資料にのこされた権力闘争史／民族抗争史を軸とした、通史＝政治史にほかならない。もし政治史なら、法学や政治経済学（political economy; politika ekonomio）などに分類されるべき領域なのに、なぜか「文献学をあつかうのは文学部だから、文学の下位単位」といった認識が一般化してきたのである[7]。文学部にいれて当然なのは、広義での文化史および生活史あたりにかぎられるのではないか？　いや、芸術や宗教をかかえこんだ文化が政治性をおびないというのは幻想であろう。また、近現代において、社会変動が刻印をのこさない文化もありえまい。広義の文化史を社会科学のたちばから追求する研究者がいて、何らふしぎではないのだ。

　このようにかんがえてみれば、政治性や社会変動と無縁な領域は、時代的には前近代でしかなく、しかも領域的にも非常にかぎられた空間にしぼられることは、ほぼ確実であろう。要は、社会科学にふくまれない文化現象・社会現象は、論理的に例外的な領域というほかない。すくなくとも史学、地理学周辺において、社会科学に分類不能な「純粋に人文」領域は、ないにひとしいとおもわれる。

　また、社会学のばあいも、実は問題をかかえている。社会学専攻をなのる研究者で、みずからの領域を人文学とみなすものは例外的であろう[8]。文芸社会学・芸術社会学・社会史専攻の研究者ぐらいではなかろうか？　しかし、過去の「科研費分類コード」表では、大分類の「部」で「文学」のなか、中分類での「哲学／史学／文学」などとならんだ「心理学・社会学・教育学・文化人類学」の下位「細目」（コード223）に、当然のように位置づけられていたのである。大分類の「部」として「文学」とならぶのは「法学」「経済学」であるから、社会学が狭義の社会科学として位置づけられていなかったことは、ほぼ確実である［かがくぎじゅつしんこーじぎょーだん 2002: 28］。たとえば法社会学や犯罪社会学、政治社会学、産業社会学といった社会学の下位分野が社会科学に所属しないというのは、あまりに形式主義といえよう。人間がうみだした文化を対象化しているから「文学」に所属する（たとえば、

7　本章で、英独仏語以外で付される術語＝ローマ字表記は、エスペラントである。初出時の記述をのこした。

8　実際には、学説史研究のなかには、社会科学にいれるべきかどうか疑問ののこる領域もなくはない。たとえば純粋に社会学史上の理論構造ないし生成過程だけに関心をもつ研究者の作品のおおくは、現実社会から遊離した文献学＝知的ゲームの様相がこくい。

資料のおおくが文献であるという現実にそって）というのであれば、法現象や経済現象のほとんどすべてが「文学」の下位単位に位置づけられるということになるのだから。実際、「法文学部」という名称は国立大学を中心に戦前から実在してきたし、静岡大では人文学部のなかに法学科が設置されている以上、自然科学以外を「人文諸学」とひとくくりすることは、たしかに見識ではあるが[9]。

3. 言語科学のばあいを参考に

ところで、科学研究費などもふくめて、きわめて断定的に「人文学」に分類されているものとして、「言語学」がある[10]。しかし、口腔外科や耳鼻咽喉科などが言語

---

[9] 帝国大学では九州／東北／京城など、新制大学なら、琉球大、鹿児島大、島根大、愛媛大など。実際法哲学などは、社会科学と人文学の交差領域である。なお、現在の科学研究費補助金「系・分野・分科・細目表」では、さすがに、「人文社会系＞社会科学＞社会学…」という、系統分類へと、是正されている（科学技術・学術審議会学術分科会科学研究費補助金審査部会「科学研究費補助金「系・分野・分科・細目表」の改正について」2007/01/30, http://www.mext.go.jp/a_menu/shinkou/hojyo/07030710/002.pdf）。ちなみに、「心理学」「教育学」は、機械的に「人文社会系＞社会科学＞…」という系列の下位分類におさめられている。その結果、「細目名である「実験心理学」や「教科教育学」がふくまれるという異様な事態が発生し、「キーワード」レベルでは、「(A) 生理、(B) 感覚・知覚、…」「(A) 各教科の教育（…算数・数学、理科、…音楽、図画工作・美術工芸、家庭、技術…）、(B) 専門教科の教育（工業、商業、農業、…）…」といった、およそ「社会科学」におさめるにしては、あまりに「ラディカル」な分類がなされている。著者個人は、「算数・数学、理科」等の教科教育学を社会科学の一環としてとりあげる視座に全面的に賛成であるし、「生理、…感覚・知覚」といった生理学的な現象への社会的要因の影響や、属性ごとの統計学的な分布など、社会心理学的な視座を推進すべきだというたちばにあるが、たとえば科学研究費補助金審査部会の先生方は、そういったご意見だったのだろうか？　かりに、図書館学の形式的分類によって、「教育学＜社会科学」といった規定を機械的に適用して、下位分類も位置づけたのだとすれば、あきれるほかない。「便宜的」といっても、ほどがあるとおもわれるからだ。

[10] 日本の一般的大学の、いわゆる「教養科目」（各大学ごとに呼称はちがう）のなかで、「言語学」という科目を「人文」系として自明視せず、たとえば、自然・人文・社会等、複数の部門の担当者（複数の専攻者）たちを動員したオムニバス形式で構成することを当然視する大学は少数のはずである。過去には、「科研費分類コード」のなかで、「言語学・音声学」という分類をして、大分類としての「部」のなかで「文学」

障害にふかく関与していること、自動翻訳や言語認知などの広義の情報科学なども すぐ想起されるとおり、「言語学」という名称や大学での講座などの制度はともかく、 言語科学の相当部分は、自然科学に密接にかかわっている。実際に、言語学の一部 とみなされてうたがわれたことのない音声学は、口腔内の諸器官の物理的構造と機 能と、物理的な音声（人間がだせる音響のうち、言語音として機能する一部）との 関連性をあきらかにする分野である。これをもってしても、「言語学」を当然のよ うに「人文学」に分類するのは知的野蛮というものである[11]。

　そして、さらに問題なのは、言語現象のなかで、社会的要因を介さない「純粋に 人文」領域が、はたして実在するのかという点である。結論からさきにいえば、社

に位置づけられ、中分類である「分科」のなかでも、国語学や英語・英米文学など とならんで「文学」に位置づけられていたことがある［かがくぎじゅつしんこーじ ぎょーだん2002: 28］。しかし、「科学研究費補助金「系・分野・分科・細目表」」など にみられるように、現行（2009年段階）の分類は、系「人文社会系」、分野「人文学」、 分科「言語学」、細目名「言語学」、キーワード「1　(A) 音声学、(B) 音韻論、(C) 形態論、(D) 統語論、(E) 意味論、…、2 (K) 社会言語学、(L) 心理言語学、(M) 言語の生物学的基盤、(N) 歴史言語学、(P) 仏語学、…(S) その他の言語、(T) 危 機・少数言語…」といった系統となっている。そして、これらが「改善」かといえば、 それはうたがわしい。分科「言語学」のなかで、細目名「言語学」と並行して「日 本語学」「英語学」「日本語教育」「外国語教育」が共存するという結果は、非学問的な 政治力学の産物にすぎない。「(P) 仏語学、(R) 独語学、(R) 中国語学、(S) その他の 言語、(T) 危機・少数言語…」という「キーワード」の列挙が細目名「言語学」の下 位分類としてあり、「日本語学」「英語学」「日本語教育」「外国語教育」が細目名「言 語学」の外部に「独立」しているのは、①「(P) 仏語学、(R) 独語学、(R) 中国語学、 (S) その他の言語、(T) 危機・少数言語…」という「キーワード」の内部に実在する はずの、「(A) 音声学、(B) 音韻論、(C) 形態論、(D) 統語論、(E) 意味論、…」が マイナーすぎて独立させる意義がみいだせないという含意をもち（「英語学」や「日 本語学」のなかには、対応するキーワードが用意されている）、②うらがえせば、「英 語学」や「日本語学」のなかのキーワードと、「○○語学」総体が同列だという位置 づけと同義なのであった。

11　過去には、「科研費分類コード」は、「実験系心理学」や「社会学」さえも「文学」 に分類していた［かがくぎじゅつしんこーじぎょーだん2002: 28］。政治社会学や経 済社会学と政治学（「法学」に分類）や経済理論や経済史（「経済学」に分類）との 差異などもふくめて、対象領域の遠近は関係なく、既存の大学の学部組織しか念頭 にないのだろう。しかし後述するとおり、こうした具体的対象領域を事実上無視 し、既存の学問体系や大学組織を基準にする機械的なわりきりは、それなりに「合 理的」なのだ。ちなみに、20世紀後半の言語科学を一変させたN. チョムスキーは MITに所属しつづけてきた。

会的要因を介さない研究領域は人文的というよりは、むしろ自然科学的領域であって、非社会言語学の主張は、逆説的に心理学など、自然科学的様相をふかめるだけとかんがえられる。たとえば、広義のチョムスキー派がとりくむような心理学的な言語学については、社会的要因を除外した研究が可能だろうし、実際、研究者が除外したわくぐみで研究している。方言とか標準語とかは、言語学の範囲にはいらないと、当のチョムスキーが公言しているのだから、社会言語学的な要素をかれらにとっての狭義の言語学から除外＝排除していることは明白だ[12]。逆にいえば、広義のチョムスキー派のような心理学主義にたたない以上、社会的要因を除外した言語研究はほぼ不可能であろう。前節で、教育史や文化史をとりあげて史学の対象の社会性をとりあげたとおり、社会的要因を除外した研究領域はごくわずかであり、かりにそれをおいもとめていけば、大半が心理学的な自然科学的領域にちかづく運命にあるといえよう。しかし、それは、人文学に属するとかんがえる言語研究者の自己意識とは、相当なズレをもつはずである[13]。

12 　チョムスキーらの社会的要因を排除した言語モデルの始原は、もちろんソシュールの『講義』である。ただしソシュールが、諸学との境界線を明確化しないかぎり狭義の言語学の制度化が成立しえないとの強烈な方法論的意識から発言したという経緯を、わすれてはならない。かれは言語現象の多様性・多面性に充分めくばりをしたうえで、方法論的擬制として、「言語内的」領域を主張する責務を感じたのであって、言語学者がそれ以外をあつかうべきでないとか、それ以外は言語学にあたいしないとかんがえていたわけではないのだ。超ソシュール主義というべきチョムスキー派も、反ソシュール派という強烈な自己意識をもった社会言語学者の一部も、ソシュールの方法論的擬制という幻影にまどわされた議論を展開したという意味では、おろかものといえよう。「しろうと」の素朴な疑問・要求すべてにバカ正直にこたえる責務を専門家全員がおっているわけではない。しかし、言語学者総体としては、ソシュールが意図的に除外した領域についても可能なかぎり探求する責務があり、また社会に還元する能力をそなえる必要があるといえよう。ちなみに、科学研究費補助金「系・分野・分科・細目表」のばあい、「キーワード」のなかの、「(K) 社会言語学」はともかくとして、「(L) 心理言語学、(M) 言語の生物学的基盤」は、一見して「自然科学」的な領域であることがわかり、「人文学」のなかにおさめることにはムリがある。大脳での処理過程はもちろん、「吃音」のメカニズムや、脳性小児マヒによる音声の変形を周囲がどう理解しているかなど、既存の「人文」諸学を完全にハミでているはずだが、「改正」後もそういった配慮はみられない。

13 　これも皮肉な構造であるが、人文諸学に自己同一性をかさねる研究者のおおくは、社会科学との連続性を完全に否定できないであろう。連続性を意識するからこそ社会科学との異質性を強調するのだが、それはまた逆説的に自然科学との接近を余儀

ここで参考となるような事例としてあげたいのは、「社会言語学（sociolinguistics; socilingvistiko）」という学問分野である。社会言語学は、1970年代までは「言語社会学」（sociology of language; sociologio de lingvo）とよばれていた時代もあるほど、社会学と対象領域を共有する研究領域であるが、現在、この分野を担当する研究者が社会学科や社会学研究科などに所属しているのは例外的である[14]。基本的には言語学科や文学研究科などに当然のように吸収される、言語学の一部なのである。そして、「言語社会学」という名称をもつ大学組織もなければ、そういった内実をもつスタッフが層として結集する空間もない。

　たとえば「一橋大学」という大学公式のページには、「言語社会学研究科」という名称がでていたが[15]、正式名称は「言語社会研究科」であり、そのなかの「社会言語系」の主軸スタッフのなかで「言語社会学」系の名称を冠する科目を担当するのは、糟谷啓介教授以外にいない[16]。

　また、以前は、大阪外国語大学（1949-2007）にも「大学院言語社会研究科」があり、それが改組された「大阪大学大学院言語文化研究科」が擁する「大阪大学言語社会学会」（前身「大阪外国語大学言語社会学会」）があるが、前者が"Association for Integrated Studies in Language and Society" という英米語訳名称をつかっていたことでもわかるとおり、言語研究と地域研究の学内組織であり、「社会学会」ではなかった[17]。

　さらに、「社会言語学研究会」は学会組織に編成がえをする際、周辺諸学を統合する研究団体にするという趣旨のもと「社会言語科学会」と称した。しかしその英

　　　なくするのである。つまり、人文諸学は、社会／自然のいずれかの領域と無縁な研究対象を確保できると夢想することが、もはや不可能なのである。
14　「社会言語学」を事実上意味しているだろう「言語社会学」の比較的あたらしい用例は、かめい［1980: 372］、ましこ［2002d: 91, 105］参照。なお、社会学者野村一夫によれば、図書館分類でいうと「言語社会学」は、801.03に所蔵されるそうだが（http://www.socius.jp/manner/02.html）、分類するにあたいする文献が日本にたくさんあるとはおもえない。おそらく、おおくが社会言語学文献であろう。
15　「一橋大学学外の方へ：公開講座（過去の公開講座一覧）」（http://www.hit-u.ac.jp/extramural/open_lecture/list.html）
16　「教員紹介 糟谷 啓介（かすや・けいすけ）教授」（http://gensha.hit-u.ac.jp/~kasuya/2009.html）。しかも、糟谷教授にしても、「言語社会学」関係科目の担当は、わずかに「社会学部専門科目、大学院共修科目」（「2009年度共通科目等開講科目」）だけであった。
17　http://kamei.aacore.jp/association-e.html

米語訳名称が "The Japanese Association of Sociolinguistic Sciences" であることをみても、基本性格はあくまで社会言語学であるし、実際、会員の大半は広義の会話分析および日本語教育法関係の研究者である[18]。

ともあれ、社会言語学を自然科学的領域に隣接した分野とみなすのはもちろん、社会を捨象した純粋に人文学的分野とならぶ領域と定義するのは、ほとんど形容矛盾をきたすことは明白だ。社会言語学が対象とする言語現象とは、社会現象の一種であるか、あるいは社会的要因が明白に刻印された文化現象なのだから。たとえば、階級／階層や民族集団ごとの言語的特性や言語意識＝自他意識、複数言語の法的地位や教育政策上の位置づけ、固有名詞表記の変動過程にはたらいた規範意識の動態［ましこ1997=2003］、等々、社会ときりはなせない言語現象をとりあげるからこそ、社会言語学と自称してきたのである。言語記述を目的とした制度的訓練をへてきた言語学者は、みずからを社会科学者とは自認しないだろうが、かれら／かのじょらの研究対象が広義の社会科学にふくまれることはうたがいない[19]。「言語と社会の学 (studies of language and society)」という領域名こそ本道であって、言語学か社会学かといった「領土」あらそいは無意味だ、といった指摘がでてひさしいが［はら1990］、こういった指摘自体、学問の境界線にこだわることの不毛さをはっきりものがたっているといえよう。そして、すでに紹介したとおり、大阪外国語大学・大阪大学の

18　たとえば「第24回社会言語科学会大会ポスター」(http://www.jass.ne.jp/taikai/JASS_PS_mn_24.pdf)。会話分析が広義の社会言語学にふくまれることは明白だが、それはごく一部の領域をしめるにすぎない。広義の日本語教育法（教授法や、その基礎論としての第二言語話者の動態分析）についても同様である。参加している社会学者が少数であることはともかく、欧米や日本で発達してきた社会言語学主流派自体が、少数派のようである。「本学会は言語・コミュニケーションを人間・文化・社会との関わりにおいて取り上げそこに存在する課題の解明を目指します。既成の学問領域を立脚点としつつ、その枠を越えて、関連領域の研究者との交流を通じ、その刺激と緊張を原動力として前進していきたい」（社会言語科学会発足趣旨 http://www.jass.ne.jp/about.html）という高邁な方針は、現状では空洞化しているといえよう。

　ちなみに、註13との関連でいえば、ましこ［2003c: 276-7］などでも紹介したとおり、「言語と社会の学」(Science of Language and Society) といった表現をもって、「隣接学問との境界線の線引き」にこだわるべきではない［はら1990: 194］という見解や、「社会言語学とは、社会というものに変容を受ける言語を取り扱うものであり、社会学において言語を取り扱う場合とあまり相違したものにはならないのが実情」［いしい1991: 38］。

19　社会科学から除外するなら、既存の「社会」概念を全面的にみなおす必要がある。

学内学会名の英米語訳が、"Association for Integrated Studies in Language and Society"とされたのも、その延長線上にある見識といえよう。

もともと、学問のために領域があるのではなく、領域を的確に記述するために、必要とあらば学際領域が出現するという、ある意味当然の構造があるにすぎないのである[20]。ところが、通常、学際領域という問題意識がかかげられるときには、現代社会が急速に複雑化／高度化をとげたために既存の学問領域では対応不能になり、融合的な学問領域が必要となったと、暗黙のうちにとらえられているのではないか？ しかし、実はそうではあるまい。近代科学の大半が、西欧哲学を源流とし、その細分化によって発展してきたといわれるとおり、人間が把握しようとした世界自体、もともと複合的総合的な視線／認識態度を必要としていたのである。ただ、本質を理解する際に、現象を分解することで、認識の障害となる要素を擬制として意識的に捨象する態度が劇的に有効だったために、守備範囲を極限までせばめることが、とりあえずは必要だという認識が共有されてきたにすぎない。総合学としての哲学というわくぐみは、膨大な個別の事例をとりあつかうには、あまりに素朴すぎる、といったぐあいに。しかし、分解（analysis; analizo）が充分すんだあとは、当然統合（synthesis; sintezo）がなされるはずだったのである。そうでなければ、たとえば精神科や心療内科はもちろん、小児科／婦人科をはじめとする医学などは成立しえないのだから[21]。いってみれば、人間が把握したい、あるいは解決したいと

20　もちろん、ソシュールが狭義の言語科学としての近代言語学を確立するために、周辺諸学との境界線問題をきびしくとうたような、方法論的議論が無意味というのではない。筆者も、狭義の言語社会学の理論的可能性と制度化を論じたことがある［ましこ 2002b, 2003c: 274-9］。しかし、前述したとおり、広義の言語社会学と広義の社会言語学に明確な境界線などひきようがない。

21　現在でも、日本の医学教育では、看護学などターミナルケアに必要な知識とか、患者／家族との心理的障壁をどうするか、とりわけ病状の告知や処置についての合意とりつけについて動員されるべき技法／倫理などが、体系的にはおしえられていないようである。患者をすくえる高度な技術があるのだから、患者／家族のあたまごしに医療行為をすすめることも当然といった意識がはたらいてきたからだろう。医療行為が、患者／家族の苦痛／違和感への対応作業である以上、医師の職務の大半も感情労働／ケア労働にほかならず、ほかの医療スタッフをたばねる指導的立場を自明視するなら、政治労働もふくまれるという点で、科学者／技術者にとどまらない本質をかかえている。ましてや障害学や生命倫理学などが提起する、医療行為／医療体制の意味自体をとう姿勢とか、医学教育には、生命科学／生化学／物理化学

かんがえる対象、問題群の大半は、本来的に「学際的」な本質をもっており、それに充分こたえようとすれば、必然的に融合的な学際科学になるほかないといえよう。たとえば、最近急浮上している「障害学」（studoj pri malkapablo）のばあい、疾病／傷害などによる欠損／不能状態（impairment; difekto）よりもむしろ、障碍者の経験する不都合（disability; malkapablo）をどう把握し、どう解消していくかという、総合科学であり、まさに社会／人文／自然の諸学が総動員されねばならない分野といえる[22]。

してみれば、教育学や地理学、歴史学や人類学、あるいは医学、言語学、環境科学、生活科学などが複数の領域をかかえこんでいる、といった、ものいい自体が、本質的に不適切な表現だったのだといえよう。もちろん、図書の分類とか、予算配分などで、機械的にわりきるほかない部分は、かならずのこるであろう。しかし、それはあくまで技術的な問題にすぎない。おおくの研究／文献は、対象を充分に表現しようとするために、必然的に融合的な性格をあわせもつ構造のもとにあったといえよう。このことは、大学院の学位認定をみてもわかる。学位申請のための論文が、せまくしぼりこんだ対象をえらびとった実証作業の産物であるという現実は、ふかくほりすすむために、せまい視野にはまりこんでいいということを意味しない。「博士号」という名称自体がしめすとおり、しぼりこんだ問題設定をときあかすために、実ははばひろいデータと方法が集約的に動員されるということなのだから。このことは、修士論文審査のばあいとことなり、博士論文審査が、しばしば学部外、ときには学外からも審査委員を動員することでなりたつという現状をみても明白だ。それは、学位申請者と審査委員の力量の差があまりない（いや、当該分野については、審査委員をおおきくしのいでいる）という、構造的、現実的問題も、もちろんある。しかし、本質的には、提出先の大学院の「専門」領域を超越することがある意味常態だ、という構造がよこたわっていることをわすれてはなるまい。

　　　的な知識にとどまらない、総合的な知が動員されねばならないのに、そういった発想は致命的によわかったといえよう。
22　障害学の基本的動向としては、いしかわ／ながせ編著［1999］、いしかわ／くらもと編著［2002］ほか。「障害」「障碍」等の漢字表記については、本書第12章註2参照。

4. 狭義の社会科学と広義の社会科学をかんがえる

　このようにかんがえてくると、当座の分類は、たとえば連字符科学でいうなら、「△△○○学」という名称の「○○学」という部分で形式的におこなうほかないことがわかるであろう（社会教育学とか、社会病理学のように、「△△○○」という領域ないし現象が実在するばあいは、別だが）。「△△」という領域を記述する、いわゆる「メタ言語」が「○○学」である以上は、そうするのが、すじということになる。

　したがって、農業経済学、法社会学／科学社会学、教育法学などは、実学的な農学部、法学部／理学部、教育学部などの必要上から単発で動員されるにすぎず、本来的にはそれぞれ経済学、社会学、法学などを基盤にした学問領域とみなすのが妥当である。たとえば経済学研究科、社会学研究科、法学研究科出身の研究者で、それぞれ農業、法律、科学、教育を対象とした人材を本来は招致すべきなのであり、農学部、法学部／理学部、教育学部など、それぞれ内部で独自に経済学者／社会学者／法学者を育成しようといった姿勢には、もともと学問の体系性を無視したムリが内在しているといえよう[23]。

23　もちろん、こういった原則論がすべての領域で妥当であるとはいえない。たとえば、経済史／教育史／科学史／法制史などを、全部、文献学の中心である文学部／文学研究科に集約することは、のぞましいとはおもわない。やはり経済学部／研究科、教育学部／研究科、理学部／研究科、法学部／研究科といった部局で、史資料のとりあつかいの方法論を体系的に教授する制度が維持されるのが妥当といえよう。「○○史学」は、「○○学部／研究科」が主軸になるのが領域本位という性格上のぞましいのである。しかしこれは、過去情報をあつかうという、ある意味普遍的な方法論がどの分野にもあてはまること、史資料批判を充分におこなうためには領域本位でなければ通用しないことなど、史学独自の本質といえそうだ。おなじことは「○○社会学」についても将来的にはあてはまるかもしれない。史資料処理技術と同様、社会学的問題意識やモデルが常識化すれば、各応用分野で自前の「○○社会学者」を育成することが一般化するかもしれないからだ。実際、日本法社会学会の事務局は法学部に設置されてきたし、会員の主軸は法学者である。また日本教育社会学会の事務局は永年東大教育学部にあった。理論社会学／形式社会学など抽象度のたかい領域や社会調査法など方法論的分野は別だろうが。また、法医学は検死業務や精神鑑定をになったりする領域として医学部に所属し、医学者の分担領域といえよう。逆に医事法学は、医療過誤をふくめた訴訟に対応するために、医学部必須の領

そして実際、人材育成上も組織編成上も無理があるのではないか？　たとえば教育法学なら、教育基本法など狭義の教育関連法にとどまらず、憲法、行政法、地方公務員法、地方自治法など公法関連の諸制度に通じていなければならないし、学校が被告となる事態を想定するならば、刑法／民法および訴訟法の知識もふまえねばなるまい。結局のところ、たとえば外部講師を学内外から動員してでも教育行政学講座内に公法をひととおり網羅したスタッフをそろえねばならなくなる。これは、さすがに非現実的な組織構成といえるだろう。つまり、法学研究科出身の公法専攻の研究者が教育現象を対象としたばあいにこそ適切な人材なのであり、それを内部調達しようといった無理は得策でないといえよう。
　それと同時に、「△△○○学」は、基本的には「△△学」と「○○学」の共通部分なのであるから、かりに人文・社会・自然の3つの領域のうち複数にまたがるなら、それを直視するほかなかろう（このばあいも、上述したとおり、「△△○○」という領域ないし現象が実在するばあいは、はなしは別である）。たとえば、科学社会学／環境社会学／医療社会学などは基本的には社会科学であるが、自然科学にも属する（すくなくとも基礎科学に位置する）、といったぐあいに[24]。どんなにとりつくろったところで、狭義の領域からはみでてしまうのだからしかたがない。東京大学をはじめとする総合大学が複合的な学際分野を自明視した組織を大量にうみだしてきたのも、単なる組織維持や予算獲得運動の産物といった解釈にはムリがある[25]。
　もう、問題の所在は明白であろう。われわれが通常社会科学と認識している領域自体、実は広義の社会科学にほかならない。万一、「社会現象」「科学」のなんたるかをこまかく規定して狭義の社会科学の境界線を鮮明化しようとすれば、結局は、法解釈学や法哲学、経営学、社会学史など、さまざまな分野を境界外にほうりだす

　　　域のはずだが、実際には常設の科目になっていないようだ。医事訴訟の実質的主体が医師（被告）ではなくて、法律家（原告弁護人／被告弁護人）だからだろう。要は、学際領域については、複数の専門をへてきた人材を蓄積していくほかない。
[24]　ちなみに環境社会学会の会員の一部は、社会学専攻でない理科系の環境科学研究者とかんがえられる（『環境社会学会会員名簿』2002年）。科学社会学が、通常、自然科学を対象化することを自明視され、人文学／社会科学の対象化が決定的にたちおくれていることの問題性については、ましこ［1997=2001c=2003c］。
[25]　たとえば東京大学大学院総合文化研究科（駒場校舎）での「超域文化科学専攻」「多元世界解析大講座」「広域科学専攻」などの組織名は、複合的な方法論で対象化すべき多元的な領域がもたらした。

はめになるであろう（註2参照）。それは、了見がせまいといった次元にとどまらず、不毛な科学論に終始し、また狭義の社会科学自体をやせほそらせる危険性をはらむ点でも、このましくない。周囲からの「流入」「充電」がなければ、たとえば形式社会学や理論社会学は単なる空理空論として空転するほかないのだから[26]。

　もちろん、あたらしい分野を確立するために、方法論的なツメを徹底するという意味で、狭義の社会科学の境界画定作業をおこない、その下位単位としての領域を明確化するという営為が無意味なわけではない（註20参照）。しかし、それは当座の作業であって、領域確立後は、まさに周辺領域とてをたずさえて、「学際的」に研究・教育がなされるべきである。その意味でも、広義の社会科学概念にそった、ゆるい責任領域が積極的にめざされるべきであり、そのなかには、人文諸学や自然科学の知見もふくまれて当然のはずではないか？　ましてや、新領域を開拓しなければならない必然性を当面もたない研究者や学派が、狭義の社会科学の境界概念に厳密にこだわるのは、排外主義というそしりをまぬがれまい。

　また、むしろ、そういった厳密さを追究することで（実は既存の社会科学領域という制度化されたわくぐみを自明視してきたにすぎないのだが）、みずからの認識上の死角を露呈させる危険性さえある。みずからの営為が、実は狭義の社会科学にはふくめられないといった結論をみちびきだすなど、悲喜劇的な結末をまねきいれるかもしれないのだ。たとえば新規分野や周辺分野への予算の流入に対して、正統性という次元から攻撃する姿勢は、首尾よくいかなかったばあい反撃をくう危険性がちいさくない。というのも、伝統的分野ほど現代的なニーズに即応しているとはいいがたく、むしろ既存の制度化された体制にまもられているだけのばあいがあるからで、周囲への攻撃は同様の論理で反撃を誘発することになりかねない。それでは、まさに「やぶへび」であり、ときに墓穴をほることを意味する。つまり、予算や組織などで、排除的に「まもり」にまわると、中長期的に自分のくびをしめるという皮肉がまっているかもしれないのだ。

　もちろん、同様のことは人文諸学についてもあてはまる。再三論じたとおり、「社会」を捨象した「純粋な人文」といった領域など、実は例外的なのだから、狭義の人文学からこぼれおちる自己の専攻領域を発見するはめになりかねない。結局のと

26　だからこそ、社会学はみずからフィールドにでるだけでなく、猥雑ともいえるような社会に関するデータを貪欲に周囲から吸収してきた。

ころ、社会科学と人文学とは、M. ウェーバーのいう「理念型（Idealtypus）」の次元でのみとらえることが妥当といえよう。さらにいえば、学問諸領域の関係性は、ウィトゲンシュタインのいう「家族的類似」概念で把握するのが妥当なのだ。「言語ゲーム」的に、実際に具体的な実践を展開してみせるなかにしか、具体的領域は存在せず、領域同士の連続／非連続、親疎も存在しないといえよう。となれば、人文学が社会科学とのあいだに一線をひくなど、大半が無意味であり、また有害な姿勢なのである。

このようにかんがえれば、すくなくとも広義の人文学と広義の社会科学とは、相当ひろい領域でかさなるのであり（自然科学も実はそうだが）、共同作業はともかく、すくなくとも相互啓発はかかせないだろう。まして、たがいに予算をうばいあうといった競争は本質的に無意味なはずである。したがって、事務官僚との予算のかけひきは、当然のことながら、共同戦線をはるべきであり、所与の「パイ」を学問領域ごとに利害対立の結果分配しあうといった構造をはやく「卒業」すべきではないか。

5. 予算獲得競争といった次元での政治労働をこえて

前述したとおり、「学際領域」といったことをことさらに強調するのは、既存の狭義の学問領域、ないしは実体的な方法的核（コア）があるという、原理主義／理念主義の陰画＝うらがえしである（科学社会学的には、予算獲得するための方便＝流行としての新領域の強調といった動向も軽視できないだろうが）。われわれのまえに、よこたわる研究対象が本来的に複合的な存在である以上、複数の方法の同時的総合的な適用が必然的に要求されてくるのである。複合的な存在を、あえて単一の方法で、鋭利にふかくきりさいてみることが、ゆたかな成果をあげえるといった夢想は、むしろ誇大妄想的といえよう（註24、25参照）。

したがって、将来的には、研究者の大半が、ひとつの対象にとりくむために、複数の方法を援用できるよう、大学院組織を横断的に履修することが前提になるとか、最初から複数の方法の動員を前提とした演習を修行の空間とする、といった潮流が一般化していくのではないだろうか。平行四辺形が方向のことなるベクトルの加法

によってえがかれるように、適度な複数の学問的核は、むしろ自明の前提になっていくかもしれない。というのも、「ベクトル」の方向がむしろズレているからこそ、射程となる「面積」がひろくなるからである。

　ただし、以上のような研究者のリクルート構造の再編成は、大学の学部教育とはなんなのか、教養教育とはなんなのかという、本質的な問題＝正統性にたらいたることをさけられなくするであろう。なぜなら、もともと、特定の講義科目がなにゆえ設置されているかという正当性問題は、学問体系の正統性問題ときりはなせないからである（制度化とは、それをもとにした政治的産物である）。正統性がグラつけば、講義科目という概念自体が本質的にとわれることになるし、私学組織もふくめて、財務官僚や他部局とのあいだでの予算獲得上のせめぎあいが浮上することとなろう。そして、自己防衛＝組織防衛のために、学問領域の境界線を恣意的に本質化し、予算獲得・人事権確保をめぐって、一層の官僚化が進行するという、およそ非アカデミックな状況が深刻化していく危険性がある。事実、国公立大学の独立法人化にともなう、組織改変の本質は、こういった構造を基盤にしていたのだとも、いえよう。既得権確保と新規開拓という構造にからめとられることによって、研究教育活動は、ひどくいびつなものになっていくであろう。それは、国立大学で展開された大学院の定員確保という行政指導＝文教官僚の干渉によって、実際に進行しつつある現実なのだから。

　もとより、アカデミックな空間が政治性をまぬがれるといった余地はのこされていないことは、いうまでもない。学問の制度化自体が、官僚制化を不可避的にともなうのだし、「生業」「業界」として展開するかぎり、金銭がからむのだから。しかし、アカデミズムが予算配分をめぐる政治労働に時間や精力のおおくをうばわれ、さらには予算を消化することが自己目的化するようになれば、それは本来の目的をみうしなった、絶対的な腐敗状況というほかない。なぜなら、予算獲得のための作文や予算消化のための研究が横行するなら、目的／手段関係が完全にさかだちしているし、それはとりもなおさず、助成金や授業料や寄付金などを「くいもの」にしていることになるからである[27]。われわれ大学人は、ますます、「なんのための研究か？」

27　「パーキンソンの法則」に抵抗すべく、財務官僚が予算内容と執行状況の正統性にめをひからせるのは、ある意味当然である。不正支出うんぬんの次元にとどまらず、公的性格をもつ資金を消化する「公務」だからである。

という根源的な自問自答をくりかえさねばなるまい。

　それは既存の学問わくぐみの温存といった「まもり」の姿勢でも、新規開拓分野への展開といった「せめ」の姿勢でもない。研究・教育によって存在と生計を保障されている自分たちとは、一体なんなのかをとうための営為であり、外部にはほとんど評価されない（対価なども当然ない）、ある意味「シャドウ・ワーク」ともいうべき政治労働だ[28]。しかし、それをさけることは、今後できなくなるだろう。それは、「象牙の塔」といった特権的ふるきよき時代がおわったからでも、構造不況で学術予算が自然増するといったみとおしが消滅したからでもない。財の直接生産という現場から距離のある「生業」を保障されているという、当該社会のなかでの実存的問題（個人的次元）であり、社会的責務（公的次元）だからにほかならない[29]。

6. おわりに

　冒頭で「本稿は、狭義の社会科学からははずれるものであるが（社会哲学の一種か）、社会科学の方法論として無意味ではなかろう」とのべておいた。もちろん、社会科学論が社会科学の一部であることを自己主張するのは、それ自体が再帰的で自己言及的逆説にからめとられているように一見みえるかもしれない。たとえば社会学者バーガー＆ルックマンも、「知識社会学に社会学的知識の妥当性に関する認識論的問題を含ませるのは、自分の乗っているバスを後押ししようとする努力にどこか似ている」とのべているし［Berger & Luckman 1966］[30]。しかしバーガーらは、認識

28　「シャドウ・ワーク」とは、もちろん、イバン・イリイチが産業社会を批判するために提起した理念型である。具体的には、サービス残業、宿題、家事／育児など、対価がはらわれない労働という、残余概念総体であるが、産業社会をささえる不可欠の要素であるという指摘はするどく、射程もおおきい［イリイチ1982］。知識人がみずからの知的生産物や政治労働の意義をかんがえるという作業も、対価ははらわれないがさけられない。

29　大学人など研究者の実存的意義については、ましこ［2002a: 160-2］参照。

30　バーガー／ルックマン，＝やまぐち訳［1977: 20］。ちなみに本章が狭義の社会科学からはずれるものであるとの認識は、おなじバーガーらの「（社会学的知識の妥当性問題は）本来、社会科学の方法論に属するもので、定義からして社会学とは別物だ」という指摘を意識してのことである［同上］。

上の妥当性問題を内部的に処理できないという、いわばゲーデル的な矛盾構造を指摘したにすぎないとかんがえられる[31]。したがって、「広義の社会科学」概念にもとづいた、社会科学論の一種としての境界線論という方法論的提起、そして、それにもとづいた自身の自己定義＝再起的分類作業は、そういった論理階梯上の自己矛盾をのりこえているとかんがえるが、どうだろう。

　ともかく、本稿を社会科学から排除するような狭義の概念規定は、「排除者」自身にもふりかかってくるはずだ。もとより、自身の研究領域／所属の同定作業という再起的＝自己言及的な次元にからまない学問論など、構造上ありえないし、「他者」への言及が自己像の境界線確定と無縁であることも不可能なのだから[32]。ともかく、本稿によって万一みずからが攻撃されていると感ずる社会・人文系の研究者がいるならば、その感覚は被害妄想的である。なぜそのように感じたか、自覚できないかくれた動機をさっそく自己分析すべきであろう。なぜなら、本稿は「既存のわく」にこだわる姿勢を批判的にのりこえるための素材と論理を提供することで、むしろ既存の学問ともども共存し、いきのびようという提案だからである。本稿がもっぱら批判の対象としたのは、「既存のわくへのこだわり」であって、既存の学問自体に対してではないのだから。

31　ただし、ことはそれほど単純ではないという見解もある。たとえば、石飛和彦は、「バーガーが……行っていることは、認識論上の居直り以上でも以下でもない」と、社会学者の展開してきた「神話論のロジック」の複雑な様相を分析している［いしとび 1997］。

32　他者像をえがくことで逆説的に間接的自画像をえがいている、という構造については、ましこ［2002a: 15-26］。

第3章

科学の対象としての文化・再考

文化の社会学序説

1. 研究対象としての「文化」[1]

以下、展開していく議論でもちいられる「文化」とは、

> 複数の人物が共有する行動様式、およびそれにともなう価値観。拡張解釈することで、ホ乳類や鳥類の地域差・集団差、ヒトとほかの種の体系化された意志疎通なども、これにふくめてもよい。
> ヒトの行動のうち、生得的にプログラミングされている様式以外は、この「文化」の産物。[2]

---

1 本章は、中京大学文化科学研究所の年報『文化科学研究』第14巻第2号（2003年）掲載の同名の論文を再録したものである。再録するにあたって、註記等を中心に、時代おくれになった事項を修正し、必要な加除をおこなった。
2 「文化」については、ヒトという種が、遺伝子にあらかじめかきこまれた生得的行動様式をうしなっているという普遍的現実＝根源的存在をうめる装置であるとの見解がある。いわば、サルが未熟児のまま誕生し、未成熟のまま成体となったのがヒトであるとするL. ボルクの「胎児化」説に依拠したA. ゲーレン「欠陥生物」説などが代表的といえよう［ゲーレン1970: 138-43］。同様の議論は日本でも、岸田秀などが展開しているが、こうした仮説には心理的抵抗感がつよいらしい。たとえば、ある精神科医は、敵視する教育論をつきくずすために、「岸田の非科学的著述で河上は、科学的装いをとることができると思ったのであろうか。仮に百歩譲って岸田の著述を

という定義にもとづいている[3]。

　要は、種としての本能的行動以外はすべて文化的行動（ないしは、その派生物）であるとの見解である。異論のある読者がほとんどであろう。しかし、生物学的、そして人類学的にもっともひろい定義をかんがえるなら、こうなるよりほかない。「低劣な行動様式／価値観までもふくめるなど、知的野蛮だ」とか、「文化をヒト以外にみとめるのは、いさみあしだ」とか、「2人だけの共有点など、次世代に継承されていかないような行動様式までふくめるのは、文化概念のひろげすぎだ」といった批判が、きこえてきそうだ。しかしそうした反発とは、以下論ずるように、読者の「文化」概念がせまいから生ずる感情とおもわれる。いささかきついいいかたをゆるされるなら、読者の「趣味」でもって「文化」概念をせばめているから生じる反感なのであり、新フロイト派的解釈をするなら、一種の防衛機制であるかもしれ

　　　認めるにしても、彼の理論は真理ではなく説明仮説として叙述されているものであるから、本能が壊れた欠陥動物が文化という幻想を共有することにより絶滅を免れるという岸田の説明は、実体を指すものではない」といった論理展開をしている［たかおか2002: 175］。しかし、こういった論理は、ゲーレンらの議論をすべて非科学的妄想としてきってすてる、といった知的野蛮を戦略的にえらんでいるのか、無知であることに無自覚であるのか、どちらかであろう。また、自然科学の観察や証明でさえ実はそんなに簡単な実体論ですまないことは、もはや衆知の議論である。説明仮説でもって議論をくみたてるほかない領域は、人文社会科学の大半をしめるといってもよかろう。高等尾猿類にも文化が観察されることは常識に属するが、ヒト以外に「多様な文化」が存在しないらしいことも、ほぼ確実である。逆にヒトの文化は、時空をたがえるだけで千差万別、それこそ同一種とはにわかに信じがたいほどのバラつきが普遍的であることも、自明であろう。こういったヒトとそれ以外の「断絶」を説明する説得的な仮説のひとつとして、ゲーレンらの議論は無視できるはずがない。もし「本能が壊れた」という表現がうけいれられないなら、たまたまうまれた既存の言語文化に大半が適応できるという「生得的能力」（Language Acquisition Device）で説明をこころみたチョムスキー派の言語的社会化論にならって、CAD（Culture Acquisition Device）を仮説的に想定してもかまわない。しかし、周囲の文化を諸個人が内面化することで生得的行動様式の欠落部分をうめていることにはかわりがなかろう。ヒトとは、使用者が具体的に入力しないかぎり、まっさらで作動しない汎用ソフトになぞらえてもいいかもしれない。

3　本来なら、既存の「文化」の定義を研究史的に一瞥すべきであろう。本稿では、割愛するが、議論の大勢には影響しないはずである。かんがえられる最広義の文化概念だからだ。「文化」概念の通史的概観については、いきまつ［1968］、いとー［2000］など参照。

ない。

　それはともかく、誤解をうけないように、最低限の補足説明をくわえておいたほうがよかろう。「2人以上の人物が共有する行動様式」としたのは、個人の内部だけでとじられた行動をはずすためである。「文化」というからには、共有されている必要があり、他者が了解可能でなければならない。その意味では、音声言語や手話などの最小限の共同体を想起されるのがふさわしい。生得的行動以外を全部「文化」概念にいれてしまっては、分析概念として、つかいものにならないという、理論操作上の意味もある。みかたをかえれば、外部から解読可能（decodable）であり複数の主体に共有されているということは、生物学から概念をかりた「ミーム（meme 文化的遺伝子）」にあたるものがあって、継承可能ということである。

　したがって、ニホンザルのイモあらいとか鳥類で報告される「方言」差などはもちろん、霊長類研究者たちがチンパンジーやボノボなどと記号操作機械や手話などをつかって意志疎通をはかっているときの媒体／身体運動とか、猟犬・牧羊犬・警察犬・盲導犬などを頂点としたイヌ／ヒトのやりとりも、以上の文化概念にふくめてよかろう。なぜなら、地域差がなんらかの激変によって消滅したりムレが死滅したりすれば、動物たちの行動様式も激変ないし消滅するわけで、現時点での分化が観察できなくなるという意味で「文化」だろうし、ヒトが高等猿類やイヌ科（オオカミもふくめた）に意識的接触をやめた時点で、種をこえた意志疎通もおわりをつげるだろうから[4]。

　本稿が、なにゆえ以上のような最広義の文化概念をとるのかは、以下の議論できらかにされていくが、一部結論をさきどりしておこう。それは、既存の研究の対象領域としての文化概念が非常にせまく設定されており、逆にいえば、広大な沃野が当然のように放置されてきている現状に反省をせまることである。

　後述するように、制度化された、いわば「高級文化」以外を意識的に照射してきた、いわゆる「カルチュラル・スタディーズ」といわれる潮流にしてからが、以前の高踏的なアカデミズムの陰画のように、せまい文化現象にしかとりくまないのに、

4　逆に、言語的社会化＝文化的初期化がはじまっていない乳幼児は、文化以前の存在であり、ある意味、ペット以上に距離があるといえよう。かのじょら／かれらの反応には、時空によるしばりなど存在せず、したがって文化的差異など存在しないはずだから。

「文化研究」と僭称している始末である。「いわゆるカルチュラル・スタディーズがせまい領域しかあつかっていないというのは、事実誤認だ」という批判がきこえてきそうなことは、先刻予想ずみである。たしかに、「カルチュラル・スタディーズ」のにないてたちは、以前の文化研究よりも、ずっとひろい領域を意識的にカバーしようとしている。しかし、前述したように、「文化」は生得的次元からはずれる、共有された行動様式総体なのである。だとすれば、「カルチュラル・スタディーズ」の射程は自称をうらぎって、文化概念がせますぎるといえよう[5]。

　本稿は、科学の対象としての「文化」を再検討することにより、本来的な、自称と内実が一致した「文化研究」を提案するこころみである。もちろん、だからといって、読者の「趣味」による「文化」概念、それにもとづく研究の意義を否定するものではない。というよりも、本稿のような見解は非常に少数派に属するはずであり、既存の「文化」概念にそった認識・研究をあらためねばならないような圧力は当面でてこないとさえおもわれる。本稿の主旨は、既存の「文化」概念が、あくまで特定の時代背景にそった制約ある認識の産物であり、今後も同様の認識が不動である可能性はひくいことの論証である。「大衆文化」とか「若者文化」など下位文化の隆盛が無軌道な資本主義の展開でもたらされたといった、うしろむきの姿勢でよまれないことをのぞむ。もちろん、本稿が、そういった下位文化を称揚する一連の「ポスト・モダニズム」の産物と誤読されることものぞまない。本稿は、「近代社会でくりかえされる社会現象ならすべて、構造を記述分析する意味がある」として、論者の「趣味」による序列化／断罪等を徹底的に禁欲する社会学のたちばからみた文化記述論なのだから[6]。

5　　後述するように、「カルチュラル・スタディーズ」の大半は、「文化の政治学（cultural politics）」などと改称すれば、非常に一貫性のある運動といえる［うえの／もーり 2000: 46］。しかし、「文化研究」と自称しているかぎり、「誇大広告」といえよう。よしみ［2000］、よしみ編［2001］なども参照。

6　　もちろん、時空を近代以降（およびその前史）にかぎるのは、社会学という知の体系が近現代社会の解明にあるからであって、文化の科学というばあいに前近代がふくまれるのはいうまでもない。人別改帳や教会資料をもちいて前近代の民衆の日常空間とその変動を復元しようとした社会史などは、きわめて社会学的な視線をそそいでいるといえる。ちなみに、論者の「趣味」による文化の序列化／断罪という問題は、実は存在被拘束性という次元で、大半の研究者にとって「ひとごと」ではない。なぜなら、第1に、研究＝記述／分析過程と表現行為は、対象への権力行使にほかな

2.「下位文化」「大衆文化」の再検討

「下位文化」とは、本来「上位文化」との対概念ではない[7]。したがって、「下位文化」は、非「主流文化」とはいえても、けっして非「高級文化」ではない。上位概念の、たとえば西欧文化総体内部に複数の「下位文化」が共存するといった、包含関係の大小関係の次元にすぎない。

しかし、たとえば通常「サブ・カル（チャー）」といった表現がもちいられるとき、それは中立的な概念であろうか？　これは容易に反証することができる。

たとえば、五線譜をもちいた記譜法を前提にしたアカデミックな西欧古典音楽および「現代音楽」とよばれる領域は、帝国主義時代の成熟期にあたる20世紀には世界化された「普遍性」をかたっていたとおもわれるが、ともかく西欧文化の一部

　　　らず（研究されることをのぞむ主体など、動植物にあるはずがないし、ヒトも例外的存在である）、第2に、ある現象を研究対象からはずすこと（関心をもたないこと、無視／黙殺すること、断念することなど）、研究成果を公表しないことなども、権力行使だからである。ある文化現象をとりあげるということは、称揚するにせよ断罪するにせよ価値判断がともなうわけで、文化主体へ権力行使にほかならない。そして、特定の文化現象をとりあげないこと（公表をひかえることもふくめて）も、消極的に価値判断をおこなっており、結局は社会の序列構造に間接的に加担しているのである。とりわけ、人文系の研究者の大半がとりくんできただろう「高級文化」や「民族文化」について、研究行為を自明のごとくかんがえるのは、無自覚な政治性というほかない。知的選良が「高級文化」や「民族文化」を積極的にとりあげ、またそのことへの報償として、経済的／社会的地位をかちえてきたこと、文化序列を再生産してきたことは、まさに政治にほかならないからだ。

7　しかし、「下位文化（subculture）」を「ある文化より下位にあって、これに従属したり、準じたりする副次的な文化の現象や領域」とみなす見解はねづよい［うえの／もーり 2000: 107］。また、伊那正人は、「「メイン」に対する「サブ」、すなわち「下位」という位置づけ」とか、「「メイン」としての政治・経済・社会のシステムからある程度独立し、自律性を持つものの、それに依存、従属、ないしは規制する文化」といった、奇妙な定義をおこなっている［いな 1999: 2-3］。日本における西欧古典芸術自体が、まさにこの定義にふくまれてしまうことについては、第2節後半で詳述するとおりである。より中立的な位置づけとしては、ミシェル・ド・セルトーのつぎのような記述がある。「サブ・カルチャーとカウンター・カルチャーは区別しなければなりません。前者は下位グループとかマイノリティの文化をさしています」［ド・セルトー, ＝やまだ訳 1990: 228］。

だろう。いいかえれば、西欧文化の下位文化であり、音楽文化[8]の下位文化でもあろう。上位概念をどう設定するかにもよるが、ともかく、西欧古典音楽および「現代音楽」が下位文化の一種であることは、自明の事実であるはずだ。たとえば、欧州大陸以外で、住民の過半数が西欧古典音楽を日常的にたのしむ空間があるだろうか？ イングランドの都市労働者がクラシックの演奏会に正装して日常的にいくことがおそらくないだろうこと、おきにいりの現代音楽のCDを毎日のようにきくことがないだろう構造は、日本の都市労働者や地方の農民については、一層あてはまるのだから。

　しかし、西欧古典音楽および「現代音楽」が下位文化として認識されたことがあるだろうか。すくなくとも、そうよばれたことは皆無にちかいのではないか？これは、よくかんがえると奇妙な事実である。なにゆえ西欧古典音楽および「現代音楽」は「下位文化」よばわりされないのか？ 精確な論証には、相当の材料をそろえる必要があろうが、基本的には、西欧近代文明が普遍的な価値をもっていると僭称し、そこで維持されてきた古典芸能は当然普遍的な文化であるとの認識が、世界の選良たちに注入され定着したとみてよかろう。西欧古典音楽用の楽器／編成によらない楽曲・声楽は、西欧のものでも民俗音楽と分類され非主流派あつかいをうけるが、西欧以外の音楽は、在来の古典音楽用楽器／編成によったところで「民族音楽」とよばれることになる。あたかも西欧には「民族」が存在しないかのようである[9]。また非主流とみなされていた音楽文化も、市場が肥大化し体制化していくと、

---

[8]　その時空の範囲をどう把握するかで複雑な問題が生じようが、ここでは詳述しない。
[9]　ドイツ文化圏を中心に「民族文化」を強調する伝統はねづよいのだから、まさに自己矛盾といえよう。逆に、東アジアの例でいえば、強烈な民族意識をもってきた日朝中文化圏は、民族的な古典音楽をそれなりに維持しつつ、国歌の演奏は、まさに西欧古典音楽の記譜法と編成にのっとった形式に追随している。外交儀礼の相手の主軸が西欧諸国であったという経緯はあるにしろ、音楽文化的には完全に屈服したかたちになっているといえよう（「創られた伝統」そのものである「君が代」の生成過程と演奏様式を想起）。民族的な古典音楽の維持も、所詮は西欧のオリエンタリスティックな視線に呼応したもの、つまり民族の独自性を対抗的に強調するための「伝統」にほかならず、国民／大衆の日常生活のなかには、すでにそういった要素はほぼ一掃されているといっても過言でない。日本でいえば、正月や結婚式のときだけの「邦楽」とか。大学で音楽学専攻といわれたときに、「邦楽」継承者をイメージするききては皆無にちかいはずである。「邦楽」とは、日常的な身体性からみても、まさに自己矛盾にみちた表現といえよう［ましこ2002a］。

西欧古典音楽用の楽器／編成にちかいかたちをコピーするようになり、すくなくともアカデミックな人材養成を制度化することになる。自生的／即興的だった民衆あいての音楽が、記譜法をそなえ、ブランドとしての著作権を主張し、大学等でレッスンプロたる教授たちがパフォーマーや作曲家を養成するようになる[10]。要は、大半の自生的音楽文化は、西欧古典音楽の形式にすりよるかたちで制度化し、延命ないし再生しているといえよう。そうすることで、単なる「下位文化」ではなくて、普遍的な価値をもっているかのように演出していくのである。

ともあれ、西欧古典音楽のように「普遍的価値」をおびてしまえば、それを包含する上位概念との対比が無視されて、「下位文化」という客観的な位置づけが消滅してしまうといえよう。もちろん、これは音楽文化にかぎらない、舞踊であれ、演劇であれ、スポーツであれ、文学であれ[11]。

このようにみてくれば、「サブ・カル（チャー）」という呼称は、客観的にくみたてられた操作概念とはいえない。むしろ「大衆文化の成熟のなかで一段進化＝深化した、マニアックな趣味＝細分化した分衆文化」といった含意がみてとれよう。せいぜい「非主流文化」ないし「非正統文化」といった、つきはなした操作概念としてもちいられているのであれば、マシなほうといえる。ある意味、日常的な用法のイメージが強固すぎて、既存の呼称のままでは、操作主義的な運用ができないので

---

10 本来、記譜法とは無縁であったはずのジャズやフラメンコが、学部や専門大学院、国立の舞踊組織などを確立するなどの制度化、ロックやポップスとよばれる大衆音楽がビジネスとして制度化するなど。これらのおおくが、北米におけるアフリカ系住民、南欧におけるロマ系住民など、被差別集団の身体文化を源流にもっていたのに、それが主流派住民の大衆市場に認知されることで「安全化」していったことは、みのがせない。

11 スポーツが普遍化するためには、欧米の「承認」が不可欠である。オリンピックの種目になりえた、「Judo」「Taekondo」、世界に道場を展開できた「Karate」などはその典型といえよう。その際、フェンシング／レスリング／ボクシングなどで当然視されるレフリーやジャッジによる採点制度など、制度化された西欧格闘技の形式にすりよったことはいうまでもない。もっとも、本家本元と自認している柔道／空手の本国＝日本の大衆はもちろん、関係者も、オリエンタリズムがからみついた「創られた伝統」という側面については、ほとんど無自覚であるが［ましこ 2002a, 2008c］。文学でいえば、英米語に翻訳されることだろう。英米語に翻訳され英米系ほかの文芸評論家に論評される機会をえなければ、ノーベル賞の推薦などないといってよかろう。

ある[12]。

　また、「カルチュラル・スタディーズ」派のおおくが、そこに「抵抗」や「対抗」をみてとっているのも、よしあしといえよう。かれら／かのじょらは、「ゆたかな」先進諸地域の都市部における大衆がうみだしたエネルギーに、積極的な政治的／文化的意義をみいだしており、体制的な上下概念から自由に評価をくだしているつもりである。しかし、慎重な論者たちが自覚しているとおり、そういった議論のおおくには、論者の投影を前提とした本質化／理念化がからまっている。当事者と記述者の政治性のミゾといった問題、参与観察とは一体なんなのか、といった認識論上の深刻な問題も当然みのがせない［うえの／もーり 2000: 117-24］。

　では、「高級文化」と対概念とみなされている「大衆文化」はどうであろうか？ 一般には、「資本主義ないしは前資本主義体制がもたらした大都市部における大衆という層を前提として、大量消費される文物／表現の市場ないし実態」と定義することができよう。「高級文化」と対比させるなら、幕藩体制下にあっては、能狂言に対して歌舞伎／浄瑠璃であり、漢文学に対して俳諧／戯作本であり、宮廷音楽舞踊に対して遊里の歌舞音曲などがあげられる。近代日本では、西欧古典音楽に対して大衆歌謡、岩波文化に対して講談社文化、乗馬／ヨットと野球、ブランデーに対して焼酎など、さまざまな文化項目をあげることが可能である。無論、時代がくだるにつれて、前者自体が大衆化したものがおおいが、おおくの対応関係は、経済的階級／階層にともなった消費市場の質／量のちがいであろう。前者は市場規模が極端にちいさく、たかい階級／階層あいての特殊な市場である。後者は19世紀以降の大都市大衆の欲望と大量生産を前提にしているため、薄利多売の大規模市場である。そして19世紀後半以降は、欧米の文物の階級／身分差の無視をともなった「洋物」の拝跪、という普遍的現象もみのがせない[13]。

12　こういった術語の決定的な無力さの例としては、言語学での「方言」概念や、社会学での「身分」「階層」などがある。なかでも言語学の「方言」は価値序列をいっさい排した中立概念のはずであったが、近代社会＝国民国家内での教育政策の負の遺産もあって、「なまった地方語」という差別イメージをぬぐえずにいる。まさに「言語」という上位概念の内部の「下位概念」こそ「方言」だったはずなのだが。その結果、言語学者は、「変種（variety）」といった、いいかえにおいこまれたが、これが大学外で啓発効果をもったことはほとんどない。方言概念の政治性については、たなか［1981］、ましこ［2002d］。

13　いまでこそ「死語」化したが、「舶来物」ということばほど近代日本人の劣等感を象

もちろん、こういった市場規模のちがいは、「作品」としての「一品生産」を究極のかたちとした「高級文化」と、「複製技術」による大量生産による「大衆文化」という生産様式／消費様式とよみかえることが可能である。前者のばあい、「一品生産」による「作品」の価値＝意義を充分に理解する顧客（裕福で文化資本もそなえた）が前提であり、後者では、大量生産で可能な品質水準で充分と感じる大衆が前提となる。前者の究極の生産者は「高名な作家」であり、後者の生産者は機械にはりついた無名の労働者、あるいは「使い捨てのタレント」である。いいかえれば、前者のばあい、生産者／消費者とも、しるひとぞしる「ひとかどの人物」で代行不可能なのに対して、後者のばあいは、生産者／消費者とも無名であり、しかも「交換可能」な存在として「量的存在」「流体」としてあつかわれるわけだ［ましこ2000a=2007］[14]。

　　徴することばはなかろう。それは、現在も「インポートもの」といった表現をともないながら、ヨーロッパ産のブランド商品の最大の消費地＝崇拝者の集住地が日本列島であるという事実としてひきつがれている。広告モデルおよび「ネイティヴの英会話教師」に、ヨーロッパ系ないしは、その血をひいた日系が多用されることも、同様の心理機制の産物である［ましこ2000a=2007, 2002d］。ちなみに、ワインは充分大衆的になったが、もともとヨーロッパでは、ソムリエなどを配した高額市場以外では「高級文化」などではない。彼我では「高級」概念におおきなズレがある。パリなどを羨望していた日本人のおおくは、画家はベレー帽をかぶっているといった勘違いをしでかし、ごく一部の人気作家以外画商にほんろうされる職人でしかない（＝冷酷な階級差別下の芸術家たち）という現実も認識できずにいた。それは、音楽家やバレエ・ダンサーなどをふくめた大半の芸術活動にあてはまるといえよう。要は、西欧の貴族／ブルジョアのための商品生産こそがアートの大半であり、その大衆化こそが欧米の現実であったのだが、それを「直輸入」した日本人のおおくは欧米での階級差を認識できず、すべてを「高級文化」として誤認＝受容したわけである。古典音楽にしても、高級／大衆の明確な対比、すみわけが厳然とあることについては、ブルデューらの冷酷な分析でも明白なのに［ブルデュー，＝いしい訳1990］。また、正式な用具とグラウンドでおこなわれるものが中等教育以上であった第二次世界大戦前は、野球も高級文化に属していたなど、時代による変動もみのがせない。その点、乗馬やヨットなどは、球技の用具やフィールドとちがって、大量生産や空間の共有が困難だから、大衆化がすすまないのであろう。
14　もちろん、文化資本のなかでもアカデミックな生産物＝消費財の生産／流通／消費過程は、生産者／消費者の経済階級／階層とかならずしも直結しない。たとえば地方都市の大学に勤務する実直な研究者は、自分の専門分野に関してだけ、ぜいたくな消費水準でとおすかもしれないし。図書館などをのぞけば、実質的に数十人の真の読者のみを想定した学術書もかかれているであろう。公的な助成金なしには刊行

では、たとえば鶴見俊輔の『限界芸術論』などで提起された「文化」領域はどう位置づけるべきだろう。「純粋芸術」(pure art)とも「大衆芸術」(popular art)ともことなって、生産者／消費者いずれもが非専門人という図式はふるくなっているといわれる。しかし同時に、制度化された厳格な訓練を通過していくわけではないマンガやロックの表現者をかんがえるうえで有益なわくぐみであることもたしかだろう［うえの／もーり 2000: 215］。現在われわれが大衆文化とかサブカルチャーとして認識する領域は、鶴見のいう「限界芸術」と「大衆芸術」のあいだに位置しているというのは、たしかに首肯できる［同上］[15]。こういった領域では、制度化された厳格な訓練を通過しさえすれば身分を保証される、といった市場は存在しない。パフォーマンスしながら（アルバイトなどでくいつなぎながら）、人気を獲得するまでねばらねばならない稼業といえよう[16]。

3. 「生活文化」がてらしだす「文化」概念

　そして、わすれてはならないものとして、「生活文化」というきりくちがある。通

／購入されえない刊行物もあり、その意味で、資本主義的な「市場」といえるかどうか、微妙なところではあるが。

[15] こういった文化現象の典型として、マンガ／アニメーションをあげることができよう。生産者がアカデミー式の養成過程をへないことはともかく、「しろうと」でないことはあきらかである。セミ・プロないし「インディーズ」にあたる「コミケ」の生産者も、しろうとの「趣味」の域はしばしばこえていて、ある意味巨大な「市場」を形成している。また、欧米がディズニー・アニメなどを典型として、こどもむけ絵本／童話のマルチメディア化にとどまってきたのと対照的に、手塚治虫作品や宮崎駿作品をはじめとして、SFほか文学作品に準ずるあつかいをうけるにいたった日本の状況は、世界化しつつある。たとえば日本マンガ学会（事務局：京都精華大学）といった学術研究団体（http://www.kyoto-seika.ac.jp/hyogen/manga-gakkai/）が成立したのが当然なことはもちろん、京都市と京都精華大学の共同事業で開館した「京都国際マンガミュージアム」（http://www.kyotomm.com/）や、それにさきんずる半世紀の歴史をもつ私設図書館「現代マンガ図書館」（http://www.naiki-collection.jp/）などの存在も軽視できない。コンピュータ・ゲームについても同様だろう。

[16] それに対して「純粋芸術」は、大学などにコシをかけた「レッスン・プロ」、ないしは古典芸能保護政策にまもられた継承者にだけゆるされた生産様式である。ある意味、純粋な市場とはいいがたい（註13参照）。

常、「文化」というときにイメージされているのは、なんらかの創造的な表現行為が前提となっている。それが「高級文化」であろうが「大衆文化」であろうが。しかし、日常的にしろ非日常的にしろ、ある時空でくりかえされる生活様式自体が「文化」にほかならない。「多文化社会」とか「異文化間コミュニケーション」といった表現が、そのことを端的にあらわしているといえよう。それにもかかわらず、既存の研究のほとんどは、文化現象を「表現行為」ないしはその「消費行動」とみなし、しかも「対象化するにたるもの」ととらえることを疑問視してこなかったのではないか？ するスポーツ／みるスポーツ（あるいは、かけるスポーツとしての公営ギャンブル）はもちろん、囲碁／将棋、各種文学、視覚表現、聴覚表現、などである。いってみれば、「見聞きするにあたいするパフォーマンス＝非日常空間」が前提としてあり、それを享受＝消費するか、まねてたのしむかという形式こそ、「文化」だと信じてうたがわなかったはずである[17]。

しかし、そういった「パフォーマンスの消費」以外に、膨大な「文化的行動」がくりかえされ、しかも、一度たりとも対象化されることなくきえさってきた現象は、それこそ、かぞえきれないであろう。知識人によって論じられたことがないからといって、そこに「文化」が不在であったわけではない。もちろん、論ずるにあたいしない現象だったと断言できる保証など、どこにもない[18]。そして「それでもなお、学問の対象として第1にかぞえあげられるべきなのは価値ある非日常的パフォーマンスだ」というなら、「多文化社会」とか「異文化間コミュニケーション」といった表現が自明の前提としている「生活文化」を、「とるにたらない＝学問の対象た

---

17 むろん、ギャンブルをめぐる諸現象を文化として記述分析する姿勢は貴重であるし［たにおか／なかむら編1997］、市民ランナーや「縁台将棋」、カラオケ、学生演劇、といった市井の人物の「文化的行動」を対象化すること自体、マイナーともいえるのだが、本論考では、それ以上の水準を要求している。
18 それこそ風俗／一時的流行／低俗文化などとしてアカデミックな空間でとりあげるのがはばかられる、あるいは当然のように無視／抑圧されてきたものを列挙しただけでも、性風俗、オタク文化、女子高校生文化をはじめとする「少女文化」など、おおくの社会現象をあげることが可能である。これらの現象の大半に共通するのは、セクシュアリティや劣等感などがからまることで、もともと公然とかたることがはばかられる領域にある点、パフォーマンスが実践されるにしても秘密裡、ないしはごく私的に展開される点、病理現象などが社会問題化したときに、急に識者がしたりがおで分析してみせる点などである。

りえない」という軽視する選択をおこなっていると自覚し、かつ公言すべきであろう[19]。

　さらにいえば、研究対象としての「生活文化」というわくぐみは、なにも、人類学／教育学／社会学、あるいは言語学にのみ意味のあるものではない。前述したような「下位文化」という原理的＝原則的な操作概念とからめるなら、ある国民、ないし民族、あるいは教徒たちに共有されている「生活文化」との対概念こそ「下位文化」ともいえるからである。特定の層にのみ共有／実践される知識／行動／価値観こそ「下位文化」であり、大多数の層に共有／実践される知識／行動／価値観こそ「生活文化」と、理念型をたてることは、きわめて生産的といえよう。この視座によれば、式服としてキモノ草履（ぞーり）すがたは「生活文化」だが、日常的な着用は「下位文化」といえる。同様に、「洋服」を日常的に着用することは「生活文化」だが、自室に西欧画をかざり西欧古典音楽を毎日きくことは「下位文化」とみなすことが可能であろう。

　また、衣食住など生活文化の基軸にあたる部分は、「洗練された（と体制が認定してきた）」ものだけが「文化」としてとりあげられてきたし、日常的な技術学的領域は、「家政学」として、わかい女性（将来の主婦役割を自明視されてきた）のまなぶものという認識が、なかば当然視されてきた（「良妻賢母」イデオロギー）。しかし、そういった認識自体が、制度化した「高級文化」を称揚する価値序列の産

19　冷静にかんがえれば自明のことだが、以上のような「保守的」な文化観にたつということは、人類学／社会学／教育学などが自明視する「文化」概念を事実上否定するものにほかならない。この点に関しては、現実主義的には現状をあいまいにしたまま放置し、たがいの共存をはかっておいたほうが精神衛生上このましいが、科学社会学的には、かなりやっかいな政治性をおびていることは否定できない。というのも、既存の文化研究の価値を自明視することで、サブカルチャーなり大衆文化を蔑視する態度を堅持するかぎり、既存の文化研究は、なにゆえ正統な学問体系＝姿勢なのかという政治性をといかえされるはめになるからである。つまり、「新参者」を差別し、制度化を邪魔するような姿勢にしがみつくことは、既存の学問体系や知識人の姿勢の政治性という、やっかいな問題をあぶりだすという意味で、まさに「やぶへび」なのである。こういった学問の政治性は、予算／人材配分の正当性はもちろん、講義科目存続の正当性自体がとわれる次元にまで、実はたちいたりかねない。これとほとんど構造的にかさなる、いわゆる「学際分野」の政治性については、本書第2章参照。

物であり、また女性差別的な価値意識の端的なあらわれといえよう[20]。

　ちなみに、文化庁があらたな存立基盤として法制化した「文化芸術振興基本法」（2001年）の第十二条が、「国は、生活文化（茶道、華道、書道その他の生活に係る文化をいう。）、国民娯楽（囲碁、将棋その他の国民的娯楽をいう。）並びに出版物及びレコード等の普及を図るため、これらに関する活動への支援その他の必要な施策を講ずるものとする。」と規定していることは、皮肉である。形式的に「生活に係る文化」を「生活文化」としているものの、具体例としてあげられたものが「茶道、華道、書道」であることは、策定者たちの意識水準と範囲を端的にあらわしているといえよう。それが時代錯誤的に偏向しており、しかも想像力の射程がきわめてせまいことはいうまでもない。それらが日常生活そのものである層が、人口のどの程度をしめるのだろう。

　また、世俗的な「文化」概念を端的にあらわしているのは、実は文化庁内部の組織名自体といえよう。長官官房のなかに著作権や国際交流をあつかう組織があるものの、具体的文化政策をしきっている「文化部」の下位単位は「芸術文化課」「国語課」「宗教課」であり、文化財保護や美術品などを担当する「文化財部」のなかも、おしてしるべしである。このなかで「国語課」は日常的な「生活文化」をとりあつかっているようにみえるが、それが国内の言語現象を統制すべき対象として把握する部局であることは、いうまでもない。独立行政法人の国立国語研究所などの調査機関が、国策からは自律した実証研究をすすめていることはもちろんだが、政策

20　家政学科などの名称は「生活科学科」「生活環境学科」「生活文化学科」などへとかわったが、その在籍生と教員の中心が女性であることは、うたがう余地もない。しかも、そういった「生活科学」などを権威化している知的源泉は、栄養学（農学研究科）、建築学（工学研究科）、材料学（理学研究科／工学研究科）、経済学／法学／社会学などであり、抽象度のたかい領域になるほど、男性研究者が急増するようである［あさひしんぶんしゃ1998］。要は、衣食住の実務的技能を理論化する分野を中心に女性研究者の再生産がおこなわれ、それを統括する抽象度のたかい領域ないし学際的領域は、外部から調達される男性研究者によって補充される、という「分業体制」があり、しかも受講生はほとんどが女子学生という知的序列／身分関係が公然化しているのである。中学高校での家庭科の男女共修が定着したところで、科学の威信秩序に変動はなさそうだし、「日常生活」をかたちづくる文化項目は、「主婦」がとりしきる私的領域としかあつかわれないままといえよう。それらは、「家庭科」が「家政科」の入試科目にさえいれられないこと、新聞の「家庭欄」がもっとも「内部」にとじこまれて、あからさまに軽視されているらしいことにも、端的にあらわれている。

的意図としては、あきらかに「国語政策」に資する調査が予定されている。多様な日本列島上の言語現象の把握ではなくて、ヤマト系日本人の民族文化としての「国語」という本質化が自明視されているからこそ維持されている研究所にほかならない［ましこ 2001b］。

4. 科学的対象たりえる「文化」の諸相

つぎに、今後真剣に検討すべき「文化」現象をいくつか具体的にとりあげることで、以上のべたような構造の問題点を、より鮮明化してみよう。

まず、ヒトという種の独自性という意味では、セクシュアリティやジェンダーにかかわる諸現象を対象化することが不可欠である［かとー 1998, あかがわ 1999, えんどー 2000, おぎの 2002］。同性愛や性転換志向をふくめた性意識は、基本的にヒトに独特の現象であり、しかも「出産文化」（杉立義一）をふくめた広義の性行動／制度のほとんどが生得的な行動様式とは別次元に属することは、いうまでもない[21]。男性性や女性性を、性ホルモンを軸とした「本能」が決定するといった生物学的な本質主義的議論がはびこり、育児はもとより性風俗や病理現象まで「しかたがない」といっ

---

[21] 産科医で医学史家の杉立義一は『お産の歴史』のなかで、世界中の出産の多様性を意識して「出産文化」と表現している［すぎたつ 2002: 16］。杉立はこの表現をみちびくまでに、サル類の出産の諸相と比較することでヒトの難産のカラクリを概説している（「序章　ヒトとサルの出産」）。要は、進化論的な視座から出産を論じているわけだ。しかし、生命科学をまなびながら、サル類にはなぜ「出産文化」が存在せず、なぜ人類にはあるのか、といった根源的な死角がぬけおちていることは、いなめない。また、「われわれ日本人も長い歴史のなかで、独自の出産文化を生み出してきた。本書では、縄文時代から二十世紀末までの日本人の出産文化について、さまざまな文献史料等を参照しつつ……」と、俗流日本人論を展開してしまう［同上］。遺伝子情報が連続しているからといって、「日本人」とひとくくりにできないことは、いうまでもない［ましこ 2002a, d, 2008c］。ジェンダーをめぐる悲喜劇は、ましこ［2000a=2007］参照。ちなみに、遠藤寿一は、性差と文化についての興味ぶかい議論を展開しているが、ジョン・マネーらの見解をほとんど無批判に踏襲している［えんどー 2000: 197-9］。しかし、それは人権蹂躙をともなった人体実験をもとにしており、理論的にも破綻したとみなされていることへの言及がないのは、まずかろう［コラピント, =むらい訳 2000］。性差／性意識が性染色体や性ホルモンだけで決定されるものでないことはたしかでも、マネーらの研究の問題性は依然のこるのだから。

た合理化がひろくまかりとおってきたが、およそ非科学的でありイデオロギッシュといえよう。ある時空の特定の集団だけが共有する価値観と行動様式にほかならないという、ある意味、「多様性＝普遍的構造」であることを確認しつつ、「性文化」が記述／分析される必要がある。「食欲／睡眠欲／性欲は、ヒトの三大本能」といった俗論は、摂食障碍／睡眠障碍／性的不能やセックスレスカップルなどの現象をみてもわかるとおり、例外的少数＝異常というよりは、むしろ一定数かならず存在する現象とみるべきなのだ。その意味では、男性至上主義にねざした性暴力やセクハラなどの現実さえも「文化」として分析可能である［ましこ 2000a=2007, 2002d］。

　こういった視点にたったばあい、障がい者の売買春を「サブカルチャー」などと特別視する視座はナンセンスである［いな 1999: 8-10, かわい 2004, おーもり 2005］。障がい者の日常生活のおおくが、「健丈者」の日常文化と異質であるか、異質であるほかないようおいこまれているからである。重度の身体障がいをもつ層が、事実上屋外にでられないようくみたてられた、「健丈者」中心の「障碍だらけ社会」の住人は、この社会学者もふくめてあらゆる意味で鈍感である[22]。手話や点字などの媒体もふくめて、「隣人」たちの異文化をしろうとしない、あるいは、みおとしたまま生活がおくれてしまうのである。あいてにこえをかける、という行為が無意味な、ろう者たちは、かたをたたく、あるいはつくえをたたくといったかたちで、あいてにしらせる。かたのたたきかただけで聴者であることがわかるというから、日本列島上に異文化が共存していることはあきらかだ。盲人が依存せずに生活可能な漢字表記を、日本語ワープロソフトの機能をつかわせることでしいる晴眼者文化とか、聴覚が活用できない、ろう者にまで「口話（いわゆる読唇術）」を強要する聴者文化（聾学校教員）なども特記しておくにあたいするだろう［本書第12章, ましこ 2000a=2007, 2002a, d, あべ 2002, 2006］。

　美容整形をふくめた身体感覚の動態も、すぐれて「文化」的現象であることは、いうまでもない。摂食障碍を少数の病理的現象とみなすような態度は不毛であるし、さまざまな動機による食餌制限の盛衰、食を芸術行為とみなす態度を一方の極として、他方にある食事の軽視まで多様性を無視できない［ラプトン, ＝むとー ほか訳 1999］。化粧、ヒゲそり／脱毛処理、カツラやスキンヘッドをふくめたヘアメイク、ピアス

---

[22]　この社会学者は、その直後で、サブカルチャーとしての老人をとりあげており、そこでは、相当広範囲にめくばりがされており、きわめて対照的といえよう。

をふくめた装飾品／衣類など、ヒト特有の行動様式、時空／集団ごとに激変する身体管理は、おびただしくある。「スポーツをしなければ」「節制しなければ」「一日30品目たべなければ」「健康と美容は至高の価値」といった「健康志向」「清潔志向」意識自体が、現代の都市生活者に特殊なものであり、なんら普遍的な価値ではないことに、どの程度の市民、いや知識人自体が自覚的だろうか［おの1997, ホイ, ＝しーな訳1999, うえすぎ2000, よねやま2000, さとー ほか2000, おぎの2002］。無論、こういった身体性へのこだわりに対応するかたちで隆盛をほこる、スポーツ産業、美容産業、健康産業のよってたつイデオロギーも重要である。

　文化として注目されることがおおい言語現象においても、携帯メールでの「顔モジ」、「2ちゃんねる」文化、「語呂あわせ」や4音短縮語など、単なるサブカルチャーと放置しておいていいとはおもえない広範な日本的現象がたくさんある。これらは、日本語漢字の特殊性などを考慮にいれないかぎり理解不能であるばかりでなく、かなりの程度、現代日本の日常文化の実態を反映した現象である[23]。

　いささか卑近な領域もふくめるなら、ラブホテル／風俗店／飲食店／喫茶店をふくめた店舗などの命名、競走馬／プロレスラー／芸能人などの命名／呼称、薬品／電化製品／輸送機関をふくめた商品名、商店街やビルの呼称など、固有名詞の生成原理は、地域文化や階層文化もからんだ、列島の言語文化をうきぼりにすることであろう。音声実態とは遊離しているモジ表現上のジェンダー表現、英米語の「つづり字発音」やその延長線上での外国語全般にみられる「誤読」現象、恣意的な漢字表現の実態や「日本化」の典型といえるカタカナことばの生成状況など、日常的＝

23　数字などの「語呂あわせ」は、例外的に「創られた伝統」ではなく、歴史的にねづよいヤマト文化のひとつといえる。複数の漢字のヨミが常態化しているという日本列島の特殊性なしには、ありえなかった現象といえよう。また「マスコミ」「ゼロベア」「パソコン」など4音短縮語も、同様に歴史貫通的なねづよい言語現象である（おそらく、2字漢字語の音よみが背景にある）。「顔モジ」も漢字表記のうちの象形モジの伝統なくして、発生／意義は理解できまい。「2ちゃんねる」用語としての嘲笑語のひとつ「藁（＝「わらい」の略称）」は、漢字表記の同音異義語なしにはありえない現象である。管見では、これらはいずれも本格的な社会言語学的分析がなされたことはないし、体系的な日本文化論としてもないとおもわれる。これこそ、「ヤマト的」文化現象＝伝統なのに。ちなみに、さとー・みのる［2007］の「名前」論や、いわゆる「暴走万葉仮名」など、曲芸的な命名の構造については、ましこ［2008c: 53-4］など。

微視的な言語現象は、まさに「文化的」要素にほかならないのであって、実は、言語学者の個人的趣味で、あつかう／あつかわない、といった瑣末な次元ではない[24]。「ただしい日本語」とか「ただしい敬語」といった、非言語学的で不毛な規範主義に精力をそそぐいとまがあるなら、以上のような諸現象に明快な分析わくぐみを提供し、しろうとの疑問や混乱にこたえるデータを用意する責務があるはずなのだ[25]。そして、公教育空間での国語科が単なる実用的技能の伝授装置ではないとするならば、こういった日常的言語現象を明快に理解しうるような研究成果を教員・成人・児童が利用可能な形式・水準で保障することは当然であろう。

　もちろん、「文化」として対象化すべき領域は以上のような身体／言語といったものにとどまらない。紙幅の関係で詳述することはひかえるが、うらない／カルト／オカルト／エセ科学信仰、冠婚葬祭をふくめた各種行事を構成する「しきたり」、「恋愛文化」、観光をふくめた余暇、生徒文化や教員文化をふくめた学校文化[26]、企業文化や組織原理、市民／業務遂行者の廃棄／廃熱行動、環境意識と人権意識、経済行為や紛争解決システム[27]、産業技術の進歩／伝播（でんぱ）／混交、……など、それこそ枚挙にいとまがない[28]。これらはすべて、時空をたがえることで、ことなったかたちをとる。かりに物理的には同一の事態が生じていたにせよ、すくなくとも当事者の把握と処理方法がちがってくるのである[29]。こうした多様性こそヒトの「文化」そのもの

---

[24] 言語学者の大半が、こういった言語現象を、下世話なこと、瑣末なこととして、学術研究の対象から当然のようにはずしてきたことはいうまでもない。

[25] くぼぞの［2002］や、理念上の標準語および女性語を「役割語」という視座から分析してみせた、きんすい［2002］などをふくむ、〈もっと知りたい！　日本語〉シリーズ（岩波書店）は、その意味でもいい企画といえよう。

[26] 「学校文化」という用法は教育学／社会学関係では、ごく一般的なものである。あまり一般化してはいないが、より抽象度のたかい用法として「教育文化」がある［みやざわ2002］。たしかに、教育的な関係性／過程は、学校にかぎらないし、そこに歴史性／地域性という独自な変種がみとめられるのだから、より包括的概念といえよう。

[27] 法社会学を中心に、「法文化」「法意識」といったテーマは再三議論されてきた。

[28] 精神科医である中井久夫は、「治療文化」という概念さえ提起している［なかい1990］。

[29] 構造主義があきらかにしたとおり、個々の構成単位が物理的にどうであろうと、それは本質的ではない。要素がふくまれる文脈や体系内での位置づけが価値をきめるのだ。起源が同一でもまったく異質な機能をはたす文化項目もあれば、起源がちがっても同類の機能をはたす文化項目もありえる。たとえば中国大陸と朝鮮半島／日本列島上での漢字体系の意義は前者であり、葬儀をとりしきる牧師／僧侶の役割は後者である。生物学上の概念である「相同器官」（ヒトの両腕とトリの翼のように、

であり、そこには、まだまだ広大な「未踏の沃野」がひろがっているといえよう。

5. おわりに

　ある経済学者は、「文化を経済学的に分析した『文化の経済学』の分野は今までに存在せず、著作もなかったよう」だとし、「実際、筆者はインターネットなどで検索を試みたが、そういった著作を見出すことはできなかった。『文化の経済学』のような著書は、ひょっとしたら世界中でも本書以外に存在しないかもしれない」とのべた。そして、「文化は芸術よりずっと広い概念であるから、本書のような目的をもつ文化人類学と同じように『文化経済学』という名称をつけたほうが適切であると筆者は感じる」としるしながら、「文化経済学」という名称をあえてさけた。既存の「文化経済学」という名称が、「芸術活動などの経済分析」として理解されている状況に配慮したからである［あらい 2000: 181］。実際、日本の「文化経済学会」（http://www.jace.gr.jp/gaiyo.html）をはじめとして、世界の「文化経済学（cultural economics）」もそう理解されているようだし、「文化政策学」「文化産業論」といった隣接分野でも、同様の把握が自明視されているようだ。「見聞きするにあたいするパフォーマンス＝非日常空間」という文化イメージがいかに強固であるかをものがたっているといえよう。

　いささかきついいいかたをするなら、「カルチュラル・スタディーズ」が文化研究の最重要部分をすべてになっているかのように僭称しているのと対照的な意味で、「文化経済学」は「文化」を恣意的に規定している。おそらく、考古学ブームというかたちでの地域おこしには成功していない発掘調査とか、大学テキストとしてしか流通しない出版物、報酬をもとめることなど最初から考慮していない地域の活動やインターネット上の情報のやりとりなど、経済学的分析にあたいしないとみなしていることだろう。それは「集金能力／集客能力あってこその芸術」といった、きわめてなまぐさい「文化」イメージにほかならない。「（芸術家さえ）カスミをくっ

発生学的には共通でおなじ構成をもつ器官）と「相似器官」（コウモリとトリの翼のように、発生学的にも構成上もことなるのに機能と形態がにている器官）が、たとえとしてよかろう。

て、いきていけるわけではない」ことは現実でも、「(生活者も) パンだけでいきているのではない」のは事実である。「文化」が「芸術よりずっと広い概念」であるということは、結局のところは「カネのなる木」＝投資先といった観点でしか「文化」を把握しない、資本依存症（capitalism）患者の貧困な想像力をてらしだす。そして、アカデミズムを中軸とした文化の対象化は、そこまでなまぐさくない一方、自身の恣意的な序列意識に無自覚か、ひらきなおってきたといえよう。

　本章は、その意味で、既存の「文化の社会学」の大半も無自覚におちいっていた「文化」概念の批判的のりこえの「序奏」にすぎない。

第2部

ことばの政治経済学

疑似科学＝イデオロギー装置としての言語論

第2部は、『社会言語学』(「社会言語学」刊行会、2001年〜)にシリーズとして掲載された5本の論考「近年の俗流言語論点描」[2003, 2004, 2005, 2006, 2008] と、『エスペラント研究』(日本エスペラント学会、1992年〜) 2号所収の論文「公教育におけるエスペラント履修と言語権」[2003] を再録した。

　前者(「近年の俗流言語論点描」シリーズ)については、各章表題(初出時には、表題・副題が一貫していない)にある「言語研究者の本質主義」「漢字表記論／英語教育論」「日本語特殊論」「辞書」「日本語ナショナリズム」「漢字論」[1]といったキーワードでわかるとおり、現代日本にはびこる言語論ないしは言語記述がかかえる政治性を、批判的に検討したものである。

　後者(「エスペラント履修」)については、表題をかえてあるが、言語権では通常ふくめられることがあまりない、第二言語教育の選択権と公教育の責務のかかえる矛盾・政治性をとりあげたものである。

　前者はそろって、広義の言語研究者自身が非科学的・イデオロギー的な議論をはじることなく、無自覚に疑似科学の加担者になっていることもふくめて、およそ日本語周辺、あるいは英語教育周辺で展開・再生産されてきた言語論のイデオロギー性を暴露しようとした論考群である。後者は、公教育においてかたられる「国際化」が、事実上「英語」化であり、異文化接触や自文化の相対化の機会というより、欧米社会への知的追従を疑問視しなくなるというイデオロギー装置としての機能を暴露し、言語権の延長線上に、英語以外の第二言語としてエスペラント履修の権利が保障されるべきであるとした[2]。

　いいかえるなら、前者では「積極的」に非科学的な議論がくりかえされ、国民全体が集団催眠にかかるような状況が放置されてきたという、血液型性格分類と通底

1　漢字論としては、ほかに、あべ [2002=2006]、すみ [2006]、なかの [2009]、ましこ [1996, 1997=2003c, 2002d, 2004, 2009] など参照。教育論・差別論としては、すみ [2006, 2009] および、ましこ [1997=2003c, 1999a=2002d]、ビデオ作品、長野県梓川高校放送部「漢字テストのふしぎ」(2007年) の映像評としては、なかの [2009] および、ましこ [2009] 参照。

2　これに関しては、ましこ [2002d] 所収の「文化資本における「英米語」」(9章) 参照。なお、「言語権」をめぐる諸問題については、げんごけんけんきゅーかい [1999]、きむら [2001]、つかはら [2001]、かつらぎ [2003]、こじま／ぜんこくろーじおもつおやのかい [2004]、さなだ／しょーじ [2005]、しぶや [2005]、かどや [2005]、こが [2006]、ましこ [2006]、しぶや／こじま [2007] など。

する疑似科学のイデオロギー装置がとりあげられ、後者では、国際化＝英語教育という、自明性がうたがわれることのない風土が維持するイデオロギー装置の機能と、そこからの解放論が展開されている。

　いずれにせよ、第2部で検討・批判される言語論・教育体制は、客観性・自明性にのっとった議論・体制だと信じこまれている。言語科学の基礎をふまえれば、その非科学性が容易にあらわになる程度の論理水準なのだが、それにもかかわらず、実に強力な支持をかちえて「猛威」をふるってきたとおもわれる。「迷信」といってさしつかえない論理が疑似科学のかたちをとって「信仰」されつづけ、政治経済的な猛威をふるうのは、社会ダーウィニズムや市場原理主義と通底するものがあるといえよう。

　一方、高齢者・障碍者・幼児・外国人等をふくめた要支援者問題を、障害学が提示した「社会モデル」[3]によってかんがえだせば、たとえば「識字教育」にまとわりついてきた、社会主義イデオロギー・教育イデオロギー・記述言語学イデオロギー等が展開してきた文化剥奪論とは全然別種の政治性が浮上することは、あきらかだ[4]。「ことばのユニバーサルデザイン」「コミュニケーションのユニバーサルデザイン」といった次元で、言語的コミュニケーション周辺の諸問題が体系的・横断的に再検討されなければならない[5]。第2部は、そういった問題意識の、ごくごく「序章」部分をさらっているにすぎないが、この水準での問題の共有化さえも、気のとおくなるような道程を必要としているだろうことは、あきらかである。その意味では、気がめいるような印象をうけるが、情報弱者本位の社会環境・制度の柔軟性整備とはなにか、という観点にたてば、それらの大半が通底する問題構造をもっており、問題群のおおくが、中期的には早晩解決してしまうかもしれないのである[6]。読

3　障害学的な議論の一部は、本書第12章「障がい者文化の社会学的意味」のほか、ましこ［1996a, b, 1998］などでふれている。
4　識字論周辺の無自覚な政治性・イデオロギー性については、かどや［2009］および、やました［2009］。
5　障害学をふくめた包括的な漢字論は、あべ［2006］。ことば自体が差別装置になっているというラディカルな議論は、あべ［2009］。障碍者をとりまく情報保障の問題としては、ましこ［2005c］、いしかわ［2006］、うちなみ‐こが［2009］、ふくしろーどーへんしゅーいいんかい［2009］など。
6　たとえば日本語教育の理論的議論の大半は、豊富な資源をそなえた学習者−指導者間での諸問題にしぼられているといって過言でない大学内での留学生指導をめぐるも

者には是非、そういった二段がまえの時間感覚で、第2部の問題提起と関連文献がとりあげる論点にとりくんでほしい。

このようにみてくると、言語論のおおくが無自覚なイデオロギー性をおびた疑似科学[7]・迷信として、社会に有害無益な混乱をあたえているだけでなく、言語がおび

のだった。しかし、豊富な資源をそろえることが構造上不可能にちかい学習者−指導者間での諸問題が山積するのが、移民労働者・家族−市民ボランティア／学校教員という日本語教育空間であった（ほかに、事実上「私塾」といってさしつかえない、日本語学校があるが、ここでは詳述しない）。その意味で、日系ブラジル人や残留日本人帰国者家族、難民、外国人研修生などがとりかこまれている諸矛盾にこそ、行政当局と大学関係者が周到に対策にのりだすべき課題群がある。たとえば、たじり［2007, 2009］、さとー／ドーア［2008］、はるはら［2009］、アルク［2009］、たなか［2009］、あるいは、やすだ［2007］、がいこくじんけんしゅーせーもんだいねっとわーく［2006］、くれまつ［2008］、がいこくじんけんしゅーせーけんりねっとわーく［2009］、「がいこくじんろーどーしゃもんだいとこれからのにほん」へんしゅーいいんかい［2009］などに指摘されている諸問題は、緊急の課題であると同時に、中長期的かつ総合的な視野も必要とされる、難題だらけの領域である。なお、社会学者・教育学者周辺の近年の議論としては、おーた［2000］、しんかい［2002］、みやじま［2005］、さくま［2006］、こじま［2006］、しみず［2006］、しみず／こじま［2006］、しみず［2008］など。

[7] 疑似科学については、いけうち［2008］など入門書をみればわかるとおり、その大半は、科学社会学が自然科学・生命科学を、自明の対象としているのとおなじ「科学」観を露呈してきた。それは、たとえば評価がたかい、きくち［1998］、セーガン［2000, 2009］とか、ガードナー［2003a, b］なども、超常現象などの迷信にダマされる心理機構にしぼりこんでいるなど、科学＝自然科学・生命科学という前提で非科学的信念にしがみつく普遍現象を問題化しているにとどまる（人種主義や心理学などもふくめたガードナー［2004］は、すこしマシだが、ツッコミがあまく、あまりおもしろくない）。第1部解題でふれた点との関連でいえば、遺伝子決定論的な社会生物学や進化心理学への痛烈な批判であるグールド［1998］や、人種主義を事実上合理化してきた人類学を自己批判的に徹底批判した、スチュアート［2002］などのような疑似科学批判が、もっと質・量ともに追求・追究される必要がある。進化論へのいいがかりというべき創造論やホロコースト否定論など歴史修正主義のカラクリについては、シャーマー［2003］。「経済学を研究する目的とは、経済問題に対する一連のできあいの解答をえることではなく、どうしたら経済学者にあざむかれないか、まなぶことにある（The purpose of studying economics is not to acquire a set of ready-made answers to economic questions, but to learn how to avoid being deceived by economists.）」（ジョーン・ロビンソン『マルクス、マーシャル、ケインズ』）という有名な警句は、単に経済学内部での批判精神にとどまるものではなく、既存の（しばしば不当な）政治経済的資源配分を合理化するような科学めいたウソ／デタラメに対するあらゆる知的態度にあてはまるだろう。

る宿命的な政治性ゆえに、狭義の文化領域にとどまらない問題領域であることがわかる。その点で、第1部の人文・社会諸学の政治性と関連するのみならず、第3部の法的・社会的諸制度とのふかい関連性もつねに意識させられる課題といえる。

　なお、ましこ［1996c, 1997=2003c, 1999a=2002d, 2004, 2006］等で「つみのこし」の課題、やすだ［1997］をはじめとする陸続とした論考群や、すずき［2003］、さとー／ドーア［2008］、たじり［2007, 2009］、はるはら［2009］、アルク［2009］などとの論点整理は、別の機会にゆずることとする。

第4章

言語研究者の本質主義

近年の俗流言語論点描1

1. はじめに：俗流言語論の存在基盤

　みずからの日常言語とは、サピアらのひそみにならうなら、「あるく」あるいは「みる」「いきをする」といった日常的行動と同程度ないしは準ずる水準で「あたりまえ」であるがゆえに、「わざわざかたる」にはあたいしない。したがって、言語学者など少数の層以外は、無自覚になりがちだということになる。しかし、実際のところ「日常言語については、だれでもかたることが可能だ」というセリフは、言語研究者から、なげきとして、あるいは苦笑をもって、くりかえしかたられてきた。おそらく、日常的な主観的「内省」にそったソボクな「実感」は、「知識人」をもオルテガ流の「大衆」にひきずりおろすようだ。言語学や文献学の素養をわきまえずに、さまざまな放言がくりかえされる構造について、一部の言語研究者たちが大衆的俗論を批判する言動をくりかえしてきたのは、ゆえなきことではない。

　しかし、田中克彦らが言語研究者にむかって批判をくりかえしてきたとおり、言語研究者は研究者で、大衆的なソボクな疑問にこたえようとせず、啓発活動に熱心でなかったということもたしかである。すくなくとも、自然科学・生命科学の研究者たちは、ひろい意味での「市場」をひろげるべく、さまざまな啓発活動をくりかえし、あるいは日常的な「実感」の「あやまり」をひたすら訂正する作業を「副業」としてきたのである。この態度のちがいは、意外におもたい意味をもつとおも

われる。専門人以外にとって自然科学・生命科学の大半は、数世紀まえの到達水準でさえも充分非日常的な「発見」であり、数学などは数世紀まえの「発見」も専門課程の準備段階でまなばねばならない。専門人／大衆のミゾのあまりのふかさからか、一部のトンデモ本の横行とそれに対する「ワクチン」がくりかえされているようだ[1]。

　対照的に言語学周辺では、自称言語研究者／文学者が執筆する国語教科書や一般書で展開されている言語論がイデオロギー（非科学的な断定や文化エリートの規範のおしつけなど）の放置放任という事態としてくりかえされている[2]。言語研究者たちの主流は、公教育や言論市場での啓発活動を事実上あきらめているのである。しかし、作家などによる俗論の横行はともかく、言語研究者＝専門家として一般読者にうけとめられる執筆者の俗流イデオロギーを放置しておくのは、専門人としての責任を放棄しているというほかなかろう。本来、学界内で科学からの逸脱を徹底的に批判すべきであると同時に、不断に一般読者むけの啓発活動を展開する責務をおうとみるべきであろう。いや言語研究者自身、自分のせまい「もちば」をはなれたとたん、俗流言語論に転落しがちなことをこころして、同業者同士、相互監視をおこたらないようにすべきではないか？

　本章は、近年めにとまった言語研究者による言動（ひろくは言語政策にかかわる問題）をいくつかとりあげ、その本質的問題を再検討するとともに、今後の対策の方針をいくつか提案するものである。

1　もっとも、生命科学などでも生物学などは、ちまたにはびこる俗論の状況を、あきらめがおで放任しているようだ。ヒトの男女関係を俗流生物学イデオロギーで「説明」しているようなフリをする、いわゆるトンデモ本はちまたにあふれているが、それをいちいちとがめだてするのは徒労におわるとか、おもしろくない、あるいは、とりあえず生物学に興味をもってもらう意味では無意味でないから放任しておこうといった意識がはたらいているらしい［いけだ／かなもり 2001］。

2　国語教科書や一般書ではびこる日本語論のイデオロギー性については、ましこ［1997＝2003c, 2002d］などで、何度か議論を展開ずみである。ほかには、すずき・よしさと［2003］。

2. 日本語特殊論1:「漢字不可欠論」の新傾向について

　新種の漢字擁護論は、基本的に「しかたがないじゃないか」という論理による合理化である。この一種として必要悪論を代表するのは、高島俊男『漢字と日本人』であろう。高島は、漢語を表記する体系としてうまれた漢字が、はなしことば日本語とは異質であり、基本的に不適応をおこす存在だとはっきりみとめている［たかしま2001: 18-28］。

　　　漢語と日本語とがあまりにもかけへだたっていたために、日本語で漢字を書く、ということには、非常な困難と混乱とがともなった。その困難と混乱とは、千数百年後のこんにちもまだつづいている。(中略)
　　　もし、漢字と同時にアルファベット文字が日本にはいってきていたら、日本人は、考慮の余地なくアルファベットを採用していただろう。　　［同上: 28］

そのうえで、

　　　……音声が無力であるためにことばが文字のうらづけをまたなければ意味を持ち得ない、という点に着目すれば、日本語は、世界でおそらくただ一つの、きわめて特殊な言語である。
　　　音声が意味をにない得ない、というのは、もちろん、言語として健全なすがたではない。日本語は畸型的な言語である、と言わざるを得ない。
　　　　　　　　　　　　　　　　　　　　　　　　　　　　　　［同上: 243］

とする。鈴木孝夫らの漢字礼賛的表記ナショナリズムとは対照的だ。
　しかし、これにつづく1節は同音衝突をさけるためには不便でも漢字表記はやめられないという俗論に終始する。

3　本節は、『増補新版 イデオロギーとしての「日本」』の「終章2」の一節に加筆修正したものである［ましこ2003c: 302- ］。

では、日本語は健全なすがたにかわり得るだろうか。
　日本語は畸型のままで成熟してしまった言語であるから、それは不可能である、とわたしは考える。
　これをしいて完全に正常なからだにしようとすれば、日本語はきわめて幼稚なものになってしまう。(中略) たとえば、「ふるいでんとうのあるがっこうにはいった」がつうじるのは、よむ者が頭のなかで「伝統」を参照しているからであって、完全音標化すれば漢字はなくなりいずれはだれも知らなくなるのであるから、「ふるい電燈」との区別を保証するものはなにもない。日常生活上の「デントー」は「電燈」のための音声としてのこるに相違ないから、「伝統」という語と概念は消えるほかない。(中略)「コーソーのケンチク」がのこれば、「コーソーなやしき」や「ロンブンのコーソー」は意をつうじがたくなり消滅する、きわめて幼稚なものになる、というのはそういうことである。　　　　　　　　　　　　　　　　　　　　　　　　　[同上：243-4]

　ありきたりな同音衝突論といえる。漢字にふれるまえに視覚をうしなってそだった全盲者が、どのように漢字語を識別しているかなど、まるで意識できていないことがわかる。
　もうひとつのかたちである宿命論としては、子安宣邦『漢字論　不可避の他者』をとりあげるべきであろう。子安の議論をよむことによって、おおくの漢字批判論が、日本語を本質化した拒絶反応（一種の知的アレルギー）なのだということがわかる［こやす2003］。田中克彦や野村雅昭らの議論にしても、「漢字がなかったら」という一種のユートピア思想をひきずっていること、それが、日本という国民国家の民族的連続性を幻視しないかぎり成立しえないという意味で、国学者たちと通底する限界があることが理解できる[4]。

4　ちなみに、たてがきによる肉筆以外は伝統にもとる、という、超本質主義としては、書家である石川九楊の議論がより鮮明に論理をうちだしているといえよう［いしかわ1999］。しかし、村井紀らの議論とあわせて、漢字表記批判のおおくが、幕藩体制期の国学者たちのイデオロギーの後継者かどうかはともかく、日本語の歴史的連続性という本質化におちいっているという指摘は重要だろう。つまり、これからの漢字依存症批判は、「日本語になじまない」といった論理はとりえないということである。

しかし、だからといって、漢語の刻印という「不可逆的」な歴史的事実と、漢字表記の「不可避」性とを混同する議論はこまる。高島らの憶測とちがって、われわれのおおくが、漢字音をみみにしたときに、漢字表記をおもいうかべることなく、文脈と対応させて同音異義語を識別するように、そして漢字表記をみたこともない全盲者や外国人が、やはり文脈と対応させて同音異義語を識別するように、漢字語を全廃する必要などないのである[5]。われわれが漢字を放棄したとき「不可避」になる事態は、文脈で識別できないような同音衝突、たとえば「科学／化学」「市立／私立」「工学／光学」といったかぶさりをどう解消する[6]かでしかない。そういった意味では、子安が「漢字なくして日本語の現実的な存立はない」といった断言をどうしてくだしてしまうのか［同上: 26］理解にくるしむが、これこそ漢字イデオロギーのしぶとさの典型例なのであろう。
　言語研究者ではないが、エスペランティストとして、さまざまな言語論を展開している後藤文彦も、漢字擁護論者のひとりである[7]。
　後藤は漢字の逆機能に充分自覚的だが、「専門語」や「高級語」を造語する、業界外の読者も一応わかるという次元で漢字はすてがたいというのが、その議論の趣旨である。鈴木孝夫の議論［すずき1999］を緻密で説得力があるとしてしまう（その自己矛盾にどう対処しているのか、不明）。しかし、「自動販売機」を「自販機」と

5　井上ひさし、ほか劇作家を中心に、文脈による同音衝突の識別を無視した議論（＝字幕スーパーをつかわずに演劇を成立させている脚本家という自己矛盾）については、『イデオロギーとしての「日本」』などでくりかえし論じてきた。しかし、漢字批判＝漢字語全廃論（ヤマトコトバ至上主義）ときめつける本質主義はあまりにおおい。漢字音の異常なかたよりのことをとりあえずわきにおくなら、欧米語が古典ギリシア語やラテン語起源の単語をごく日常的にもちいていることと、漢字音を表音的にかいたり、はなしことばで駆使することは本質的にちがいがないのに、こういった勘ちがいがなにゆえなくならないかは、知識社会学的に解明すべき重要な課題といえよう。ちなみに、漢字表記のせいで、日本語としておかしなオトが乱用されていることに鈍感になる（漢字に毒される以前のコドモのみみは、不自然さ／異様さを敏感にうけとめる）、という議論を田中克彦がすでにおこなっている［たなか1975］。「ウン」「チン」など、「すなおな日本語にとって、笑いをさそい出さないではおかないような音の切れはじ」といった批判は、たしかに一理あるが、これは究極のヤマトコトバ至上主義＝本質主義にほかならない［たなか2003: 231-3］。田中克彦は、はなしことばはもちろん、文章でも、漢字語をつかわないというのだろうか？
6　たとえば、ここで「改称する」という漢字表記は文脈上不自然である。
7　http://www3.ocn.ne.jp/~gthmhk/kanzi.html

省略できるが「パソコン」はわけがわからないといった論理でカタカナ語を批判し、漢字表記を擁護するなど、論理のスリかえに無自覚である。大衆的に定着した「ジハンキ」「パソコン」は、ハナシコトバのなかでほかの単語と混乱することはないし、そこでは漢字表記も語源も通常かえりみられない（かえりみるといいはるのは、井上らイデオローグの強迫観念にほかならない）。

　また、後藤としては、方言を表記するときに、漢字があったほうが他地域に理解されやすいというのが、中核にあるらしい点で、井上ひさし、ほかの作家たちにちかいたちばといえよう。しかし、それなら、隣接するロマンス語圏同士で理解されるように、ほぼ同一の単語は同一の表意モジであらわすべきだ、といった議論をヨーロッパ人にぶつけるつもりがあるのだろうか？　ローマ字が各言語それぞれ別個の音素体系をうつしとるべく補助記号やくみあわせがくふうされてきたように、かながきも、ヤマト民族（として統合されたがっている住民）の占有物ではない。漢字を標準語音素でなしに「方言」よみすることを、漢字擁護論としてもちだすなら、なぜ、カナがアルファベットに準じた多言語表記たりえることからめをそらすのか、不明である（帝国日本は実際に悪用したではないか？[8]）。基本的に標準語を表記するために発達してきた近代正書法と「方言」とのズレを意識していながら、後藤のなかには、日本列島の住民の大半は日本語人として統合されるべきであり、その共通の媒体はかながきヤマトコトバと漢字表記という信念があるのだろう。まさに、国民国家のイデオロギーにとらわれた本質主義的議論といえる。これは、後藤が国際補助語や地域文化を擁護する論者であるという点から、非常に深刻な問題だろう。

3. 日本語特殊論２：「カタカナ」語論をめぐって

　国立国語研究所が外来語「言い換え」案を提出したこと[9]は、新聞などでも報じられたが、もちろん賛否両論がありえるだろう。ふるくは田中克彦が、スパゲティ

8　たとえば、安田敏朗が指摘した「漢字カナ」などが典型例といえよう［やすだ1997b: 251-266］。

9　「「外来語」言い換え提案－分かりにくい外来語を分かりやすくするための言葉遣いの工夫－」［こくりつこくごけんきゅーじょがいらいごいいんかい2007］。

を「西洋うどん」と翻訳するのは抵抗があって当然といった議論をする一方で、ドイツ語やモンゴル語が徹底的にじまえの語をくみあわせてとりこもうという姿勢をまもっていることを評価するなど［たなか1975, 1983, 1992, 2002a, 2003］、ある種自己矛盾をきたすたちばをとったりしてきた。また外国語の漢字語による翻訳が近現代日本語の文化資本上の格差解消の根本だったという鈴木孝夫らの説も有名なところだろう［すずき・たかお1975］。晩年の橋本万太郎が提案した「昭訓」（漢字語に短縮された「カタカナ語」をあてるもの）も無視できない［はしもと／すずき／やまだ1987］。

そんななか、「言政学」専攻を自称する研究者が、「外来語言い換え　カタカナの利点忘れるな」とする主張を新聞によせたことがある（「私の視点」『朝日新聞』2003/08/21［でぐち2003］）。表記をとおした日本語論として、典型的本質主義をみることができるので、とりあげてみよう。

投稿者は、国立国語研究所の「言い換え」案（第2回検討対象語52語についての中間案）を、つぎのように批判する。

1. カタカナ語はその出自が「外国語」であると明示できるが、漢字語だとできない。
2. カタカナ語は原語に復元しやすいが、漢字は翻訳過程がはいっていてできない。
3. たとえば「データベース」を「情報集積体」と漢字語訳してしまうと、あたらしい概念なのかはっきりせず、あやまった意味にとられる危険がのこる（すくなくともカタカナ語は、「わからない」ばあいに、わからない新語であるという自覚ができる）。
4. 外来語には、導入・定着にはらわれた努力がともなっているのに、「安易に外来語を使用しているという同研究所の主張は、こうした現場の努力を無視する態度といえる」。
5. たとえば「ノーマライゼーション」という語を「等生化」といった新語でとりかえようと、うえからはたらきかけたら、努力が水泡に帰すだけでなく、よみかたがはっきりしないなど、具体的には点訳などのげんばで混乱がおきる。
6. 「外来語バッシングが行き過ぎ」ると、すべて「言い換え」となり、新

語が氾濫する。

7. 原語がおなじでも、物理学の「平衡」と経済学の「均衡」が並立するなど、訳語が乱立するおそれもある。

こういった批判をくわえたあとで、投稿者は外国語をシャワーのようにあびる日本人の現状をかんがえれば「外来語はカタカナで表記するというルールのもとでカタカナを使用することこそ理に適っている」と主張する[10]。

安易に漢字語で翻訳新語をつくればいいという主張に対してあびせる批判としてはいいかもしれないが、それぞれ問題ぶくみであることは、いうまでもない。

1′. カタカナ語としてあらわすことによって、「外来語」、つまり在来のコト

---

10 ちなみに、この投稿者以外に積極的にもちいているとはおもえない「言政学」は、投稿者自身の小論によって、「地政学」（geopolitics）から着想をえたLingua-politicsの訳語的な術語の提案＝新語であるとされている［でぐち2000］。ちなみにLingua-politicsなる術語は、Googleなどの検索エンジンによって、この投稿者以外は欧米等でももちいていないらしいことがわかるので、おそらく投稿者自身の発案だろう。しかし、「原語」がないから、漢字語による新訳語ではないとはいえ、なにゆえ「リンガ－ポリティクス」といった、カタカナ語をもちいないのか、ふしぎである。投稿者の持論からして、「地政学」という術語にくわしくない読者以外が既存の語と誤解し、語義をあいまいなままで「わかったつもり」におちいるのと同様、「言政学」なる、あたらしい漢字術語は問題ないのだろうか？　また、Lingua-politicsといった英米語風術語の「定着」が今後どうなるかはともかく、たとえば、田中克彦が「言語政治学」（Sprachpolitik）といった術語解説をこころみていること［たなか1988: 264］、あるいは言語地理学（Géographie de Langue）を提唱するロラン・ブルトン［ブルトン、＝たなべほか訳1988］などと、どう関係するのか、不明である。投稿者は、「言語境」「決済言語」「基軸言語」などのカギとなる概念を提起しているので、クルマスらの政治経済学的な文脈で言語文化現象をとりあげるべく、geopolitics概念をしたじきにしているらしいことがわかる［クルマス1993］。しかし、田中、ブルトン、クルマスらは、単なる地理的次元での政治力学ではない、民族文化がからまる政治経済学的な威信秩序・競争の動態をふくめて地理的空間を論じてきた。正書法もふくめた言語文化の排他的自律性については、インターネットによる言語データの奔流や航空機による国際労働力移動という地球規模の事態がくわわったとはいえ、「言語境界」といった概念をあたらしがって、「国境」をモジる感覚はどうか？　新語をつくっても、本質的にあたらしいことをかたっている保証はない。また「言語境」といった、漢字表記をたしかめないかぎりわからない新語を「発明」する姿勢もいただけない。

バでないことがはっきりしめせるという主張が、音よみ漢字語は漢字表記すべきという主張と同様、「ヤマトことば」幻想という本質化を自明の前提にしていることは、あきらか。「カッパ」や「カルタ」のように、しばしばひらがながきされる、「もと南蛮渡来」語のように、充分定着したあとは、カタカナによる「異物」あつかいをやめてやろうということか？

2′. カタカナ語は「原語がまったく推測できないのでこまる」というのは、在日期間のみじかい外国人がそろって指摘することである。利点は、「外来語辞典」をしらべるのがラクで、原語つづりにたどりつきやすいということぐらいか？

3′. 「情報集積体」としてしまうと、もとからあった漢字語だと誤解されるかもしれない。しかし、あたらしくもちだされる術語という位置づけがはっきりしている（あるいは、させる必要がある）ばあいは、そのむねことわるのが、普通である。「なじんでない新語であるということをしめすためだけに、カタカナ表記をのこす」というのは、議論がズレている。結局想定しているのは、制度・技術などの点で新情報をもたらしてくれる欧米など「先進地域」からの、おもにローマ字表記の単語をカタカナ転写することだけなのではないか[11]？

4′. 5′. 「ノーマライゼーション」を「等生化」とするのは、たしかにひどすぎる（通常、漢字語用語論者が主張する、意味の要約がまったくできていない）。しかし、これは、すなおによめば「トーセーカ」としかよみようがない。したがって、点訳の際のよみの困難をあげているのは、こじつけ（複数の音読が可能な漢字語はほかにあるはず）。こんな論拠は、ふりがなをつければよいとか、漢字表記の直後に（よみがな）という形式で充分という反論にこたえきれない。

　定着への現場の努力というが、いわゆる「専門家」が安易にカタカナ語を

---

[11] 国立国語研究所のとりあげたカタカナ語は、あたりまえかもしれないが、衣食住にかかわる生活文化はふくまれていない。これらは基本的に「翻訳」されることなく、カタカナ語としてうけいれられるからだ。その例外は、植民地支配のなごりである「シナソバ」「中華ソバ」「沖縄ソバ」「朝鮮づけ」「シナチク」「焼肉」など、東アジアの食文化といえよう。

導入し、新規分野での先導役として主導権あらそいをしてきたことも事実。その意味では、難解な漢字語を乱用してきた医学界法学界などと、逆の意味でのエリート主義を社会学界もふくめた「カタカナ語業界」はおこなってきた。老人をはじめとして、適応できずにいる層が確実にあることへの国立国語研究所などの対応は、ある意味当然ともいえる。

6′. 7′. カタカナ語でない複数の「輸入語」の「原語」が同一物であることが、それほど問題なのだろうか？　それなら、ストライキ／ストライク、ミシン／マシン、バレー／ボレーなどの「輸入語」の「原語」が同一物であることは問題にならないのか？　もちろん、'planet'が学閥学派によって、惑星／遊星などと「訳語＝術語」が共存するのはこまったことだろうが、これはまた別の問題だろう。「平衡（物理学）」と「均衡（経済学）」とは、たまたま欧米語のおおくで同一語かもしれないが、つかわれる文脈がちがう以上、事実上別概念なのだから。

　以上のように、実に、てまえがってな根拠をあげることで、カタカナ語の多用を正当化しているにすぎないことはあきらかだ。すでにのべたとおり、安易な漢字語依存への「はどめ」の意味はあっても、単なる対抗論理にすぎず、本質的な問題解消の議論を提出できていないことに提案者は無自覚らしい。しかし、「言政学」専攻と自称する研究所づきの「教授」の論理展開に、「漢字語ぎらい」をはじめとする「カタカナ語ずき」は、わが意をえたりと元気づけられるにちがいない。漢字語による安易な造語・翻訳が、はなしことばや視覚障害者を混乱させるのとは別の意味で、ねづいていない膨大なカタカナ語は、疎外される膨大な人口を再生産することになること、業界関係者にしか利益をもたらさないことが、無意識的にか無視されている。第1、国立国語研究所は、「第1回「外来語」言い換え提案」[12]（2003年4月25日）のなかで、「専門的な概念を伝える場合は説明を付け加える配慮を」という、つぎのような解説文をつけている。

　　　日本語の中に外来語が取り入れられるとき，特定の分野で専門的に用いら

---

[12] http://www.kokken.go.jp/gairaigo/Teian1/iikae_teian1.pdf

れることから始まる場合があります。その分野内での正確で迅速な伝え合いのためには、外来語を使うことが確かに効果的です。しかし、そうした専門性の高い語を一般の人に対してそのまま使っても、理解されるとは限りません。やさしく言い換えることができればよいのですが、言い換えることで概念があいまいになり、混乱が生じるおそれもあります。

　例えば、「キャピタルゲイン」という語は、資産の売却や値上がりによる収益を指す経済の専門用語で、これを「資産益」と言い換えることも考えられます。しかし、この言い換えでは、利息や地代など資産そのものからもたらされる収益と区別できず、「キャピタルゲイン」という語で伝える必要のある概念が、十分に伝わらない心配があります。専門性をおびる外来語の概念を一般向けに伝えたい場合は、外来語を使いつつも分かりやすく説明を付け加える方法が、かえって効果的な場合もあります。

　すくなくとも投稿者の第3の論点は、こういった研究所や「外来語」委員会の姿勢を検討することなく議論を展開したものであって、いいがかりとしかいいようがなかろう[13]。

4. 専門家支配の追認＝無自覚な偽善としての「いいかえ」

　しかし、投稿者のような強引な立論をゆるしたのは、カタカナ語をめぐって論点整理がなされていないことにあるとおもわれる。つぎに、さきの投稿者が批判をくわえる、当の国立国語研究所の説明をさらに検討してみよう。
　国立国語研究所では、前述の「第1回「外来語」言い換え提案」のなかで、「分か

---

[13] ちなみに、国立国語研究所が「言い換え」を提案した62語のうち、およそ4わりは、世代をとわず定着率25％未満だった。2わり強は過半数に定着しているが、そのうち60歳以上では4語（「インパクト」「ケア」「デイサービス」「バリアフリー」）を例外として、定着率50％未満だった。

りにくい外来語とは」という解説文をつけている[14]。

　本提案では，分かりにくさの程度を知るための目安として，その外来語の意味が国民にどのくらい理解されているのか，すなわち語ごとの「理解度」に着目しています。国民各層に対する調査の結果から得られた理解度の数値が低ければ，その外来語は未だ定着が十分ではないと考えます。理解度は，大きく4段階に分けて示すこととし，語ごとに星印の数で，次のように表示しています（凡例参照）。
★☆☆☆　　その語を理解する人が国民の4人に1人に満たない段階
★★☆☆　　その語を理解する人が国民の2人に1人に満たない段階
★★★☆　　その語を理解する人が国民の4人に3人に満たない段階
★★★★　　その語を理解する人が国民の4人に3人を超える段階
　★☆☆☆の語は，最も分かりにくい外来語であり，公的な場面で用いることは避ける方が望ましいと考えられる語です。★★☆☆の語も，現状では，外来語のままで用いることは避けたい語ですが，今後，普及定着に向う可能性のある語も含まれています。★★★☆の語は，定着に向って進行しつつあり，外来語を用いることにさほど問題のない場合も多いと思われますが，幅広い層の人に理解してもらう必要のある場合には，まだ何らかの手当てが必要な語と言えます。★★★★の語は，すでに十分に定着しており，外来語を用いることに大きな問題がない語であると考えます。
　以上のうち，★☆☆☆から★★★☆までの語を，本提案では「分かりにくい外来語」として扱いますが，理解度の段階差に応じて，上に述べたような配慮が必要になってきます。

　「★★★★の語は，すでに十分に定着しており，外来語を用いることに大きな問題がない」とは，要するに人口の1〜2わり程度に未定着でも、たいしたことではないという判断をしめしている。「★☆☆☆の語は，最も分かりにくい外来語であり，公的な場面で用いることは避ける方が望ましい」とは、なんとよわごしであろ

14　同前。

う。官僚や専門家が一部にしかつたわらないカタカナ語を乱用することを事実上追認していることがにじみでている。たとえば、なぜ「★★★★の語」に対応しきれない層がのこることに冷淡なのか、分析にあたいするといえよう。これについては、おなじページの「現代社会にとって大切な概念の定着に役立つ工夫を」という解説文が、てがかりになる。

> 専門家の間で使われ始めた外来語のなかには、その語の表す概念が未だ一般にはなじみの薄いものであっても、現代社会にとっての大切な概念として、一般への普及定着が望まれているものもあります。
> 　例えば、治療方法などにつき十分な説明を受けた上で、患者が自らの判断で同意する「インフォームドコンセント」の考え方を普及させることは、医療の現場を中心に重要性を増してきています。ところが、「インフォームドコンセント」というなじみのない外来語を用いるだけでは、重要な概念を一般に普及させることはなかなか難しいと思われます。上に述べたように、説明を付けながら外来語を用いることも一つの方法ですが、概念を広めて定着させるには、的確な語で言い換えることが最も効果的です。
> 　本提案では、「インフォームドコンセント」の考え方を、「納得診療」という覚えやすい語で言い換えることにより、患者の納得に基づく医療行為を示す語として、一般の人々に広く普及させることができるのではないかと考えています。

この一節だけよむともっともらしいが、「★★★★の語は、すでに十分に定着しており、外来語を用いることに大きな問題がない」という前出の認識とあわせれば、カタカナ語の「言い換え」提案とは、実はカタカナ語が定着するための、「はしわたし」ないしは「地ならし」作業なのだというホンネが露呈しているとよめる[15]。かれらは、「現代社会にとっての大切な概念として、一般への普及定着が望まれてい

15　「言い換え」案のおおくは、真剣にわかりやすさが検討されていることがうかがえるのは事実だが、「ノーマライゼーション→等生化」のように、問題ぶくみのものもある。カタカナでいいわけではないが、だからといって、ひどすぎる「いいかえ」は結局定着しないだろう。

るもの」は、いずれ「言い換え」をせずに多数に通じるような「定着」段階がやってくると想定しているし、「資産益」といった「言い換えでは，利息や地代など資産そのものからもたらされる収益と区別できず，「キャピタルゲイン」という語で伝える必要のある概念が，十分に伝わらない心配」を、さきの投稿者と共有しているのである。

しかも、前節でのべたとおり、カタカナ語の「原語」とは事実上、欧米の有力言語なのである。いいかえれば、「カタカナ語問題」とは基本的に、制度・技術など新情報をもたらしてくれる「先進地域」からのローマ字表記単語輸入の戦術問題であって、カタカナ転写か漢字語翻訳かという、「輸入もと」＝「業界関係者」の主導権あらそいにほかならない。したがって、「日本は制度的におくれている」といった劣等感がつづくかぎり、こういった「おなじアナのムジナ」同士のバカしあいがくりひろげられることになろう。

5. おわりに

もちろん、こういった「茶番劇」の道具だてとして、「ヨコモジ」と在来の「ヤマトコトバ」という本質主義的二項対立、ないしは「中華文明」をまじえた「三項鼎立」が暗黙のうちに想定されていることは、いうまでもない。われわれが日常はなしことばをあやつるときに、漢字語だヨコモジだなどと、いちいち識別しながら駆使しているはずがない。かれらの議論は、あくまで視覚情報として確認しての水準、あるいは視覚情報として確認しないかぎり処理不能な「マッチポンプ」状況についての水準にほかならない。もちろん、非漢字圏・朝鮮半島・盲人世界における言語処理（専門用語や同音対立などをふくめて）がどうなのかといった比較の視点がかけていることは、あきらかだ。

「外部から積極的に文物をとりいれる雑食的な雑種文化だ」とか、「漢字だろうがヨコモジであろうが柔軟にうけとめられるのが日本語だ」といった、「おくに自慢＝本質主義的論理」は、おびただしくくりかえされてきた。しかし、皮肉をこめて、あえて本質主義的な批判をくわえるなら、「難民や亡命者に対して非情きわまりない、あるいは定住者に対してヨソモノ意識をすてられない排外主義とも共通するように、

精神の鎖国状態は、まだ解消されていない」と。いわゆる「日本語特殊論」という、日本語本質主義の一変種は、さまざまな変奏曲として、今後もくりかえされ、多数派日本人（ときには、そこに統合された少数派も）の近代的な自己意識を再生産していくだろう。個人的な俗論にいちいち批判をくわえていくユトリなどないだろうが、言語政策／教育政策に影響のでそうな俗論は断固として脱神話化が必要であり、それこそ、覚醒した言語研究者の責務だろう。

　以上みてきたとおり、①知識人、とりわけひろい意味での言語研究者も、本業とする領域の言語現象分析からはずれると、とたんに俗論に転落すること、②俗論たるゆえんは、一種の本質主義（操作主義的な擬制であるという自覚をともなわない理念化／理想化）に陥っている点にあること、③言語研究者であるがゆえに言語論について過信があり、また言語全般についての専門家であるかのような権威主義的文脈で議論が登場しているからこそ悪影響が心配されることが、仮説的にいえそうである。

　とりあえず、試論的に提案できることは、つぎのようなところだろうか？　④大衆的な媒体などで、せまい意味での守備範囲をこえた言語論を展開するときは、周囲の言語研究者の参考意見をとりいれること、⑤言語現象やそれが生起する時空を記述するわくぐみを、既存の常識的見解を再検討することなくひきずっていないか、自己批判的な意識をたやさないよう、こころがけること、⑥とりわけ、所属業界やよってたつ学説学派の利害が概念わくぐみをゆがめ、本質主義におちいらせていないか、警戒すること、などが、分野にかかわらず、つねに必要とされる態度になりそうだ。

第5章

漢字依存と英語依存の病理

近年の俗流言語論点描2

1. はじめに

　前章につづいて、俗流言語論として、漢字論もとりあげるが、本章では、いわゆる「人名漢字」追加騒動を軸とした状況などにも言及するため、言語研究者ではない発言者の議論もふくめることとした。いわゆる固有名詞表記をめぐる議論における漢字問題としては、なんら新味はないものの、あいかわらず議論が堂々めぐりで、言語学等の知見を結局無視した立論がくりかえされているという現実を直視しておくことは、知識社会学的意味にとどまらず、社会言語学的にも意義はすくなくないであろう。

　本論稿でもうひとつの軸としたいのは、最近めだっている英語教育法への提言である。近年話題をふりまいた、いわゆる「英語第二公用語化論」が一応のおちつきをみせている昨今であるが、その一方で、「英語社会への対応は不可避のながれ」という、いってみれば「バスにのりおくれるな」式の論理が定着しつつある。言語研究者や教育関係者の一部が多言語空間の事実を指摘し、文化的多元空間＝異文化共存社会をどのように実現していくかの提言をしている一方で、あたかも以前のエスペラントの理想がちかづいているかのように議論が推移しているようすは、一種

異常な感じがする[1]。

 しかし、前世紀末以降刊行された関連本は、少々いろあいが変化しつつあると感じられる。いってみれば、たとえば、福田幸夫『だから、英語はできるようにならない』[ふくだ2000]同様、「かりに英語教育やるにしても、いまのままではまずいでしょう」という論調がかなり「主旋律」化しつつあるといえそうだからである。既存の英米語（イングランド語）教育へのおおむね建設的な批判は、ふるくは鈴木孝夫らの議論に代表されるとおもわれるが、いわゆる「憂国の士」による国家戦略的な提言とは別種の冷静な議論が近年ふえていることは、やはり注目にあたいするとおもわれる。かりに文教科学行政や地域の教育委員会、大学等での英語科教員養成にすぐさま直結するような議論とはならなくても、中長期的には、これら分別をわきまえた議論が国民的暴走をおもいとどまらせる効果（いわば体質改善をもたらす漢方薬のような薬効）をもつと考えられるからだ。その一方で、以上のように前進が感じとれる英語論の細部にめをこらすと、やはり、みずからの議論のイデオロギー性に無自覚な論者の認識がすけてみえる。社会言語学を軸とした議論の蓄積を論者たちが吸収し、以前より妥当な水準に達したかにみえても、やはり課題山積というほかない。「俗流言語論は依然自覚されずに横行している」という、あまり愉快でない現実を再確認することになるだろう。

---

[1] エスペラント運動は、民族同士を媒介する国際共通語として国際補助語エスペラントをもちいようというものであった。その運動は、一部の例外をのぞいて、世界全体を単一言語で統一しようといった目標はかかげず、あくまで諸民族の言語を差別・序列・排除のない共存状態にみちびこうという理念を共有していた。現在の多言語主義／多文化主義のさきがけだったのである。ところが、このエスペラントの理念を、既存の英米語が実現できるのだ、という見解がいくつもあがってきた。世界中の住民が英米語に精通すれば、世界中が交流できるし、既存の民族語もそのまま存続可能だといった論理である。エスペランティストたちは、既存の民族語・帝国語を世界共通語にしようとしても、第一言語話者とそれ以外の決定的な格差が解消できないし、習熟度の格差が序列をもたらし、差別をさけられないと主張してきた。しかし英米語＝世界語論者は、そういった論点を意識的にか無視して、エスペラントがめざした理想が既存の英米語への全世界住民の適応で実現できるかのような幻想をふりまいている。代表的な議論としては、クルマス［1987, 1993］、クリスタル［1999］、からたに［2002］。これらへの批判としては、本書第9章を参照。

2. 近年の漢字表記論点描：いわゆる「人名用漢字」をめぐる騒動を中心に

2.1.「人名用漢字拡大案」騒動

　2004年に起きた漢字表記にまつわる最大の話題といえば、もちろん法務省による「人名用漢字」の拡大案が法制審議会人名用漢字部会の会議で作成／公表され、さらには意見があつめられた一連の件であろう[2]。

　もともと、田中克彦をはじめとした社会言語学系の議論では、日本語固有名詞の漢字表記については一定の結論がでている。簡単にまとめるなら、①「かながき／ローマ字がきでは表現者の意図を表現しきれないような人名／地名を漢字でもって維持しようと躍起になることはくだらない」。②「非漢字文化圏に発信不可能なこだわりであるばかりでなく、語義・語源意識を「中国語」話者ほか漢字文化圏に充分理解してもらうことも困難な執着にすぎない」。③「漢字表記によってしか維持できないような語源意識はすでに存続困難な状況においこまれている」ということ

2　「2004年9月の人名用漢字追加
　2004年6月11日、人名用漢字を一度に578字増やす見直し案が公表された。法相の諮問機関「法制審議会」の人名用漢字部会がまとめたもの。親から要望の強かった「雫」「苺」「遙」「煌」「牙」などが使用可能になるが、案は人名にふさわしいかどうかの基準で判断せず、漢字の使用頻度や平易さで選んだため、「糞」「呪」「屍」「癌」などの字も多数含まれた。同部会は、見直し案に対する意見を7月9日まで法務省のホームページなどで募集した。
　同23日、審議会は先に募集した意見の中で反対の多かった、「糞」「屍」「呪」「癌」「姦」「淫」「怨」「痔」「妾」の9字を追加案から削除することを決めた。また、削除の要望のあった漢字489字のうち480字についても、さらに検討し削除するかを判断することとした。逆に追加するよう要望のあった「掬」を新たに加えることも決定した。
　8月13日、審議会は7月23日に削除を決めた9字のほかに、「蔑」「膿」「腫」「娼」「尻」「嘘」など79字を削除し、これを最終案として9月8日に法務大臣へ答申した。また、7月12日に訴訟の起こされていた3字が一足先に追加されたため、最終的に追加される漢字は488字となった。法務省はこの答申を受けて9月27日に法務省令（戸籍法施行規則）を改正した。これまで人名用漢字の許容字体とされていた異体字205字（「龍」「彌」など）も人名用漢字となり、許容字体表は廃止された。この時点で人名用漢字の総数は983字となった」（ウィキペディア「人名用漢字」）。

になろう[3]。

　もちろん、日本手話をはじめとした視覚言語のばあいは、語源意識と無縁で恣意性がたかい固有名詞表現は相対的に少数になるであろう（たとえば日本手話における、「川」という漢字表記を語源とする固有名詞表現など）。しかし議論を音声言語／書記言語のあいだにかぎれば、いまだに充分な議論水準だとおもわれる。

　しかし、「人名用漢字部会」の拡大案をめぐる一連の騒動は、依然として漢字フェティシズム（依存症）がよわまっておらず、「当局による漢字制限はけしからん」とか「「糞」といった漢字表記をオヤがえらぶはずがないのに、選択肢のなかにふくまれているのは異様だ」といった水準の議論の横行だったといえよう。

　戸籍に記載される氏名につかえる文字は原則として常用漢字、人名用漢字、変体がな以外の、ひらがな／カタカナだけであることが、戸籍法施行規則によってさだめられてきた。人名用漢字拡大案とは、要は、戸籍法施行規則別表第二（人名用漢字別表）に登録される漢字の種類を字体の次元もふくめてふやそうという世論の圧力の産物なわけだが、前述したように、たとえば、ひらがな／カタカナ／ローマ字等で表記することを前提にすれば、すべて消滅してしまう議論にすぎない[4]。あるドイツ語学者は、日本人の漢字依存症をからかって、つぎのようにかいている。

　　日本人は生まれた子供に名前をつけるとき、漢字にこだわります。たとえば、桂子、圭子、啓子、慶子、敬子、景子、恵子はローマ字で書くと、どれも"keiko"になってしまいますから、アメリカ人ならどう書いてもよさそう

3　みみできいただけでは含意をうけとめられない個人名は、漢字表記あっての存在である。もちろん、非漢字圏の人名のばあいも、その言語と歴史に精通しないかぎり、歴史的意味はよくわからないけれども、漢字表記のばあいは、別次元の含意が視覚的に維持可能なのである（後述）。しかも、字体のちがい自体が、別の固有名詞を成立させるという、異様なアナログ・フェティシズムさえ生じる。たとえば、「斉藤／齋藤／斎藤はことなる」とか、「團を団とかくとはゆるせない」といった意識さえまかりとおってしまう。

4　ここでは、自明のように、いわゆる「日本人」の人名表記を問題にしているのだが、実際には漢字文化圏出身の「外国人」や、非漢字文化圏出身の「外国人」の登記上の人名表記をどうするかという、法務・実務上の問題がからまってくる。田中克彦が着目した在日朝鮮人による「1円裁判」なども、これにあたる。しかし、ここでは、議論の性格上、論点からはずす。

なものだと思うところでしょうが、日本人の当人にとっては漢字が問題なのです。同じ「ケイ子」さんでも「刑子」とか「警子」と書いたらたいへんです。

「アキラ」という名前ですが、「光」という字を書きますとか、「基」と書いて「ハジメ」と読みます、などと、いちいち字の説明をしています。

「タダシ」という名前なら、「忠」でよいはずなのに、「忠資」などと余計な漢字を入れて（ありがたがって）いる人もいます。

日本人の名前は、オトよりも、どんな字を書くかが関心事なのです。私は、「道子」ではありません。「路子」ですとか、「美智子」と書くのです、と口をとんがらかして訴えている光景は珍しくありません。

「幸夫（サチオ）」は男の名前ですが、「幸緒」とすると、オトはそのままで女の名前に変わります。　　　　　　　　　　　　　　　［ふくだ2000: 47］

言語学的にうるさいことをいうなら、「"keiko"と発音していない地域／層が相当いるのではないか」[5]とか、「ローマ字表記はアメリカ人などローマ字文化圏の人物むけの当座のものではなくて、日本語人名の日本語体系からの発信でもあるではないか」とか、「「忠資」などと余計な漢字を入れ」る風習は、「単なる漢字崇拝ではなくて、2モジ形式をこのむ伝統や、「タダ」「チュー」などと誤読されないための冗長性との合理的解釈が可能だ」とか、さまざまな意見が噴出するかもしれない。また「ケー」というオトではつたえきれない語義をこめたいといった意識や、「オ」という人名のおわりかたでも漢字表記で男女差がつけられるから、うまれた子の性別できめるといった趣味について、つめたすぎるといった反発も予想される。しか

5　ローマ字日本語による"keiko"は、かな表記「けいこ／ケイコ」の機械的な転写にすぎないとかんがえられる。実際は、地域によって［ke:ko／keiko］双方が共存しているのに、漢字の字音／ふりがなの伝統的表記である「ケイ」が列島全体をおおっているような幻想が共有されてきたという経緯の産物であろう。たとえば、こういった解釈に対して、「もともとは［kei］と二重母音で発音されていたのが、東日本を中心になまっただけ」といった、歴史的解釈で反論する意見もでそうである。しかしすくなくとも、北関東にうまれそだち南関東で学生時代以降をくらした筆者の共時的意識においては、英米語由来の外来語以外、二重母音［ei］は存在しない。このような背景があるからこそ、"keeko""kēko"など、ローマ字表記が並存するのは、ごくあたりまえなのである。

し、今回の一連の騒動が、このドイツ語学者のすっきりとした議論をしらずにたたかわされていることだけは、あきらかだろう。「みみできいて識別できない人名って、なんですか?」と。

ちなみに、今回最初に提出された案のなかに「糞」といった漢字がふくまれていたことの経緯は、あきらかに、いわゆる「悪魔ちゃん事件」[6]がかげをおとしている。親権者の命名権に当局が介入すべきでないとの見解が、当時の騒動をふまえてだされていたのだ(法制審議会人名用漢字部会第1回会議議事録、2004年3月26日)[7]。世論の一部はさすがにきづいているが、一方で「漢字表記を制限するな」とさわぎたて、ほぼ同一の人物/層が同時に「コドモを不幸にしかねない漢字表記をみとめるのか」といきまいていたのは矛盾している。「悪魔ちゃん事件」の際に論点はすでにはっきりしていたが、コドモの命名権の根本的矛盾は、本人が自分で選択できないことにある。公権力や歴史的伝統が拘束する側面と、現代社会が自明とする私権としての親権とが矛盾しているかのようにみえるけれども[8]。いずれにせよ、ヒトに好悪・優劣などの序列意識が消滅しないかぎり、言語表現に好悪という評価・判断がつきまとうことはさけられず[9]、人名や地名など固有名詞も、そういった広義の価値序列から自由になれないだろう。しかし、一連の騒動が、漢字表記なしに成立し

---

6 「悪魔ちゃん命名騒動(あくまちゃんめいめいそうどう)とは、実子に対する命名を不適切であるとして行政が受理を拒否し、マスメディアで話題になった事例……
　1993年8月11日、東京都昭島市の役所に「悪魔」と命名した男児の出生届が出された…。「悪」も「魔」も常用漢字の範囲であることから受付されたが、市が法務省民事局に本件の受理の可否に付き照会したところ、子供の福祉を害する可能性があるとして、親権の濫用を理由に不受理となった…。
　届出者は、東京家裁八王子支部に不服を申し立てを行い市役所と争った結果、家裁は「命名権の乱用で戸籍法違反であるが、手続き論的立場から受理を認める(親側勝訴)」との判断を下したが…、市側は東京高裁に即時抗告した…。その後両親は、男児が悪魔との名前に反応していることを理由に、他の漢字を用いて再度「あくま」の名で届け出ようとしたが、市役所は不受理とした。届出者は類似した音の名前を届け出て、これが受理された…」(ウィキペディア「悪魔ちゃん命名騒動」)。
7 http://www.moj.go.jp/SHINGI/040326-1.html
8 ちなみに、いくつかの民族においては、コドモが魔物にとりつかれないように、あえて、きたないなまえをえらぶなどの文化もあるが、現代日本には一応無関係といってよかろう。
9 そういった評価・判断を、実際に表現しないかぎり、差別現象＝人権問題は基本的に発生しない。

なかったことだけははっきりしている。「悪魔ちゃん事件」という愚劣な騒動が社会言語学的に検討されることなく、くりかえされたことも[10]。ちなみに、今回の事態は、直接的には2003年12月25日の最高裁判決が、戸籍法施行規則60条で社会通念上常用平易であることがあきらかなモジを規制することは立法趣旨に反する、としたことをうけている[11]。たしかに、「木曽」とか「中曽根」といった固有名詞は特殊ではない。しかし、これとて、「漢字がつかわれていなかったら「キソ」「ナカソネ」でいいわけでしょ？」と批判をされたら、かえせないはずである。再三のべてきたとおり、日本語固有名詞の漢字表記がかかえるのは、①恣意的な慣用よみがおおすぎる（「長谷川」「東海林」「服部」など）、②少数の該当対象以外につかわない漢字がおおい（「岐阜」「埼玉」「栃木」など）という問題が大半なのだが、「曽」とか「琉」も固有名詞に特化しすぎた漢字表記といえる。そして、それらが「ハセガワ」「ショージ」「ハットリ」「ギフ」「サイタマ」「トチギ」「キソ」「ナカソネ」「リューキュー」などでまずい理由はみあたらないのだ[12]。

---

10 「悪魔」という漢字表記ではなくて、「アクマ」というカタカナ表記であったら、あああいった騒動はおきなかったのではないか？　それはそれで問題ではあるけれども。ちなみに、親権者の命名権の合理的根拠についてのツメがなされていないものの、①「悪魔」という「字面は不気味」でも「アクマチャン」と音声化すれば、かわいらしい。②「趣味のよしあしは別にして」、「悪魔」というなづけは、既存の「慣習に挑戦するこころみであった」。③「むやみにむずかしい漢字にこだわるより、よほど健全な発想」ではないか。④「子どもが成長してから改名する自由を、いまよりゆるめることをみとめれば、名づけに法的な基準をもうけることは必要でない」。⑤「常用平易といいながら、どんどん人名漢字をふやし、「茄」など「昴」だのといった妙な漢字をくわえてきたことの責任はおもい」。⑥「普通にはつかわれない特殊な文字の使用は、戸籍事務をはじめとする情報処理に重大な影響をおよぼす」などといった論点を、計量言語学者、野村雅昭はこの騒動の直後に指摘していた［のむら 1994: 300-1］。重要な論点はでつくしているといえよう。
11 議事録では、法務官僚らしい人物が委員の質問にこたえて「曽」の字を使う氏や地名が多く、国民に知られていることなどの諸点にかんがみると、「曽」の字は社会通念上明らかに常用平易な文字であると判示されております、とのべている（註5参照）。
12 もちろん、「琉球」と表記して、「リューキュー」とよませるばかりでなく、歴史的にたしかめられる「ルーチュー」などともよませるのだ」といった議論もでるかもしれない。しかし、それはそれで、カタカナがき、ないしはローマ字表記をおぎなわねば、よみわけとか歴史的事例は説明不能なはずである。「「琉」という漢字表記死守」といった議論を無前提に正当化することには、到底くみできない。

2.2. 対「中国」の文脈での漢字表記

　朝鮮語の固有名詞の「原音尊重主義」はようやく定着してきた。しかし、それへの反動なのか、いわゆる「中国語」の固有名詞は、日本語オンよみを前提とした慣用よみが依然強固にはびこっている。その合理化の論法は、①定着している「慣用」と抵触して混乱する、②いわゆる「中国語」に不案内な人物によるピンインの誤読が原因でユレをはじめとした不統一が頻発している、③巨大人口をかかえる北京官話／広東語／福建語だけとっても「方言差」がおおきすぎて、世界的な地名などで統一がとれない、④カタカナでは「四声」などが表現できない……といったたぐいである。しかし、実務家がすでに断言しているとおり、これら「原音忌避主義」は、ヘリクツにすぎない。すくなくとも、日本風のヨミは「中国語」話者につたわらないばかりでなく、世界中であいてにされない［すずき・よしさと 2003: 200-4］。ともあれ、当の「中国人」でさえ、非漢字圏に対しては、ローマ字化して、その体系になじんでもらうしかない、との現実主義をとっている。たがいに誤解を生じる程度の共通性しかない「漢字文化圏」を強調して、漢字表記前提のつきあいにこだわるのは、日本がわの態度として、のぞましくなかろう。

　そんななか、漢字の歴史的解説の旗手ともいえる阿辻哲次は、「国字」を「中国人」に説明するのはタイヘンだ、とのべる。

> 日本人の名前が中国語の発音で読まれる。だから私は中国で自己紹介するときに、「辻」という字について説明しなければいけないので、ほかの人よりも時間がかかる。ちなみにそんなときはしかたなく、ツクリの位置にある《十》の中国語音「shí」を使うしかない。　　　　　　　［あつじ 2004: 30］

　しかし、もともと「国字」という概念自体が中国大陸「本土」を「本国」と自明視した歴史意識の産物にすぎない。漢字表記は徐々に、新語ではなくあたらしい字種が発明されてしまう運命をかかえており、地域性がでるのはしかたがない。日本列島内でさえも、漢字表記に地域性があるのに。そしてなにより、あいての固有名詞の「原音」とは無関係に、てまえがってな発音にたがいが変換しあうということ

の倒錯性が、かれらにはまったくわかっていない。当の漢字学者たちが、みな、ろう者ならともかく、おそらくみな聴者にもかかわらず「筆談」し、しかも地域性をうめるために、「現代中国語」に翻訳・解説をして交流するというのである。言語研究者であるなら、日本語ローマ字表記と音声学記号（IPA）を提示するというのが、もっとも妥当な自己紹介のはずだが、それにおもいいたらないのである[13]。

2.3.「日本事情」系（？）の漢字論

　少々以前になるが、一瞬「戯作本(げさく)」かとかんがえこませる、漢字本が刊行された。首都圏の私立大学教員3名による『世界一難しい漢字を使う日本人』である［いしかわ／おかだ／もろほし2002］。表題から推測されるのは、正反対の二様の趣旨であろう。「世界一難解な漢字体系を維持する日本民族は頭脳明晰だ」と「世界一難解な漢字体系に執着する日本民族は偏執狂だ」とである。「難しい」という形容表現を肯定的につかうことはマレであるから、すなおにとれば後者であろう。実際、著者名が不明だった段階では、非漢字圏出身者による、痛烈な皮肉ではないかとうけとっていた。しかし、表紙にまかれた「おびコピー」に「子どもの頃に出逢った漢字の素晴らしさ」「身近な160の漢字を通してわかった誇り高き日本人の心」という表現と、日本近代文学／日本近世文学／日本語学・近世語を「専門分野」と称する大学所属の研究者が筆者によるものである以上、おおまじめな本ととるほかなかろう[14]。

13　「中国語」圏では、漢字文化圏に属する地域全域の固有名詞を、自分たち流に発音するようだ。阿辻ものべるとおり、「中国語」に存在しない漢字は、オトに対応する「つくり」の部分を参考にして。しかしこれは、日本のメディア／学界が昨今、朝鮮語固有名詞を現地音尊重主義に転換し、一般にも定着しはじめたことをみても、不自然な自民族中心主義といえよう。以前の日本が、「キム・デジュン」を「キン・ダイチュー」などと発音してなんら疑問を感じなかったのと同質である。非漢字圏の固有名詞にかぎらず漢字表記のないハングル人名なども現地音尊重主義をとるほかない。それで、しかたがないから音転写するなど、一貫性をかいているのである。ちなみに、漢字文化にどっぷりつかっている研究者たちは、「中国語」などでどんなによどみなく会話ができるもの同士であろうと、共有していない字形については、「筆談」をしなければならないだろう。たとえば、阿辻の「辻」を「辶」に「十」です」といった口頭での説明ではおちつかないはずである。

14　筆者のひとり（諸星美智直）は、「近世蝦夷地における和人社会の言語状況」（『国語と国文学』2002年11月号）、「武市瑞山文書から見た土佐藩士の言語について」（『国

奇怪なのは、本書には執筆の動機や読者層の想定がいっさいかきこまれていないことだ。まえがきもなしに、いきなり1ページよみきり形式の漢字の表記と関連項目の解説（英米語訳つき）が3章にわたって展開される。通史的総論が第4章としてつづく［同上: 178-88］が、それも、いわゆる「漢和辞典」の冒頭ないし巻末の解説文を要約したような概説で、新味もなければ独自のたちばもない。研究者としての方法論とか思想史的位置づけがない解説本は、いさぎよいといえばいさぎよいが、読者にいささかでも知性が存在するなら、困惑をもよおすほかない性格をもっている。

　ともあれ、「読み」を原則として「小学校学習指導要領」に準じ、「意味」も主要なものだけにとどめたという編集方針が、「■注意」として目次まえにちいさく注記されている。英米語に不自由ない外国人留学生などに、日本事情や日本文化といった科目名で日本語漢字をおしえるばあいを想定した刊行物なのかもしれない。

　しかし、それにしても、【漢字の成り立ち・関連文化項目】という、もっとも情報量／紙面がさかれている部分の恣意性は、おどろくばかりだ。

　たとえば、「字」という項目では、漢字事典的な解字につづいて、よみかき計算が伝統的な教育内容であったこと（「読み・書き・算盤（そろばん）」）がしるされている［同上: 35］。しかし、いわゆる音読による暗誦と、よみかき計算が教育の主軸でなかった文明社会があるだろうか？　口承文化以外になかった民族を除外すれば、モジ文化圏はすべからく、音読・暗誦によるモジ・計算教育という普遍的構造におさまっていたはずで、これが地域的・民族的な独自性の歴史的説明とはいいがたい。しかも、このあとには、「今の近代的学校制度ができる以前の百数十年前でも、日本人の識字率は9割近くに及んでいた」といった、根拠のあやしい断定的記述がつづく。機能的識字は歴史的・社会的に基準がおおきくちがうので、単純な通時的比較は不可能だが、日本列島・琉球列島全域の女性層を計算にいれただけで、1860年代以前の識字率が「9割近く」という記述は、完全な事実誤認であると断言してよかろう。近世・近代期の日本語学関係者が専門人としてかたるなら、概説書であっても、たしかな根拠にもとづかない記述は無責任きわまりない。現状では、「日本人」とい

語学』191集)、「忍者・隠密と方言」(『國學院雑誌』第97巻第2号）といった、おもしろそうな論文をかいているらしい。http://www3.kokugakuin.ac.jp/~moroho/page2.html (2009/08/15現在)。

った概念規定のあいまいさ／イデオロギー性はみのがすとしても、識字率についての議論は、悪質なデマともいえよう [同上：35]。

「字」の項目の恣意性は、これにとどまらない。ちいさな地域空間をさす単位として「あざ」があること、19世紀後半には、地域住民がまつる鎮守の社を中心とした約18万もの「あざ」が存在していたのに、行政の合理化によって整理統合され消滅することで、伝統的な地域文化が軽視・破壊されていったとする [同上：35]。実数の動態はともかく、いわゆる「鎮守の森」が鈴木栄太郎（1894-1966）らのいう「自然村」の中核であり、それが「字」という行政区画と相当程度対応していたこと、国家神道による合祀政策によって寺社が統廃合されたことが、地域共同体のみならず生態系をも破壊したことは、南方熊楠（1867-1941）らの批判をもちだすまでもなく周知の事実である。しかし、これは現代社会における日本語漢字を解説する小文のわく350字程度のなかにつめこむ記述としては、あまりに不自然といえよう（項目中では、約330字中約200字を専有）。「読み」を原則として「小学校学習指導要領」に準じるというなら、「あざ」は除外すべきなのだし。

「字」を「あざ」とよみならわすという知識は、あきらかに特殊な次元に属しつつあることを、著者たちはしらないのか、しっていてしらないふりをしているのか、はたまた、「死語」化しつつある傾向に、「憂国のいかり」をおぼえて、まきかえしをはかろうとしているのか。いずれにせよ、「あざ」ないし「おーあざ」が地名としてのこる地域出身者ないし、かれらとつきあいのある人物以外にとって、ほとんど無用な知識であることは議論の余地がない。かりに外国人がこういった「日本事情」といった講義をうけたとしたら、かえって不適応さえ、ひきおこしかねないだろう。

ことが「字」という項目にかぎられないことは、いうまでもない。「楽」の項では、「らく」という音よみはしるされていても、【意味】は1音楽。2楽しい。楽しむ。しかなく、【漢字の成り立ち・関連文化項目】のほとんどは、楽器・音楽がらみで生じたという解字的記述と、「雅楽」の詳細な記述である。現代日本で、「楽」という1字から音楽や楽器を連想する人口層は少数派のはずであり、まして「雅楽」を想起するのは異様であろう。

「性」の項も、性別についての説明はあるものの、「性交渉」「生殖」などの字義・語義が、意識的にか排除・抑圧されている。

「大／犬／太」の関連性はなにも説明されず、東大寺大仏だの、19世紀後半外国犬が「カメ」とよばれた経緯＝民衆語源や忠犬ハチ公の逸話、拒食症におちいる女性たちと、飢餓の消滅・残飯にあふれる街路などを退廃としてなじるくちぶりなどで終始している[15]。こういった記述をもとに留学生むけに「日本事情」などで展開されるなら、現代日本社会の紹介として不適切であるばかりでなく、恣意的な悪趣味のおしつけといえよう。

日本社会の代表的な矛盾を紹介するうえで、最良の素材が「世界一恣意的で非一

15　欧米の中産階級に端を発した女性の「ほそみ志向」はたしかに病理的現象として論じるにあたいするし、それが飽食と大量廃棄社会にのみみられる事態であることはたしかである。しかし、それは現代日本にかぎらない現代文明の普遍的病理であるし、そういった病的流行と拒食症などの依存症的病理は次元がことなることへの配慮をかいている。
　　もっとも、いわゆる「ボディマス指数」（BMI＝体重［kg］÷身長［m］÷身長［m］）が18.5未満は「低体重」とされており、それが、ひとりあたりGDPと負の相関をもつことがしられている（「やせ過ぎ女性比率の国際比較」、http://www2.ttcn.ne.jp/honkawa/2205.html）。しかし、近年の日本人女性は、12.24％（39箇国中10位）という比率のたかさであり、「所得の高い国としては、異例の高さとなっている」（同上）。
　　また、「日本人の体格の変化（BMIの推移）（1947～2005年）」（http://www2.ttcn.ne.jp/honkawa/2200.html）では、男性が第二次世界大戦後ほぼ一貫して「ボディマス指数」を増加させる傾向にあったのに、女性は高度経済成長期の終焉とともにあたまうちとなり、とりわけ20歳代にあっては、高度経済成長期をふくめて戦後ほぼ一貫して漸減傾向にあるという、異様な事態をしめしてきた（30歳代・40歳代もオイルショック以降は漸減）。要するに敗戦直後の半飢餓状態の女性たちよりも現代女性の20～30歳代はスリムなのであり、それは国際比較でも、対男性という意味でも、特異な体形意識が支配的であることが推測される。
　　しかし、これらを飽食社会における病理現象として、女性たちに倫理的問題があるかのようにせめるのは、女性差別的な偏見が感じとれる。「身体醜形障害」の一種とみなせる過剰なヤセ願望や拒食症など、女性に大量に発生している心理現象を道徳的退廃であるかのように解釈するのは、戦前の儒教倫理等が支配的な男尊女卑的風潮へのノスタルジーからきた責任転嫁であろう。20世紀後半に経済先進地域で一般化した「飽食」化した大衆社会のなかでの、中産階級のスリム化指向というあたらしい動向と、より肉体労働現場から距離をおくことが美的であるかのような女性性イメージの大衆化こそ、これらの現象の基盤とおもわれる。戦後日本のわかい女性たちの特異な動向がどのように説明できるかはさだかでないが、保守イデオロギーから差別的に断罪した解釈が事実誤認にもとづいていることだけは、ほぼ確実である。

貫性にみちた漢字に膨大なワープロソフトまで開発してしがみつづける日本人」という「症例」であると認識し、それを自分たちが「おわらい芸人」として戯画化してみせるのが日本理解の最短距離であると、ねらいをさだめての刊行なら、それは秀逸な企画かもしれない。それにしても、サービス精神にかけ、おもしろみもないので、最後まで通読できないだろう点で中途半端だが。

2.4. 脳科学系の言語教育論

　もうひとつ、言語学の知見をふまえない漢字擁護論が教育論議に展開されていることも、みのがせない。ただ本論考では、紙幅の関係で『増補新版 イデオロギーとしての「日本」』の終章2にもりこめなかったものを補足的にとりあげることにとどめたい[16]。

　なかでも、みすごせないうごきは、脳科学の知見をもとにした発言である。たとえば、神経細胞の機能水準を大脳内の血流量の大小でたしかめることがこころみられているが、川島隆太は、音読や単純な計算が脳を活性化する、脳の機能障害をひきおこした高齢者の機能回復にも有効である、といった知見を障碍児教育にばかりか一般の学校教育にも応用できると主張する［かわしま2002, かわしま／あだち2004］。

　近現代社会がとりこぼしてきた前近代の伝統というものはたくさんある。それは前項でものべたことだ。そのなかには音読や暗誦の伝統がふくまれるかもしれないし、計算機をうつことよりも筆算のほうが大脳を活性化するというのも、まちがいではなかろう。複製／輸送技術の長足の進展が、現代の都市住民を徹底的に「なまけもの」にしたという構造が、心身全体の運動機能をおとろえさせている部分もあるだろう。

　しかし、昨今の古武術復権＝再評価などのうねりをみても、近代主義のいきづまりに失望した層が、安易に突破口をひらこうと「ポスト・モダン」的なアジア趣味（オリエンタリズム）におちいった20世紀後半と非常ににたふんいきを感じずには

16　『増補新版 イデオロギーとしての「日本」』の「終章2」では、言語論として、「国語科」「国語学会」の名称問題、国立国語研究所の英米語訳問題、「漢字ブーム」、「音読」ブーム、「アイヌ文化振興法」「うちなあぐち村」などをとりあげた［ましこ2003c: 288-310］。

いられない。とりわけ、指導者の命令のもとに、目的がはっきりとしめされない単純な反復訓練がくりかえされることがすくなくない武術のけいこや初等教育現場の問題点がようやく克服されてきた時代に、皮肉にも「よく意味がわからないけれども、やっているうちに急にわかってくる」といった精神主義が、「くちあたり」のよい合理化とともに復古してきているような予感がぬぐえない。齋藤孝らの「身体論」が、川島らの「脳科学」と合流して、反復訓練をうりものにする学習塾産業とむすびつくというのは、いささかできすぎた悪夢といえよう（実際、川島らは塾業者や小学校教員と協力体制にはいっている）。

　また、川島となかのよいドイツ文学者は漢文の素読を教育理論としてうちだしている。かれらと齋藤孝の「声に出して読みたい」シリーズや「からだを揺さぶる英語入門」といった刊行物のねらいが、ほとんどかぶさることはいうまでもない［さいとー 2003, 2004］。

　かれらの動向の政治的意義は、いましばらく情勢をみきわめないかぎり、大勢がはっきりしないとはおもうが、心身の調和的発達といった、批判のしづらい、もっともらしげなスローガンは警戒すべきだとおもう。知識人が前近代／近代をとわずおちいってきた、身体軽視の姿勢は、たしかにあやまっている（本書第1章「4.2. 身体蔑視の価値観」参照）。しかし、それへの批判が安易に過激化すると、「つべこべいうな」と、あいてをおどすことがしばしばであった軍隊や運動部の思考停止体制がよみがえることになる。それは、基本的には女性／コドモ／高齢者／障碍者等々、弱者への蔑視を根底にした健康な成年男子中心の身体論がもとの座におさまることを意味する（伝統的武官たちの近代的軍人への転身をモデルとした総力戦体制）。言語論／教育論の「身体論」化／「演劇論」化／「スポーツ論」化には、そういった側面がかならずつきまとうことを念頭におけば、警戒をとくことはできまい。また、川島にかぎらず、医学関係者の生理学的な論法にも警戒をつづけねばならない。たとえば、脳損傷などによる言語障碍問題にかかわる岩田医師は、「失読症」についてインタビューにこたえて、つぎのようにのべている。

　　日本人は文字に対して恵まれているんじゃないでしょうか。漢字と仮名があるということだけではなく、文字の曖昧さが少ないでしょう。仮名文字は特に曖昧さが少ない。読み方がきちんと決まっていて、アルファベットなど

のように綴りの問題がありません。
　日本語は文字としての完成度が高く、しかも漢字を使っているので、たとえば中国人とでも漢字でコミュニケーションができてしまう。私は「漢字文化圏」という言葉を使っているのですが、漢字はとても大事だと思います。その意味で、近年の韓国は漢字を使わず、全部ハングル文字にしていますが、それはとても心配です。韓国の人たちだって自分たちの古い歴史を勉強しようと思えば漢文を読む必要がありますが、ハングルしか習わなかったら、漢字が読めない。自分たちの歴史をたどることができなくなってしまう。大事なのは自分の祖先が残したものとコミュニケーションすることだと思うんです。文字があれば、私たちは祖先と直接対話することができるんです。

[つちもと／わたもり 2002: 130]

　脳損傷による言語障碍、とりわけ「失読症」の研究者となのるにしては、あまりに貧困な言語観[17]。言語学のイロハもおさえていないから、対照言語学的な冷静なモジ論が展開できないし、民族意識の構築問題と、言語能力の問題が混同されているといった自覚も当然ない。こういった研究者によって、国際比較研究がなされているというのだから、患者にとっては有害無益な実験しかなされていないのではなかろうか？そして、悲惨なことには、こういったでたらめな言語論しかもちあわせていない医師たちを、まったく無批判に引用してしまう関係者がおり、当然、無意味な議論がかわされているだろうことが推測できることである。ろう者たちのように、「健丈者」たちによる教育法に異議もうしたてが可能なばあいとちがって、当事者が抵抗力をもたないだろうだけに、気がめいる問題だ。

17　朝鮮語のモジ状況については、おもに大韓民国を軸として、ハングルの民主的性格を評価した議論が展開されている。岩田誠はちゃんと反論できるのだろうか［ソン 2004: 129-60］。

3. 近年の英語教育論の動向点描：早期教育の是非／いわゆる国際化／表記論など

　冒頭でのべたとおり、以前とはあきらかにちがった英語論が台頭してきていることは事実である。とりわけおおきなうねりとしては、「国際英語」論とか「複数の英語」論といった議論を軸としたうごきであり、それらはあきらかに「世界化のうねりのなかでの多文化社会」といった問題認識を基礎としている。もちろん、それ自体はけっこうなことである。

　また、英語科を公教育で国民全体にあてがうべきかいなかといった幾度かの論争とはことなった次元での「言語政策」の一環として意識的に英語科教育を位置づけるといった作業もようやくはじまった。これも、けっこうなはなしだ。しかし、英語教育関係者の議論の水準が格段にあがったとか、まともな議論が定着しはじめたとは、とてもおもえない。

　たとえば、『世界の外国語教育政策・日本の外国語教育の再構築にむけて』という動向紹介の本では、世界のうごきがわかって便利である。しかし、多言語化に真剣に対応する気迫が感じられない。日本の公教育が、基本的に英語科一色でぬりつぶされていて、ほかは対抗できる勢力がでてこないなかで、英米語教育が展開されているからだろう。おびコピーの「日本の外国語教育の明らかな遅れと欠陥を指摘し」とあるが、どうもそれは、早期教育導入におよびごしという問題をさしているようだ[18]。比較対象とされている対照群が、欧米先進地域と植民地経験国にかたよっているという現実がなにを意味するのか、編者たちは自覚がないらしい。TOEFLの結果が最低水準までもおちこんだことの分析を、植民地化体験やヨーロッパ語との言語的距離をもちこんで説明する議論はいいとして、それを指摘したにとどまったのでは、「日本の外国語教育の再構築にむけて」という副題がなくだろう［おーたに、ほか2004］[19]。要するに、英米語圏、ヨーロッパ語圏、旧植民地、それ以外、という構

18　英米語の早期教育についての諸問題については、いちかわ［2004］、かなもり［2004］。
19　大谷泰照によれば、「日本の成績が不振なのは、TOEFL受験者層が大衆化したためと説明されることが」おおく、「言語教育の専門機関の研究論集」でさえも、そういった見解をとるところがあるが、「日本の得点は、受験者層がまだ選ばれた少数者であ

造自体が、編者たちに整理ができていないまま、研究・企画がすすんでしまったということなのだ。多言語主義やエスペラント運動などの影響をもとにした、ソボクな英語科教育への根源的な批判は、すくなくとも1970年代後半にはいくつもだされていたのに、その意味では、4半世紀英語教員の大半は思考停止していた、「第二公用語化」論をへてもかわらなかった、といわれてもしかたがないのではないか?[かない1978, なかむら1980]

　また、多文化主義や人権問題に充分めくばりしているとおもわれる山田雄一郎や金森強らの議論も、「ではなぜ英語教育なのでしょうか?」という、ソボクな疑念にこたえているようにはおもえない[やまだ2003, かなもり編著2003, かなもり2004][20]。「英語は世界語／リンガフランカだから」といった、紋切り型しかいえない英米語教育者は、英米語教育を合理化する議論をつつしむべきであろう。どう洗練化しようとも、それは所詮「多勢に無勢」といいはっているにすぎず、「少数派のひとも多数派の土俵にのれば、たたかえますよ」とか「土俵にのらねば不戦敗ですよ」という、おどしにほかならないのだから[21]。

　ちなみに、改良版カタカナ表記やフォニックスをもちいた英米語発音教育のこころみがうちだされている[さいとー2000, かみにし2004][22]。はっきりいって、カタカナ表記のくふうは、面倒すぎるのではないか?　また、三省堂『表音小英和』で採用された発音表示は、たしかに、おおすじをつかむうえでは妥当な手法といえるが、

った1964年当時から、既に国際的には低位であった」そうだ[おーたに ほか2004: 479]。たしかに、1964～66年の受験者数が1700人あまりだった時点で、世界41か国・地域中29位、アジア17か国・地域中11位とくれば、大衆化に原因をもとめるのはムリがある。

20　その意味では、反米ナショナリズムによる英語科教育批判ではなく、多言語主義・多文化主義の一領域としてだけ位置づける中村敬らの議論は評価できる[なかむら2004, なかむら／みねむら2004]。

21　不偏不党・中立的とはとてもいえない、特定の利害を合理化した「ルール」を「土俵」というたとえによって批判した議論は、『たたかいの社会学』5章参照[ましこ2000a=2007]。

22　なお斉藤厚見『英語発音は日本語でできる』[さいとー2000: 200]にある「日本カナ発音協会」の設立との記事にそった「日本カナ発音協会へようこそ」は、「ただいまホームページ準備中です。近日公開予定」のままである。http://www5.plala.or.jp/newkana/

頻度のたかい語に例外がけっこうある点をどうするかは、教育上問題だろう[23]。もともと、英米語の正書法は、かなり恣意的でデタラメなのだから。

　また上西俊雄は、巻末で日本語ローマ字表記について論じているが、ヘボン式ローマ字を拡張すれば50音図とも対応するといった、奇妙なことをいっている［かみにし 2004: 176-81］。ヘボン式の根本的矛盾は、タ行表記に混乱がおきるなどの点である。訓令式が、沖縄語など異質な複数の音素体系までも統一的に表記できないのは当然として、第3者的にヘボン式があつかえるというのは幻想である。たとえば、タ／ティ／トゥ／テ／ト、チャ／チ／チュ／チェ／チョ、ツァ／ツィ／ツ／ツェ／ツォ、といった3列にわけるのなら、モーラ上も音素上も矛盾がなくなるが、それをヘボン式があらわすとすれば、もはや拡張ではなくて、革命的改訂であろう。

　要は上西ら英語科教育関係者の利害として、小学校段階で、英米語教育に適合的なヘボン式を児童に定着させておきたいということにすぎないのだと、推測できる。たとえば沖縄語や東北語を別個の音素体系として除外するなら、標準日本語はとりあえず訓令式が妥当な線なのであり、かりに英米語の文中で表記するにしろ、固有名詞は斜体にした訓令式表記をすればなにも問題ないのである。固有名詞まで、英米語式の音素体系にあわせて当然とは、英米語帝国主義の精神的呪縛ではないか。まさに植民地主義は、植民地現地民をまるめこんで、その気にさせねば存続できないという普遍的構造の典型例といえよう。

4. そのほか

　さて、ついでに、こまかなことを指摘しておこう。前述した齋藤孝は、依然やつぎばやに量産体制にあるが、2004年2月には、『CDブック　声に出して読みたい方言』という出版をおこなった。民族問題に鈍感な齋藤の言語観／民族観については、

23　『表音小英和』（三省堂編修所 編、1980、1991）は、「綴りから直接発音が分かる表音見出し採用」（三省堂）をうたったものだが、基本的には、「フォニックス（Phonics）」とよばれる教育方法＝便法を踏襲したものであった。つづりと発音が類型化してるケースのばあい、母音のうえに字上符をくわえるなどして発音記号を省略し、同時に、つづり／発音の対応関係を体得させようといった意図にもとづいていた。

すでにのべたが［ましこ2003: 305-7］、やはりこの企画でも、あいかわらずである。とりまきの言語論はいろいろとりいれても、社会言語学周辺の議論はいっさいしいれないままで、言語論をかきとばしているのであろう。非常に問題のおおい「はじめに／方言の身体と効能」についての詳細な分析は紙幅の関係で他日に期するとして、ここでは、「うちなあぐち」について収録しているということを記するにとどめておく。たとえば〈「沖縄弁（ウチナーグチ）の湯」の効能　陽射しを浴びた開放的な身体になる〉というコピーの独善的で醜悪なオリエンタリズムは、すさまじい。

　もともと高齢者うけしかしていない、齋藤をはじめとした日本語ブームといわれているが、教育関係者への影響は一応注視しておく必要があろう。すくなくとも、「沖縄弁」と記載できる言語感覚が放置されているという出版事情もふくめて、問題は山積している。

5. おわりに

　さて、このようにみてくると、少々奇妙な状況にきづくはずである。それは、世界市場といううねり、とどめようのない情報化社会の展開……といった文脈でかたられる「英語化不可避論」の定着ぶりと矛盾するかのような、漢字表記と伝統文化への固着である。
　比較的まともな英語教育論である、「外国語よりまえにまず母語の徹底」といった表現ひとつとっても、「母語」として想定されている言語体系はなんなのか、すぐさま同意してはまずいという状況があって、非常に複雑に気分にさせられる。
　おそらくは、おしよせる世界化／情報化のうねりが巨大であるがゆえに、不安感がつのり、過剰適応と逃避に2分化するか、双方の矛盾を自覚できないまま合体させる（現代版「和魂洋才」論）こととなるのだろう。それは、言語現象にとどまらず、政治・経済・文化的な「アメリカ化」として進行している奔流の一部にすぎないともいえる（軍事的に屈服させられたアメリカに、戦後も政治経済的・文化的に圧倒されたままで、愛憎ないまぜの保守層をみよ）。
　いずれにせよ、無自覚な言語イデオロギーを合理化しつづけ、すりこみをくりかえす「神学」群をひとつひとつつねらいをさだめ、たたきこわしていくしかない。そ

れは、少数派の人権と密接にかかわるからであり、またときに少数者になりがちな、われわれ研究者・教育者の表現の自由をまもるためにも、さけられないたたかいといえよう。

第6章

日本語特殊論をつらぬく論理構造

近年の俗流言語論点描 3

1. はじめに

　ここでいう「日本語特殊論」とは、ごく普通の意味での議論をさしている。たとえば、「日本語には、普通、ひらがな／カタカナ／漢字と、3種類の表記体系がまぜがきされ、ときには、アラビア数字とローマ字などもくわわる、世界に例をみない言語だ」、「世界でも類をみない精妙な敬語体系がある」、「5拍／7拍の反復による、世界最短の韻文の伝統」[1]といったたぐいのものである。これらはいずれも「日本文化論」周辺の論議には、かならずといっていいほど、かおをだす、いわば「定番」的なテーマといえよう。

　もちろん、「広義の日本語文化に共通するとかんがえられる特殊性など、なにもない」と、いいたいわけでは、けっしてない。たとえば、「漢字の訓よみ文化が曲芸的な慣用よみを一般化させている」とか、「曲芸的な慣用よみの一種として発達した数字の語呂あわせが普及している」[2]。さらには、「2字漢語の音よみのリズムが支配

1　もちろん、俳句・短歌など伝統的定型詩をさしている。
2　たとえば「4649」を、「ヨロシク」と、「よませる」風習＝言語文化は、たしかに特殊日本的現象であろう。「4」が前後関係ではなく、単なる利用者の「つごう」だけで、「ヨ」「シ」とよみわけられ、あるいは「ヨン」「フォ」などとも、「よまれる」だろう、「語呂あわせ」の恣意性は、あきらかに「訓よみ」の伝統の産物である。おなじ構造は、「夜露死苦」を「ヨロシク」とよませる、というより、「ヨロシク」に「夜露死

的なせいか、4音の短縮語、とりわけ欧米語起源のカタカナ語が非常におおい」[3]と
いった現象については、相当程度、特殊で独自な文化現象とみられなくもない。あ
るいは「3種類の表記体系をまぜがきすることに、ほとんど疑問がもたれない」[4]、「敬
語がまともにつかえないとみなされる層、不安を感じる層が、相当におよぶ」とい
った状況も、たしかに、ほかの国家・社会では、ほとんどきかない現象かもしれな
い。

　その意味では、現代日本社会という時空が、かなり特殊な文化論的状況をたく
さんかかえている、あるいは、かかえていると、みなされているのは、事実だろう。
このようにかんがえてくると、それはたしかに、社会学的な課題、現代社会論的な
課題として興味ぶかいし、また、「現代日本は、非常に特殊な文化現象をかかえた
空間だ」という、外国人の印象などともつきあわせる意義がありそうだ。　しかし、
いわゆる言語学の基本的対象である、はなしことばの生態という次元でみたばあい、
「ほかの言語にはみられない特殊性・独自性」が、それほどあるとは、到底おもえ
ない[5]。たとえば、うえにあげた「まぜがき」「曲芸的な慣用よみ」「語呂あわせ」は、
あくまで、かきことばの次元にすぎない[6]。あるいは「4音の短縮語」も、単語群の

　　　苦」といった漢字表記をむりやりにでも、あてがう意識にも、みてとることができ
　　　よう。数字の語呂あわせが、ごく普通のものとして当然視され、恣意的な「あて漢
　　　字」が軽侮の対象となるのは、文化資本の観点からの階層・階級差別の問題ぬきには、
　　　分析不能だが、ここでは、ふかくたちいらない。日本語の音節数がすくないという
　　　見解にもとづいて、同音異義語がたくさん生じる基盤があるから、ダジャレやギャグ、
　　　語呂あわせなど、ことばあそびが豊富だとする議論の典型としては、いわまつ [2001:
　　　16-7] 参照。
3　　「エアコン」「リモコン」「パソコン」「ミスコン」などが典型例だが、「ゴーコン（合
　　　コン）」など、混合語もすくなくない。これら「短縮語」が、漢字語と並行した拍
　　　数におきかえられて欧米起源の「外来語」として受容され、語源がなんであれ、同
　　　音でも、ともかく前後関係から識別されるという構造は、重要な共通点である。
4　　当然のことながら、「ほとんど疑問がもたれない」という風潮＝「社会的事実（ソシュ
　　　ール）」の一種と、「ほとんど疑問のないところだ」という認識の妥当性とは、別次
　　　元にある。3種類のまぜがきによって7種類のくみあわせが利用されていることにつ
　　　いての着目は、歴史家の網野善彦が『日本論の視座』で展開している [あみの1990:
　　　356]。たしかに $_3C_1 + _3C_2 + _3C_3 = 7$ とおりであることが明白になる。わかちがきが発
　　　達しなかった原因は、漢字表記にとどまらず、この構造が基盤となっているだろう。
5　　これらが、広義の日本語現象、広義の日本語文化ということは可能であろうが、そ
　　　れが、言語学の当然の対象かといわれれば、かなり疑問がのこるところであろう。
6　　あとでのべるとおり、たとえば、先天性の全盲者にとっては、漢字の字形は無意味

一種の特徴ではあっても、はなしことば日本語の一般的特徴＝他言語とことなる独自性とはいいがたい[7]。また、いわゆる「敬語体系」にしても、すくなくとも朝鮮語には、「精妙な体系」がみてとれる[8]。

　また、地域性や階層性、世代などをこまかにみていくなら、「日本語に普遍的に存在する敬語体系の論理」といった構造など、ないにひとしいのではないか[9]。さらに、「5拍／7拍の反復による短型韻文」にしても、鹿児島地方の音韻体系の拍概念は、日本列島の一般的なものとはことなるし、琉球列島の「琉歌」のように、8886といった韻律も存在する。これら諸言語に、いわゆる標準語がおおいかぶさることで、五七調の韻律になじむ層が相当程度におよんだにしろ、それが普遍的というのは、強弁というべきであろう。それは、神道や檀家制度で日本列島／琉球列島全域の宗教意識／伝統を説明しきれないといった構造と、共通する問題に相違ない。

　にもかかわらず、「日本語は特殊であり、外国人にとっては、理解しがたい本質をもつ」といった認識は、非常につよい。日本語を駆使する外国籍者は、「ヘンなガイジン」という、実に差別的な排除意識で、特殊視される。異常にもちあげられるか、気味わるがられるか、両極端な評価がくだされるのである。それは、逆にいえば、「日本語は、ニッポン・ムラの方言にすぎず、ヨソモノは一生なじめない」といった、ひねくれた選民意識が共有されていることのあらわれといえよう。

　本章は、特徴的な「日本語特殊論」をとりあげ分析することによって、その非論理性や極論さを指摘するとともに、それらに通底するとおもわれる論理構造をうきぼりにしようとするこころみである。本稿のさきがけとなるものとして、本書第4

　　　である。
7　これら「4拍語」に共通する性格をあげるなら、「2拍」をくりかえす擬音語・擬態語と同様、音よみ漢語とカタカナ語が、周囲の語群から異質な存在として「ういている」という点であろうか？
8　身内の言動を、外部にむかって表現するときも、「へりくだらない」絶対敬語など、日本語と質はちがうが、身分差に応じたこまかな文体差がみてとれる。日本語が世界のなかで特殊な敬語体系をもっているかのようにみえるのは、欧米諸語との比較しか通常しないからにすぎない。
9　いわゆる地域語には、さほど敬語体系が発達しなかったものがおおいこと、敬語法が発達している言語は、身分差がおおきく、かつ身分間の交流が頻繁だった空間にかぎられるだろうことは、いうまでもない。後述するとおり、日本列島が、あたかも普遍的に複雑な敬語体系を維持してきたかのようなイメージは、あきらかなイデオロギーである。

章ですでに「日本語特殊論」のいくつかを批判しているので、その延長線上のものとして、理解していただいて、さしつかえない。

2. 表記体系の「特異性」論：3種類のまぜがき表記体系を中心に

2.1.「社会的事実」としての「3種類のまぜがき」の自明性

「3種類の表記体系をまぜがきすることに、ほとんど疑問がもたれない」という、現代日本の「常識的イメージ」が、ソシュールやデュルケームのいう「社会的事実」(fait social) の産物であるという現実は、否定できない。

たとえば、言語研究者の一部も、保守的な漢字擁護論者でなくても、事実としての伝統は無視すべきでないという、「穏当」な見解が支配的だとおもう。たとえば、現代インドと現代日本との言語状況を考察してきた、鈴木義里も、つぎのようにのべる。

> 現代でも文字を持たない言語は多数存在しており、同一言語が複数の文字で書かれることもある。このことは、言語が本質的に特定の文字と結びつくものではないことを示している。しかし、たとえ文字と言語が本質的にはなんの関わりもないとしても（つまりある言語の文字がその言語の本質に影響を与えるものでないとしても）、長い間その文字を使用してきた人びとが、その文字に対して愛着を抱いているとすれば、その言語の使用者にとっては文字もその言語の一部と意識されることになる。その意味で、すでに長い時間、同一の文字を使用している言語では、文字を含めてその言語のことを考える必要がある。　　　　　　　　　　　　　　[すずき2002: 59-60]

ヒンディー語（インド）とウルドゥー語（パキスタン）[10]、旧ユーゴスラビア地域

10　インド系のデーヴァナーガリー (Devanagari) モジと、アラビア系のナスタリーク (Nastaliq) モジ［にしえ2003: 18-9］。

に共存していたクロアチア語とセルビア語[11]など、言語学者たちが別言語とは分類していないのに、話者集団が2分され、ことなったモジ体系で「すみわけ」をおこなっている例がいつかある[12]。したがって、「すでに長い時間、同一の文字を使用している言語では、文字を含めてその言語のことを考える必要がある」ことには、異存がない。すくなくとも識字層については、「その文字に対して愛着を抱いているとすれば、その言語の使用者にとっては文字もその言語の一部と意識されることになる」という指摘も無視できない。言語研究者のように、「ある言語の文字がその言語の本質に影響を与えるものでない」という冷静な思考は、通常できないからだ。「盲人や、幼児をふくめた非識字層＝モジの介在なしに、はなしことばをもちいる層」、「みずからの第一言語、日常言語が、一度たりともモジ化されたことがないので、周囲のモジの影響をあまりうけない層」のたちばを、知識層はもちろん都市部の大衆も共感できないという構造は、「社会的事実」(fait social) として無視できないのである。

2.2. 知的反動としての日本語表記特異論

しかし、つぎのような認識をあからさまにされると、近代言語学の「公理的地平」は、完全に知的反動にはねかえされていると、おもうほかない。

日本文化は特異である
日本文化の特異性を説く主張に対して、近年は、文化相対主義の観点から、この特異性を否定する説がある。だが、日本文化は特異である。世界のどの文化よりも特異である。その特異な文化を絶えず再生産しているのが、漢字、平仮名、片仮名の三種類の文字からなる、世界のどこの言葉とも異なる日本語である。漢字とハングルの二種類の文字を用いた場合の朝鮮語を除けば、世界の言語は、いずれも一種類の文字からなる。ところが、日本語は、漢字と平仮名と片仮名の三種類の文字を用いる。

11　ローマ字とキリール・モジ［たなか／ハールマン 1985: 120］。
12　すくなくとも、以上の2例については、宗教上の理由（ヒンズー教／イスラム教、カトリック／ギリシア正教）である。

三種類の文字をもつということは、単にひとつの言語を記述するための文字が三種類あるということではなく、ひとつの言語のなかに三種類の原理が入り込んでいることを意味する。三種類の原理が入り込んでいることをたえず確認しながら言葉を使わざるをえない構造が特異であるということである。この原理を次の言葉は最も明解に語る。

　　とにかく、日本では漢字と平仮名、さらには片仮名を交ぜて書くという形態が発展しました。しかし、この二重三重の表記法は、たんに技術的な事柄ではありません。というのも、制度や思想というものは、文字言語として存在するからです。たんに、ある制度やある思想が文字によって表記されるのではなく、むしろこうした表記法自体が一つの制度として、あるいは思想としてあるのです。
　　おそらく、こうした文字の形態が根本的に、「日本人」の心理・思考の形態を規定していると思います。世の中には、いろんな「日本人論」があります。日本的心理とか、あるいは日本的な思考といった事柄があれこれいわれていますが、そういうものは重要ではないと、私は思っています。むしろ、それは、漢字仮名交じりという表記法に由来する問題だと思うのです。　　　　　　　　　　（柄谷行人『〈戦前〉の思考』）

　この日本語の構造を、一言語一文字の構造に改革しようと試みるのが、仮名書き論であるが、一言語一文字の構造に変革することは、一般に考えられているように、文字表記上の用字の問題にとどまらず、漢語を追放して新日本語を創製する日本語革命であるため、いっこうに進展しないのである。
　　　　　　　　　　　　　　　　　　　　　［いしかわ・きゅーよー 1999: 93-4］

　書家である石川九楊が自著『二重言語国家・日本』［1999］のなかで引用している評論家柄谷の「表記法自体が一つの制度として、あるいは思想としてある」とか、「日本的心理とか、あるいは日本的な思考といった事柄があれこれいわれていますが、そういうものは重要ではない」といった見解に、異存はない。しかし、表記法自体が制度／思想をなしているという事実が、使用者の「心理・思考の形態を規定して

いる」という結論を自動的にみちびくというのは、乱暴な議論だ[13]。

　もともと、「表記法自体が制度／思想をなしているという事実」は、ある言語思想の産物として表記法があるという普遍的真理のいいかえにすぎない。したがって、柄谷らの議論が成立するためには、「特定の言語思想の具現化としてのある正書法が、使用者の心理・思考の形態を規定している」という具体的証拠が普遍的にみつからねばならない。すくなくとも「日本文化の特異性」の実在と、三種類の表記の混在が「心理・思考の形態を規定している」ことの挙証責任は、柄谷／石川らにある。「制度や思想というものは、文字言語として存在する」という見解も同様だ。むしろ「文字言語として存在する」とはいえない、「制度や思想というもの」が実在することは、よくしられているのであり、それらを無視できる論拠を、かれらは、まったくしめしていないといえよう[14]。

2.3. 漢字表記混入による、はなしことば体系への影響の検討

　モジ表記が、「つづり字発音」をはじめとして、正書法＝規範装置として機能することは、否定できない。「を」という助詞用表記を［wo］と発音する層が実在すること、「いう／言う」といった表記が、［juː］ではなく、［iu］という二重母音だと誤解されるという自己欺瞞が横行していることなどは、典型例だ。そういった、現実直視をさけさせてしまう正書法の力学については「心理・思考の形態を規定している」といって、さしつかえない。それは、もちろん、石川らがこだわる固有名詞表記について、一層いえることだが、固有名詞以外でも、以上のような例はいくつ

13　いわゆる、サピアやウォーフらによる「言語相対仮説」は、立証されたことはない。ソシュールやウィトゲンシュタインらによる、言語記号ないし言語ゲームによる話者・プレイヤーによる世界像分割（いわゆる、丸山圭三郎らによる「コト分け」論）も、魅力的な仮説にとどまる。まして、モジが「心理・思考の形態を規定している」という断定は科学的に検証不可能である。

14　全盲の思想家が存在しないとか、整体や武術などにかかわる身体技法が哲学・思想と無縁だと、なぜいえるのか、まったく理解にくるしむ。とりわけ、整体や武術など身体技法が、口伝や体得によるところがおおきいことや、モジ化されない身体知・暗黙知が遍在するだろうことは、くわしい検討さえ不要なはずである。ニーチェらが批判した、肉体軽視思想の典型であろう。

でも、みつかる[15]。

　しかし、伝統的な「学校文法」とはことなった、たとえば、日本語教育でもちいられる分類にそって、動詞「くる」（いわゆるカ行変格活用）をローマ字がきするなら[16]、

	基本	命令	仮定	過去	「〜て／で」	意志
肯定	kur-u	ko-i	kur-eba kur-una-ra	ki-ta	ki-te	ko-yô
否定	ko-nai	kur-una	ko-nak-ereba	ko-nak-atta	ko-nak-ute ko-nai-de	kur-umai

といった、かなり体系的な「動詞変化表」＝「暗黙知」にそって駆使していることが、わかる。これを、一般的な漢字表記にかきかえたばあい、

	基本	命令	仮定	過去	「〜て／で」	意志
肯定	来る	来い	来れば 来るなら	来た	来て	来よう
否定	来ない	来るな	来なければ	来なかった	来なくて 来ないで	来るまい

となるが、「来」という表記が、「く／こ／き」と、前後関係でクルクルかわってしまう構造を認識するのに、なにか特別な機能をはたしているだろうか？　むしろ、漢字表記「来」の部分より、つづく「かながき」部分こそ、文法的な機能の識別作用をはたしていないか？　冷静にかんがえたばあい、ローマ字とくらべたときに、漢字表記には「分析力」がほとんどなく、体系的みとおしが観察者からうしなわれてしまうという、不つごうだけが、つきまとうようにみえる。

　それは、かながき（表音主義）による「動詞変化表」とくらべても、かわらない。

15　固有名詞に、漢字表記が影響するばあいはもちろん、かながきさえも「原音」を変質させてしまう構造については、すでに論じたことがある［ましこ1996c: 200-14; 2003c: 113-23］。

16　「伝統的文法から新しい文法へ」(http://homepage3.nifty.com/taketoki/dosi.html) を参照して、おおはばに改変した。ただし、参考にしたページは漢字かなまじり表記で、また用例も「書く」がとりあげられている。つまり、参考にしただけで、術語や分類には、ほとんどそっていない。さらに、金谷武洋、山田敏弘にならって、「動詞の語幹」概念をローマ字表記水準までさげた［かなや2002、やまだ2004］。

	基本	命令	仮定	過去	「〜て／で」	意志
肯定	くる	こい	くれば くるなら	きた	きて	こよう
否定	こない	くるな	こなければ	こなかった	こなくて こないで	くるまい

　これら「動詞変化表」の比較によって、①ローマ字がきの分析力がぬきんでていること[17]、②かながきも、それなりに分析力があること、③「カ行変格活用」などと、非体系的とおもわれていた動詞も、相当体系性をかかえていること、などがわかってくる。

　さらには、既存の学校文法が、基本的には「未然形／連用形／終止形……」とはじまる国文法は伝統文法を無批判にひきついでおり、小学生に到底体系性を理解させることに失敗しているだろうにもかかわらず、われわれ話者は、なんの不便も感じることなく、「暗黙知」を習得しているという、逆説がうかびあがる。すくなくとも、「口語文法」「国文法」などとして、体系性を意識させられる中学生のときには、むしろ体系性をおおいかくして混乱させるだろう、漢字かなまじり表記がわざわざえらばれている。にもかかわらず、われわれの「暗黙知」は、みごとに体系的整理を実践している。つまり、漢字表記が全然機能（悪影響）していないらしいことが、うきぼりになるのではないか[18]。

17　ちなみに、いわゆる五段活用の定番「かく」のばあいは、

	基本	命令	仮定	過去	「〜て／で」	意志
肯定	kak-u	kak-e	kak-eba kak-una-ra	ka-ita	ka-ite	kakô
否定	kak-anai	kak-una	kak-anak-er-eba	kak-anak-atta	kak-anak--ute kak-anai-de	kak-umai

となり、その体系性が一層明白であろう。

18　それこそ、平均的日本人のほとんどは、ローマ字がき日本語にとりこまれた幼児期・学童期を経験しないのが普通であり、とりわけ、漢字を強制的にあてがわれる小学校中学年以降は、以上のような日本語動詞の整然とした音韻体系構造をかくされてしまう、環境にそだつといえよう。しかし、レヴィ＝ストロースが前近代社会をいきる集団の婚姻規則を記述することで、当人たちが自覚できていない、精妙な構造をうきぼりにしたことと、あい通ずるものがあると、推測される。第一言語として日本語をみにつけるものは、それこそ「自然と」、モーラ以下の水準での音素構造を「暗黙知」として「理解」している。しかも、その自覚＝分解水準は、言語学などとであわないかぎり、ほとんど経験しないまま一生をおえると。

すでに引用したとおり、石川九楊は「日本語の構造を、一言語一文字の構造に改革しようと試みるのが、仮名書き論であるが、一言語一文字の構造に変革することは、一般に考えられているように、文字表記上の用字の問題にとどまらず、漢語を追放して新日本語を創製する日本語革命であるため、いっこうに進展しない」と、かながき運動や、それと並行してきたローマ字運動を、おとしめている。しかし、三種類の表記の混在が「心理・思考の形態を規定している」ことの挙証責任を、柄谷／石川らが充分はたしていない以上、「日本語の構造を、一言語一文字の構造に改革しようと試みる」という位置づけ自体が論証不足といえよう。しかも、石川は、かながきやローマ字がきを、「用字の問題にとどまらず、漢語を追放して新日本語を創製する日本語革命である」と、これまた論証ぬきに非難する。

　しかし、漢字表記しないことが、漢字によって造語されてきたコトバ＝漢字語の「追放」でなどないことは、あきらかである。かながき論文を15年以上まえから実践してきた筆者自身、漢字語をつかわなかったことなど、一度もない[19]。むしろ、「同音異義語がですぎて、よみとりづらい／わからないにきまっている」といった、当然想定される邪推を反証するために、漢字語をムリにはおさえない方針でかいてきた[20]。もちろん、漢字表記をそえずに、かなやローマ字でかくという方針をとる以上は、「私立／市立」や「工学／光学」「科学／化学」「遍在／偏在」など、隣接分野でぶつかりやすい同音の漢字語には、なんらかの改革をくわえねばらないが[21]。いずれにせよ、漢字の排除が、同時に漢字語の排除を意味するといった、ヒステリックな過剰反応は、ねぶかい不安感のあらわれなのであろう。

19　いままでの主要な論稿としては、ましこ［1993b, 1994a, b, 2002d］参照。
20　一部は、言語学などに関心のない学部生にもよませることになったが、「よんでいるうちに、だんだんなれてきて、おわりのころには、わかちがきによる かながきが つらくなくなった」などと、感想をのべる層さえでたほどだった。
21　もちろん、田中克彦のように、漢字かなまじり表記をのこしつつ、ローマ字と併記するのが、外国人居住者／旅行者との共存をふくめて現実的な改革案だという意見もあり、現実主義的に検討にあたいする［たなか2002b: 319-20］。すくなくとも、漢字全廃が革命政権などによって実施されるといった、まずありえない状況を想定しない以上、段階論的にも、過渡的状況として漢字かなまじり表記／ローマ字表記併用、というのは、さけられないとかんがえるのが、妥当だろう。

2.4. 盲人など、非識字層の言語意識

　たとえば視覚障碍者用に発達した点字には、基本的に漢字表記に対応するものがない（漢字対応の点字は発明されたが、大衆的定着はみていない）[22]。点字は基本的に、かながきに対応しているのである[23]。

　当然のことながら、もともと、先天性の全盲者にとって、漢字の字形は無意味である。かりに、触覚でたしかめられるような装置を用意されたにしても、晴眼者が認識・利用する漢字字形とは、異質である。そして、漢字対応の点字などを特別にまなばないかぎりは、基本的に、かながきと対応した点字をふくめて、漢字表記が意味する分節原理の必然性がのみこめないのである。現在、「詳細読みモード」などでたしかめながら、漢字一字一字を識別しながら変換することで、晴眼者むけの変換ずみ文書を表現する（パソコンなどで「かく」）盲人は多数存在する。しかし、点字以外すべて音声化して理解・処理するかれら／かのじょらにとって、日常とは、徹頭徹尾、はなしことば空間なのである。文脈中の音声で語義が識別できるかぎり、みえない字形の対立などどうでもいい。あたりまえのことながら、6個の突起で表記する点字も漢字の字形などつたえられないが、その必要もないのだ。

　その際重要なのは、漢字対応の点字などをもちいない、あるいは音声化することで、ディジタル情報を「よんで」いる盲人たちが、漢字語理解に、それほど苦労していない点である。ある意味、はなしことばが、漢字語を除外されることなく通用しているのだから、当然だ。たとえば、マンガのコマにかきこまれる「ふきだし」や、テレビ番組などで、「翻訳テロップ」など、モジ情報がそえられるようなことが、日常の「はなしことば」空間にあるはずがない。いいかえれば、漢字語は、盲人にかぎらずオトとして処理され、充分識別されて、機能しているわけだ。

22　いわゆる「六点漢字」「漢点字」については、あべ・やすし［2006］の2節2項「点字使用者の「ための」漢字表記法」参照。
23　点字は、助詞の「を」を唯一といっていい例外として除外すれば、表音主義かながきに対応する。前出の、あべ論文参照［あべ2002: 38=2006: 132］。なお、カタカナ語を識別したほうが便利なために、「ここからカタカナ表記」という、おしらせ記号はあるけれども、それをカタカナ表記とみて、2種類まぜがきされていると解釈するのは、強引すぎるだろう。

ともかく、かれら／かのじょらにとって、漢字をめぐる、かきことば上の「日本語の特殊性」「独自性」など、ほとんど意味をなさない[24]。むしろ、「晴眼者」むけの文書に、漢字変換でミスをおかさないようにと心配がふえるとか、わずらわしい問題が生じるだけだ。あるいは、印刷してあれば識別できるはずと、「晴眼者」がおもいこんで、音声化したときに混乱が生じるような文書・ディジタル情報に、しばしばなやまされるといった、まさに「漢字という障害」なのである[25]。

3. 「日本の美の象徴」としての「敬語」
3.1. あらたな本質主義＝知的反動としての1990年代

日本語とドイツ語における「敬語」現象を考察してきた山下仁は、日本の研究者のなかに、日本語の敬語現象が特異なものであり、それが美的であると過大評価する傾向を指摘し、批判した[26]。

山下が対象としたのは、おもに1990年代であり、現時点では「近年」というには

---

24 漢字表記に利点があるとするなら、コンピュータやCD-ROMなどでキイワード検索するときに、漢字に習熟した一部の盲人が利便性を感じとれるといった程度である。漢字に習熟した盲人とは、大半が高学歴の中途失明者であるから、盲人集団のなかでは、エリート層にちかい部類といってさしつかえない。こういった一部の層だけが利便性を感じる漢字表記をのこすべきだという議論をたてるのは、ムリがあるだろう。ちなみに、非漢字圏がコンピュータでキイワード検索を支障なくおこなっているように、日本語空間にも「わかちがき」が定着しさえすれば、ローマ字日本語はもちろん、かながき日本語も、キイワード検索が容易になるはずである。

25 前出あべ論文2節「盲人に対する障害物としての漢字」参照［あべ2006: 132-43］。障害学は、障碍者個人の心身の「障碍」が不利益・不幸の根源ではなく、「健常者」社会がかかえる差別や無自覚な無作為こそ障碍者にとっての「障害」であり、それら「障害」の除去・是正こそ課題とする、「社会モデル」を提示する。それは、障碍者個人の心身の「障碍」が不利益・不幸の根源だと信じてうたがわなかった「医療モデル」への痛撃だったわけだが、「漢字という障害」という視点は、まさに、この「社会モデル」によってたつ障害学的提起であった。「視力がないがゆえに視覚的にたしかめられない盲人は不便・不幸」と信じてうたがわない思考論理は、まさに「医療モデル」といえる。障害学の「社会モデル」については、いしかわ／ながせ［1999］など参照。

26 「敬語研究のイデオロギー批判」［やました 2001=2009］。

少々、時間差がありすぎるが、ある種の「知的反動」という本質はほとんどかわっていないとおもわれる。その意味で、現時点で20世紀の思潮を再検討し、ほかの議論との通底性をみておくことには、それなりの意義があるだろう。

山下は、安田敏朗の指摘する「方言研究」史の20世紀の「四度の山」になぞらえ、「敬語研究」にも「四度の山」というふうにモデル化することが可能だとする[27]。山下は、「第一の山から第三の山にかけての約40年が、たとえば司馬遼太郎のいう」「日露戦争の勝利から太平洋戦争の敗戦の時間」[28]と大体かさなるとする。そして、「重要なのは、20世紀の初めから敗戦の年までの」「日本のなかでもとくに非連続の時代」[29]「に、敬語研究が当時の国粋主義的イデオロギーと共謀し、標準語を普及させるための一手段として発展した事実」だと指摘する［やました2001: 54-5］。

山下にいわせれば、菊地康人が「敬語の大衆化」[30]「と呼ぶ1970年以降は、ちょうど方言研究の」「第四の山」「に対応する」ばかりでなく、菊地らの作業をふくめた「1990年代の敬語研究にも国粋主義的傾向」がみてとれるというのだ［同上］。つまり、山下は「第四の山」が、「第一の山から第三の山にかけての約40年」の一種の復旧＝知的反動であると判断しているわけだ。たとえば、その具体的人物として、山下は金田一京助をあげている。戦前戦後をとおして、金田一は「敬語の、特に微妙で精緻なのは女性語である」[31]といった、敬語と女性語の美化をくりかえしていた［やました2001: 58-9］。敬語と女性語の美化は、もちろん「日本」「日本語」「日本文化」「といった実定性」[32]を証明＝本質化しようという動機があらわになっている。そして、「国粋主義と歩調を合わせてきた敬語研究は、太平洋戦争の敗戦によって、一時、

27　やすだ［1999b: 15-21］、やました［2001: 53-5］。山下は安田の「方言研究」史にならい、①20世紀初頭、②大正末=昭和初期、③第二次大戦直後、④1970年以降、に「四度の山」を設定している［同上2001: 54］。
28　しば［1993: 35］。もちろん、1905〜45年をさす。
29　しば［1993: 47］。ただし、この時代を突出した「非連続の時代」といえるかには、疑問がある。
30　きくち［1997: 420f］。ただ大衆社会との時代的相関については、地域性・階層性など慎重でありたい。
31　きんだいち［1992: 311］。金田一らの美化は、日本型オリエンタリズムの国内／ジェンダー版だろう。
32　やました［2001: 59］。もっとも、民族・国家・言語の三位一体性は、柴田武らも同様だった。

ナショナリズムというイデオロギー的側面を反省したかに見えた」「が、1990年代になると、戦前の語りで用いられていたレトリックが知らず知らずのうちに再び新しい敬語研究の語りで用いられるように」なったと、山下はのべる［やました2001: 59］。敬語研究によって金田一賞を受賞した菊地康人の敬語論は、まさにその典型例だというわけだ［やました2001: 60-9］。

　山下は、敬語研究の「第四の山」（1970年代以降）を総括してつぎのようにのべる。

> 戦後、特に1970年以降の敬語研究は、たとえば辻村敏樹、林四郎、南不二男らの貢献によって、敬語の概念規定およびその分類法の精密化という点で飛躍的に進展した。また、敬語の歴史的展開や世界の敬語、あるいは日本の地域社会における敬語使用の実態について、緻密な調査に裏付けられた多くの研究がなされた。さらに、井出祥子らによって日本語の語学研究にもポライトネスの概念が導入された。ところが1990年代になると、むしろ戦後に出された『これからの敬語』に暗示されていた戦前の敬語研究に対する反省は黙殺され、戦前と同じ語り方に逆戻りしている部分が認められる。戦前から戦中にかけてのようにあからさまに国粋主義を謳歌しているわけではないが、日本語における敬語の特殊性と美化というレトリックを踏襲したまま、あくまで敬語の有用性を説く。[33]

　この「戦前から戦中にかけてのようにあからさまに国粋主義を謳歌しているわけではないが、日本語における敬語の特殊性と美化というレトリックを踏襲したまま、あくまで敬語の有用性を説く」という、世紀末の動向は重要である。戦前・戦中の単純な復元であれば、露骨な反動として警戒感をいだかれただろうが、菊地らの議論は、「有用性を説く」など、さまざまな、あらたなよそおいをおびていて、

33　やました［2001: 60］。ただし、厳密にいえば、山下の議論は自己矛盾をきたしている。1990年代の動向は、「第四の山」とはあきらかに異質だと、山下自身がかたっているにひとしいからである。そうかんがえれば、山下は1990年代＝世紀末を「第五の山」として設定・分類しなければならないはずだ。さらには、実はこれでも不充分であることは、後述。

めだたない反動だった。しかし、その本質は、日本語にみられる敬語体系が世界の なかで「特殊」で、ありかつ「美」的ですぐれているという、自己陶酔型の、まさ に「国粋主義」の再来なのだ。

3.2. 特殊性／美化／有用性

　山下が菊地康人の議論にみてとる「レトリック」は、「特殊性」「美化」「有用性」である。

　菊地は、おおくの言語に、敬語的機能がみいだせることはことわりながら「〈言語体系の随所に広汎に〉、いわば〈高度に体系的・組織的に〉発達しているという点で」「世界的に見ても著しい特色をもつ」[34]。「敬語がこれほど体系的に発達している日本語は世界の諸言語の中でもやはり特筆ものである」[35]と断定してしまう。山下も批判するとおり、「日本語の特質」「を客観的に記述しているかのようであるが」、そうではない。「日本人はその」「唯一の」「母国語話者として、これを正確に使用し、大切に保存していかねばならない、という一種の」「要請」「を行っていると解釈」できるのだ［やました2001: 64］。それはうらがえせば、「日本語の特質」であるはずの「敬語」を、菊地ら言語研究者からみて不充分にしか駆使できない層が実在することを、皮肉にもかたってしまっている。いくら〈高度に体系的・組織的に〉発達している」とはいえ、「言語体系の随所に広汎に」存在している体系を、人口の相当部分が駆使できないというのは、逆説というほかない。

　山下が指摘する、「日本語母語話者の」「原住民的流暢さ」「を備えた」「壮大にして整然たる敬語組織」は、それを「包括的・理論的に解説することのできる言語学者」だけが、明確に認識できるだけで、「母語話者の」「原住民的流暢さ」を、〈暗黙知〉にそって実践できる話者は、それほどおおくないのである[36]。

　しかも、菊地ら言語研究者が「日本語の特質」「を客観的に記述」するにとどめ

34　きくち［1997: 93f］。こう断言できてしまう菊地は、よくかんがえると、ふしぎな人物だ。
35　きくち［1997: 10］。これについても、やはり独善的というか、自己陶酔的なナショナリズムを感じる。
36　逸脱層が例外的少数なら、菊地らが、めくじらをたて、本をかいて啓発活動などするには、およぶまい。

る禁欲主義をまもっているのかといえば、すでにのべたとおり、あるべき水準を恣意的に設定して、「正確に使用し、大切に保存していかねばらない、という一種の」「要請」「を行っている」。研究者としてのたちばを逸脱して、指導者という役割を演じていることは、否定できない。山下が批判するとおり、菊地は「言語学者が言語現象について判断することを戒め」るという、倫理に自覚的でありながら、みずからの「感覚」「語感」という「主観的な基準」、はっきりいってしまえば、美意識でもって言語現象を批判し、注文をつけているのである。「規範を人々に押し付けること」に無自覚なのだ［やました2001: 62-4］。首尾一貫していないことはあきらかだ。

ただし、山下は「金田一京助によって繰り返し用いられた「敬語の美化」を菊地康人が踏襲していることも明白」だとのべているが、これは、いいすぎであろう。「金田一京助がいかなる理由も挙げずに、日本語の敬語は美しい、日本の女性語には敬語が多い、だから日本女性の敬語は世界一美しい」［やました2001: 62］と、前提の破綻した「三段論法」を展開してはじなかった。しかし、菊地は「〈高度に体系的・組織的に〉発達している」「壮大にして整然たる敬語組織」があると、一応の機能主義的な合理化をはかったのである。

もちろん、「〈高度に体系的・組織的に〉発達し」「壮大にして整然たる」からといって、それが、つねに、だれにとってもうつくしいなどという保証はない。「うつくしさ」とは、あくまで主観的な判断によるものだし、ひょっとすると、利用者自身が全然自覚しておらず、ただ分析者（メタ言語のにないて）だけが、マニアックに陶酔しているだけかもしれないのだから[37]。

それはともかく、菊地は、金田一のような、ほとんど無根拠な自己陶酔を踏襲しているのではなく、メタ言語の水準から「体系」性、「組織」性を重視しており、そういった「体系」性、「組織」性に無自覚な話者たちに対して、「聞き苦しい」[38]とか「スマートな敬語ではない」[39]といった、文句をつけているというべきだろう。つまり、「体系」性、「組織」性を「美化」し、そういった次元から、個人的「語感」を

---

[37] 逸脱層が少数でなく、しかも「ひけめ」を感じていないのなら、「整然たる敬語組織」という評価は、単なる、研究者の自己満足の可能性がおおきいといえそうだ。

[38] きくち［1997: 75］。これが、あからさまな拒否的態度であることは、いうまでもない。

[39] きくち［1997: 413］。これは洗練された美意識を表現したつもりだろうが、先入観を露呈している。

おしつけるという、規範主義的逸脱をおかしてしまっているのである。そして、山下が指摘するとおり、「日本語母語話者の」「原住民的流暢さ」「を備えた」「壮大にして整然たる敬語組織」の実現のいかんについて、「包括的・理論的に解説することのできる言語学者」にだけ判定資格をあたえているのだから、「うつくしさを感じろ」「うつくしさを維持しろ」という、「美化」のおしつけであることは、あきらかだ。

　ところで、「体系」性、「組織」性を重視するということの一側面こそ、「有用性」の強調といえよう。山下は「敬語は日本社会において、円滑なコミュニケーションを行う上で非常に有用であり、それゆえ敬語を使用するのは当然である」という、機能主義的な合理化ともいうべき、論理を指摘する［やました2001: 64］。そして、これは、ひとり菊地にとどまらず、「菊地が引き合いに出している敬語のマニュアル本、ハウツー物の多く」が、「企業の相談員や話し方担当の職員によって書かれている」という点からも、実用主義という大衆的基盤があるといえるだろう。山下が指摘する、これらの実用本に共通するステレオタイプは、つぎのようなものだ。

・敬語は日本語に特有なものである。
・敬語は美しい。
・敬語を正しく使える人は魅力的である。
・敬語を正しく使える人は教養がある。
・敬語を正しく使えない人は恥をかく[40]。

　そして、こういったステレオタイプを無批判に信じている点では、実は菊池ら規

---

[40] やました［2001: 64］。ちなみに、このステレオタイプが身分文化のシッポをひきずっていることは、あきらかだが、それは同時に、金田一京助が着目したとおり、「女性」的特質としての「上品さ」という価値序列とかさなる。貴族・ブルジョアたちがモデルとなった「有閑階級」のイメージの一部としての「階級文化」「文化資本」として、敬語はある。南欧文化圏の「マチスモ（machismo）」やイギリス労働者階級の「野郎ども（lads）」文化などと、正反対の方向性である点で、普遍性がみてとれる。さらには、ここであげられたステレオタイプの項目のうち「敬語」を「（葬儀場や個展会場などでの署名簿への）筆ペンがき」などとさしかえても、さほど違和感はでないことにも注目したい。「てがき文字」にまとわりつく、イデオロギーや差別などについては、あべ［2003: 15-30］参照。

範主義的な言語学者[41]は、敬語の「有用性」をうたう実用本の筆者たちと、本質的にかわらないといえるのである。山下は痛烈だ。

> ……敬語を正しく使える人は美しく、魅力的で、しっかりとした教養人と見なされるが、敬語が話せないと恥をかく、だから敬語は是非とも使いこなさなければならない。このような「物語」を作り出し、または利用し、利用することによって再生産するという点では、研究者による研究書もマニュアル本も大差ない。菊地康人の「水準の高い」啓蒙書は、その格好の例であろう。
> 〔やました 2001: 66〕

3.3. 権力／親疎関係と敬語

　山下が批判するとおり、菊地康人ら規範主義的な敬語論は、総じて、既存の上下関係をよしとして、その合理化とわかちがたくむすびついている。「敬語の理論的枠組みから《親疎》を除外し《上下》にとどめることは、既存の社会関係が変化することを認めず、固定した人間関係が維持されることを前提とする態度につながる」。「上位者にはどんな敬語が用いられているのか」、「敬意という心理的現実をあらわす手段は、敬語だけなのかという問い」が、とわれないことになってしまう[42]。

41　これは、実は矛盾したいいかたである。「言語学は、言語の科学である」といった、定番的見解にそっていうなら、山下が野元菊雄をひいているとおり「主観的な科学というものは自己矛盾」であり、したがって、規範主義をぬけだせない菊地らは言語学者ではないということになるからだ。もっとも、こういった厳密ないいかたをするなら、実証主義的な論文・報告書を禁欲的に発表しつづけている一部の研究者以外の、相当部分が、「言語学者」という分類からはずれてしまうだろうが。

42　〔やました 2001: 68〕。ただし、山下は《親疎》概念を除外してしまうから「本当に尊敬し、敬愛する年長者に対する自然な敬語表現と、そうではない、形式的な上位者に対する形骸化された、差し障りのない、心のこもっていない敬語表現とを区別できない」とものべている〔同上〕。しかし、形式的な敬意表現と本心からの敬意の発露を、表現された言語形式（非言語的なパラ言語情報は除外するとして）だけから、識別できるであろうか？　山下の批判は、痛烈な菊地批判であると同時に「敬愛する年長者に対する自然な敬語表現」といった、心理／関係性を必要以上に美化する、ある種の「理想化」を感じさせる。本心を絶対にさとられないことで、つぶされまいとする、「面従腹背」としての劣位者の戦略・戦術を、必要以上にわるくかたるこ

山下も着目しているとおり、不充分ながらも井上史雄は《親疎》関係の重要性にきづいているし、より意識的な杉戸清樹のような敬語研究者もいる[43]。また、欧米の研究とくらべれば、権力関係を前提とした、いいかえれば「長幼の序」的な予定調和的社会観ではなく、対立や矛盾を冷静にみつめた「ストラテジーという観点から敬語使用を問う研究が少ない」［やました2001: 77］かもしれないが、自覚的な層は、実在する。たとえば、田中克彦の「敬語は日本語を世界から閉ざす」[44]は、日本語の国際化をといた批判的論稿だが、「敬語と権力」という節がものがたるように、日本語の敬語現象が、きれいごとでかたられる社会秩序の反映でなどないことは、一部にしろ認識されてきた。
　田中の敬語批評＝排他性批判は、きわめて痛烈である[45]。

　　　以上によって、私は、いわゆる「敬語」の効用を無視しようとしているのではない。いや逆に、その効用のいかに大きいかを評価したいのである。私は、東京山の手上流階級用の女らしさ表現を巧みに操れることを自分のアイデンティティだと言明した女の社会言語学者を知っている。彼女のことばは、敬語というものの性格をよく物語っているので、研究者は念頭に置いておきたい。余人の追随を許さぬそのような卓越した敬語法の機能は、小さな共同体をせまく閉ざし、そこでの共感を味わいあう村落共同体か、特殊職業集団か、ヤクザ集団のジャルゴンに似ている。(中略)
　　　私の心配は次のようなものだ。敬語使用の練習問題にこっているうちに、日本語は国際的な言語マーケットから追い落とされてしまうかもしれないと。いまから百年も昔に、当時の代表的な言語学者が日本語について述べた次の

とは、年齢秩序を、洗練されたかたちで合理化してしまうとおもう。たとえば、年齢秩序という価値序列が存在しないと仮定したとき、かわりに業績原理がはたらくとすれば、「敬愛する年少者に対する自然な敬語表現」といった状況も充分想定できる。現に、儒教倫理のなかにあっても、若輩ながら尊崇をうけていた吉田松陰ひとりをあげておけばよかろう。

43　いのうえ［1989］、いのうえ［1999］、すぎと［1999］。
44　たなか［1999］（『言語』Vol.28、No.11「特集 敬語は何の役に立つのか 日本語の未来と敬語の存在」）
45　たなか［1999: 46-7］。田中も身分文化（有閑階級文化）と女性文化の癒着を暗示する。註39参照。

ような感想は、残念なことに、まだ有効なのである。

> この言語は、過度の敬語法という重荷を背負っていて、ふつうの（simple）代名詞は使えないようなありさまだ。
> （W.D.ホイットニー『言語の生命と成長』）

　敬語の習熟にいそしむことは、決して知力の鍛錬に貢献しないのみか、その逆である。それは、人類がすでに克服して来た、支配と従属の心理を、言語的に心に刻むための、ドレイ的な訓練である。そんなことばが、将来、外国人にも有用な、普遍的な使用に耐えられるはずがないのである。

　このようにみてくると、1990年代＝世紀末以降は、杉戸らの、あらたな敬語研究（1970年以降の「第四の山」）の進展期が依然持続しており、それと対峙するかたちで、菊池ら知的反動が「第五の山」として並立しているというふうに、かきあらためるべきであろう。そしてそれは、欧米の社会言語学的な実証研究を意識した、権力関係や差別／序列意識、排外主義などに自覚的な研究者層と、ひたすら「うちむき」で、「うしろむき」な研究者層の2極分化がすすみつつあることを意味しているといえよう。

3.4.「フェミニズム言語理論」批判という知的反動

　ところで、研究者ではなく、しかし研究者以上に冷静な敬語文化の戦略分析を展開したものとして、橋本治の擬似マニュアル本がある[46]。橋本の擬似マニュアル本は、徹頭徹尾「面従腹背」のすすめとしてよめる。権力者や「お客様」など、要注意人物から無用な攻撃をうけず、かしこくいきぬくための指南書的なよそおいをとりながら、社会言語学ないし社会学的に、日本社会の構成原理の分析をおこなっている。しかも、社会変動論を意識しながらである。

46　『ちゃんと話すための敬語の本』[はしもと2005]。ただし、本人は、マニュアル本ではないと、ことわりつつ、そう誤解して手にとる読者層をあてこんでいることを、タネあかししているが。

橋本の本を、社会言語学手法にのっとった「ピュグマリオン（Pygmalion）」的マニュアル＝洗練された規範主義、あるいは「非常によくできた日本特殊論の一種」とみなすべきなのか、それとも、徹底的に虚無主義的な生存技法を展開するかたちでの、冷徹な日本社会批判ととるか、それは読者の関心次第だろう。橋本に、このように着目する理由は、「敬語文化の戦略分析」を研究者以上になしとげているようにみえるという点だけではない。むしろ、冷徹に権力構造や動態を分析すべきなのに、えてして研究者の作品が「ピュグマリオン」的マニュアル＝洗練された規範主義としてしか機能しないような性格をおびるばあいがすくなくないからだ。
　たとえば、高橋良子は、「フェミニズム言語理論の功罪」という問題提起をおこなっているが、「功」の面として評価しているのは、かたちばかりだ[47]。高橋の論文の趣旨は、「母系的傾向の強い日本文化のなかで育まれてきた日本の女性語と、家父長的性格の強い文化で生まれた西欧の女性語を文化的背景を無視し同じ基準で分析する」ことが「社会言語学上の基本的な過ちを犯したことになる」という非難につきるとおもう。しかし、冷静に検討すれば、すぐきづくとおり、高橋の断定は、論証が非常に困難であり、論証を充分におこなわないかぎり、俗流イデオロギーにすぎない信念の吐露にすぎない。
　高橋が、「文化的背景を無視し同じ基準で分析する」という「社会言語学上の基本的な過ち」としてあげた実例は、現代日本ではなく、サモア文化であった。しかも、論証しようとしながら、破綻している。「サモア文化では女性より男性の方が丁寧に話すと報告されている」「が、サモア社会では男性の地位が低いのではなく」「社会的地位が高いほど、丁寧な話し方をすることが期待されているからである」

47　「武器としての敬語」［たかはし1999: 65-7］。ただ、「社会言語学のなかで女性語研究という新たなジャンルを確立したこと」、「その副産物として」「chairman」を「最終的にはchairに変えることにより、社会通念とともに、女性自身をコトバの呪縛から解放し、女性の社会進出を助けたきっかけとなった」という、わずか2点である。こんな、ささいな点だけ「大いに評価され」ても、フェミニスト言語理論のにないてたちは、すこしもうれしくないだろうし、この程度の過小評価ですますなら、総括などしないほうがよかろう。また、以前は「研究対象にされることのなかった言語使用上の性差に注目」したというが、イエズス会の宣教師たちはすくなくとも日本列島の西南地域で性差がおおきいことに着目していた。単に、言語研究者のほとんどが男性であったことで、過去の蓄積がみすごされていたにすぎないのではないか？

とするのだ[48]。これがなぜ、日本の実態を分析するときのフェミニズム理論の破綻を意味するのか、まったく理解にくるしむ。高橋があげた例は、〈社会ごとに、ことばの丁寧さの意味／機能はことなる〉という、ごくあたりまえの仮説を補強するにすぎない。「日本語の場合、英語や他の西欧の言語に比べて、感動詞、終助詞、名詞および接辞、イントネーション・パターンに至るまで、さまざまな面において女性と男性のコトバ遣いが異なり、それらの違いはすべて差別の証拠であると考えられた」ことを、「文化的背景を無視し同じ基準で分析する」という「社会言語学上の基本的な過ち」として非難する。しかし、サモア社会の言語文化と同様に「社会的地位が高いほど、丁寧な話し方をすることが期待されているから」、日本の女性語は「差別の証拠」とならない、と論証できたであろうか？　そんなはずはない。イギリスの労働者男性たちが、男性性を強調し、自分たちの日常を正当化するために、あえてぞんざいなコトバづかいをするなど[49]を解釈するばあいに、男性より丁寧なコトバづかいをえらんでいる女性たちが、男性より階級的にうえで、しかも抑圧されている質／量がすくないなどと、いえるだろうか？　これは、日本の労働者階級にもあてはまるとおり、ぞんざいなコトバづかいをえらべる男性は、おなじ階級の女性よりも優位にあるのが普通とみるべきである。

　田中克彦の知人だという「東京山の手上流階級用の女らしさ表現を巧みに操れることを自分のアイデンティティだと言明した女の社会言語学者」がだれであろうと、かまわない。しかし、かのじょが、バーナード・ショーの皮肉った言語学者ヒギンズの「東アジア女性版」であることは、うたがえない。そして、高橋のような西欧思想／フェミニズムへの反感がどこからでてくるかといえば、田中が批判するような「余人の追随を許さぬそのような卓越した敬語法の機能」を正当化しようという、きわめて「うちむき」な動機であろう。

　また、高橋は老人施設を実証研究したようだが、つぎのような解釈は、社会科学

48 　たかはし［1999: 66］。欧米社会からもたらされた言語理論が日本社会を分析しきれないという、よくある本質主義的な比較を展開するという限界はおくとして、輸入理論の無力さを実証する例として、サモア社会がもちだされることの、唐突さ、不自然さを高橋はなにも感じないのであろうか？
49 　註40でも指摘したとおり、男性性と階級のひくさ、そしてコトバの乱暴さは、密接にむすびついている［ウィリス1996］。男性労働者たちは、中産階級男性の「オンナみたい」なコトバづかいを軽蔑している。

的に疑念を感じずにはいられない。

> ……介護される方も、また介護人のコトバも男女とも丁寧とは言い難く、敬語表現は外部からの訪問者のみに使われていた。老人施設の場合はおそらく、介護される老人と介護人が親近感を出して擬似家族を演じるために、話し手同士の間に距離をおく敬語表現が避けられていたと考えられる。フェミニスト言語学者は、女性語は働く女性に不利になると危惧を抱いているが、上の例から明らかなように、働く女性も男性も働く「場」に応じて最も適切と考えられるコトバ遣いをしていることが窺がえる。　　　　［たかはし1999: 68-9］

「働く女性も男性も働く「場」に応じて最も適切と考えられるコトバ遣いをしている」という陳腐な観察でもって、「女性語は働く女性に不利になる」との「危惧」を反証したことに、どうしてなるのだろう。たとえば、おなじ秘書でも、国会議員の政策秘書と、大企業の秘書室スタッフとでは、男女比率が歴然とちがい、秘書たちのコトバづかいも男女に応じて相当ちがうと推測できる。男女差別がなくなれば、双方とも統計的には半数にちかくなるだろう政策秘書と大企業の秘書室だが、その男女比がおおきくことなるのは、職場ごとにもとめられる男性性／女性性に、暗黙の権力構造がはたらいているからに相違ない。大企業の秘書室スタッフは、ほとんど男性がしめる重役たちという、日本企業の権力構造、男女差の実態に即応しているのである。したがって男性重役たちのサポート役だけではなく、前近代的な下女役のイメージがまとわりついているのだとおもわれる。そうでなければ、そのなかに男性たちがごく少数しかいないという現実が説明できない。

また「老人施設の場合はおそらく、介護される老人と介護人が親近感を出して擬似家族を演じるために、話し手同士の間に距離をおく敬語表現が避けられていた」という仮説も、相当あやしいとおもわれる。たとえば、「お嫁にはいった女性」が、「しゅうとめ」に「距離をおく敬語表現」をさけるといった戦略がどの程度一般的か、比較すべく実態調査したのであろうか？　筆者からみると、介護される老人は、「保育園児」の存在に通底するようにおもわれるが。もし、「親近感を出して擬似家族を演じるため」でなく、単に、世話されるがわと、世話するがわの権力差が、たまたまもたらした丁寧さの省略なのだとすれば、そこに「「場」に応じて最も適切

と考えられるコトバ遣いをしている」という判断をくだすのは、危険だろう。

　たとえば、保育園／幼稚園双方で保育スタッフ／幼児間会話を比較し、前者では敬語表現がごくわずかで、後者では多用されるといった現象が観察されたとする。それは、はたして「「場」に応じて最も適切と考えられるコトバ遣い」の差異であろうか？　とてもそうとはおもえない。前者が、「親近感を出して擬似家族を演じるため」でないのかの判断は留保する。しかし、後者において敬語が多用されるのは、そこがプレ学校空間として位置づけられており、教育者と児童の距離感が維持されるべきだという発想の産物だろう。前者と後者の差異は、福祉イデオロギーと教育イデオロギーの差異として説明すべきではないか。つまり、保育者のあいだでの空間認識上は、「「場」に応じて最も適切と考えられるコトバ遣い」として差異がもたらされているかもしれないが、それが保育される幼児にとって、「最も適切と考えられるコトバ遣い」かどうかは、わからないのだ。むしろ、ここで着目すべきは、幼児保育の現場が福祉空間とされているにしろ、教育空間とされているにしろ、いずれも女性の職場と位置づけられていること[50]、にもかかわらず、文体差がありそうな事態を、高橋らの分析わくぐみでは、説明不能になりそうだという点だ。

　このようにみてくると、高橋は「フェミニスト言語学者」が「抱いている」「女性語は働く女性に不利になると」いう「危惧」を反証するために、つごうのよさそうな現場をひろいあつめているのではないか、という疑念がもたげてくる。もしそのような疑念をぶつけられたくなければ、広汎な業界の、さまざまな職種における、男女スタッフの人数比、男性役割／女性役割の権力関係、ごく日常的な職務遂行時の言語状況の統計的な把握があつめられ、比較されねばならない。「「場」に応じて最も適切と考えられるコトバ遣い」がかりにあるにしても、その選択肢が女性に特にみいだされるという事態は、女性が不利なたちばにないことの立証にはならないのである。

　おなじことは、結論部分の、つぎのような一節にもあてはまる。

50　もちろん、園長／事務職員は、男性のばあいがある。送迎バス運転手／用務員はほぼ100％男性である。したがって、幼児保育空間が女性の職場というのは、あくまで保育士・教諭という、最前線スタッフのことである。おなじことは、病院の看護スタッフなどもいえるだろう。

……敬語表現の種類を考えた時、女性の方が選択肢が多いように考えられる。上記の例以外にも、美化語の「お」「御」を男性が使い過ぎると、「女々しい」などと批判されるが、女性が使用する場合は、……上品な話し方として話し手のプラス評価につながる、また、女性が最近の女子高生の間でみられるような男性的な話し方をしても、世間の顰蹙を買いはするものの、異端視はされないが、男性が女性的な話し方をした場合、すぐさま特別なレッテルを貼られてしまう。このように日本語の場合は、規範から外れた話し方をした場合、フェミニズム言語理論の仮説に反して、女性よりも男性に、より厳しい社会的な制裁が科されるといえよう。　　　　　　　　[たかはし 1999: 69]

　いわゆる「おかまコトバ」などを想定して、男性への社会的制裁を強調したいのであろうが、これについても、ずさんな分析というほかない。「女性の方が選択肢が多い」というが、それが文脈から自由にそういえるであろうか？　むしろ「場」に応じて最も適切と考えられるコトバ遣いをしている」ことが要求されるという点では、女性に、四六時中「適切と考えられるコトバ遣い」を判断・調節するよう、自己規制をしいているようにしか、筆者にはうけとれない。

　「最近の女子高生の間でみられるような男性的な話し方」にしても、高橋のように「世間の顰蹙を買いはするものの、異端視はされない」と、成人女性についてもいいきれるであろうか？　むしろ、「おかまコトバ」をつかう男性と対称的なかたちで、きびしい社会的制裁をうけるのではないか？　また、「おかまコトバ」をもちいる男性は、周囲から「そういうひと」という認知をうければ、日常空間をでないかぎり、無用な制裁をうけることはないだろう。逆に、一部の女性タレントに明確にでているとおり、「男性的な話し方」は、「オトコまさりのキャラ」といった、「女性外」の分類へとおいこまれる、端的な装置でありつづけているとおもわれる[51]。それに、もともと、「最近の女子高生の間でみられるような男性的な話し方」が問題化するという構造自体、〈そういったぞんざいな語法は、男性しかつかうべきでな

51　たとえば、一部の地域で男女差なくもちいられる自称詞である「オレ／オラ／ワシ」などの実態をしらない他地域の人物が、女性の「オレ／オラ／ワシ」に仰天すること、それらが高齢者をのぞいて、急速に地域からもきえつつあることをみれば、女性イメージは、全然女性を解放していないとおもわれる。

い〉とする、きびしい規制が日本社会にのこっていることの証拠といえよう。社会問題化し、わざわざ「異端視はされない」うんぬんといった分析がなされること自体、「女性語」が記号学等でいう「有徴（有標）」であることをうらがきしている。

　ちなみに、「おかまコトバ」は、「有徴」である「女性語」を、本来つかう必要のない男性がもちいるという、性別イメージにおける「役割葛藤」の問題であり、それはホモフォビア（男性同性愛忌避感情）が女性嫌悪をともなった女性蔑視を同性に投影したものである点をみのがしてはなるまい。「わざわざ劣位にある女性性」をおびることへの、不安感がかきたてられるという、無意識的な防衛機制がからんでいるのである。

　男性コトバはもともと「無徴」であり、女性も文脈によっては、つかって何ら問題がない。たとえば、学術論文や報告書など公的文書を、「女性語」をちりばめてかいたら、異様であることは、はっきりしている。「デアル調」文体は、公的空間や市場での「公用語」として、ユニセックス化を実現しているのである。近代女性を象徴するスカートすがたが、街路の通行者女性の過半数をしめることがすくなく、冬季を中心にズボンすがたが主流であるように。ちかしいもの同士の日常会話でも、いわゆる「女性語」的文末・用語を多用する姿勢がふさわしいかどうかは、彼女のおいたちと、とりまく関係性によるであろう。

　一方、「無徴」だったはずの男性コトバが、「公的議場や営業現場などで、はなしことばや通信文としてつかいつづけることは不可能」という意味で「有徴」化した。「デスマス調」のていねい語文体は、公的空間や市場での「公用語」として、ユニセックス化を実現しているのである。それこそ、「距離感」をおぼえさせないよう、意識的に文体を親密化させる、食品売り場のような空間だけが、「やすいよ」といった、本来「無徴」だったはずの「オトコことば」をつかえる、かずすくない領域なのである。

4. おわりに

　本章では、漢字使用の当然視とせなかあわせの「特殊論」と、敬語用法の過大評価による「特殊論」しかあつかえなかったが、これらにつらぬかれている論理構造

とは、なんであろうか？　仮説的に、つぎのような点にまとめられるとおもわれる。

① 皇室制度など天皇制とならんで、不可欠の日本文化の一部として、日本語文化があり、その中核的な装置こそ、漢字表記と、はなしことばにおける敬語であるという信念。
② 基本的には日本にうまれそだった人間しか適応しづらい、こまかな文化装置がたくさんあって、その習熟度こそ、オトナとしての日本人らしさをしめすというイメージ。
③ 国際社会が理解するかどうかはともかく、日本にうまれそだった人間には堪能できる、こまかな文化装置がいくつもあって、そのあじわいぶりこそ、洗練された教養人をしめすというイメージ。
④ 漢字表記や敬語法など、日本的文化とみなされる現象については、近代西欧言語学やフェミニズム理論などが分析装置として有効ではないという信念／反感。

　これらのイメージや信念が、根拠をとわれたら困惑するようなものばかりであることは、冷静に分析すれば、たちどころにわかるであろう。このようにみてくると、「日本文化」論の典型例である「日本語特殊論」は、広義の日本人論の主軸をなす、強力なイデオロギーといえそうだ[52]。
　擬似科学や過激な政治思想／宗教思想の信奉者が、それ以外の領域では実にバランスのとれた常識人であるという逆説が、かなり普遍的になりたつことがしられている。「日本語特殊論」もそういった信念体系の一種なのであろう。公教育をはじめとして、平均的な多数派日本人が「ごく、あたりまえ」とうけとめるような諸文

---

[52] あらての本質主義的な日本語論として、変動しやすい日本語、という見解がある（たとえば、いわまつ [2001]）。いわゆる「みだれ」論に批判的で柔軟な姿勢を維持しているようにみえるが、実際には、「日本語はこのように柔構造であり、はげしい変動をへても、やはり日本語なのだ」といった、日本文化論の変種である。おそらく前身として、「雑種文化論」「クレオール文化論」「シンクレティズム論」などがあるとおもわれるが、「変化しつつも同一」という論理は、警戒を要する本質主義的見解といえよう。こういった通時的連続性イデオロギーの危険性については、社会学者ニスベットの議論を批判的に考察した記述を参照のこと［ましこ 2003c: 62］。

化の再生産装置にことかかないのである。しかも、これら再生産装置は、同時に合理化装置としても機能するしくみをかかえているので、イデオロギーの一種なのだという認識はうまれようがない。キリスト者やムスリムではない日本人が、欧米やアラブ社会などにいって感ずる違和感を当地の住民はまったく理解できないのとおなじ構造である。しかも、「郷にはいっては、郷にしたがえ」という経験知がはたらくので、外来者は、違和感の表出を極力ひかえるようにふるまいがちである。かりに、外部からみたときに、非常に異様に感じられる風習・信念であろうとも、「とやかくいうべきたちばにない」という自制がはたらいてしまうことで、本来えられたはずの「鏡像」を当事者がえられないという悪循環がはたらくのだ。これは、自覚しがたい抑圧された自己を他者に指摘されて、ますます意固地に否認するという防衛機制とは正反対の構造が成立するのだと、理解できよう[53]。

　このようにかんがえてくると、さまざまな日本語神話の基盤を分析するためには、社会言語学の知見をもとにした実証データが不可欠であるとともに、分析わくぐみとしては、宗教社会学をはじめとした知識社会学、教育社会学などのモデルが動員されねばなるまい。本章では、非常にすくない領域しかとりあげられず、不充分な論証にとどまったが、今後、対象領域をひろげ、あらたなデータを動員することで、本論考をひきつぎたいとかんがえている。

---

[53] 自覚しがたい抑圧された自己を他者に指摘されて、ますます意固地に否認するという防衛機制については、いわゆる「ジョハリ（Johari）のまど」という心理学モデルを援用した分析を展開したことがある［ましこ2005a: 146-7］。さらに、たがいに、あいてが自覚できていない部分をとがめあうことで、どんどんたがいの攻撃性をたかめあってしまうという悪循環（A.フロイトの「攻撃者との同一視」モデル）を「ジョハリのまど」をむかいあわせにしたモデルも提案している［同上: 147-8］。外来者が違和感を表明しないことで、当事者の自覚がずっとうながされない構造は、この第2のモデルの特殊な応用例である。

第7章

辞書の政治社会学序説

近年の俗流言語論点描 4

1. はじめに

　言語研究者のたちばからすれば、辞書とは「言語現象の記述」のうち、語のオト／意味／表記／用法を体系的に対象化する書物ないし電子的記録と、一応まとめることができるだろう。

> じ‐しょ【辞書】
> 1　多数の語を集録し、一定の順序に配列して一つの集合体として、個々の語の意味・用法、またはその示す内容について記したもの。語のほかに接辞や連語・諺なども収める。また、語の表記単位である文字、特に漢字を登録したものも含めていう。辞書は辞典（ことばてん）・事典（ことてん）・字典（もじてん）に分類されるが、現実に刊行されている辞書の書名では、これらが明確に使い分けられているとはいえない。辞典。字書。字引（じびき）。
> 2　ワードプロセッサーで、入力した仮名を漢字に変換するために登録されている語・熟語・類語などのファイル。また、自動翻訳システムで、語の対応や文法などを登録しておくファイル。　　　　　　　　　　　（『大辞泉』）

　辞書と一括される辞典・事典・字典類は、その編集意図・目的はもちろんのこと、

編集システム・スタッフなどの編成原理自体が政治性をもつ。一例だけあげるなら、現代日本で、ぬきんでて利用されているだろう、いわゆる「国語辞典」と「英和辞典」の双方についてだけでも、記述言語の自明性のいかん、および対象言語のオトの体系の自明性のいかん、意味／表記／用法の取捨選択の政治性など、問題は山積している。また、通常両者は、前者が再帰的・規範的、後者は翻訳的・記述的であることが自明のようにみられているが、記述言語−対象言語の関係性や、記述と規範の関係性は、それほど単純なものではない。

　これら諸問題を網羅的に論ずるわくぐみもありえるだろうが、本稿では、もっとも自明視されているとおもわれ、また「辞書」といわれたときに、まっさきにおもいうかべられるだろうという意味で、いわゆる「国語辞典」＝日本人むけ日本語辞典に議論をしぼりこむことにする。

2. 安田敏朗『辞書の政治学』をもとに
2.1. 理念としての記述主義と現実としての規範主義

　近年だされた辞書論としては、なんといっても安田敏朗『辞書の政治学』[1]をおとすわけにはいかない。そして、その副題が、「ことばの規範とはなにか」であるのは、象徴的である。結論からいえば、国語辞典をはじめとした辞書の大半は、言語研究者が編集スタッフの中核であっても、「言語現象の記述」ではなく「言語規範の提示」として成立・機能してきたということだ。いいかえると、利用者の権威主義的信頼は、言語データの網羅性や体系性についての信頼度にではなく、高名な研究者による大出版社の刊行物としての「ただしい表記・意味・用例」こそ大衆が期待するものなのだ。

　その意味で、安田が『図書新聞』編集部のインタビュー[2]にこたえた、つぎのような発言は、皮肉な逆説といえる。

　　安田　国語学をもともと専攻していたのですが、例えば、「辞書」に載って

1　『辞書の政治学　ことばの規範とはなにか』[やすだ2006a]。
2　「安田敏朗氏に聞く『辞書の政治学』」『図書新聞』2770号（2006/04/15）、pp.1-2

いる意味なんかを、ゼミで報告すると、「なんだこれ」なんて言われるような世界でして、「辞書」に載っていることは信じてはいけませんといった話から始まるわけです。……

安田 何故、「辞書」を引くのかというと、そこに「正しさ」、また「答え」があるということが前提であり、それを求めての行為なのです。例えば、漢字をどう書くのかを調べるために引くのも、そこに「答え」があるから引くわけです。そういった素朴な認識が全てを支えている。……例えば、「『広辞苑』によれば」という言い方に権威のある時代があったことは事実であり、今もその風潮はまだ少し残っています。何故そうなったかについては調べきれていないのですが、岩波書店のイメージと流通の問題や、『広辞苑』の発行部数などを含めた結果だと思います。……　　　　　　　　　　[p. 2][3]

ここでいう「ゼミ」とは、大学院ではなく、学部専門教育のゼミナールをさすとおもわれる。要するに、日本語学関係者は、専門家のタマゴでさえない学生に対しても、辞書を権威としてよりどころにする姿勢を軽侮する態度・文化をせまってきたことがわかる。これは、なにも旧制の帝国大学を軸とする文学部の文献学的エリート意識の産物として、すませられる問題ではない。

一次資料にかぎりなくせまること、それをとりまく二次文献をふくめて資料同士を比較検討する体系的な方法論＝資料批判の総体が文献学ということがいえるだろう。そういった、文献学のマネごとを経験させる空間でさえも、資料批判と対極的な姿勢として、「市販の辞書の記述をなぞってくる」行為が位置づけられる。しかし、「○○書店編集部」とか「△△堂辞典編纂室」といった匿名の刊行物以外、およそ辞典類は、編集委員たちの代表者をはじめとして個人名をあきらかにしている。「国語辞典」であれば、言語学者、普通は著名な日本語学（国語学）者が編者ないし編集代表者として、おさまっているはずだ。安田がのべるとおり、「名義貸し」が横行していようとである。

これは、奇妙というか、何重にも矛盾にみちた現象であろう。なぜなら、国語学者が編集代表をつとめる国語辞典があって、それを同業者が権威としてみとめない

3　岩波書店のもつ権威については、戦前の教養主義が戦後にひきつがれたとする［やすだ 2006a: 96-106］。

ということであり、しかし、それらを権威としてソボクにありがたがって規範とする大衆の存在は、放置する。つまり、著名な同業者の編集物を軽侮するという、「天にツバする」行為[4]であるばかりでなく、広義の「顧客」＝大衆を何重にも侮蔑することを意味しているのだ。

　大衆のソボクな権威主義に何重にもささえられることで維持されてきた社会的地位であることをわきまえない。そして、学術的な知的ピラミッド構造の生産的な発展という大義からすれば、それこそ大衆のソボクな権威主義を破砕できるよう、公教育や大規模媒体を全面的に活用して啓発活動をおこなうべきなのに、それもしない。しかも、そのうえで、何重ものソボクな権威主義をみおろすという態度は、まさに自己矛盾にみちている[5]。

　さて、それら自称知的エリートたちが、文献学的な知的ピラミッド構造の理念にそって、権威主義から解放されているとして、国語辞典はどのように機能しているか？

　商業出版のつねとはいえ、たとえば岩波書店自体、「『広辞苑』によれば」というコピーをたれながしている[6]。編集委員たちが大衆的権威主義に否定的で、利用者た

4　実証研究にたずさわる研究者は、辞典類・テキスト類など二次的生産物など刊行するといったヒマなどないというかもしれない。しかし、平均的にいえば、辞典編纂者は一定水準以上の研究成果をあげてきたからこそ著名であり、その結果、人脈もふくめて有名出版社が辞典編集の責任者として依頼をもちかけるはずである。いいかえれば、辞典の細部をくさす研究者の大半は、項目執筆者はともかく、編纂者たちよりも研究実績がないがゆえに、有名出版社からこえがかからなかっただけといえよう。辞典の個々の項目記述を一部あげつらえたとしても、それが編纂責任者以上の研究能力・見識の証明にはならないし、かりに辞典の水準が客観的にひくいばあいでさえも、それが「業界全体の平均水準」を象徴していることに、ほかならない。もともと辞書批判とは、利用者からの不満か、周辺異業種の専門家からの外在的批判だけが正統性をもちえる。同業者としては、改訂をうながす生産的な批判でとどめるか、「反面教師」として、よりよい辞典を世にとうほかないのである。

5　もちろん、イギリスの経済学者ジョーン・ロビンソン（Joan Violet Robinson, 1903-1983）がのべたように、「経済学を学ぶ目的は、経済学者にだまされないようにするためである」、同業者こそ、優秀にして最悪な詐欺師であるという皮肉な「尊敬」の念から、警戒感をおこたるなと指導するのなら、首尾一貫はしている。大衆的啓発活動・中高等教育の教員への指導的役割をおこたらないのなら、それは見識とさえいえる。

6　http://www.iwanami.co.jp/kojien/

ちの典範になることを自己否定的に拒絶しているとは到底おもえない．

なぜ「日本語の規範」なのか[7]

　言葉の意味や使い方は不変ではありません．それを変化とみるか乱れと感じるか，なかなか難しいものがあります．「近ごろの言葉遣いは聞き苦しい」という嘆きは『枕草子』にも『徒然草』にも見られます．

---

[7] http://www.iwanami.co.jp/kojien/ （第5版当時）ちなみに安田は，この文章について，「自らの出版する辞書が「日本語の規範」であるというとてつもない自負がある」とし，「ここには，「定着の度合いを見定める」のは一体誰なのか，「本来の語義・用法」は本当にどこまで正当なのか，といったことを問いなおす視点はない．ことばの意味・用法を変化させていくのは誰なのか，という基本的な理解がなされていないことに注意したい」と，痛烈である［やすだ2006a: 98-9］．
　第6版では，
　「言葉の意味や使い方は不変ではありません．それを変化とみるか乱れと感じるか，なかなか難しいものがあります．「近ごろの言葉遣いは聞き苦しい」という嘆きは『枕草子』にも『徒然草』にも見られます．そこで広辞苑には二つのことが要求されます．一つは，言葉の移り変わりをきちんと反映していること．二つには，その言葉の変転の中で，拠るべき本来の語義・用法を示していることです．
　生活様式や価値観が変わることで分かりにくくなり，果ては別の解釈がまかり通るものにことわざがあります．犬も歩けば棒に当たるは，自分のよく知っている世界から外に出ないことが生きていく上での知恵であった時代から，新しいことを試みる積極性に価値を認める時代への変化が，解釈を変えた例でしょう．広辞苑は二つの解釈を併記しています．また，流れに棹さす，気が置けないでは，本来の意味の他に，誤用とことわって近年の使われ方を記しています．情けは人の為ならずも，「ならず」を「…でない」ととらないで「…にならない」とする解釈がかなり広まっています．しかし，広まってはいても誤りであることを明記する，それが広辞苑の立場です．
　「憮然」「姑息」のように，元来の意味が忘れられつつある例はたくさんあります．広辞苑は社会での言葉の微妙な変化を見逃しはしませんが，それを直ちに記述することもしません．あえて言えば，しばらく放っておくこと，定着の度合いを見定めることが方針です．言葉を風俗・流行の話題として取り上げることは広辞苑の役割ではないでしょう．いくらか保守的と見られたとしても，言葉の変化の後を1歩でなく2歩くらい遅れて，見失うことなく付いて行く，それが広辞苑です．規範性が求められる辞典にはちょうど良いペースです．転じた使い方をする場合にも本来の語義を知っていること，それが言葉を正しく継承するための基本です．」
となっている．
　第5版への批判のひとつであった本章の前身を編集部が参考にしたかどうかは不明だが，両者の異同の理由を推定する作業は，また興味をひかれるものがある．

そこで広辞苑には2つのことが要求されます．1つは，言葉の移り変わりがきちんと反映されていること．2つには，その言葉の変転の中で，拠るべき本来の語義・用法を示していることです．
　生活様式や価値観が変わることで分かりにくくなり，果ては別の解釈がまかり通るものにことわざがあります．(中略) 流れに棹さす，気が置けないでは，本来の意味の他に，誤用とことわって近年の使われ方を記しています．一方，情は人の為ならずでは，「為ならず」の「ならず」を「…でない」ととらないで「…にならない」とする解釈がかなり広まっています．しかし，広辞苑は「誤って」としてでもその誤用を記述していません．これはいつまでも誤用であって，そちらに意味が転ずる性質のものではないと判断するからです．
　広辞苑は社会での言葉の微妙な変化を見逃しはしませんが，それを直ちに記述することもしません．あえて言えば，しばらく放っておくこと，定着の度合いを見定めることが方針です．言葉を風俗・流行の話題として取り上げることは広辞苑の役割ではないでしょう．いくらか保守的と見られたとしても，言葉の変化の後を1歩でなく2歩くらい遅れて，見失うことなく付いて行く，それが広辞苑です．規範性が求められる辞典にはちょうど良いペースです．
　転じた使い方をする場合にも本来の語義を知っていること，それが言葉を正しく継承するための基本です．【下線は引用者】

　近代における国民国家の普遍化という問題に画期的な整理をもたらした、ベネディクト・アンダーソンの『想像の共同体』にならっていうなら、公教育用の教科書・地図・年表や文法典などは、印刷資本主義の「公共事業」部門にあたるだろう。それと並行して国家威信＝文明国化とせなかあわせで整備が推進されたのが、言語学や歴史学など文献学の整備であり、辞典編纂とは、その語彙・正書法部門の社会教育版だったのだといえよう。岩波書店の代表的刊行物のひとつである『広辞苑』は、日本語ワープロソフトの「辞書機能」にさえも当然のようにくみこまれた固有

名詞で、なかば準普通名詞化している[8]。

そして、安田があきらかにしたとおり、NHKのかつての人気番組『プロジェクトX～挑戦者たち～』[9]でとりあげられた「父と息子　執念燃ゆ　大辞典」(日本最大級の国語辞典「広辞苑」の編集者、新村出・猛親子・岩波書店、2001/06/18)などは、当事者たちの自意識過剰ともいうべき自負心とナショナリズムで、みさきするがわが気はずかしくなるような「物語」として演出された。

刊行がみおくられそうになると、新村出・猛[10]の父子関係は現実から遊離したかたちで美化され、岩波書店の常務・編集主幹だった人物も「岩波にふさわしい辞書」をつくるとか、「総力戦」でがんばるといった、苦笑をさそうようなくさいセリフをはいたそうだ。

もちろん、安田も指摘するとおり、英国からの文化的独立を意識したウェブスター版『アメリカ英語辞典』(1825年)はもちろん、体系的記述辞典の原点ともいえる『オックスフォード英語辞典』(NED1884年，OED1895年)でさえも、アカデミー・フランセーズによる辞書編纂事業(1694年～)以来の、文明国に不可欠な文化事業という理念を源流に、国民国家成立の「必需品」＝イデオロギー装置の一種として一斉に開花したものといえる[11]。たとえば大槻文彦(1847-1928)の『言海』(1889-91)や『大言海』[12](1932-7)も、そういった欧米列強の「想像の共同体」の産物であり[13]、これら「お手本」なしに、『広辞苑』をはじめとした中辞典が戦後続々刊行

8　ゼロックス「サインペン」「キャタピラー」「エレクトーン」「ジープ」「ストロボ」「宅急便」(宮崎駿監督作品『魔女の宅急便』)など、一般化された商標にはおよばないものの、相原コージの4コマギャグマンガ作品『コージ苑』などは、準普通名詞化した権威をさかてにパロディ化している(『ビッグコミックスピリッツ』小学館、1985年連載開始。3巻本をへて2003年合本)。

9　2000/03/28～2005/12/28

10　新村出(1876-1967)。新村猛(1905-92)。

11　リトレによる『フランス語辞典』(1863-75)、グリム兄弟による『ドイツ語辞典』(1854：第1巻、1860：第2巻)なども、このながれの典型例といえよう。

12　大槻の死後の完成。

13　実際、大槻はウェブスター英語辞典の簡略版を参照しているようだ[やすだ2006a: 50-1, 220]。もっとも、安田は、「1949年に活動を開始した国立国語研究所」が、「その設置法のなかで」「現代語辞典、方言辞典、歴史的国語辞典その他の研究成果の編集及び刊行」をうたっていながら「決定的な辞書を編纂しきれていない」ことをもって、「ナショナリズムが辞書を要請した、というとらえ方はやや不正確で、むしろ、ナシ

されたとは、かんがえづらい。
　しかし、そういった世界史的ながれがあったとはいえ、およそ記述言語学の基本理念をせおうかぎり、「ただしいかたちは、□□□」といった態度表明は否定される。かりに個人的趣味によって、主観的優劣があったにしても、それを語源主義や機能的合理性といった、もっともらしい理由をあげることで正当化することは越権なのである。したがって、岩波書店の広辞苑編集部とおぼしき人物による前掲の

> ……一方、情は人の為ならずでは、「為ならず」の「ならず」を「…でない」ととらないで「…にならない」とする解釈がかなり広まっています。しかし、広辞苑は「誤って」としてでもその誤用を記述していません。これはいつまでも誤用であって、そちらに意味が転ずる性質のものではないと判断するからです。

といった見解は、あきらかな逸脱、規範主義的イデオロギーといってよかろう。「情けは人の為ならず」という慣用句は、社会的事実として「同情は他人のためにならないから、やめたほうがいい」という意味としてうけとめられ流通しているからだ。社会言語学的記述をおこなうなら、それと並行して、原形であった「人に親切にすれば、その相手のためになるだけでなく、やがてはよい報いとなって自分にもどってくる、ということ」［大辞泉］という用法と、並存・対立しているということにすぎない。もちろん双方の解釈はまったくあいいれないが、その優劣は、語源的正統性ではなく、極端なことをいえば、長期的・大衆的な「多数決原理」というほかない。
　たとえば「「輸出」は、本来「シュシュツ」がただしく、「ユシュツ」は慣用よみにすぎない」といった語感がかりに一部の層に共有化されていたにしても、「しゅしゅつ」といったカナをキイ入力して変換する入力・変換ソフトは一般的でないだろう[14]。いや、現実問題、日常会話において「シュケツ」「シュシュツニュー」「シュ

　　ヨナリズムが、たまたま編纂された（あるいはされていた）辞書を利用したととら
　　えるべきだろう」とのべる［やすだ2006a: 39］。
14　「これは、実は大した問題ではない」とは、とてもいえない。なぜなら、これら学術
　　刊行物にかぎらず、およそ大半の活字媒体やテレビのテロップ、メールやブログな

ソー」などと発音されたときに、それらが「ユケツ」「ユシュツニュー」「ユソー」と対応する漢字語であると直感するききてなど、皆無にちかいだろう。つまり、「輸=シュ」という音よみ意識は死語化したという現実があるわけで、これは漢音が継承されず事実上消滅した＝長期的・大衆的な「多数決原理」で敗北した、ということを意味する。これらの現象を、「本来のオトではない」と、いいたてたところで、完全に無力であろう。現代社会では機能を停止した「輸=シュ」という音よみは、もはや漢和辞典や国語辞典の記述に痕跡をとどめているだけなのだ[15]。

　こういった意味で、見坊豪紀（『明解国語辞典』や『三省堂国語辞典』などの編

---

[15] もちろん、いつも辞典類が、現実に対応していくわけでないことは、たしかである。たとえば、「憮然とした表情で……」といった表現はよくつかわれるが、「憮然」は、「失望・落胆してどうすることもできないでいるさま。また、意外なことに驚きあきれているさま」（大辞泉）といった語義として辞典類にかかれているが、現実の用法はかなりズレている。「憮然とした表情で」などとキイワード検索をGoogleなど検索エンジンにかけてみればよい。そのほとんどは、「不満げにブスっとした表情で……」という文脈でつかわれている。みずからの予想を完全にはずされて、がっかりする人物の心情と、攻撃的な不満をどうにかおさえこんでいる人物の心情とでは、まったくことなる。しかし、社会的事実として、「不満げにブスっとした表情で……」という文脈で「憮然とした表情で……」はもちいられ、機能している。その際、語源的正統性など、なんの意味もなさないのである。しかし、辞典編纂者は、その現実を直視できないでいる。直視できずに、正統的な語義をみんなでくりかえしかきつらねているし、ネット上でも配信しているはずだが、語義に不安を感じない大衆が参照するはずがない。これは、よくかんがえると悲惨な例といえよう。文化エリートたち＝少数派の正統的語源意識など、まったく気にもかけない大衆の圧倒的実感（それも「ブスッとした」といった擬態語的語感でしかない「ブゼン」という漢字語利用）が勝利をおさめているのに、それに無意味な抵抗をこころみているのであるから。

どのインターネット生活など、キイ入力が、かきことば生活の主軸になりつつある現在、ひとかたまりの漢字語として変換されるかどうかというのは、決定的ともいえる圧力だからだ。現実問題、ワープロ・ソフトの辞書機能に、漢字語として登録されていないものは、利用者がわざわざ変換を登録しなければ、ほとんど機能しない。たとえば、マイクロソフト社のMS-IMEという入力・変換ソフトを初期設定のままつかうなら、「しゅしゅつ→輸出」という漢字変換の規則などない。だから、それにこだわる利用者は、「しゅしゅつ」ないし「syusyutu」あるいは「shushutsu」などと入力して、「輸出」と漢字変換されるよう、わざわざ「日本語入力辞書への単語登録」（MS-IMEのばあい）という機能をもちいて、登録しなければならない。逆にいえば、個人的に登録しなければ、システム化しない以上、それは、いわゆる「ローカル・ルール（そのパソコン内部だけで通用する規則）」にすぎないことを意味している。

集者)のような用例主義／記述主義を徹底する人物は例外的であり、おおくは露骨に規範主義だし、自分たちの収集／編集方針の恣意性についても自覚的でなかったといえよう[16]。

『オックスフォード英語辞典』を見本にした国語学者たちの労作とおもわれる『日本国語大辞典』などの編集方針にしても、その基調が語源主義である以上、単なる記述主義とはいえない。たとえば、地方のアクセントをくみあげようと努力しているが、「なまり」といった分類をもちだしていることだけとっても、それは、東京の中産市民を準拠集団とみなした(明確な意図の有無はともかく)、地域性・社会性の二重の規範主義がまとわりついていた。本人たちは、ていねいに、かつ禁欲的に言語データの収集・分類に徹したつもりであり、決して「みずからの規範＝美意識をおしつけたい」といった姿勢をもっていたとはおもわれない。しかし、バーナード・ショー(1856-1950)が社会言語学者をパロディにしたとおり、言語研究者はみずからの言語的偏見を完全には克服できずに、研究に無自覚にもちこんでしまう、「さが」をかかえこんでいるのであろう[17]。

16　見坊は、「ことばの総体の目録」を辞書の理想としていた [けんぼー 1976: 91]。もちろん、安田ものべるとおり、原理的に「すべての単語を載録することなどできない相談であるので」、「取捨選択がなされるのは当然である」。しかも、「網羅するのが文明で」「それを体現するのが文明国標準としての辞書であるとすれば」「そこに記載されないということは、文明の、あるいは文化のことばではないという烙印を押すことでもある。それは、記述的立場であれ」「逃れることはできていない」 [やすだ 2006a: 111]。「使用実態」という見地から載録するといっても、「その当時の社会で広く認められかつ使用されている」「という基準をどこに設置するのかが、編者の判断にかかってしまうという恣意性を完全に排除できない」ことは、いうまでもない。しかし、そうした見坊であっても、「規範を意識」することから自由ではない。「辞書＝かがみ論は、辞書＝基準論と対立するものでは」なく、むしろ「辞書＝基準論が当然前提とするはずの問題点を自覚的に把握し、補強するもの」であって、「かがみ＝鏡＝鑑」という構図がある [やすだ 2006a: 108-9]。

17　ロンドンの下町の花売りむすめの階級方言(「コクニー」)を中産階級方言(「容認発音」)に「矯正」できるかどうか、友人とかけごとをした言語学者ヒギンズは、中産階級方言の正統性を軽侮したからこそ、手段的にコードとして駆使することが言語学的に可能だという信念をもっていた。しかし、かれ自身出身階級の規範意識から自由ではなく、無自覚に準拠集団としてしまう中産階級の美意識に回帰してしまう。階級上の優劣意識とかぶるかたちで、階級方言の序列意識もすてきれないのだ(のちに、「被験者」である花売りむすめに恋愛感情をいだくようにはなるが)。階級方言など、権力・差別関係を充分自覚しているはずの社会言語学者が、出自である中

まして、国語辞典等の権威を相対化できない層にとっては、「辞書とはある語彙体系がもつ意味の基準を示したもの」にすぎず、「複数あってもかまわないものであり、標準とはまた異なる意味あいをもつ」といった冷静な発想[18]はとりづらいのが現状だろう。うえにあげたとおり、研究者自身が記述主義を貫徹できず、しばしば無自覚な規範主義ないし越権的な規範提示をおこなう空間として活字媒体を利用している以上、公教育現場や一般家庭が児童に権威主義的姿勢からの脱却・解放の回路となることを期待することは、ムリがあるだろう[19]。

2.2.『問題な日本語』の提起する問題群と提起自体の問題性

　言語研究者周辺の執筆物がベストセラーになることはごくマレだが、あったにしても、そのほとんどは、「ただしい日本語」「うつくしい日本語」系であるといって過言でない。そんななかで、辞典編纂者たち[20]が執筆した『問題な日本語』『続弾！問題な日本語』[21]は、その副題が「どこがおかしい？　何がおかしい？」「何が気になる？　どうして気になる？」とあるとおり、単純な規範主義ではないたちばからあまれている。とりわけ、続編の「何が気になる？　どうして気になる？」という副題でもわかるとおり、語法としての正誤ではなく、よみて／ききての違和感の所

　　　産階級の文化資本にひきずられて、差別意識をさらしてしまうという失態こそ、この戯曲の中核的モチーフとさえいえるだろう［ましこ 2002d: 39］。実際には、Henry SweetないしDaniel Jonesといった音声学者がヒギンズ教授のモデルらしいが。
18　やすだ［2006a: 110］。安田はこれにつづけて「基準が、標準視されることで規範化されていく」と、ごくあっさりと権威主義の機構を説明してしまうが、この微視的な社会心理学的分析こそ、徹底されるべきだろう。
19　研究者ではなく、利用者（たとえば校正担当者など）からのたちばで、国語辞典の記述の問題を徹底的にあばくことで、権威主義の解体をめざしている層も少数ながらいる［なつき 2005など］。しかし、それらは記述の体系性・一貫性の不備をひたすらあげつらうなどに終始しており、執筆動機の主軸は、「ちゃんとブレない基準として確立してくれ」という、超権威主義のうらがえしにすぎない。
20　大修館書店の『明鏡国語辞典』の編者・編集委員が共著者になっている。
21　本シリーズは、もちろん辞典ではない。しかし、辞典編集者たちが執筆陣であり、かりに統語論的な水準の議論におよぶことはあっても、あくまで語彙論・意味論・表記論が軸となったものであって、その大半は、辞書の項目の具体的記述につかわれても不思議でないものばかりである。したがって、本稿では、国語辞典に準ずるものとしてあつかうこととする。

在に着目するという点で、かなり社会言語学的な記述主義にせまる認識水準ともいえる。なぜなら、「誤用」と感じる層、「どこがおかしい」か、はっきり指摘できないが違和感がぬぐえない層と、そういった認識はもたない表現者という、規範意識のズレ、準拠わくの共存／対立という、下位文化間の関係性をかたるこころみでもあるからだ。しかもそれは、単なる「わかものコトバ」といった、世代間対立とか学歴ほか文化資本の多少といった、「文化継承の劣化」とでもうけとられていただろうエリート主義とも距離をおいている。ある意味、「多数決主義」にかなりちかい、言語現象の動態の客観的記述をこころがけているのである。いいかえれば、語源主義的な「ただしい」とか美学的な「うつくしい」といった判定を禁欲して、あくまで機能的合理性（伝達上の効率や内部矛盾の有無など）にしぼりこんだ「基準」にそって、適切・不適切・流動的といった判断をくだそうとしている。

　しかし、こういった、ある意味画期的な態度からした問題提起が、みな首肯できるものなのかといえば、そうではない。執筆者たちにはおそらく無自覚な規範主義がまぎれこみ、内部矛盾の有無など伝達上の効率の程度（機能的合理性の有無）とはおもえないような、語源主義や美意識が、例外的とはおもえない水準でまぎれこんでいるのである。いくつか、その実例をあげていこう[22]。

2.2.1. 表記法および「よみ」の並存状況

　　①ある、生きているの意を表す「存」は「ソン」とも「ゾン」とも読む（存在・生存）。しかし、「存在」を「ぞんざい」、「生存」を「せいそん」と読むと誤りになる。「依存」は、漢字本来の正しい読み方では「いそん」だが、慣用的に「いぞん」も使われている。　　　　　　　　　　[p.32]

　「「存在」を「ぞんざい」、「生存」を「せいそん」と読むと誤りになる」というのは、慣習上の問題にすぎず、「漢字本来の正しい読み方では「いそん」」といった見解も、語源的な根拠にさえなっていない。「依存」「共存」には「ソン／ゾン」が共存し、「存在」「生存」は慣習上それぞれ「ソン―」「―ゾン」と安定している（変換

22　続編だけ『続弾』と略記するが、いずれにせよ双方ともページ数だけをしるす。

ソフトの日本語辞書にも通常そう登録されている）というほかなかろう。

　②「現代仮名遣い」には、語を書き表すための仮名として、「あ」など直音を70種、「きゃ」など拗音を36種掲げるが、その中に「つぁ」はない。「ツァ」は「モーツァルト」など外来語には多いが、和語には「おとっつぁん」「ごっつぁん」「八つぁん」くらいしかなく、特殊なものだが、正しい書き方である。「八つぁん」も「八っつぁん」とはしない。　　　　　　　[p.47]

「和語には「おとっつぁん」「ごっつぁん」「八つぁん」くらいしかなく、特殊なものだが、正しい書き方」と断言する。しかし根拠がない。特殊であろうと、定着しているからよいというのであれば、「現代仮名遣い」にかかげられているかいなかなど、無意味なはず。また、和語を特別視して、その内部だけの体系的一貫性にこだわる時代でもないだろう。

　「「八っつぁん」とはしない」という根拠も不充分。訓よみの「六つ」「八つ」が「ムッツ」「ヤッツ」と対応する経緯をのべるにしても、音よみ系の「八つぁん」が当然のように「ハッツァン」となるという説明にはならない。漢数字の「八」が「ハッ」に対応するというのは、「八本（ハッポン）」「八敗／八杯（ハッパイ）」などの音便から説明するほかない[23]。

　③「現代仮名遣い」では、固有名詞は対象外としているので、「ず・じ」も使えるが、「いしづか（石塚）」「きさらづ（木更津）」「ちぢわ（千々石）」のように「づ・ぢ」を使うのが一般的。「常磐津」では、普通名詞の場合が「ず」、固有名詞の場合が「づ」となりがちで、ちょっと困った事態もおこっている。
　　　　　　　　　　　　　　　　　　　　　　　　　　　　[p.50]

　こまったもなにも、語源主義を「かなづかい」で一貫させるという方針をとるのか、どちらでもありという、ユレの容認にたつのか、どちらかだろう。現実問題、

23　これらは、日本語漢字の表記原理のわかりづらさの典型でもある。たとえば「八」のばあい「ハチ／ヤ／ヤツ／ヤッ‐／ハッ‐」と、前後関係で判断、識別しなければならないからだ。

機能上問題を生じるのはワープロ・ソフトの日本語辞書での登録とか、ディジタル情報のなかでの検索を「かな」でおこなうばあい。このばあいは、一般的もなにも、機能不全をきたす[24]。たとえば、「いしずか」→「い静か」、「きさらず」→「期去らず」、「ちぢわ」→「知事輪」、「ときわづ」→「時わず」と、ユレに対応した辞書機能をそなえたソフトは、それこそ「一般的」でない。「常磐津（ときわず）」は「地震（じしん）」同様、語源主義にそっていないことに注意。普通名詞／固有名詞の分裂などではない。

④「執着」は、一般には「シューチャク」と言うが、仏教では「シュージャク」。その場合、後項部分の仮名遣いが「じゃく」となるか「ぢゃく」となるかで、悩む人も多かろう。「融通」の場合は、本則の「ゆうずう」のほかに、「ゆうづう」も許容されるが、これは「つう」が連濁を起こしたもの。「執着」の「じゃく」は呉音「じゃく」に基づくもので、連濁ではなく、もともと濁っていたもの。現代仮名遣いでは、漢字の音読みでもともと濁っている「じ」「ず」は、そのまま「じ」「ず」と書くとしているから、この場合は、「しゅうじゃく」が正解。　　　　　　　　　　　　　　　　　[『続弾』pp.74-5]

⑤常用漢字「地」の音には、「チ」と「ジ」があり、それぞれ「地下・天地・境地」「地面・地震・地元」などと使う。前者が漢音、後者が呉音である。「地下」は「ちか」と書くから、「地面」の仮名遣いは「ぢめん」に違いないと考える人があるが、これは間違いだ。「執着（しゅうじゃく）」「沈丁花（じんちょうげ）」の場合と同様に、「地（じ）」は初めから濁っていたもので、その場合の仮名遣いは、呉音をそのまま用いて「じ」と書くのが正しい。

[『続弾』pp.80-1]

いわゆる「呉音」という歴史的「正統性」を根拠に「現代仮名遣い」の規範を正当化しようとしているが、「呉音」などといった国語学的知識は、まったく一般的

24　視覚障碍者がよみあげソフトのようなもので情報処理するときはともかく、みずから晴眼者たちむけにワープロ等で作文するばあいの漢字変換とか、検索機能をつかうばあいは、非常に問題になることはいうまでもない。ユレが全部許容された空間などごくかぎられているからだ。

でない。大衆にとっては、「ぢめん／ぢしん／ぢもと……などとうちこんでも、変換されないなあ」といったソボクな疑問がわき、そのままわすれるといった程度なのであり、それは「とうり／こうり／おおさま……などとうちこんでも、通り／氷／王様……とは変換されないなあ」という不思議さと同質である。

⑥（……）「やむをえない」は「や（止・已）む事を得ず」のような言い方の「こと」が省略されたもので、動詞の連体形が体言の資格で用いられたもの（……）。当然「を」は格助詞ですから、その語構成を理解していれば、現代仮名遣いにおいても「お」と書くことはありえません。「やむおえない」といった表記が現れだしているということは、語源・語構成が不明になってきていることを示すものでしょう。中には「おえない」を「終えない」のように誤解している人もいるようです。

　同類の言い方として、「……ざるをえない」も、誤用がかなり広まっているように思います。野球の解説者などが、「ここは打たざる、おえないでしょう」のように、「……ざる」で切って発音しているのを耳にすることがあります。インターネットで現代の使用状況を検索してみると、もちろん正しい表記のものが圧倒的に多いのですが、中に「やむおえない」「……ざるおえない」といった表記のものもかなり混じっていて驚かされます。

（……）こうした誤解は、自然な音変化とか意味の転化などとは性格の異なるものであり、文語的な表現を伝承する以上は、正しい形で使っていきたいものです。　　　　　　　　　　　　　　　　　　　　［pp.68-70］

　格助詞「を」という表記は、あくまで「現代仮名遣い」などの規則（規範）であって[25]、「を」を強要するのは、「こんにちわ」をあやまりとするのと通底する規範主義にすぎない。しかも、この例のばあい、「止む（事）を得ず」といった文語表現を語源意識としてもちあわせないかぎり、格助詞うんぬんといった認識にたちようがない。さらにいえば、現実の会話表現などでは「やもーえない」などが実態だろ

25　基本的に表音主義でつらぬかれている点字でも、この「を」だけは、晴眼者の「かなづかい」にひきずられているようだが。

うから、かきことば空間の一種であるウェブ上でも「やむおえない」[26]などが定着するのは当然だろう。「文語的な表現を伝承する以上は、正しい形で使っていきたい」などといった規範意識は、単なるエリート主義にすぎまい。

　以上の例でわかるとおり、筆者たちは、基本的には伝統主義にしたがっている。語源や語義を歴史的にさかのぼっていけば、正誤・適不適が区別可能だとおもいこんでいる。したがって、「何が気になる？　どうして気になる？」といった、表現者と言語意識を共有できない、よみて／ききての違和感の所在を客観的に記述し、語形の共存・動態を淡々としめすのかといえば、そうではないのである。結局のところ、正誤判定を客観主義めかした論法で説教しているにすぎない。そして、「審判団」役をかってでたからこそ、ちいさなベストセラーとなったことは、いなめないのである。

2.2.2. 転化問題についての説明原理

　前項と基本的には通底するのだが、「新形」が優位、あるいは口語形としては圧倒的な動態にあることを実証データとして直視していながら、保守的に「誤用」といいはっている論理をもうすこしみてみよう。少々ながい引用となる【下線は引用者】。

> 【答え】「こんにちわ」の場合は、今はまだ誤用とされます。「こんばんわ」の場合も同様で、正しい書き方は「こんにちは」「こんばんは」です。ただし、その省略形から出た「コンチワー」「チワー」となると、「わ」が俄然優勢になってきます。
> 　「現代仮名遣い」（昭和61年内閣告示）によると、助詞の「は」は、特定の語に属し、表記の慣習を尊重すべきものとされ、〈助詞の「は」は、「は」と

---

[26] なお、検索エンジンGoogleで「"やむおえない"」をたしかめると、760件あまりが確認できるが（2009/10/26）、そのうち、「やむおえない」を誤用してあえてあげている例は、せいぜい数十件にとどまるものとかんがえられる。「"止むおえない"」の340件あまりも同様である（「"已おえない"」は50数件）。「"やむをえない"」「"止むをえない"」が双方約800件、「"已むをえない"」が150件あまりとでる以上、「"やむおえない"」「"止むおえない"」は、もはや例外的少数とはいいがたい言語表現として定着しつつあるといえるだろう。

書く〉として、「今日は日曜です」「あるいは」「ではさようなら」「恐らくは」「これはこれは」「悪天候ももものかは」などの例にまじって、「こんにちは」と「こんばんは」が入っています。

〈助詞の「は」は、「は」と書く〉と言っても分かりにくいと思われますが、結局〈副助詞の「は」は、発音は「ワ」だが、例外的に「は」と書く〉と言っていることになります。発音を無視してまで「は」と書くのは、慣用になじんで読みやすいからでもあります。

「こんにちは」「こんばんは」は、それぞれ「今日はいいひよりで…」「今晩は穏やかな夜で…」などの下の部分が省略されてできたもので、助詞の意識がまだ健在だと考えられて「は」と書くことになりました。

しかし、「現代仮名遣い」では、副助詞の「は」から転じたもので、現代人にはその形骸さえ意識されないものや終助詞と化してしまったものは、右の例に当たらないとして、発音どおりに「わ」と書きます。「すわ一大事」「いまわの際」「雨も降るわ風も吹くわ」「きれいだわ」などの「わ」がその例に当たります。最初に挙げた「こんちわー」「こんちわ」「ちわー」は、もはや助詞の形態をとどめないばかりでなく、俗語ですが、感動詞として立派に一語化したもので、小説やマンガにもしばしば現れるところから、事実上〈公認〉されたものであると言えるでしょう。「こんちはー」「こんちは」「ちはー」もあるにはありますが、いかにも読みにくいといった感じです。

「こんにちわ」「こんばんわ」が正しいと認められる日は近いかもしれません。

[pp.90-2]

執筆者たちは、「今日は…」「今晩は…」という語源（助詞）意識をよりどころとし、その共有を自明視しているようだ。たしかに「現代仮名遣い」の規制力は無視できない。しかし、俗語表現などと分類される口語形では、「こんちはー」「こんちは」「ちはー」は「いかにも読みにくい」と、語源意識をいきなり否定してしまう。「二重の基準」を無自覚につかいわけてしまっているのだ。「読みにくい」といった

機能的合理性を根拠にもちだせるなら、〈助詞の「は」は、「は」と書く〉といった珍妙な文のほうが、ずっとよみづらい[27]。むしろ、こういった事態の基盤は「今日は…」「今晩は…」という語源（助詞）意識がもはや共有などされていないこと、いいかえれば「助詞の意識がまだ健在」といった認識が時代おくれになっている点である。

「「こんちわー」「こんちわ」「ちわー」は、もはや助詞の形態をとどめないばかりでなく、……感動詞として立派に一語化したもので、小説やマンガにもしばしば現れるところから、事実上〈公認〉されたもの」などと、「誤用」判定の近未来的な解除を予言することで、認識の柔軟性を印象づけたつもりかもしれないが、単なる議論の混乱についての無自覚が露呈したにすぎない。かきことばで「こんにちは」「こんばんは」としるしている層自体が、かなりの程度「今日は」「今晩は」という語源など意識せずに、儀礼上のクリシェ（慣用句）＝感動詞の一種として無意識にもちいており、「は」という助詞めいた表記は、単に慣習的な惰性でもちいているか、あるいは日本語ワープロ・ソフトのプログラミングにうながされて、「矯正」されているにすぎないのではないか[28]。かれらは、自分たちの語源意識を自明視するあまり、「助詞の意識がまだ健在」といった幻影にひきずられて、世代間格差をはじめとした、言語意識のミゾがどのくらいあるのか、調査もせずに、あるいは目前のデ

27　筆者たちは〈助詞の「は」は、「は」と書く〉といった表記がいかに異様かについて、全然自覚的でないようだ。あたかも毛筆によって草書で連綿が展開されるかのように、わかちがきが発達せず、同種のモジが連続したばあいに分節関係がわかりづらいという構造はあるものの、この文のばあい、「　」など記号ぬきには、事実上なりたたない表記といってもさしつかえない。明治期以前の記号群が発達していなかった時代なら〈助詞のははははと書く〉といったことになりかねないのである。漢字かなまじり表記を正当化するためにでっちあげられた「にわにはにわにわとりがいる（庭には二羽鶏がいる）」などのコトバあそびではなく、なかば学術的な規則の記述が、「ははは」となるをさけるために「　」などが不可欠になるというのは、もちろん、わかちがきの有無がおおきいのだが、それだけでなく、助詞「は」という、非合理な慣習がのこされた経緯が決定的にきいている。

28　たとえば、マイクロソフト社のオフィスという文書作成ソフトの一種である"ワード"のばあい、「こんにちわ」「こんばんわ」などは、かってに「こんにちは」「こんばんは」などへと「訂正」しようという非常におせっかいな初期設定がなされている。利用者が自分の判断で、それを「もどし」ても、再訂正するような設定のばあいもあり、非常に不愉快な気分にさせられるし、実際面倒なのだが、ソフト設計者までも、これら規範意識が支配的なようである。

ータを直視できずに、「今はまだ誤用とされます」などと、自信たっぷりにこたえられてしまうのであろう。これも、無自覚な規範意識のしばりといえそうだ。
　もうひとつの例として、「すみません／すいません」についての分析も、中途半端な語源分析をこころみながら、不徹底なまま転化の経緯の分析を放棄してしまい、議論が空中分解してしまっている。結論からいえば、「かきことばとして、「すいません」は、まだ充分に容認されているとはいえないが、はなしことばとしては、若年世代を中心に支配的になっている。編集委員のように60代でさえ心理的抵抗がないぐらいに」といった記述で、すんでしまう。しかし、項目執筆者は、議論を正当化したいという意識からか、不要な語源分析を展開する。

　　　「すみません」は、語源から言えば、動詞「済む」の連用形「すみ」に「ません」（丁寧の「ます」＋打消の「ん」）が付いたものが慣用化されて挨拶ことばになったものですから、「すみません」が本来の形であることは言うまでもありません。また、音便といって、発音しやすいように語中・語尾の音が他の音に変化する現象がありますが、動詞の「すむ」は、「ます」に続くときは「すみます」「すみました」などとなり、音便にならないので、「すいません」は音便形ということにもなりません。
　　　それでは、この「すいません」はどのような性質のものでしょうか。これは「すみません」が挨拶ことばとして一語的に使われることから、一種の転化形、要するに訛った言い方として使われ出し、それが広まったものということになります。「さようなら」が「さよなら」「さいなら」となったり、「こんにちは」が「こんちは」となったりするのと同様です。
　　　「どうもすいません」と言えば、かつての林家三平師匠の口癖を思い出す人も多いことでしょう。東京下町などでは、「すいません」の語形が早くから行われていたようです。関西では「すんません」「すんまへん」となるように、方言の言い方はさまざまで、この「すいません」も、方言の言い方がだんだんと広い地域で使われるようになったのかもしれません。
　　　　　　　　　　　　　　　　　　　　　　　　　　　　［『続弾』pp.116-7］

　「訛った言い方」「方言の言い方がだんだんと広い地域で使われるようになったの

かもしれません」とは、なんと非科学的な説明放棄か？「転化」の経緯を一応み とおして仮説をのべずにすますのなら、「本来の形であることは言うまでもありま せん」などと、語源解説をするまでもあるまい。そんな語源意識など、大衆のなか では、まったく無力・無意味なのだから。

「sumimasen」→「suimasen」などは、言語学の初歩をまなんだだけできづく水準 だし、「sumimasen」→「summasen」も同様だ。「sayoonara」→「sayonara」、「konnitiwa」 →「kontiwa」も当然だろう。むしろ言語学者であるなら、「sayoonara」→「sainara」と 短縮される経緯（機能的合理性）を説明すべきだ。「sa(yo)onara」→「sa(io)onara」→ 「sainara」などと。あるいは、「sumimashen」→「suimahen/summahen」とか。

このように転化過程をしめすなら、その展開はかなりの程度合理的に説明でき るだけでなく、地理的分化（方言化）の必然性までも仮説化可能となるはずであ り、「原初形態が文法的に〇〇だから、かきことばがそれを継承するのは当然」とか、 「はなしことばは、地域や階層ごとに、なまる（だらしなくくずれる）ものだ」と いった、差別的な規範主義で説明放棄するにいたることを、さけられるはずだ。

そして、はなしことばを中心に支配的な語形があるとしたら、それは語源的正統 性とか、アカデミックな次元での機能的合理性などで、通時的／共時的な正当化な どこころみる必要がない。いいかえれば、記述的な辞書、ないし語彙論は、通時的 ／共時的な正当化に血道をあげるのではなく、語形・語義の共存・動態を淡々とス ケッチし、そこに合理的分析を加味すればよいのではないか？　いや、そのように 禁欲しないかぎり、アカデミックな権威は、どうしても正誤判定をもとめる大衆の 不安・欲望にひきずられて、議論の精粗という洗練度の大小はあっても、結局規範 主義のかたぼうをかつぎ、支配的な文化エリートたちの保守的な趣味を大衆におし つける結果をうむだろう[29]。

---

[29] ほかにも、いろいろ問題はあるが、たとえばめだつものとしては、「「いう（言う）」 を「ゆう」と書く若い人が増えているということですが、これは、現代仮名遣いと しては明らかに誤りですが、心の底に整合性や統一への強い欲求が働いているので すから、そう書きたくなる人の気持ちは分かるような気がします。方言などで、こ とさらにその発音を強調する場合などは、「ワシのゆうたとおりになった」などのよ うに、「ゆう」のほうが自然だと感じられる場合もあります」[p.141]などいった、動 揺をしめしている記述さえある。これなどは、「現代仮名遣い」という、合理的とは いいがたい規範によりどころをもとめた自己矛盾なのだが、自覚がないようだ。

3. 教養主義と権威主義のたそがれ

　さて、大衆と知識人、マスメディアと学歴ピラミッドが共犯関係をなすかたちで、『広辞苑』にみられるような権威主義が維持されてきたことは、うたがえない事実であり、こと国語辞典を頂点とする規範主義は、安田らが批判するような構図でおおむね了解可能だが、つぎのような見解の妥当性はどうだろうか。

　　　ともあれ、こうしたことは『広辞苑』の権威が失墜すればすむという問題
　　でもない。『広辞苑』のかわりに別の新たな権威が登場するだけである。数
　　多の辞書論は、権威の争奪戦にすぎないともいえる。その辞書を選択するに
　　せよ、根底にある一家に一冊辞書を備えるべきであるといった観念がそこに
　　あることに留意しておかねばならない。　　　　　　　［やすだ2006a: 106］

　安田が着目するような2000年の『広辞苑』第5版刊行前後のちょっとした辞書論ブームが、基準たる辞書の知的権威に依存するがゆえの、集団ヒステリー症状めいたものであることは、そのとおりだとしよう。しかし、「『広辞苑』の権威が失墜すれば」「『広辞苑』のかわりに別の新たな権威が登場する」といいきれるだろうか？安田は、『辞書の政治学』の議論をまとめるにあたって、近年のあたらしい動向として、電子辞書、およびその一種としての携帯電話に着目している［やすだ2006a: 201-8］。そして、電子辞書をこともなげに利用するわかい世代[30]への違和感と世代間断絶を冷静にうけとめつつ、安田はつぎのようにのべる。

　　　学生がその場しのぎで辞書が引ける環境になったことは、学生にとっては便
　　利なことであり、あるいは予習をしないのは学生の質の問題だろうが（予習

30　ここでは、少々おどろかされるが、安田が指導するような有力大学の演習時の大学
　　院生のことである。安田によれば、「大学院の講義でさえも予習せずにその場で電子
　　辞書を広げておもむろに単語の意味を調べるのが目につく」のだとか［やすだ2006a:
　　203］。本論と少々関連する問題でいえば、博士課程後期はともかく、大学院という
　　知的空間の徹底的な大衆化と無縁ではなかろう。単なるディジタル技術の急速な進
　　展というだけでは、説明がつかないはずである。

するしないは学生の「自己責任」なので教師が口を出すことではないだろう)、それをなぜか苦々しく感じてしまうのは、「辞書を引く」という行為に慣らされ、それをしないと何も始まらないという観念にとらわれている証拠でもある。

　しかし、慣らされたからこそ、その意味を問いなおすこともできるのではないだろうか。

　電子辞書は基本的には紙のものを電子化したにすぎないものである。だが、複数の辞書が登録でき、携帯に便利である点、そして辞書を引くのにかかる手間がほとんどなくなるという点で、辞書を引く行為のもつ意味が変化していくことはまちがいない。また、漢和辞典が登録された電子辞書の場合、「部首や音訓などにかかわりなく「部品」と呼ばれる漢字を組み立ているパーツのふたつの読みを入力すれば、容易に検索したい文字を探すことができる」のだそうで、漢和辞典の引き方の「作法」を根底から変化させているらしい[31]。

　こうしたことが辞書のもつ規範性を強化するものとなるのか、無化していくものになるのかは究極のところでは未知数である。あるいは紙媒体であったときには「辞書を引く」ことが習慣化されていなかった層にとって、新たな習慣化の契機となる可能性もあると思われる。そもそも、辞書を読むという行為はそれほど一般化してはいないので、電子辞書の中身そのものよりも、その形態や引き方の特殊性のもつ影響が大きいと考えられる。

　電子辞書の場合、読むために引くといった行為はあまり実態にそぐわない。ある意味では実用品として、あるいは節用集的な利用のされ方がされるものではないだろうか。先にふれたが、辞書を引いて予習するという習慣が身につかなくなっているという教育現場の嘆きは、このことを裏打ちしているように思われる。つまり、いつでも引けるということは、引かないことと同義なのである。このことが、辞書の権威性を相対化する契機になるのかどうかは、やや疑問がある。

[やすだ 2006a: 203-4]

---

[31]　千葉俊二「電子辞書の効用」『図書新聞』2722号（2005/04/16）。

このあとで、安田は、「携帯電話の小型化・大容量化・多機能化のいきつく先が、星新一のこの小篇の世界とどれだけの差異があるというのだろうか」、「気軽に携帯できることの便利さ、それと同時に、そこにある規範に何らの疑問ももつことなく唯々諾々と従ってしまうことの恐ろしさをこの小篇から引き出すことが可能である」「やすだ2006a:205」と心配する[32]。たしかに、マーシャル・マクルーハンの「メディア（媒体）はメッセージ（政治性をおびる）」という指摘のとおり、携帯電話のコンピューターとしての機能の高度化によって、記録される情報とインターネットを介してウェブ上から検索・編集される膨大な情報の双方を、高速度に処理し瞬時に利用者に提供する時代がすぐそこにきている。その一部は実際に実用化されている。しかし、そういった超利便性は、安田の危惧するような権威主義をより深刻化させるだろうか？

どうも、そうとはおもえない。以前のように不便であることの心理的負荷と比較したときに、携帯電話などのポストモダン的な利便性によって辞書機能が革命的にかわったからといって、以前よりも権威主義が進行するというのは、次元の別な要因を混同して、いたずらに不安におちいっているようにしかみえない。むしろ、広義の複製技術としての、コンピューターとディジタル伝送技術は、かきことば情報の権威をかぎりなく、ちいさなものへと、圧縮していくのではないか？　なぜなら、複製技術は、情報の動員単価を極限まで圧縮し、徹底的に「ありがたみ」を０にちかづけていくからだ。すでに、工業化した粗放農業やオートメーションによる大量生産のおかげで、過剰な大量消費・大量廃棄をくりかえすようになった、われわれ都市・郊外住民が実感しているとおり、物理的なものでさえも、「ありがたみ」は激減している。ましてや、物理的側面がごくかぎられた情報のばあい、その複製技術が極限まですすめられれば、コストはかぎりなく０になる。「いつでも、どこにでもあるもの」に、「ありがたみ」など、感じられるはずがない。

「すきなときに、いつでも、どれだけでも、ひきだせる語彙情報」。そういった夢想がかなりの程度実現化したとき、われわれの大半は、たしかに情報の出所・信頼度を慎重にみきわめるような態度をうしなってしまうだろう。しかし、それは

---

[32] 星新一の短編小説とは、『おせっかいな神々』に収録された「ささやき」。ひとびとが、みみあなにすっぽりはまるぐらいの超小型イヤホンからの指示にしたがって、万事行動を決しているという未来社会を風刺したものである。

同時に、えられた情報に、過剰におもいいれをもつことも皆無にちかいということだ。なぜなら、「コストはかぎりなく０」で、「必要なときに必要なだけ利用し、あとはわすれる」ような存在である情報になど、大切さなど感じようもなく、それこそ、きれいな空気や飲料水のあふれる空間にくらす人間が、そのありがたみなどまったく感じず、なにか不測の事態でそれが阻害されたりしたときだけ、一時的に反省するのと、おなじように。

そして、そのような時空がごくあたりまえになったとき、情報の事実上の無価値化は、なにも辞書情報などにかぎられない。ブランド化して稀少性をのこした、ごく一部の例外的な情報生産者の発信以外は、すべて「情報洪水の一滴」としてあつかわれる。実際、数十年まえにはかんがえられなかった、年に（十）数冊もの単著を一個人が刊行できるという事態そのものが、ディジタル情報による複製技術の急速な進歩の産物だったではないか？ 学術論文の質・量が隔世の感のあるような水準で大量生産されるという事態は、「情報洪水の一滴」として、業界内部でしか流通しない発信へと、生産者をおとしめつつあるが、単行本や雑誌自体が、一部自体の相対的価値をどんどん低下させている。実際、各生産者が数十年まえよりも、安易に大量生産しているのだから、たがいに首をしめあっているようなものなのだ[33]。

このようにみてきたとき、「いまどきのわかものは辞書をひかなくなった」というなげき／危機感は、「いまどきのわかものは本をよまなくなった」という巨視的な構造のなかにあり[34]、辞書に権威主義的に依存し、便利さにまどろむといった事態よりも、むしろ、マニアックかつ過剰に徹底追究する層と、ごく一部の関心以外に

---

33 もちろん、あくまで「相対的価値」の低下であって、物理的な情報量はまちがいなく質・量ともにふえている。しかし、そういった質・量両面での高度化は、隣接する情報生産者もおなじく並行してくりかえしているのであり、業界人全員が、自分たちの発信洪水によって「おぼれる」事態をすすめているということには、かわりがない。これらの情報化社会の本質については、くろさき［2002］参照。

34 遺伝子操作などをしたとて、ヒトという種の情報処理量が格段にふえるはずがない。しかし、情報生産は、日進月歩で加速化しているわけで、情報総体は、もはや各個人にかぎらず各業界ですでに「過剰」になりつつある。「必要な情報が必要なときにてにいれられるわけではない」という不満・問題をかかえる領域はたくさんある。しかし、相当な領域で、各個人・組織が単位時間あたりに処理できる情報量は限界をこえつつある。つまり、各個人・組織のどこか、あるいは、サービス商品として外部の各個人・組織のどこかが情報の圧縮・取捨選択をしないかぎり、処理しきれないのだ。そういった深刻な問題については、おやなぎ［2005］参照。

なにも積極性をみいだせず、徹底的にものぐさな心理にまどろんで、必要最小限の情報を当座だけ動員して、すぐすてる／わすれてしまうといった層へと、2分極化しているのではないか？　前者については、権威主義的な「おとしあな」にはまりこむ危険性はどんどんへっていくだろうし、後者については、権威主義うんぬんといった議論の次元にない存在といえるのではないか？

　そして、もし権威主義の弊害が問題化するなら、大衆のなかの後者にあたる層が、しらべもしないくせに、つまり無知なままで直感的に反応するという、ある意味危険なマスとして暴走するかもしれないという構図だろう。

　実際、ルワンダ紛争[35]では、ラジオ放送による洗脳・扇動によって、集団ヒステリー的に大量虐殺がおきたのであった。携帯（メール）など、パーソナルな経路でながれる情報をうのみにする危険性は、カルト団体等の洗脳をみても簡単に成立するようだし、インターネットのように、膨大な情報洪水があっても、自分のこのみの情報群だけ「つまみぐい」する層が大半であることをみても、安田の危惧は、もっと深刻かもしれないし、杞憂かもしれない。それは、「参照する」という普遍的行為の現代社会という空前の特異な時空のなかでの変質という根源的な問題群として、われわれのまえにたちあらわれている。

---

[35]　「アフリカ中央部にあるルワンダにおいて、1990年から1994年にかけ、フツ族の政府軍とツチ族のルワンダ愛国戦線（RwandanPatrioticFront、RPF）との間で行われた武力衝突のこと」（ウィキペディア「ルワンダ紛争」）。フツ族の民間人勢力も自警団的に動員されるかたちで数十万の大量虐殺がひきおこされたとされる。

第8章

日本語ナショナリズムの典型としての漢字論

近年の俗流言語論点描 5

1. はじめに

「近年の俗流言語論点描」というシリーズの最終章として、ここで、全体をつらぬく問題意識を整理しておく。本シリーズは、〈イデオロギーとしての「日本」〉[1]ないし〈「日本人という自画像」〉[2]の基本的装置の一部であるとの認識のもと、〈日本語〉イデオロギーを対象化してきた。したがって、副題がさししめす「近年の俗流言語論」という対象は、あくまで現代日本でくりかえされる日本語イデオロギーであり、基本的には、「日本人による日本人のための日本語論」[3]であった。

こういった、いわゆる「日本人」による、「日本人」むけの「日本語」論は、必然的に「自画像」的な合理化がはたらくのであって、きびしい自己批判精神が緊張感をともなって作用しつづけないかぎり、基本的には自画自賛的（自己陶酔的・自慰的）な色彩を宿命としておびてしまうのである[4]。

---

1 『イデオロギーとしての「日本」』[1997=2001c=2003c]
2 『日本人という自画像——イデオロギーとしての「日本」再考』[2002a]、および『幻想としての人種／民族／国民——「日本人という自画像」の知的水脈』[2008c]
3 論理的、そして事実としても「在日コリアンによる在日コリアンのための日本語論」などはもちろん、それらが交差したものもふくめて、複数の「○○語論」が並立する。
4 たとえば、帝国主義時代の植民地支配や戦争責任等といった、自衛戦争以外の対外戦争をくりかえした国家であれば当然の記述を、淡々とかきつらねた微温的な学校

もともと前近代の王国が「国家神学者」たちに正史をゆだねたように、近代の国民国家も、民族の神話を「〇〇史」という名称で「通史」という形式で編集させてきた[5]。それらは、おもに政治史・外交史を軸としてあまれてきたが、文化史・社会史などと並行ないし連携するかたちで編集されてきたのが、「〇〇語史」「〇〇文学史」であり、近代の日本列島のばあいは、それが「国語史」「国文学史」などとしてかたられ、学校教科・入試知識の一部として制度化されてきた。

　以上のとおり、「自画像」系の史観は、端的にいって「自集団（と、その一体性を信じる集団）」の来歴をイデオロギー的に合理化するものである。当然、そういった「来歴」「歴史的経緯」に価値判断をともなった編集作業（過去情報の取捨選択）を排除できない。逆にいえば、「自集団」の来歴とかかわる過去の諸集団との関係性や、近現代において「現在完了形」ないし「現在完了進行形」[6]として存続している関係性を、冷静な比較対照であるとか、自己像をなるべく客観的にモニターするためのカガミとして援用するための素材として有効利用することが困難なのだ。いわゆる「日本語史」のばあいであれば、「日本語」という時空上の連続性という

　　教科書群が、ここ数十年の検定教科書であった。これらを「自虐史観」などと非難した一連の右派運動が前提としているのは、自己批判を欠如させた歴史認識である。自国民・自国政府にとってつごうのわるいことを極力さけたがる以上、それが自己満足的・自慰的にならないほうが不自然といえよう。もちろん、筆力不足ゆえに、満足できるような美化に失敗するばあいもあるが、それは自業自得だし、論理的には想定外であろうから、問題としない。

5　おそらく、前近代の王権をうちたおし、ないしは実権をうばって成立した国民国家の正統性確保のために、これら「民族神話」の構築は、体外的にだけでなく体内的にも不可欠だったかもしれない。そのためにも、前近代の身分文化の一部である古典継承とは異質な、近代史学という実証科学のよそおいをかりることが必要とされたと。しかし、実証史学の機械的統合では、民族史ないし国民史は編集不能であり（なぜなら、時空上の民族ないし国民の連続性など保証できないから）、あくまで、近代科学の実践者が編集の主軸にすわっているという権威主義が、その制度を保証しているような共同幻想を構成しているにすぎない。それでも、さしたる洗練度をもたないこの装置は、大衆はもちろん知識層を幻惑することに充分成功しているようで、『イデオロギーとしての「日本」』などが舞台ウラを暴露したのちも、ほとんど大勢に変化はない。「通史」の虚構性は、それ以前から指摘されつづけ、『イデオロギーとしての「日本」』によって、通史という形式をとりつづける歴史教科書がイデオロギー装置なのだという暴露が提示されても、それは知識層のごく一部の認識水準として定着したにすぎない［ましこ1997=2003c］。

6　ここではもちろん、イングランド語の時制を念頭においている。

共同幻想を自明視することで、(共時的な) 周囲の、あるいは過去の諸現象と対比する行為が、「非日本語／日本語」という差異化作業として、ひたすらくりかえされることになる。

　本章は、このような問題意識のもと、言語ナショナリズムの典型としての日本語漢字論を検討し、その疑似科学性[7]、イデオロギー性をとうものである。

2. 固有名詞表記および同音対立をめぐる漢字不可欠論

2.1.「苗字」など固有名詞表記の合理化論

> 日本人の名前の中には、苗字研究家の丹羽基二 (にわもとじ) 氏によれば、「斎藤」と書いて「なかじま」と読ませるような、漢字と読みとに関連性を見出しがたいものがあるという。名簿類の作成ミスによるものでないとすれば、戸籍には原則として読みを振らないために、このようなことが起こる可能性はある。「東海林」で「しょうじ」と読む例なども、比較的よくあるため見慣れていて、さほど不思議に感じないだけのことである。
>
> 　地名にもまた、他の地の人にとっては難読とされるものが、列島の各地にきわめて多く見られる。その一つである「一口 (いもあらい)」は、京都と東京の二都にあったが、東京の市ヶ谷では「ひとくち」と読みが変わってしまった。都下の桧原村 (ひのはらむら) の「人里 (へんぼり)」も難解な地名で、古人が何らかの意味を込めたものに違いないが、由来は諸説唱えられているものの杳 (よう) として知れない。　　　　　　　　　　［ささはら2008: 74］

　日本語漢字表記、なかでも固有名詞専用ともいうべき用字・よみの実態は、博識な漢字研究者が指摘するとおり、恣意性の典型である。基本的に慣用でしかなく、使用頻度のたかいものが、「なれ」によって、さほど不自然さを感じさせずに通用しているにすぎない。一度も遭遇しないですんできた異文化生活者にとっては、異

7　たとえば、池内了『疑似科学入門』［いけうち2008］などは、当然のように「科学」を自然科学とみなしているが、疑似科学の分布と問題性については、人文・社会科学周辺の知識についても、同様にあてはまるはずである。

第**8**章　日本語ナショナリズムの典型としての漢字論　　223

様で理解しがたい現象となる[8]。

　しかし、おおくのばあい、それら「恣意性の横暴」は、「個人のアイデンティティ」「血族・地域などが継承してきた歴史的な無形文化財」といった合理化がなされ、恣意的表記・となえをどう合理化するか、といった検討は、まずなされない[9]。

　そして、おそらく、少数派に属する固有名詞でないばあい、「みんなが固有名詞としてみなれている漢字は当然つかう」という「常識」は、非常にねづよいイデオロギーとして機能しているようにおもわれる。たとえば、「東海林（しょーじ）」はともかく、「五十嵐（いがらし）」「長谷川（はせがわ）」「服部（はっとり）」あたりになると、なにが問題なのか全然わからない層は、ぶあつそうだ[10]。まして、それ以外

---

[8] おそらく、漢字マニアといった特殊な生育環境にない個人が、うまれ故郷をとおくはなれた進学・就職・転勤などでほぼ確実に体験するのは、「みたこともない苗字・地名」だとおもわれる。逆に、そういった経験が皆無の個人とは、固有名詞や漢字表記にほとんど関心がない人物ではないか。

[9] 例外は、コンピューターに登録された「JIS漢字」等の範囲をこえた表記ぐらいだろう。

[10] さきに引用した「苗字研究家の丹羽基二（にわもとじ）氏によれば、「斎藤」と書いて「なかじま」と読ませるような、漢字と読みとに関連性を見出しがたいものがあるという。名簿類の作成ミスによるものでないとすれば、戸籍には原則として読みを振らないために、このようなことが起こる可能性はある。「東海林」で「しょうじ」と読む例なども、比較的よくあるため見慣れていて、さほど不思議に感じないだけのことである。……地名にもまた、他の地の人にとっては難読とされるものが、列島の各地にきわめて多く見られる。その一つである「一口（いもあらい）」は、京都と東京の二都にあったが、東京の市ヶ谷では「ひとくち」と読みが変わってしまった。都下の桧原村（ひのはらむら）の「人里（へんぼり）」も難解な地名で、古人が何らかの意味を込めたものに違いない……」とする記述自体でも、実は内在する問題は共通している。この文章を注意ぶかくよめば、筆者が、おそらく「丹羽」「斎藤」「市ヶ谷」「桧原村」などを、ごく標準的な固有名詞とうけとめ、「漢字と読みとに関連性を見出しがたいもの」から当然のように除外していることに気づく。しかし、それぞれを「にわ／さいとー／いちがや／ひのはらむら」と了解することは、ごく当然の文化資本とはいいがたいのである。小学校低学年や外国育ちの日本語学習者に、たずねてみればすぐわかるだろう。「「丹」は、なぜ「たん」とよまないか？」「「羽」は、なぜ「う／は」などとよまないか？」「「ヶ」とはなにか？」「「桧」は「ひのき」ではないのか？」「「桧原」は「ひばら」とはよまないのか？」等々の、ソボクだがもっともな疑問が百出するはずである。ちなみに「市ヶ谷」は、東京都新宿区の地名表示としては「市谷」、東京地下鉄（東京メトロ）「市ケ谷駅」などと、表記にユレがある。また、「斎」は、「サイ・いつき」と読んで、神仏につかえるために心身を清めること」「この旧字は「齋」である」「「斉」のほうは「セイ・サイ・ととのえる・

の、ごく普通の固有名詞ともなれば、それらが言語政策上の経緯から制限されたりすれば、使用制限自体が、憎悪や侮蔑をともなった反感をかうことになりかねない。たとえば、つぎのような文章に、疑問を全然もたない読者がかなりいるのではないか？

> 当用漢字表の問題点については、「ナイナイづくしの歌」[11]が如実に物語っているかと思います。ここではもう一つ、当用漢字に関する興味深いエピソードを紹介しましょう。
> ……佐藤栄作に、当時の経済顧問である小汀利得（おばまとしえ）が言ったそうです。「『佐藤』の『藤』の字も、当用漢字表にはないんですよ」。それを聞いた佐藤総理はびっくりし、昭和四十一年の初閣議の席上で、次のようなことを述べました。
> 「国語審議会は、当用漢字表の中から、日本国憲法の用字でも日常使われない字は削るというが、これは大変な問題で、大げさに言うならば憲法違反ではないか」

11　ひとしい」と読んで、どれもそろって同じである、という意味」「「均斉」「一斉」「斉唱」などと使うときには「セイ」と読み：「斉藤」のときだけ「サイ」と読む。旧字は「齊」である」「というわけで「斎藤さん」と「斉藤さん」は全く別の苗字だから、ハンカチ王子を「斉藤佑樹」と書くと、彼に失礼である」といった指摘［ここま2008: 48］は、字体の歴史的経緯としてはただしかろうが、人口のどの程度の「常識」かはあやしい。というより、こういった啓発的文章を新書というかたちで新刊をとうた筆者の動機を推察するに、これら知識（「齋→斎」「齊→斉」の2系統）が全然「常識」化していないことを辞書編集の経験などから痛感したからとおもわれる。同書から再引する［2005: 86-7］。「犬があって猫がない　馬があって鹿がない　君があって僕がない　好きがあって嫌いがない　頭があって頸がなく、皮膚はあっても肌がなく、目があっても瞳はない　鼻があっても頬がない　舌があっても唇がない　服があっても靴がない　雨が降っても傘がない　金はあっても財布がない　筆があり紙があり墨がある　こりゃ有難いと思ったら硯がない……」
これらの漢字が当用漢字表にあるなしにかかわらず、辞書なしではとてもかけない層がぶあついことを、当人たちは認識できないでいるのか、無視している。実際問題、「猫／鹿／僕／嫌／頸／膚／肌／瞳／頬／唇／靴／傘／財布／墨／硯」などを、携帯やパソコンの辞書機能などをかりずに、自信満々肉筆できる層は、過半数には達しないはずだ。また「犬・猫・馬・鹿……」などの漢字表記を日常つかわず、イヌ／ネコ／……等々と、かながきしている層もぶあつそうだし、それでこまっていないとおもわれる。

これに続いたのが、藤山愛一郎経済企画庁長官です。
「当用漢字表に佐藤や藤山の『藤』という字がない。そればかりか、岡山県の『岡』も、奈良県や神奈川県の『奈』もないそうではないか！」
　そうなのです。「岡」や「奈」のほかにも、山梨県の「梨」、熊本県の「熊」、大阪府の「阪」などがことごとく外されていたのです。岐阜県に至っては、「岐」も「阜」も入っていませんでした。　　　　　　　　［つちや2005: 88-9］

　日本漢字教育振興協会[12]理事長で国語問題協議会[13]評議員という、つちや・ひでお[14]（土屋秀宇）なる人物[15]は、その活動状況・言動からすれば、あきらかに右派系ナショナリストなので、極端な立論になりがちだという傾向はありそうだ。しかし、以上の引用には、うなずく読者が相当おり、すくなくとも極論とは感じないのではないか？

12　http://www.kanji-kyoiku.com/　（現在リニューアル中だとか）
13　http://kokumonkyo.jp/
14　本人は、「土屋秀宇（つちやひでを）」と表記している［つちや2005: 193］。「を」が「お」とおなじオトをしめす表記はともかくとして、「ふりがな」という準表音的システムに、「はへを」など助詞用かなづかいをもちいる合理的根拠はどこにあるのだろう。タレントの「まなべ・かおり（1981–）」も「かをり」と「ふりがな」をふらせるなど、ほかにも例があるようだが（ウィキペディア「眞鍋かをり」）。
15　しかし、大々的に学童ほかへの漢字教育をはたふりするわりには、漢字の歴史的知識をほとんどそなえていないようにもみえる。たとえば、つぎのようなブログの指摘が、それをうかがわせる。
　「日本テレビの「世界一受けたい授業」という番組に、土屋秀宇という人が出ていて、漢字の話をしていた。最初は、「太平洋」と「大西洋」では、なぜ、「太」と「大」とかき分けるのか、という話。説明を聞いてびっくり仰天。「太」が「大」よりもさらに大きいという意味だというのはまだいい。しかし、世界一大きいから「太平洋」と「太」を使い、大西洋は太平洋ほどは大きくないから「大」を使うというのはいくらなんでもひどすぎる。「太平洋」は、マゼランが、「穏やかな海」という意味で「El Mare Pacificum」と呼んだのに「太平」という語を当てたから「太平洋」なのである。「大西洋」は、西洋の海という意味で、「泰西洋」と表記したことに基づくと考えるのが妥当だろう。「太陽」は星の中で一番大きいから「太」がつくというのも変だ。「太陽」に対して月を「太陰」と呼ぶことからも分かるように、この場合の「太」は「大きい」という意味よりも、「その極み」という意味で使われている」（「「世界一受けたい授業」への疑問」『hongming漫筆』2007.07.09, http://plaza.rakuten.co.jp/hongming/diary/200707090000/）

しかし、つちや本人が補足しているとおり、「実際は地名や氏名などの固有名詞は、当用漢字でなくとも使うことが許容されて」いたのである。当用漢字表が、たとえば罰則規定などをともなうような「禁止」する権威・権力として機能したことはないのであって[16]、あたかも当用漢字表をもたらした改革に、不当に文化が抑圧されていたかのような印象づくりは、卑劣だろう。

　それはともかく、「岐阜」など、地名・路線名でしかつかわれないような特殊な漢字が当然視される合理性がどこにあるだろう。「ぎふ／ギフ」などとかきあらわすことの非合理性は、どこにあるのか？　そこには具体的・論理的な説明がいっさいなされない。

　動植物がカタカナがきされることは学術的空間をこえて一般化しつつあるが、むしろ質・量ともに混乱がおきているのは、地名・人名・組織名など固有名詞であり、ひらがな・カタカナでしるされるべきは、これら固有名詞群というべきだろう。しかし、実際には、珍妙ともいうべき、字種・字体等へのこだわりがくりかえされ[17]、それらのほとんどが、「歴史的伝統をまもる当然の意識・姿勢」といったうけとめられかたをしてきたことは、いうまでもない。要するに、関係者だけの「うちわ」の共同体意識が自明視され、部外者の便は二の次なのであろう。そこには、固有名詞が「共有財」であるという自覚がない。

　そして、字種・字体などは、検索上の混乱など、ある意味ささいな問題といえるかもしれないが[18]、むしろ通常自覚されていない、「人名用訓よみ」がかかえる体系

16　旧漢字使用者たちは、被害妄想的に、「表現の自由」「思想信条の自由」を侵害されたとうけとめていたようだが。

17　JR四国以外のJRグループ各社が、本来「シ」という音しかなかったはずの「鉄」を社名ロゴにわざわざもちいた（登録上の正式表記は「○○旅客鉄道」）のが、「金を失う」というイメージをさけ「金が矢のように集まる」というゲンかつぎだったことは、有名である。戦前、旧字体の「鐵」をつかっていたころには浮上しなかった問題だというのが、関係者の意識かもしれない。しかし、「鐵」という、およそ日用には不適当な画数のおおさは問題だろう。また「鉃」という通常登場しない字種が、「鉄」とあまりに差異がちいさいことで、看板に影響をうけた小学生が「鉄」の字をかんちがいしてしまうと沿線住民などから指摘され、「鉃」にあらためた近畿日本鉄道（近鉄）などの例もあるとおり、問題なしのはずがない。「ことだま（言霊）」という表現があるが、「ふみだま（文霊）」とでもいうべきだろうか。こういった感覚については、ささはら［2006: 76-7］が、「文字の霊力」「文字霊」などと表現している。

18　もちろん、第一言語としない層や視覚障碍者などにとっては、字体・字種などによ

性の欠如＝恣意性＝文化障壁こそ、大問題だとおもわれる。たとえば、つぎのような指摘。

> ……三浦知良選手のフルネームは「みうらかずよし」と読む。「知」をなぜ「かず」と読むのか。「知」なら「とも」と読むのが普通だろう。「かず」なら「和」ではないのか。「知」という字と「和」という字が似ているので、混同しているのではないか、というのは誰でも感じる疑問だろうと思う。
> 　同姓同名の「みうらかずよし」という有名人に、……三浦和義さんがいる。……彼のように、人名では「和」を「かず」と読むのは非常に一般的である。
> 　しかし、考えてみれば、「和」を「かず」と読むのも、不思議といえば不思議なのだ。「和」にはたくさんの訓があり、常用漢字表の字訓だけでも「やわらぐ」「やわらげる」「なごむ」「なごやか」の四種類が認められているほか、表外の字訓まで広げると「あえる」「なぐ」などもあるが、「かず」という読みは出ていない。
> 　試みに、国語辞典で「かず」という項目を引いて出てくるのは「数」という字だけであって、「知」はもちろん、「和」だって出てこないのである。
> 　「知」も「和」も、「かず」と読むのは人名専用であって、このような人名にだけ使われる字訓を「名乗り」と呼ぶ。……人名に「かず」と読む字は、「和」「知」のほかに五十七字もある。面白いから並べておこう。
> 　「一二三五七九十千万壱参円収主冬会多年毎利寿応良効宗枚品孤政紀胤計重員師息料致航般起雄量運策業数種箇算雑影選憲積頻麗」
> 　なんと、「良」という字も「かず」と読む。カズの「知良」は「かずかず」とも読めることになるのだ。
> 　　　　　　　　　　　　　　　　　　　　　　　　　　　　［ここま2008: 71-2］

　日本語で通用してきた漢字の用法におもしろさしか感じられないらしい、この論者は、恣意的で体系性がまったく感じられない、「かず」とよみならわされてきた、おびただしい漢字群に、まったく問題を感じないようだ。しかし、「知」を「とも」

　　　る混乱で、検索不能なばあいは、アクセス不能にもなりかねない、という意味で致命的だし、すくなくともインターネットの検索エンジンにかからないという点で、「存在しない」ことになってしまうことも意味する。

と「読むのも、不思議といえば不思議なのだ」。「比較的よくあるため見慣れていて、さほど不思議に感じないだけのことである」。「かず」とよまれうる膨大な同訓異字だけでなく、通常あたりまえとみなされ、疑問視されたことがないだろう「知＝とも」という「常識」自体が実は問題なのだ[19]。

2.2.「オトよりも表記が本質」とする議論１：伝統主義にたつ書家のモジ論

　社会学や記述言語学など記述主義（＝反規範主義）にたつばあいと政治性という次元で、にて非なるものといえば、あるがままの現象をそのままみとめよ、という文化的アナーキズムである[20]。たとえば、つぎのような書家の日本語論は、現実の機

---

[19] いいわるいは別にすると、こういった「なれ」をもとにした、多数決主義による「よみならわし」を合理化する議論をおおきくこえるような事態が、固有名詞文化に大量発生していることは、アナーキーという表現以外のなにものもあてはまらない、新生児の「なづけ」行為でたしかめられる［さとー2007］。これらの事態は、苗字に関して事実上アナーキーな伝統を戸籍制度が維持してきたことに遠因があるが、人名漢字などの制限をくわえながらも、「なづけ」の実態については介入しない戸籍簿の運用実態がおおきい。要するに、「なづけたものがち」で、「なんでもあり」なのである［えんまんじ2005, ささはら2008］。くれ・ともふさ（呉智英）は、これらの現象を「暴走万葉仮名」となづけている［ましこ2008c: 53-4］。

[20] 社会学や記述言語学の「反規範主義」は、事実を直視せずに「この現実は、まちがっている」と規範的価値観から断罪する姿勢を否定する。しかし、「あるがままの現象をそのままみとめよ」と、現実全部を正当化するわけではない。「同質とおもわれる現象がくりかえされるなら、そこには反復させる構造があると仮定しないと不自然だ」とか、「当事者が同質である信じ、差異をかかえる複数の現象を関連づけてうたがわないなら、そこには主観的連続性がみとめられる」という、消極的な現実認識を維持するということだ。こういった現実直視を維持する姿勢と、第１節で展開した「自画像」系史観のイデオロギー性批判とは、両立しえないとおもわれそうだが、充分共存しうる。日本列島住民の大半が「日本民族」という集団を実体視し、日本（語）文化の連続性をうたがわないといった現実は、まさに、「集団」「文化」内部の多様性・変動を過小評価、ないし否定する心理として、実体である。そして、それが日本中でくりかえされているということは、地域的・社会的「共有」がなされており（共時的次元）、すくなくともここ１世紀ぐらいは、おびただしくくりかえされていることがたしかめられる（通時的次元）。これらは、「各人がかかえる抑圧された不安を処理するための防衛機制としての共同幻想」とでもいうべき矛盾・破綻・現実遊離＝「現実」として、冷徹に、その病理的構造を記述できる［ましこ2002a,

能不全などはおかまいなしに、すべてが日本語の伝統の一部となる。

 ……たとえば、我々は漠然と、書く時、読む時には文字を媒介とし、話す時、聞く時には声を媒介にしている、つまり「文字を書き」、「声を聞く」のだと考えている。なるほど現象面からはそうとも言えるが、言葉の観点から考察した場合には、そのような現象で終わっているわけではない。「はじめまして、ヤマモトイチロウです」と言ってさし出された名刺に「山元市朗」と印刷されていたら、一瞬とまどいを感じる。「ヤマモトイチロウ」と聞いた時、内心思い浮かべた「山本一郎」が肩すかしをくらい一瞬困惑したからだ。しばしばこの「ヤマモト」氏は「ヤマゲン」さん、あるいは「ゲン」さんと呼ばれることになる。「本」ではなく「元」の字であることを意識するからである。

 このような日本語においては、「文字を書き」「声を聞く」のではなく、言葉の構造としては、「文字を聞き」「文字を話す」のだと言えよう。そのため「山元」氏に対して、「ヤマゲン」と呼んでも、また言われた方も平気である。「ヤマモト」さんが「ヤマゲン」とも呼ばれることがある日本語は声ではなく、文字の方が言葉の中心に位置している。「藤原定家」は「テイカ」であるか「サダイエ」であるか、あるいは「藤原」の次に「ノ」が入るか否かは、日本語にとっては何等本質的な問題ではない。「藤原定家」という文字だけが重要なのである。
            [いしかわ・きゅーよー1999: 47-8][21]

 まず、「「藤原定家」は「テイカ」であるか「サダイエ」であるか、あるいは「藤原」の次に「ノ」が入るか否かは、日本語にとっては何等本質的な問題ではない」とか、断言しているが、そうだろうか？
 「ふじわらのていか」は、たしかに「藤原定家」と漢字変換されることが一般的かもしれない。しかしそれも、よくつかわれる著名な固有名詞の一種として、はじめから辞書担当者が入力しておいたからにすぎない。「ふじわらていか」と、パソコンに入力してみれば、単語登録していないかぎり、「藤原定価」などと変換され

  2003c, 2008c]。
21 石川九楊『二重言語国家・日本』[1999]。

てしまうのが普通だろう。また「ふじわらのさだいえ」という入力を漢字変換すると「藤原の定家」などとなってしまう[22]。つまり、「の」の有無は入力と変換に不可

[22] これは、パソコンにインストールされた日本語ワープロソフトの漢字変換のごく一般的な変換候補だとおもわれる。たとえばマイクロソフト社のMS-IMEの日本語版のばあい、「ていか」という入力で候補があがるのは、「定価／低下／低価／低か／艇か／体か／ていか／テイカ／呈か……」などであり、これらは、筆者の漢字変換のくせ（変換頻度のかたより）の産物にすぎないが、それにつづくのも、「邸か／態か／帝か／手以下／鄭か」などであって、「定家」は、「日本語入力辞書への単語登録」といった機能をもちいて、利用者が自前の漢字変換辞書の機能追加をおこなわねばならない。いいかえれば、ソフトの設計陣にとって、「ていか」という、かな入力情報から、「定家」が自明のように変換されることは想定されるものではないということだ。同様に、「さだいえ」は「定家／さだいえ／サダイエ」といった候補しかあがってこないが、「ふじわらのさだいえ」と入力・変換すると「藤原の定家」とでてしまう。「ふじわらの」は「藤原の／富士原の／冨士原の／ふじわらの／フジワラノ」といった候補しかあがらないので、プログラマーに要請された入力情報のなかに、「ふじわらのさだいえ」があがっていなかったことは確実だ。これらのチグハグさを、日本文学系の関係者は「なげかわしい」などとうけとめ、たとえばジャストシステム社製品ソフトである、ATOK（エイトック、Advanced Technology Of Kana-kanjitransfer）を自まえでインストールするなどして回避しているだろう（あるいは、アップル社のオペレーティングシステムにくみこまれている日本語入力システム「ことえり」なら、一部回避できる）。しかしこれら固有名詞を「常識的素養」だなどと自明視している認識は、あさば・みちあき（浅羽通明）らがのべるような、準拠集団・所属集団、つまり時空を共有する属性上均質性のたかい集団の共有する常識にすぎないといった批判にたえられないはずだ。こういった現状に対しては、漢字コードの問題などもふくめて、「ソフトをしきっているのは、理科系だから、文化的素養と見識が不足している……」といった非難がよくきかれるが、そこで暗黙の準拠集団となっているのは、「漢詩も日本語の不可欠の文化的伝統だ」などといった歴史意識を共有する「文科系」と自任する層である。大衆社会の平均値・最頻値・中央値付近の知識水準を前提にするというのは、たしかに文化的野蛮といえるが、乱暴な推定をあえておこなうなら、ソフトの基本設計をしきっている層が理科系であれ、その中枢部が、旧帝国大学を主軸とした、いわゆる「研究大学」周辺の出身者であろう。そういったひとびとの漢字認識をこばかにした前提・準拠集団は、単なるエリート主義的差別意識であり、すくなくとも、当然のように合理化できる基準などない。こと、誤変換問題など、いわゆる「変換精度／変換効率」をあげることに血道をあげる風潮があるが、もともと、固有名詞を中心として体系性を欠如させたままの日本語漢字かなまじり表記を完璧に機械処理しようという発想自体にムリがある。体系性が欠如した伝統的表記を死守することを自明視した開発競争と、それを当然視して圧力をくわえる運動は、文化ナショナリズムのもたらした病理といえそうだ。ちなみに、全盲者が「藤原定家」というモジ表記を処理するならば、それはあくまで「ふじわらのさだいえ」、ないし「ふじわらのてーか」という聴覚映像（ソシュー

欠の情報だし、「となえ（いわゆる「よみ」）」どおりに入力しようと、「ふじわらのさだいえ」や「ふじわらのていか」がつつがなく変換されるためには、そういったことを想定したプログラミングがなされていなければならない。したがって「「藤原定家」という文字だけが重要」という断定は、CD-ROMの辞典・事典類やウェブ上の検索行為の際のキイワード入力においてのみただしい。「「藤原定家」は「テイカ」であるか「サダイエ」であるか、あるいは「藤原」の次に「ノ」が入るか否かは、日本語にとっては何等本質的な問題ではない」というのは、まったくの妄言である。単に日本列島の固有名詞文化が伝統的にユレに対して寛容であり、基本的にアナーキーだったという事実があるだけで、情報弱者にとっては、「本質的な問題」だ[23]。

　また、「このような日本語においては、『文字を書き』『声を聞く』のではなく、言葉の構造としては、『文字を聞き』『文字を話す』のだと言えよう。そのため『山元』

　　　ル）として処理されるとかんがえられる。「藤原定家」という漢字表記（＝視覚映像）そのままが、大脳内で処理されることは、ありえない。中途失明者のうち、漢字に習熟する年齢まで視力があった層のばあい、たしかに漢字の視覚イメージを利用しているだろう。しかし、それはいったん音声化された情報を、視覚イメージに対応／復元しているだけであって、音声の媒介なしには、不可能だ。また、先天性の「ろう者」であれば、残存聴覚の程度はともかく、言語処理上「聴覚映像」を活用しているとはおもえない（手話、および、口形だろう）。「ふじわらのてーか」だの「ふじわらのさだいえ」という「聴覚映像」は無縁であり、ただ「ふじわらのていか」だの「ふじわらのさだいえ」という「視覚映像」が、「聴者がつかっている、ふりがな」として認識され、また、日本語話者との意思疎通のための、道具となるであろう。

23　註10でのべたこととかさねあわせるなら、「藤原」という漢字表記を「ふじわら」とよみならわせること自体が、「常識化」してしまったがゆえに、大衆の感覚マヒが象徴的にしめされている。「わら」と入力して、どう変換候補があがるかといえば、マイクロソフト社のMS-IMEの日本語版のばあい、「藁／和良／稿／わら／ワラ」などとしかでてこなかったりする。「原」を「わら」とよみならわせるのは、「藤原」など固有名詞や「川原／河原」（普通名詞／固有名詞両用）などごくかぎられた訓よみにかぎられる。国語学系の関係者は、「「原」は古代 "para" "hwara" などと発音されていた和語にあてがわれた表記であり、「〜っぱら」「〜わら」などとよびならわす現在の用法は歴史的に正統」などと合理化するだろうが、そういった国語学的な素養＝経緯知識など、ソシュールがのべたような次元で共時意識のただなかをいきる大衆の過半にとって無意味なことは、あきらかだ。大衆は「藤原／川原／河原／…」といったつらなりのときに、「〜わら」とよむ」とすりこまれ、反射的にやりくりしているだけだろう。

氏に対して、『ヤマゲン』と呼んでも、また言われた方も平気である」とするも論理強引だ。

　たとえば、名刺をだされるまえに、どんな漢字をかくのかが気になる、あるいはだされて予想をはずされるといった現象は、点字名刺ではおこりえない。このケースでいえば、どんな漢字表記があてがわれていようが、かながきの「ヤマモト　イチロー」と一対一対応している[24]。

　結局、固有名詞文化の一種として、恣意的に継承されてきたおびただしい漢字表記がなければ、どんな漢字をかくのかが気になる、あるいは予想をはずされるといった現象は、おこりえなかったことになる。また、名刺をだされるまえに、どんな漢字をかくのかが気になる、あるいはだされて予想をはずされるといった現象は、あくまでも固有名詞の次元でのはなしにすぎない。もし、固有名詞以外で漢字表記が気になるとしたら、それは、どう漢字でかきわけられても意味がとれなかったことを意味するからだ。たとえば、マージャンを全然しらない日本語話者なら、かりに「パイ」ときこえとれていても、なにをいわれたのか了解不能だろう[25]。

　それはともかく、「山元」さんが「ヤマゲン」さんと通称化されても、問題ないというが、通称定着の経緯が、いつもおなじとは、かぎらない。たとえば、周囲に「山本」さんがいなければ、「ヤマちゃん」などと、よばれる可能性がたかいし、たまたま「山元市朗」と「山元市郎」が共存したばあい、「山元市朗」氏が、「ホガちゃん」などと、よばれる可能性さえあるだろう。かりに、「山元」さんの職場に、盲人や外国人がいて、漢字が識別できないとすると、周囲が「ヤマゲン」さんと、よびならわさないかぎり、「ヤマモトさん」として認識されるはずだ。まぎれもなく日本語空間にいきており、はなしことば日本語を識別しながら毎日をおくる層を、「文字を聞き」「文字を話す」時空を共有していないといった「根拠」で日本語空間の部外者だといいはるのは、排外主義であろう。

24　点字の実例は、ウィキペディア日本語版「点字」から転載。
25　2次元上で「牌」と漢字表記されたところで、一層わからないのは、もちろんである。

この書家は、固有名詞にとどまらない、同音衝突の問題を論じている。

　……「教育長に『コーエン』を頼みに行く」と言うので何の「講演」かと思ったら、「後援」であったというような言葉の行き違いや笑話は日本語では日常茶飯事である。会話中に、「それどんな字を書くの？」「ああそうか」などと文字をめぐって会話を中断しながら会話するという、おそらく欧米ではありえないおかしな会話が交わされている。
　日本人は声を聞いているのではなく、文字を、あるいは文字で聞いている。ジョンやローザ、エリザベスなど片仮名によって見馴れた名前はすぐに聞きとれるが、はじめて耳にする外国の地名や外国人名は、なかなか聞きとることができない。日本語においては、外国人名を音声ではなくて、音節単位の片仮名で聞き取ろうとしているからだ。
　むろん欧米人とて、いったんアルファベットが成立し、文字が言葉の中に構造的に組み込まれた文字言語が生まれてからは、単なる音声を聞き、話すのではなく、像と意味とが文字や声とないまぜになった言葉をやりとりするのだから、たとえば「knight」を単に「nait」と発音記号で聞いているのではなく、「knight」と文字で聞いていることだろう。その意味では、西欧語といえども文字化以降は、基本位相としては、「文字を話し」「文字を聞い」ている。だが、文字への依存度は日本語とは質を違えて低く、これを「声を書き」「声を読む」声中心言語と言ってよいだろう。　　［いしかわ・きゅーよー 1999: 48-9］

　文脈だけでは区別ができないため、漢字表記をもちださないと区別できない同音異義語が大量にあり、それが「ものわらいのネタ」にさえなってきたことは事実だ。実際、「貴社の記者が汽車で帰社」といった変換が一発でできてしまう事実で、くだらない「文脈認識変換」とやらで、きそわれていることが、うかがわれる。そんな文脈横断的な同音異義語が同一文脈に登場することなどありえない、という現実をまえにすれば、実に低劣な「漢字不可欠」論の水準が露呈している。実際には、「遍在／偏在」といった、意味が正反対なのに同一文脈に共存／対立しうるケースとか、「私立／市立」「工学／光学」「科学／化学」のように、同一文脈に共存しえるがゆえに変換ミスかどうか判別しがたいケースが、現実的な混乱としてある。これ

ら同音衝突上の混乱は、漢字表記の機能不全をわきまえない漢語の粗製乱造と不用意な乱用の産物といってさしつかえない。しかし「漢字不可欠論」者は、この機能不全という致命的欠陥をひらきなおって、「だから、漢字表記が絶対不可欠なのだ」といいはる根拠にしてしまう。いわば、「マッチ／ポンプ」状態という、火事場の下手人が消火作業をほこるような、無意味なエセ論理なのに、その反省がないのだ。「コーエンお、たのみにいく」などは、その典型例といえそうだ。

　そして、現実は、はなしてが、思慮分別をそなえているかぎり、うえのような混乱のもとは、慎重に排除されねばならないと、つねに意識されているし、事実、ラジオ放送や演劇などでは、「文脈を理解するものは混乱しない」という原則がまもられているはずである。まもられていないのなら、ラジオ放送や演劇は現実的に機能しないのである[26]。

　もともと、はなしことばとしてかわされるとき、まじった漢字語に条件反射的に漢字表記が脳裏をよぎるはずがない。「ヒンシュク／ウッソー／アイサツ」といった聴覚映像と語義はともかく、「顰蹙」「欝蒼」など画数のおおい漢字表記はもちろん、「挨拶」などほとんど意味内容がないものが、字画の細部まで視覚イメージとしてうかぶのは、一種の病理現象だろう［ましこ2003c: 87］。当然「「knight」と文字で聞いていることだろう」といった推定は、妄想のたぐいである。すくなくとも幼児や先天性盲人などは"knight"に相当する語に対して、[nait]と、ききとるだけだし、"knight"とつづれるひとが全員、はなし／きくときにまで、いちいち、「knight」という「つづり」をおもいうかべている、とはかんがえづらい。はなしことばでの

---

[26] 『イデオロギーとしての「日本」』などでのべたとおり、漢字不可欠論の有力な3人の論者、井上ひさし／福田恒存／山崎正和らが、そろって劇作家であった現実は、実に皮肉である。かれらが、いかに脚本で漢字表記を駆使しようが、それは舞台上で発声されてしまった以上、観客に「漢字表記」ぬきでつたわるというのが、通常の演劇の文脈である。同音衝突が回避できないような台本は、事実上機能しないからである（同音衝突がもたらす誤解をわらう展開であろうと、それとして観客に理解されることが前提となる）。皮肉ぬきに断言できることだが、3人の劇作家は、みずからの職務人生によって、その「漢字不可欠論」という俗流イデオロギーを否定する（＝破綻をみずから再確認しつづける）実践を数十年にわたってくりかえすという「喜劇」を演じてきたといってさしつかえなかろう［ましこ1997: 89, 2001c: 99, 2003c: 193］。論者たちの無自覚はもちろん、賛同／賛美者たちの自己矛盾も、ひいた視座から観察したばあいに、あまりにいたいたしい。

「knight／night」の区別が、「k」というつづりの有無を介しているとも、到底おもえない。この2語の識別は、あくまで前後関係から理解できる文脈のなかでの位置づけによったものだろう。たとえば、"all night"という接続のなかでの［nait］と、"all knights"という接続のなかでの［naits］とは、［t］と［ts］という音素対立だけでなく、周囲をとりかこむ文脈で識別されているはずだ。そこに、つづりの差異が動員される必然性などない。コドモや盲人は、つづり無用で、不自由なく識別・駆使しているにちがいない。

　これらの構造は、「アマグモ」と「ドクグモ」、「ニホンバシ」「ヌリバシ」「クチバシ」といった、「クモ」「バシ」という同音異義語の識別に、「雲／蜘蛛」とか「橋／箸／嘴」といった漢字表記の視覚イメージが動員されていないのと、おなじだ。

　おなじように、「ジョンやローザ、エリザベスなど片仮名によって見馴れた名前はすぐに聞きとれるが、はじめて耳にする外国の地名や外国人名は、なかなか聞きとることができない」のも、「片仮名で聞き取ろうとしているから」ではなくて、「音節単位」「で聞き取ろうとしているから」にすぎない[27]。

　言語学的にはナンセンスな妄想のたぐいである。しかし、書家という、日本列島の伝統文化の継承者であるというブランド・イメージが、あたかも日本語空間の分析をちゃんとやっているらしいと誤解させる装置として機能している。実にこまったことだ[28]。

27　あるいは、「モーラ（拍）」単位で。ちなみに、ヒトが第一言語に規定されるのは当然で、日本語で最初にインストールされた人間が、みみにした言語音を日本語の音節ないしモーラで分節するのは、さけられない。しかし、その際に、カタカナがアタマにうかぶわけではない。かりに最初にカタカナ表記で外国人名にふれたにしろ、いちいちカタカナによる視覚イメージが、たとえばマンガのふきだしみたいに、おどっているはずがなかろう。

28　京都大学卒で大学教授であるといった学歴・社会的地位もおおきいだろう。本書『二重言語帝国・日本』にかぎらず、『「書く」ということ』（2002年）、『縦に書け！──横書きが日本人を壊している』（2005年）、『日本語の手ざわり』（2005年）、『日本語とはどういう言語か』（2006年）、『漢字がつくった東アジア』（2007年）など、おびただしい日本語論、それも実にイデオロギッシュな著作を陸続とだしている（「参照文献」参照）。どの程度の影響力があるのかわからないが、疑似科学がブランド化して大量に発信されていることは事実である。

2.3.「オトよりも表記が本質」とする議論２：地名の漢字表記擁護

　漢字表記を伝統主義によってまもろうという主張は、いわゆる地名保護運動などにも、よくみられる。ひらがな地名などの批判などが典型例である。ここでは、地名・地図・鉄道などで活発な評論活動をおこなう人物[29]の議論を紹介する。

　　……しかし前述のように国語審議会が「地名の書き方もなるべく当用漢字にすべき」だと首相に建議したくらいだから、交ぜ書きに抵抗がない人々が徐々に増えていき、地名もその「文化」に染まってしまったのだろうか。
　　昭和37（1962）年に施行された住居表示法の第五条には「当該町又は字の名称は、…〈中略〉…できるだけ読みやすく、かつ、簡明なものにしなければならない」と定めてあった。その後の改正で「なるべく従来の地名を尊重せよ」というくだりが加わったが、時すでに遅しの感があり、当時の自治省よりはるかに「地名簡略化」に先鋭的だった各地の市役所などによって町域も町名もズタズタにされたというのが実情だ。
　　日立市の大みか町などは常磐線に大甕駅があるのだが、やはり住居表示を実施する段になって甕という字がネックになったようだ。ついでながら同市内の「かみあい町」という住居表示済み地名は、漢字で書けば上合なので難字でも何でもないから、かな書きの原因はわからない。たしかに「うえごう」「かみごう」など何通りにも読めるが。
　　考えてみれば日本の地名は絶対これしか読めないというものは少なく、その意味ではいずれも難読地名である。たとえば「上田」という日本各地に存在する地名をとっても、うえだ（上田市など）、うわだ（氷見市など）、こうだ（南あわじ市、上田川など）、かみだ（日野市など）、じょうでん（大田区羽田の旧地名）など実にさまざまだ。ついでに神戸もなかなかのもので、神戸市の「こうべ」の読みは有名だがむしろ少数派で、かんべ（鈴鹿市など）、かんど（鳥取市など）、ごうど（高崎市など）が多く、かのと（東京都桧原

29　いまお・けーすけ（今尾恵介1959–）。エッセイスト。『住所と地名の大研究』［2004］『地名の社会学』［2008］ほか。

村)、じんご(津山市)などの珍しいものもある。　　　　［いまお2008: 220-1］

　わかりやすい住所の表示を実現するために作られたはずの住居表示法も、当初の目的よりだいぶ外れて暴走したことはすでに述べたが、使う漢字もさることながら、「読みやすく」と条文にあったことが手伝って、間違いやすい読み方はなるべく標準語的に形を変えられる例が続出した。
　……千葉県市川市の北方という地名も、「ぼっけ」から「きたかた」に変えられたことで誰もが正しく読めるようにはなったかもしれないが(それでも「きたかた」「きたがた」で迷う)、崖にちなんで名付けられた、という地名の歴史はそこでスパッと断ち切られてしまったのである。そもそも日本の古い地名は、まだ漢字が輸入されるよりはるか以前に「音」のみで存在していたもので、後世になって漢字が当てられたものが非常に多いのである。

［いまお2008: 222］

　ご覧の通り、合併したいずれかの市町村名が採用され、それがひらがな化されているものが最も多いことがわかる。
　ひらがな市町名の決定の理由は、どの自治体も表向きは「やわらかい」「親しみやすい」といったものに終始しているようだ。なるほど、昨今では銀行をはじめ会社名にみずほ銀行、りそな銀行、あいおい損保などひらがなを採用するものが多く、世の中の流行であることは確かだろう。
　しかしこれら18市町のケースを見ると現実はそうではなく、該当する市町に他の市町が吸収されるイメージを避けるための方便としてひらがなが採用されたのではないかと思われるものが多い。いかにも日本的に「みんなが足並みを揃えて新しい自治体名に」と丸く収めたというのが実態ではないか。そうだとすれば、ひらがな地名は政治決着の道具にすぎないことになる。

［いまお2008: 237-8］

　日本語は言語学的な分類で「膠着語」という。文字通り助詞などの膠(にかわ)的なもので単語をつなぎ合わせる言葉であり、英語などのように単語を分かち書きしないので、このようにひらがなばかりで書くと意味がわかり

にくくなる。そのため、日本人は名詞に漢字を適宜使うことで迅速に文意を把握できるようにしてきた。「横浜から叔父が来た」「わかりやすい名古屋の歴史」とあれば瞬時に内容が理解できる。しかしこれが「あわらから叔父が来た」「わかりやすいみなべの歴史」となるとどうか。この場合は平成の大合併で誕生した福井県あわら市、和歌山県みなべ町であるが、戸惑う人が多いだろう。次はどうか。
　①いつも見たいなべ市の夕日
　②丸亀市からまんのう町への道
①は「いつも見た／いなべ市の夕日」という正しい意味の他に、いなべ市の存在を知らない人なら「いつも見たい／なべ市の夕日」「いつも見たいな／べ市の夕日」と三通りに解釈できてしまう。　　　　　　　　[いまお2008: 240-1]

　言語学の初歩をまなんだだけで、ウソ八百であることが露見する、実にお粗末な議論の続出。もちろん、筆者にそんな自覚があるはずはない。それが、「日本語は言語学的な分類で「膠着語」という」といった、あたかも言語学をかじったかのような、しったかぶりをするから、いたいたしいが、言語学をかじる人物が人口比でいえば1％にもみたないだろう現状をみれば、このデタラメ満載の議論を信じる危険性のほうがたかい。資料としてだけあげ、いちいち検討するまでもないのだが、一応確認しておこう。

　①「考えてみれば日本の地名は絶対これしか読めないというものは少なく、その意味ではいずれも難読地名である」とみとめているのだから、「かながき」がそえられない地名は、機能不全の温床であると白状しているようなものである。しかも、漢字地名を伝統としてのこせと連呼するだけで、漢字地名の機能不全については、過小評価しているらしく、まったく改善案がない。単に「ひらがな地名」を感情論で非難しているだけ。
　②千葉県市川市の「北方」という地域が、「ぼっけ」から「きたかた」と標準語的にかえられた、というが、これはむしろ、漢字表記が地名破壊に直結した事例で

ある[30]。最初から「ぼっけ」という、「かながき地名」が一般的だったら、こういった破壊的作用は機能しなかったはず。もちろん、「北方」という漢字表記があるから、「「きたかた」「きたがた」で迷う」ような機能不全がのこる。

③ひらがな地名の続出は、市町村合併過程での地域対立の妥協の産物で、「政治決着の道具」かもしれないが、それは「漢字フェティシズム」[31]［ましこ 2003c: 101］、ないし「文魂（ふみだま）」意識が支配的であるがゆえに、かながきで、地域対立が「リセット」されたともいえる。漢字表記をすてる程度で、地域の融和が可能なのだとしたら、おやすいものではないか？

④膠着語がどうのとか力説しているが、当然ウソ八百である。わかちがきしないで、議論をすすめていることも、井上ひさし／福田恒存らと同質。漢字表記にもたれかかることで、わかちがきを発達させないでも機能不全をおこさないかのような錯覚が存続しえた経緯に、全然配慮がない[32]。われわれ、言語学周辺の人間の啓発活動が完全にいきづまっていることをしめしている象徴的な事例。

　重要なのは、膠着語うんぬんなどと講釈をたれているとおり、言語学の基本的知見にのっとっているのだという演出だけおこなう疑似科学的論法である。そして、無知に無自覚だからこそ、すべて機能不全を「かながき」に責任転嫁できるのだから、実にたちがわるい。これら俗論のまかりとおる温床が、国語科や英語科など既存の公教育空間と、言語学に無知な編集者の知識水準にあることは明白だ。

30 　漢字表記が、地域の地名の標準語化＝伝統破壊につながるという議論は、ましこ［1997: 109-119, 2003c: 113-123］などで指摘してきた。
31 　「公簿には、固有名詞は漢字で書かなければ、という一種の強迫観念が抱かれてきた」［ささはら 2006: 162］。
32 　この件についても、ましこ［1997: 88-92, 2003: 92-96］などで、くどいほど批判しておいた。

3. 現状／前史の合理化イデオロギーの政治的意義

> ……日本に伝わったのは今から二千年ほど前、実際に日本人の手で使われるようになってからも千五百年ほどの年月が経っている。
>
> 　しかし、現在、日本で使われている漢字は、長い歳月を経て、さまざまな日本式改良を施された、わが国独自のものである。中国にはない訓読を駆使し、送り仮名という画期的な発明を加え、見事に日本語のなかに組み入れたのは、まぎれもない日本の英知なのである。　　　　［ここま2008: 15］

『幻想としての人種／民族／国家』［ましこ2008c］などで、実際にテキスト批判してみせたとおり、このての日本文化論のたぐいは、批判にたえられない議論が大半である。定義・記述等があてはまるはずの多様な現実の諸相をちょっとていねいにつきあわせてみれば、「それは例外」ですまされるような質・量の、適用不能例が大量にみつかるからだ。要は、執筆者たちの事実認識が誤認でしかないか、記述群同士の相互矛盾や論理の破綻に執筆者たちが無自覚なだけなのだとおもわれる。およそ、体系的記述の体をなしていないのだ。

　うえの議論をちょっと検討してみよう。

> 　……<u>日本</u>（←「列島」という意味か？）に伝わったのは<u>今から二千年ほど前</u>（←根拠は？）、実際に<u>日本人</u>（←といった集合体がかりに実体としてあったにせよ、それが現代日本人と直結している根拠は？）の手で<u>使われるようになって</u>（←大陸・半島からの亡命知識人とおぼしき「帰化人」たちではない層が駆使するようになったという、資料的根拠は？）からも千五百年ほどの年月が経っている。
>
> 　しかし、現在、日本で使われている漢字は、長い歳月を経て、さまざまな日本式改良を施された、<u>わが国独自</u>（←「わが国」の時空的範囲は？　たとえば、琉球列島の在来・そして現在の漢字の用法は、日本列島と異質だが、これもふくめる？）のものである。中国にはない<u>訓読を駆使し</u>（←「漢文」という古典教育が継承されないかぎり、ほとんど無意味な文化。普遍的な翻

訳文明なら、なぜ現在の英語教育などでも援用されないのか?)、送り仮名という画期的な発明を加え、見事に日本語のなかに組み入れた(←漢字表記を「組み入れた」「日本語」の実体とは? たとえば表記を確認できない盲人のいきる「はなしことば日本語」を時空上最広義にとっても、漢字は想像上の存在にすぎない)のは、まぎれもない日本の英知なのである。

これら、たくさんの、そして重大な疑念がまとわりつく議論が、著者たちが共有し自明視しているイデオロギー以外のなにものだというのだろう? ここに動員されている「改良」「駆使」「画期的」「発明」[33]「見事」「英知」といった価値判断がくわわった表現は、辞書的記述ではなく、はじめから自己満足的に美化すること(自画自賛)を目的とした「自画像」ないし、対外的なアピールをねらった「宣伝コピー」のような性格をおびていることがわかるだろう。

これら、現行の日本式正書法、ないしはその前史としての古典資料の表記を、現実・伝統などとして擁護しようとする論者に、文化ナショナリズムによる思考の束

33　「発明」といった表現によって、「自画自賛」的な執筆動機を実質的に表明しているものとして、山口謠司『日本語の奇跡〈アイウエオ〉と〈いろは〉の発明』(新潮新書)などをあげることができるだろう。膨大な歴史データが駆使されているにもかかわらず、「日本という国のシステムを司る〈アイウエオ〉、そして日本人の情緒や繊細さを司どる〈いろは〉、その両方にまたがる「漢字」、これらはそれぞれの世界の深さと豊かさを持っており、日本語を作る不可欠の要素だと言うことができる」[やまぐち 2007: 20]といった、具体的論証をもちあわせない印象論=自己陶酔的な総括は、ナショナリストの自画像と、ナショナリスティックな「国語教師」「日本語教師」用宣伝コピーにしか、つかえそうにない。「情緒」「繊細さ」といった主観的で反証可能性になじまない、いいかえれば、カール・ポパーら科学哲学の議論から「非科学」と断定されるだろう形容表現は論外として、〈アイウエオ〉、〈いろは〉、「漢字」などが、「日本語を作る不可欠の要素だと言う」のなら、それを視覚情報としてたしかめたことのない先天性の全盲者は、日本語使用者ではないということになる。非識字者のまま失明したとおもわれる、はなわ・ほきいち(塙保己一 1746-821)は、当時の表記を視覚情報として確認していないはずだが、かれが編纂した『群書類従』などの文献におおきく依存してきた国文学界などの存在は、非常に皮肉な存在といえよう。微妙な次元でのテキスト論はともかく、通常の文献学があつかうモジ資料の処理次元が、所詮は思考の外化=記録化とその解釈・批判的検討にすぎず、ろう者以外、いわゆる「聴覚映像」によって処理されている構造を、ほきいち(保己一)自身が立証し、その学恩に「晴眼者」が依拠しているのだから。これらと対照的な日本語教育論としては、あいはら[2005]、たじりほか[2007]など。

縛があることは、明白だ。いや、無自覚な文化ナショナリズムを合理化する作業の一環として、現状ないしはその前史を擁護・合理化しようとするのだろう。ともあれ、日本式漢字表記を擁護しようとする一群は、①保守層と、②反動層とに大別されるとおもわれる。

　①「保守層」とは、本稿で具体的に記述を検討したような、「既存の表記体系は「歴史的検証」にたえてきたという意味で合理的にきまっているのだから、抜本的な改革など困難であるばかりでなく、非合理」という信念を共有する層である。現実が既存のモジ体系の利用・応用ですすんでいる以上、「抜本的な改革」が困難であることはいうまでもない[34]。しかし、「日本語の本質上、表記は漢字かなまじり文以外ありえない」といった断定・信念が前提となって、はじめから「微調整のみ」といった結論が自明視されているのなら、抜本的な政策転換のための根本的検討をおこなう意思をかいており、科学的議論を事実上拒絶しているということだ[35]。これら「保守層」の相当部分と、政治改革・経済改革の主張が共存しているとみえるのが、非常にこっけいだ[36]。

　②「反動層」とは、上記の「保守層」とちがって、「日本語表記の現状＝実態は歴史的伝統の破壊・摩滅によって劣化している」と信じてうたがわない層である。「せーじせーかなづかい（正字正假名遣ひ）」論者をその究極とするが、かれらからすれば、現代日本は「「不正漢字不正假名遣」が一般的である社會」であり、「差別主義者からいはれのない差別を受ける危険」をはらみ「正漢字正假名遣の使用者」が「差別されてゐる」ような、「明かな憲法違反」の空間なのだそうだ[37]。

34　物理的・経済的・身体論的な複数の次元で異質で、比較するのにムリはあるが、30年まえ、車両の右側通行を「日本本土」にあわせて左側通行にきりかえた沖縄県の、いわゆる「730（ななさんまる）」が、おおきな混乱をもたらしたことは、現地でいまだに記憶されている。たとえば「ナナサンマル　一警官奔走録／元那覇署長・久高さん自伝」（『沖縄タイムス』2008/07/22）「交通変更30年　「安全」考える機にしたい」（『琉球新報』社説、2008/07/30）など。

35　正書法改革の政治力学については、やすだ［2007］など、国語審議会の機能をふくめて、綿密に分析する必要がありそうだ。

36　正書法改革にかぎらず、王室制度・遺産相続制度・国軍制度など、「抜本的改革」からは除外された「聖域」があるとおもわれる。公教育制度、税制、鉄道・郵便など公共サービスなどについては、劇的といってよい改革がおこなわれたり、こころみられようとしてきたのに、あまりに不自然といえよう。

37　たとえば、ウェブサイト「正字正かなIMEプロジェクト」（http://noz.hp.infoseek.co.jp/

どちらが今後影響力をもちそうかといえば、それは前者とおもわれる。後者は帝国憲法への懐古をおもわせるような反動の方向が、大衆社会のなかで「過激」ととらえられており、多数派形成にいたるとはおもえないからだ。一方前者は、世代的・属性的逸脱として大勢にならないかぎり規範主義から黙殺されるだろう、さまざまな創意くふう・実験などをおけば、「いままでどおりが安心」という、大衆的な惰性意識にそうものである。

　「既存の表記体系は「歴史的検証」にたえてきた自制的秩序で合理的にきまっているのだから、抜本的な改革など困難であるばかりでなく、非合理」という信念が連呼されることで、ひごろの表現実践を批判的に再検討する必要性を否定された大衆は、「そうだ、いままでどおりでいいのだ」と、情報弱者のことはもちろん、自分たちがシステムの恣意性に無意味な負担をしょわされていることも自覚できないまま、「いままでどおり」をくりかえしていくであろう[38]。そういった惰性態としての大衆意識を強化するうえで、現行表記に批判的検討をくわえようとしない「国語教育」や「日本語教育」、うえでとりあげたような「漢字かなまじり表記」の擁護論がちまたにあふれる現状は、おおきなやくわりをはたしているだろう。

IME/)。ちなみに、こういった被害者意識が濃厚な反動層の大半は、現行の日本国憲法をアメリカ合州国を主軸としたGHQの策動・おしつけによるものだという反発（これも一種の被害者意識）も共有しているようである。現行憲法がブルジョア諸勢力の妥協をふくめた利害調整を目的とした欺瞞的法規体系であるといった認識を共有しているらしい新左翼諸勢力にも共通するかもしれないが、かれらが現行体制を欺瞞的とほぼ全否定式の政治主張をおこなう一方で、人権概念や自由概念などを日本国憲法を根拠にもちだす自己矛盾は、いたいたしい。要するに、反動層と新左翼諸派のおおくは、過去指向か未来指向か、方向性は正反対でも、大衆社会という大勢のうずのただなかで、超少数派であるという自覚（＝孤立感）を屈折したエリート意識に転化して、自尊心の基盤としている点で通底しているとおもわれる。

38　『イデオロギーとしての「日本」』などで指摘しておいたとおり、こういった意識を助長したのは、日本語ワープロソフトの実用化にはじまる、情報処理技術の長足の進歩である。これら技術革新は、一方で情報弱者に多大な福音をもたらしたが、他方で、日本列島上に支配的な書記システムの改善をはかるための議論が、もはや無用であるかのような誤解をふりまき、コンピューター等によってすくわれることがない情報弱者が放置されることをもたらした。インターネット技術・携帯電話に代表される技術革新自体が情報格差を拡大する本質をかかえているのに、漢字表記を中心とした諸問題を単なる情報処理技術問題と誤解・矮小化してしまった近年の動向は、実につみぶかい。

4. おわりに:疑似科学としての日本語論をこえて

　70年ほどまえ、アメリカ合州国の記述言語学者レナード・ブルームフィールド(Leonard Bloomfield 1887-1949) は、つぎのようにのべていた。

> 一般の素人はもちろんのこと、教育のある人々や、言語学と密接な関係にある科学の部門にたずさわる人々でさえ、概して言語学の知識はゼロである。今なお学校でおこなわれている因習的な定説に囚われて、言語学者以外の人は、言語学者の間では既にとうの昔から常識になっている、ゆるぎない言語学上の成果を聞かされても、信じられないといった驚きの念を示すことがきわめて多い[39]。

　こういったなげきは、なにも言語科学だけにかぎらないだろう。数理科学、社会科学、哲学ほか諸学には、数百年はおろか、なかには二千年まえに学者集団が確認ずみの事実さえありそうだ[40]。しかし、田中克彦らが、なかば皮肉をこめて論評して

---

[39] "Linguistic Aspects of Science" (Leonard Bloomfield, 1939)。たなか[1993a]の日本語訳による。

[40] 皮肉ないいかたをするなら、ある意味「教養科目」とか「入門科目」の次元でのテキスト類・講義のたぐいは、科学の最前線での激烈な競争原理とはちがって、「改訂不要」な領域かもしれない。なぜなら、科学が提示する世界観は、およそ日常的な実感・認識とは正反対の、「信じられない」モデルで説明がなされ、その落差に初学者は、仰天するのが普通だからだ。これらの「落差」に基盤をおく「驚嘆」の様子は教養・初級教育にたずさわる大学教員の、ひそかな「たのしみ」になっているとおもわれる。小中学校などで、化学や物理の実験で人気を維持する名物教員などとにた、「びっくり」体験であるが、そこでの教育学的なくふうを別にすれば、そこに動員された科学知識の大半は1世紀ぐらいまえに定説化しているような水準でしかないことが、しばしばだろう。それは、スポーツ科学の粋をつくしたアスリートたちの競技水準がどんどんあがっていこうと、市民の運動技能や体力の平均水準・中央値・最頻値は大してあがっていかないのとにている。初学者・初級者にとっては、先端からほどとおい定番自体が、驚異の対象なのだ。しかし、生徒に人気のある授業をくみたてている小中高校の教員層も、その大半は、日常意識を再編してしまうような、「科学的認識への招待」にまでふみこんではいないようである。すくなくとも、言語教育・文学教育周辺では、実に保守的で非科学的な空間が死守されている

きたとおり、大衆であれ、はっきりとした〈実感〉をもって言語論を展開することができ、モジ論も、そういった〈知の民主主義〉からもれることはない。洗練度や一貫性をとりあえずおけば。だからこそ、知識人をふくめた言語学的素養の欠如をブルームフィールドも問題にしたのだろう。

「俗流言語論」は、公教育が定着した空間に普遍的な現象ともいえる一種の「社会的事実」(fait social)[41]なのかもしれない。各人の偶発的な体験にねざした誤解とか、各人の単なるおもいつき、といった、ランダムな誤謬[42]にしては、一定の方向性にまとまりすぎていてあまりに不自然だ。これら定型化した論理のはびこりぐあいをみれば、疑似科学的な構造をもった言語イデオロギーが、公教育と出版資本主義市場を媒介にして再生産される「構造」が推定できる。

漢字不可欠論の構造とイデオロギー性については、かなり以前から指摘してきたが[43]、広義の漢字擁護論を言語ナショナリズムの観点から総合的に再検討する作業[44]は、単に狭義の社会言語学における具体的論点群にとどまらず、ナショナリズム研

ようにおもわれる。

41　Émile Durkheim,"Qu'est ce qu'un fait social?"（Chapitre1）in *Les règles de la méthode sociologique*, 1895

42　誤謬（ごびゅう、英:Fallacy）とは、「論証の過程に論理的または形式的な明らかな瑕疵があり、その論証が全体として妥当でないこと」（ウィキペディア「誤謬」）。

43　『イデオロギーとしての「日本」』『ことばの政治社会学』などにおさめた論考。モジ論については、1991年の論考がもっともはやいものだが、当時提起した諸問題で好転したとおもわれるものは、ほとんどない。イデオロギーの存在感にかぎっていえば、ここ20年前後のあいだ「不動」という印象さえある。携帯メールや匿名掲示板などによって発達した表記法や、いわゆる「左横書き」形式の拡大傾向にともなう漢数字ばなれなど、あらたなうごきが確実にひろがっている一方、公式文書などでの規範意識は、コンピュータの普及で、むしろ強化されているようにおもわれる。

44　もちろん、ことは漢字不可欠論にとどまらない。かながき自体が言語ナショナリズムの中核的要素をしめているだろう構造については、「かなそしてナショナリズム」（『ことばの政治社会学』所収、6章）で試論を展開している。ちなみに、この論考も、何度か発表した、わかちがきによる「かながきロンブン」の実践例である。かなナショナリズムの批判的検討を、かながきで展開するというテキスト論的構造は、ダンテの『俗語論』や、まえじま・ひそか（前島密）の「漢字御廃止之議」（かんじおんはいしのぎ）が、それぞれラテン語・漢文調でかかれたことと通底する本質をもつ。方便として、とおりやすいモジ表現をもちいただけでなく、なかば「自爆テロ」的毒素をはらんでいるのである。非難めいた反感しかもよおさなかった読者層にとっては、自己矛盾としてしか、うつらなかっただろうが。

究、および疑似科学研究の具体的領域としての意義もみのがせないとおもわれる。

　そして、これらナショナリズムとしての日本語漢字イデオロギーは、実践的な教育学的課題でもある。病院の「つきそい」としてはたらく日系ブラジル人女性が同僚から差別される装置が漢字知識だったことを指摘したことがあるが[45]、日系ブラジル人／ペルー人二世、フィリピン人女性の次世代など、日本社会に定住し定着していくことを選択した層の公教育での配慮は、対策が急務といえる。現場は、その知的リソースなしに、泥縄式、場あたり的対処できりぬけてきたのだから。

　もちろん、刑事事件などでの人権保障や医療現場・福祉現場などでの意思疎通・リスク回避問題についても、漢字を前提とした日本社会における情報弱者問題は、おびただしく生起しながら黙殺されていると推定できる。それら実践的課題にこたえる作業と、情報のバリアフリー／ユニバーサルデザインに逆行する、以上のようなイデオロギーの横行をくいとめる作業は、並行してとりくまれねばなるまい。

　市町村など自治体が、多文化共生をうたい文句に、さまざまな施策をうちだしているが、そういったながれが無用にゆがまないように、改善策にムリ・ムダがないようにするためにも、以上のような問題はさけてとおれないとおもわれる。

45　ましこ［1997: 121, 2001c: 131, 2003c: 125］参照。

第9章

公教育における第二言語学習の選択権

言語権とエスペラント履修

1. はじめに[1]

　本章は、後述するような「ひろい意味での言語権」という概念にもとづき、言語的少数派はもちろん、世界のなかで劣位におかれがちな日本列島在住者の言語権も保障するてだてとして、公教育でのエスペラント履修を提案するものである。

　その具体的議論の準備として、まず第2節と第3節では第一言語とそれ以外の言語教育の再検討をおこなう（議論の前史や背景について詳細な論証を不要とかんがえる読者は、第2節をとばしても問題なかろう）。そのうえで第4節では第二言語教育としてのエスペラント履修が生徒／教員にもたらすであろう影響を予想しつつ、その意義を論ずる。

---

[1] 本章は、「公教育におけるエスペラント履修と言語権」（『エスペラント研究』2号、日本エスペラント学会〔JEI〕、2003年）として発表された論考に、最小限の修正をくわえたものである。そのため、ローマ字表記による術語は、エスペラントによる（一部ラテン語）。

2. 第一言語以外をまなばせる公教育空間の社会的機能

　イスラム圏や旧東欧圏はともかく、20世紀のおおくの社会において中等教育段階で採用された外国語／第二言語教育の主軸は英米語であった[2]。ある意味、複数の言語文化が共存する地域はともかく、外国語／第二言語をみにつける必要性／動機をかかえるのは一般に、階級階層がたかいほどおおくなる[3]。こういった政治経済的

---

[2] 以下、最初の言語的社会化がおこなわれる際の言語を第一言語、それ以後習得された言語を順に第二言語、第三言語とよんでいく。したがって、二言語併用地域など多言語空間以外では、第二言語＝第一外国語（初等中等教育で履修）、第三言語＝第二外国語（おもに高等教育で選択履修）となることが大半となる。逆に多言語空間では、2つ以上の第一言語で社会化されることがすくなくないであろうし、すくなくとも、公教育であてがわれるまで第二言語がまったく習得されないことは、マレであろう。たとえば、1世紀ほどまえまでの北海道でのアイヌ民族や、琉球列島の島民たちなどの言語生活をかんがえればよい。また現在でも、民族学校において朝鮮語で初等教育中等教育をうける層などをかんがえれば、第二言語＝第一外国語といった図式を自明視することが危険なことはいうまでもない。また、琉球列島のとりわけ離島出身者のばあいは、県都那覇市に進学などでうつりすむまでの過程自体が、第二言語／第三言語の習得過程であることがすくなくないといわれる。琉球列島と大阪／鶴見／川崎などの朝鮮系住民の集住地とを比較すれば、「外国語習得」といった把握自体に問題があることが明瞭であろう。琉球諸語を日本語の下位分類にふくめていいかどうか、定住者である朝鮮系住民がたとえば韓国籍のばあいに、朝鮮語が外国語であるというのは矛盾する、とかいったぐあいに。本稿では、以上のような構造にかんがみ、とりあえず、最初の言語的社会化をすませたあとの第二言語／第三言語習得の機会と権利を、「外国語」といった把握を意識的にさけて論じていく（「外国語」という用語は、公教育のカリキュラムや入試制度／資格検定試験などを論じるときだけもちいる）。ちなみに、社会言語学や言語教育関係者が多用する「母語」という術語も意識的にさけている。母親から授乳とともにうけとる言語、といった言語的社会化のイメージが素朴にすぎることは、移民社会の二世の生育過程やクレオールの生成機構、手話共同体の存立基盤をみれば明白だからである。くわしくは、ましこ［2002d, 2003c］参照。

[3] もちろん、あくまで一般論でのはなしである。社会の最下層は移動の自由をもたないが、最下層でないかぎり、でかせぎなどで外国にでることは普遍的な現象だから。しかし重要な事実は、かのじょら／かれらは、学校をとおした、つまり移民として国家的な言語政策にそった正規の外国語教育をうけて渡航してはいないことである。戦前の日本をみても、満州／ブラジル等への殖民を目的とした拓殖大学などを例外

地位と学歴階梯とのたかい相関こそ社会移動を駆動因とした近現代社会の再生産機構であったし、それらが公教育イデオロギーの基盤でもあったのだから、各国の中等教育／高等教育政策が欧米列強の国語＝標準語をえらんだのも当然であった。ラテン語や古代ギリシア語、アラビア語、漢文など、古典語が国際語として機能した時代がおわりをつげたとき（世俗的価値の優位の確立）、それは同時に欧米列強による世界分割の開始でもあったから（帝国主義段階）、欧米主導の国際社会のなかで外交通商にたずさわるためには、英仏独語など覇権国語（従属国にとっては宗主国語）があらたな素養となったわけである。そして19世紀後半以降、世界史上の覇権国は、大英帝国とその「衣鉢(いはつ)」をひきついだアメリカ合州国（Usono）であった。いわゆる、パクス・ブリタニカ（Pax Britanica; La Brita Paco）からパクス・アメリカーナ（Pax Americana; La Usona Paco）への「禅譲(ぜんじょう)」である。19世紀後半に近代社会への編成がえをはかった日本列島の支配層が、英米語中心の言語教育政策をとったのも、ふしぎではない。覇権の中心が英独仏にある以上、高等教育（一部の私立学校は中等教育から）は、それを軸におき、露中を周縁的位置においた［あんどー1988］。当然、以前の覇権国スペイン／ポルトガル／清国の言語は、帝国日本のエリート層の育成に無縁だったといってよかろう[4]。

として、移民労働者のために国家や教育機関がでかせぎ先の言語の研修を組織化するといったことはないという現実からすれば、第二言語教育の受益層は中以上の階層／階級といってよかろう。ちなみに19世紀末の日本列島周辺のばあい、アイヌ民族や沖縄人、あるいは朝鮮人陶工の子孫たちなどのように、確立しようとする途上にあった「国語」に包囲されており、第二言語は選択の余地がなく標準日本語ないし鹿児島方言といえた。和人にとっての第二言語＝英米語は、言語的少数派にとっては第三言語だったのである。

[4] 戦前、スペイン語（事実上、カスティリア語）は、官立学校でいえば東京／大阪の外国語学校だけで、ポルトガル語にいたっては、拓殖大学など私学の一部でしかまなべなかったといえよう（東京外国語大学の前身である東京外国語学校がポルトガル科を設置するのは、第二次大戦末期、東京外事専門学校と改称された1944年である。「年表」http://www.tufs.ac.jp/abouttufs/history03.html）。これら旧覇権国の言語教育制度が、大国との外交交渉などにかかわる国家エリートとは基本的に無縁であり、事実上中南米／フィリピンなどスペイン語／ポルトガル語圏への海外殖民（＝貧農層の棄民をになう膨張政策）の管理ルートであったことは、ほぼまちがいない。ロシア語学習は、ロシア重視の外交関係者などにとっては重要な要素であったろうが、所詮は軍事大国という位置づけにすぎず、制度／思想上の先進国といった位置づけをするエリートはいなかったはずである（文学者／社会主義者などは例外）。中国語

しかし、たとえば戦後日本のように理念上の民主化がすすめられた空間で、第二言語教育として、当然のように欧米列強の国語をえらぶことには問題がある。たとえば戦後日本では、エリート主義的＝「みせびらかしの消費」的な独仏語履修が、大学の大衆化、ロシア語ほかの言語選択へとひろがったという点で、階層的／言語的両面での民主化がすすんだようにみえる。しかし現実は、そうともいいきれない。めぼしいものだけあげても、英米語の大衆化との対比としての独仏語の地盤沈下、そして中ロ朝ほか、東アジアの大言語の構造的軽視という、無視できない問題が指摘できよう。これらの諸事実は、単にヨーロッパ大陸の覇権国の相対的地盤沈下の反映というだけでは、説明できない。戦後日本の中等教育における英米語（とりわけ米語）の突出と高等教育での独仏語の退潮、そして多言語化の低迷状況、留学先としての英米語圏といった諸事実は、第1にパクス・アメリカーナの一部としての極東地域（日本／韓国／台湾）の典型として理解するほかない。いいかえれば、第二次大戦での戦勝国／敗戦国といった、形式的区分は無意味であり、事実上の米軍の覇権下にある日／韓／台の3地域は、同時に文化的植民地でもあるということだ。
　したがって、戦後の学制改革によって中学校が義務化することで英語科が事実上

（北京官話）や朝鮮語のばあい、日清戦争勝利ののちは、のちの大東亜ブロック構想における指導的たちばを確保するための手段として位置づけられていたといえよう（明治期にあっては、漢文による筆談が可能な政治家／官僚がすくなくなかったことも無視できないが）。ちなみに、旧制高校／大学予科での外国語教育にロシア語や中国語がくわわるのは、敗戦後の1946年という旧制末期でしかないことに、エリート教育における両言語の位置づけが端的に表現されているといえよう［ももせ1990: 386］また、中国語／朝鮮語などの戦前の位置づけについて村井紀などは、金田一京助が帝国大学文科大学に入学した日露戦争当時の「言語学科」が小倉進平（朝鮮語）、伊波普猷（琉球語）、後藤朝太郎（中国語）など帝国支配と呼応する言語研究者を養成する機関となっていたとみなす。「金田一らの使命は日本帝国のアイデンティティを図るものとして明確に位置付けられていた」のであり、「軍人たちに要請された実用性に重点をおいた周辺語学の習得（スパイ養成）などとは異なり、そこには「文学」と密接なナショナリズムが働いている」とする［むらい1995: 148-9］。いずれにせよ、対等以上の存在、いいかえれば畏怖／尊重の対象としての言語（教育）政策でないことには、ちがいはない。なお、「スペイン語」という呼称は、イベリア半島内の言語状況からして、前述したとおり「カスティリア語（ないしは「カスティージャ語」）などとよぶべきだろうが、中南米大陸に分布する言語変種やフィリピンにのこる変種なども総称する呼称として、「英語」などと同様、便宜上「スペイン語」をもちいていく。

の必修科目と化し、準義務化した高校の選抜試験でとわれる英語知識が国民的な素養として変質したことの意義は、以上のような国際関係のなかでかんがえねばならない。文学部や教員養成学部における英米語教員の体系的育成はもちろん、自明かのようにくりかえされてきた、高校入試、大学（短大／高専）入試内での、英語の位置づけもである。さらには、英語力があれば教養人だの国際人だのといった通俗的なイメージが、公教育という公的空間でさえ、堂々とまかりとおってきたという現実もふくめて［ましこ2002d］。

このように、戦後日本において第二言語教育の民主化という観点からかんがえたとき、英語知識の事実上の義務化とアクセサリーとしての西欧語という文化資本上の序列の再生産は、国際関係の民主化という意味でも国内的な階級階層間格差の民主化という意味でも、根源的な問題をはらんでいる。とりわけ、現実の国家体制としての隣人であるとともに、旧植民地出身者＝「定住外国人」の言語文化としての朝鮮語／中国語（後者のなかみについては、さまざまな見解はあろうが）が中等教育のカリキュラムおよび選抜試験の科目からおちていたことは、致命的問題といえよう。

冷静にかんがえてみれば、「外国語を公教育でまなばせるのが当然」「義務教育として大衆的にまなぶのがあたりまえ」というリクツは、奇妙であった。「国際社会にすべての大衆が参入しなければ」というきめつけも不可解なら、異文化間交流の媒体として英米語ほか欧州有力語だけが自明視されるのも不自然だった。「学習指導要領」など文教官僚とその委嘱をうけた作文がナンセンスであることはもちろん、「語学マニア」の知識人や、みずからの利害を公然と露呈させている外国語教師の「外国語の必要性」論など、信用にたるはずもなかった。大衆のほとんどは、日常的に異文化間接触をさけられないような空間にくらしておらず、あやしげな語学力しかなかろうと、条件さえととのえば、旅行に移民にと国外にでていくが、満足な語学力をつけさせなかった学校教育をうらむこともないのだから（註2参照）。要は、古今東西、異言語をまなぶ態度のうち、劣位にあるものが生存をかけてみをまもるばあいをのぞけば、カネのためであり、権力のためであり、逆に劣位にあるものをより狡猾に支配するためにあいての言語を調査してきたのが実情といえよう。はなしあいてが同性／異性にかかわらず、友愛のために異言語をまなぶという理想像は、実は例外的少数派だったのである。戦後日本にかぎっていえば、圧倒的な物量をほ

こる米国への畏怖とあこがれこそ英米語学習の動機であり、それを異言語学習による母語の相対化とか異文化へのまどとか、はては国際平和といった美名までもちだして「外国語学習」を正当化してきた知識人や語学教師たちの言動の大半は、悪質な詐欺行為だったといえよう。「外国語＝欧米有力言語」に権威を感じる自分たちの劣等感を大衆間に増殖させ、巨大な市場として「くいもの」にしようといった、暗黙かつ無自覚な「共同戦線」だったのである。

3.「言語権」からみた、公教育における第一言語／第二言語

　さて、最近欧米で浮上しつつある「言語権」という理念については、さまざまな理解があり、それに応じて複数の概念規定が共存しえるだろう。しかし言語法制の専門家や言語学者、エスペランティストたちが共通して認識している理念という次元では、おもに言語的少数派が「母語」「言語共同体の言語」「自民族のことば」などとよばれる言語を大半の公的空間で使用できる権利、そして公教育ほか公的サービスを享受できる権利をさしているようである［げんごけんけんきゅーかい1999: 105-23, 166-81, 185-9, 194-8］[5]。もっとも包括的な規定がのべられているのは、「世界言語権宣言」であろう［同上: 161-84］。これら、共有されつつある中核的理念を、本稿では「せま

5　日本のエスペランティストを中心とした言語権研究会は、『ことばへの権利　言語権とはなにか』で、「本書は、わが国ではおそらく初めて言語権を正面から取り上げた本である。言語権という概念自体、日本ではそれほど知られてはいない。そして程度の差はあっても同様のことは世界的にもいえることであろう。しかし、とりわけ1990年代に入ってからこの概念についての関心が世界各地で高まってきた観がある」とのべている［げんごけんけんきゅーかい1999: 7］。ちなみに、言語権が暗黙のうちに、言語的少数者たちの人権であると想定されていることに着目すべきである。たとえば、日本語ができないアメリカ人が日本列島内で被疑者とされたばあいの弁護士との通訳、取調官との通訳を保障されるのは言語権にふくめていいが、日本列島内で英米語にあわせさせる「権利」とか、アメリカ国内でスペイン語を公教育からしめだす「権利」などは、問題にもされないということである。ある意味「言語権」とは、多数派の横暴をおさえこむ権利概念であって、言語使用の絶対的自由の保障とは無関係といってよい。言語優位者が劣位集団のなかにたまたまはいりこんで「こまる」状況が同情にはあたいしないことは、たとえば、ましこ［2002d: 16］。

い意味での言語権」とよぶことにする。

　しかし、本稿は、そうした言語的少数者が第一言語を公的領域で使用し、あるいは公的サービスをうけられるという次元をこえた、「ひろい意味での言語権」を提起し、その議論のなかでエスペラント履修を公教育で実現すべきだという立論をおこなう。

　まず第一言語についての人権がなりたつなら、当然第二言語／第三言語についての人権もなりたちえるはずだということ。なかでも第二言語は、言語的少数者にとっては周囲の多数派の言語であり、当然（法的な明言がないにしろ）第一公用語になっているであろう媒体として死活問題ともいえる次元に属すること。つぎに、旧植民地出身者の二世以降の世代にあっては、一世の故国の言語という意味で民族性にとって重要な媒体であり、第一言語に準じて重大な存在であること、などが指摘できよう。そして、日本列島もふくめて事実上の文化的植民地となっている非欧米社会のおおくでは、英米語／フランス語／ロシア語／中国語／スペイン語などの威信秩序からのがれることは不可能にちかいのだから、所属する国民国家で多数派住民であっても、言語的劣位にある可能性がちいさくない以上、その選択には、強制がともなうのは問題だろうことである。たとえば日本においては、公教育／入試において英米語（言語的少数者にとっては、ばあいによっては日本語自体も）を強制されない権利、国公立大学を中心に第二外国語という名目で西欧諸語を選択しなければならない（事実上の必修）といった事態を回避する権利である。要は、「ひろい意味での言語権」には当然、第二言語／第三言語等を自主的に選択できる権利（さらにいえば、まなばされることをこばむ権利も）がふくまれるはずである。エスペラント履修の機会保障は、こういった「ひろい意味での言語権」にとって、きわめて重要な意味をもつとかんがえられる（後述）。

　このようにかんがえたとき、英米語をさけては高校に進学できない現実、高等教育進学もいちじるしく制限される状況、またアジアの諸言語等をまなべない現状は、いちじるしい人権侵害といえよう。とりわけ、旧植民地出身者として「在日外国人」という存在の言語文化としての朝鮮語／中国語が、事実上、公立校の空間からしめだされ、入試科目として極端に冷遇されてきた経緯は、意図的な民族差別と

いってさしつかえなかろう[6]。

　もともと、多数派日本人と少数派とは、言語権上の利害が微妙にかさなり、また微妙にズレる。多数派日本人は、英米語をおしつけられない権利という次元では、少数派と利害が一致する。しかし同時に、少数派は英米語および日本語以外の諸言語をまなぶ権利をもち、もちろん先行世代の民族語を継承する権利をもつのである（現に第一言語がかりに日本語であっても、潜在的に民族語を使用するための条件整備をおこなう責務を多数派日本人はおっている。過去に、少数派が民族語を使用する条件を破砕し、事実上使用する空間をうばってきた罪科への、当然のつみほろぼしである）。そういった観点からすれば、多数派日本人は、あたらしい潜在的な宗主国としての合州国の国語（実際には、「スペイン語」など、さまざまな言語が共存しているはずだが）を国際化のための不可欠の条件といった合理化をすることで、みずからに課すとともに、国内少数派に対して、みずからの民族語をふくめたアジアの諸言語をまなぶ機会を当然のようにうばい、その姿勢を合理化してきたともいえるのである。露骨に主張されることはないが、多数派日本人が、文教官僚をはじめとして一貫してまもってきた姿勢がしめす言語政策／実践／哲学とは、つぎのようにまとめることが可能だろう。

　　きみたち民族的少数派の言語は、国外はともかく、国内では圧倒的劣勢であって、とてもまともに公用語として採用するような勢力とは、かんがえがたい。それは、きみたちの日常的な言語生活の実態が、現に日本語の諸変種であるということに、端的にあらわれている。したがって、第一言語教育は、標準日本語をあてがうのが正当なのであって、この点について異論がでるとはかんがえられない。

---

[6]　ここでいう「民族」とは、客観的政治情勢はともかく、主観的に同族意識をもった集団が実在し、状況次第では政府を樹立させて国民国家が成立する可能性をもつもの、という規定でもちいている。日本列島を例にとるなら、アイヌ民族や琉球列島住民はもちろん、旧植民地出身者およびその二世／三世、そのほか「帰国」の意志の有無にかかわらず在住する移民労働者とその家族などをあげることができよう。したがって、「民族語」といったばあい、具体的には、アイヌ語、琉球諸語、朝鮮語、中国語、スペイン語、ポルトガル語などを列挙することが可能であろう。ちなみに、こういった国内少数派の存在を無視した「英語第二公用語化」論がいかに非論理的かについては、Tukahara [2002] 参照。

ひるがえって、現代社会における国際共通語は、英米語である。きみたちが、万が一だが、国連などで先住者としての権利をかりに主張するといった事態を想定したにせよ、それはアイヌ語や琉球語などではなくて、英米語による作文、発言のはずである。したがって、第二言語教育は英米語を主軸にすえることは、多文化社会を構築するうえでも合理的選択のはずである。

などと[7]。こういった姿勢／方針は、多数派日本人の生徒／保護者に支持されていることはもちろん、差別されることをおそれる、ごく普通の民族的少数派の生徒／保護者のおおくも支持する可能性がたかい。民族文化を継承することは、多数派日本人に包囲されるなか、多文化空間の実践者としてゆたかに日常をおくれるどころか、被差別者としての攻撃をよびこむキズとして機能しかねないからだ。民族文化の実質的な継承がなされていようと、伝統文化への愛着があろうと、「しんだふり」をしていたほうが、差別を誘発しないですむ分、めんどうがない。かくして、日本語

7　各地の教育委員会をふくめた文教官僚はもちろん、国語科／英語科以外の教員層の大半も、以上のように明確に自己の姿勢を認識しているわけではないものの、実感／身体性として自明視していることは、ほぼ確実である（いや、第二段の論理を明確に主張できる官僚層は、かなりの開明的部分であって、この水準さえ「高級」かもしれない）。このようにいうと、根拠がないといった反論がでそうである。しかし、その「物証」を提示するは構造上不可能なのだ。なぜなら、多数派は、このように明示的にかたる必要をもたない以上、かたる動機をもたないし、かたる必要性を感じない以上、明確に意識することがないからだ。暗黙の、そして明確に意識化＝言語化されないイデオロギーとしては、女性解放論以前の男性支配の動向をふりかえればよい。男性支配を明示的に言語化する必要が生じたのは、女性解放論が明確かつ公然と表明されるようになってからであった。スペイン語による言語教育が当然の権利であるとされた一時期のアメリカ西海岸だからこそ、「国語は英語だ」という反動が明確化したことをみれば、日本列島で、そういった多数派による反動的言動が明示されるのは、むしろずっとさきのことではないか？　むしろ、そういった反動的論理がふきだす次元にまで、少数派がちからをもちえるかどうかこそが、現在とわれているといえよう。こういった批判的見解をまえにすれば、それを「ぬれぎぬ」「被害妄想」といった論理で否認しようとする多数派はたくさんでることだろう。事実「証拠」がないのだから「反証可能性」を主張できない以上「みずかけ論」になるほかない。しかし少数言語がその正当な権利さえも黙殺されている現状をみれば、多数派が暗黙のうちに想定し実践しているイデオロギーは、ほぼ「実在」を想定して問題なかろう。むしろ多数派は、アリバイ（不在証明）をみずから立証する責任があるはずだ。

／英米語バイリンガル政策は、少数派のいきのこり戦術さえも動員して、いや強力な同意をえつつ、いきおいをましていくのである。

　もちろん、社会言語学／言語法学などがおしえる「言語権」の理念は、以上のような同化主義／覇権主義とは正反対の議論をたてるであろう。民族的少数派は、日本語／英米語をおしつけられない正当な権利をもつ。第一言語としても第二言語としても。みずからの民族語をまなぶ権利、公用語として公的空間で表現する権利をもち、後者については、英米語によらない意見表明の権利（無償で通訳を確保する権利をふくむ）が国際機関などで保障されていくこととして理解することが可能だろう。日本列島内での日本語話者、国際機関での英米語話者は、自分たちに他者をあわせさせる権利を事実上行使しているのだから、あわせることの困難な層が不利にならないように、通訳者／翻訳者を確保する責務をおうはずだから（もちろん現状では、そういった自覚は、裁判やとりしらべなどをのぞけば、皆無にちかいが）。しかし、いかんせん、「言語権」という概念はおろか、社会言語学的な素養さえ、ひどく少数派なのが現実であり、しかもそれは、知識人のなかでさえ、状況は同様なのである（周囲の教育機関の関係者に「社会言語学」という術語をたずねるとよい）。

4. 生徒／教員の言語権覚醒の媒介項としてのエスペラント：あらたな言語権の確立

　以前から、鈴木孝夫は国家戦略のたちばから、英米語偏重主義をあらためて、多言語対応のエリート教育をほどこすべきだと力説してきた［すずき 1975, 1985, ふなばし／すずき 1999］[8]。また、田中克彦は、日本語と語順がにている朝鮮語／トルコ語の学

---

[8]　もちろん、鈴木孝夫らの言語政策上の国防論は、権力エリートやそれに呼応する文化エリート本位の議論になりがちであり、危険なことはいうまでもない。鈴木の議論で、英米語など有力欧米言語に特化すべきでないとか、とりわけ英米語を大衆的に注入するといった無謀な教育政策をやめて、エリート育成に財源をかたむけるべきだといった議論は、前者はもちろん、後者の議論さえ、それ自体とがめられるべきではない。能力と必要性（動機）という2つの次元で学習意欲を充分もちえない大衆の大半に、強制力をもって「国際人」化をせまるのは、国家エリートの欲望と言語エリートの利害のおしつけでしかないからだ。これは、エリートだけが第二言語教育をうけるのは不当だといった、既存の批判とは位相がちがう。むしろ言語エ

習の意義をとく一方［たなか1993］、英語第二公用語化論のあさはかさを批判しつつ、ロシア語／中国語学習を提案した［たなか2000］[9]。もちろん、京阪神の在日朝鮮人などの実態を背景にした朝鮮語／中国語の公立学校での対応、フィリピン人／日系ブラジル人の定住化に対応したタガログ語／ポルトガル語／スペイン語などへの多言語サービスや日本語教室の確保なども、不充分ながらすすめられてきたことは無視できない。これら既存の主張や実践は、すべて一理あるものであり、多言語社会が実情である日本列島、国際社会へ対応すべき日本人の方向性を的確にいいあてているといえよう[10]。

リートが、翻訳・通訳的な技能に対して実益以上の社会的評価をうけ、人材選抜や人事に援用されている現状こそ、変革されねばなるまい。第一言語以外の知識にすぐれていること自体は正当に評価されるべきだが（欧米有力言語以外ではとりわけ）、そのことが能力評価、人物評価のなかで、突出した位置をしめてきたことこそ、全面的にあらためられるべきであろう。そういった冷静な評価は、第2節でのべたような歴史的経緯が当然ふまえられねばならない。とはいえ、鈴木らの、国民国家の国際社会内での存続という、きわめて国家主義的な議論は、大衆的な言語権とは微妙にズレるし、本質的に共存しえないものをかかえている。大衆的に外国語を公教育で注入するという夢想がまずいことがたしかでも、第二言語を経済的負担なくまなべる機会は保障されるべきであろう（前述したとおり英米語以外も）。また、在日外国人や少数民族の言語権といった観点が、鈴木ら国防的観点からの第二言語教育政策論にまったくかけていることは、いうまでもない。鈴木らの議論は、あくまで国民国家日本のかわらぬ存続が前提であり、しかもその主体は、多数派日本人でしかない。

9　いわゆる「英語第二公用語化」論については、『論争・英語が公用語になる日』参照［ちゅーこーしんしょらくれへんしゅーぶ／すずき編2002］。論者の議論／認識の水準はまさに玉石混交だが、だからこそ、無責任な議論を展開してはじない知識人の認識水準が一望できる。

10　理想をいえば、隣国の中国語（広東語／福建語などもふくめた）／朝鮮語／ロシア語、在日「外国人」の言語であるタガログ語／スペイン語／ポルトガル語、アジアの代表的クレオールの一種インドネシア語などとともに、エスペラントが公教育で保障されるべきであろう（まず隣国と国内少数派の言語に対応するのは当然である。そうでない言語があえてえらばれているとすれば、それは西欧崇拝などの心理的機構を真剣に再検討すべきである）。そして、これらの言語とローマ字がきの日本語によって、公文書、公的空間の表示、市民／滞在者むけの文書などが、かきあらわされることがもとめられるであろう。児童生徒は、こういった表記を苦痛をともなわずに実践できるよう、まさに素養としてみにつくような機会を、小学校高学年段階くらいから保障されていいとおもう。これらは多数派日本人児童が世界とかたよりなく交流していく機会を保障していくために必要であるばかりでなく、それらを第

しかし、ここで力説したいのは、公教育におけるエスペラント語履修機会の保障である。このことは、単なる理想主義的な目標としてでなく、ひとつの「言語権」として児童生徒に保障されるべきではなかろうか？
　第1に、第二言語／第三言語の選択権という意味での言語権行使という次元があげられる。たとえば大学での語学教育をかんがえたばあい、ドイツ語やロシア語のように機能上無意味な格変化は記憶の負担をつよめるばかりで、おおくの学習者を挫折させる障害でしかない。また、格変化をうしなうことで単純化されたようにみえる英仏両言語は、語順偏重の言語として、あるいは恣意的な慣用句を膨大にかかえこむ迷路として学習者のまえにたちはだかる。ロマンス系諸語の動詞変化は、学習者を幻滅させるであろう。かくして、有力な各民族語はみな（中国語はともかく）、学習者の人生を相当程度犠牲にすることを前提とした「苦行」となりかねないのであって、これらを国際人としての素養であるかのように教師たちがふるまうのは、業界の利害を合理化しているにすぎまい[11]。

　　　一言語や両親世代の言語としてまなぶ権利を保障されねばならない児童のためにも、かかせないといえよう。さなだ／しょーじ［2005］参照。

11　大学のいわゆる「教養科目」にふくまれてきた「第二外国語」「未修外国語」教育が旧制高校／大学予科のなごりであることは、いうまでもない。そして、大学教育がエリート教育とは無縁のマス段階にはいって以降、「第二外国語」「未修外国語」教育の機能不全は、だれのめにもあきらかであろう。とりわけ独仏両言語の凋落ぶりはきわだっている（「おなじ漢字圏で、なんとかよめそうだ」といった安直なかんがえにもとづいた中国語履修への「なだれ現象」とうらはらである）。英語以外の外国語を必要としている層など、ごくわずかであり、それは研究者でさえ同様なのである［ましこ 2002d］。しかし「独仏語ばなれ」は、「必要性」や「必要単位数」といったしばりがないからだけでは説明がつかないだろう。両言語が名詞／形容詞／冠詞に「性」や人称による動詞変化という恣意的かつ複雑な体系をかかえていること、ドイツ語が不規則かつ機能上あまり意味がない格変化をのこしていること、フランス語が発音と正書法におおきなズレをかかえていることなどが、おおきな学習上の負担になっていることは、みのがせないだろう。ロシア語であれば、それらにキリル文字という心理的距離感もくわわる。格変化／複数形の習得を前提とした、たとえばドイツ語教育は、ラテン語や日本語などと同様、語順がかなり自由となるという言語構造の妙をまなべると、教育者は正当化するかもしれない。しかし、エスペラント語のような規則的な格変化をもちえない歴史的言語のばあい、「ともかく暗記しろ」という強要になりかねない。実際、エリート教育や軍事教育、ほか日常生活上不可避の学習者などをのぞけば、恣意的でしかない格変化等への対応は、理不尽な苦行としか、うつらないであろう。なぜなら、ほかの言語では、そういった非合理な語

対照的に、エスペラント語は印欧諸言語のエッセンスであり、構造を理解するうえでほとんどムダがない。各印欧語へ移行するうえでもきわめて合理的な入門形といえよう（恣意性とムダがほとんどないことは、学習者のいらぬ負担をなくすだけでなく、論理的思考力をたかめる可能性がたかいとおもわれる）。つまり、われわれは大学の語学教員の雇用確保につきあうかたちで有力言語をおしつけられる状況（＝えせパターナリズム）を拒否する権利があるはずである（＝ひろい意味での言語権のひとつ）。そして結果的に欧米の有力諸言語をえらんだにせよ、明確な言語学的みとおしをえたうえで選択権を行使できて当然であろう（自己決定権の保障）。このように、中等教育段階でエスペラントの基礎知識を公教育で保障することは、立派な「言語権」の課題といえよう[12]。

　こういった教育条件をそろえるためには、エスペラントを自在に駆使できる人材養成が急務であるが、同時に、語学教員養成課程の全面的くみかえも必要となるであろう。たとえば、欧米諸言語教育の担当教員にはエスペラント講座の履修を義

　　形はつかわれていないのだから。つまり、必要上、あるいは履修をさけられない層をのぞけば、恣意性への対応は、恣意性自体の克服という、マゾヒスティックなゲームにしかなりえない。恣意性という、あついかべをのりこえたうえでの言語表現の妙への接近・到達など、到底大衆的な公教育にはなじまない夢想なのである。
　　　もともと、「世界化のなかでの市民として成長するため、そして多言語的感覚をみにつけるためにエスペラント以外の民族語をあてがうべきだ」とするなら、有力な欧米言語をことさらに強調し、制度的にあてがうのはおかしい。本節冒頭で具体的にあげたように、朝鮮語／中国語／ロシア語／タガログ語／ポルトガル語／スペイン語などが、まずあげられるべきなのだ。そういった発想がでてこないこと自体、「旧制高校／大学予科のなごり」という実体をうらがきしている。有力な欧米語でない中国語が制度化したのも、あくまで「大国」だからであろうし。

12　エスペラント学習を言語学入門として提案しているものとしては、ほった［1996］。そこでは、「エスペラントを学べば言語のしくみがよくわかる。不規則活用や民族固有の言い回しにわずらわされることなく、一つの言語のしくみを見ることができる」として、具体例をあげている［同上: 295-304］。しかし、エスペラント学習は、諸言語を相対化する視座を提供する点で、「言語学入門」にとどまらず、「言語権入門」のやくわりをはたしうるはずである。
　　　なお、エスペラントが単にヨーロッパ言語文化よりであるばかりでなく、社会的性差など、さまざまな面で不完全な存在であるとの指摘もなされている（たとえば、かどや［2001］など）。こうした、エスペラントが言語差別解消に充分貢献することをふまえつつ、既存のエスペラントの神聖化に対する批判をくわえる論者の水準にまで公教育段階で到達できれば、理想なのだが、それはたかのぞみであろう。

務づける、といったこともふくめてである。教員のおおくが日本国憲法の履修を資格のなかにかかえているように。日本国憲法のおざなりの履修がどの程度の人権意識などをつちかっているかは、もちろん疑問がのこるところであろう。しかし、社会言語学の素養なしに語学教員になることが、なにも問題視されることなくきたし、欧米諸言語を冷静に相対化するためのかっこうの素材としてのエスペラントをしることなく、所与の存在として欧米諸言語をおしえることのつみぶかさは、エスペランティストならよくわかるであろう。ともあれ、言語権という、ひとつの社会権を定着させ、人権が遵守される市民社会をかたちづくるために、語学教員の啓発活動は不可欠だし、それを教員養成課程のなかに制度化してくみこむことが、真剣に、かつ早急に検討されねばなるまい。日々、言語権の次元での人権侵害がくりかえされているのだから[13]。

　第2に、語学教員にエスペラントを履修させる重要な目的がある。それは、自然言語／人工言語、「ネイティヴ・スピーカー（denaska paloranto）」／第二言語話者といった、てあかにまみれた二項対立を真剣に再検討してもらう機会を提供する空間としてである[14]。エスペラントに対する半可通の非難が、「母語話者がいない」「人工言語だから表現が貧弱だ」といった、言語学者たちにも遍在するねづよい偏見が基盤となっていることは周知の事実だろう。こういった偏見をまったく修正することなく語学教師として教壇にたつことが、はなはだつみぶかいことはいうまでもない。とりわけ英語科教員の相当部分は、「ネイティヴ・スピーカー」至上主義を奉じつつ、

13　このような「言語権」保障のための多言語主義空間を維持していくためには、既存の国語科や英語科の時間をけずってでもくみこむべきだとはおもうが、現場の教員層に理念が徹底できないばあいは容易に空洞化しかねない（たとえば、一部で空洞化が自己批判されている反戦平和教育や同和教育などの、二の舞になりかねない）。その意味では、具体的な民主的言語であるエスペラントとその思想を学習することこそ、社会言語学的な訓練となるともいえそうである。

14　エスペラントやコンピュータ言語以外の言語現象が「自然」とみなされていること、しかも社会言語学者さえも、そういったイデオロギーにそまっていることは、きむら［2001］。「ネイティブスピーカー」概念をめぐる言語学者の幻想については、おーひら［2001］。また臼井裕之は、本来「母語話者」がいないはずのエスペラントに、実は少数ながら「母語話者」がいることに言及しつつ、「母語話者の存在が言語的排外主義を作り出したわけではなく、母語話者を絶対化する近代の社会編成が近代言語イデオロギーを生み出した」とし、「エスペラントは母語話者を絶対化しない社会編成をめざす文化実践と捉えることも可能」だと指摘した［うすい1998］。

充分な議論もできない駆使能力でとどまっているであろう。万一、自分の英米語駆使能力をタナにあげたままで「母語話者がいないエスペラントは、まともな言語ではない」とか「エスペラントは人工言語だから、表現が貧弱だ」といった非難をくわえるとしたら、それは明白な自己矛盾といえよう。「ネイティヴ・スピーカーがいるからこそ、第二の習得者である自分たちの言語も充分に機能する」という主張は、みずからが「反証」しているのだから[15]。

さらには「母語話者があまりいない日本手話もろう者のまぎれもない第一言語である」とか、「ネイティヴ・スピーカー至上主義にこりかたまることは、言語の国際的共有とか多言語主義空間を維持するといった課題をかちとるために、障害にしかならない」といった、エスペランティストや手話言語学者ならだれでもきづいているような正論。それが正論として通用するような空間をひろげるためにも、語学教員へのエスペラント履修の義務化は意義ぶかい変革となるであろう。

第3に、以上のべたような英米語至上主義を軸とした（北京官話をのぞく）欧米有力語の自明視を相対化するためのエスペラント教育導入は、単なる第二言語領域での言語権保障にとどまらない価値をもっている。

まず、エスペラントをまなぶことが、考案者ザメンホフをはじめとした国際補助語の理念ぬきにすすめられるとしたら、単なる知的遊戯にすぎず、学習の意義をおおきくそこなうものであろう。エスペラント学習は理念と不可分なのである。なにゆえロシア帝国統治下のユダヤ系ポーランド人が、国際補助語という思想にたどりつき、実行者として運動の基点となりえたのか、エスペラントという具体的なかたちが、いかなる経緯からもたらされたものなのかといった歴史的背景をしることは、単に国際補助語という理念の言語思想史上の問題にとどまらない意義をもっている。第1に、言語帝国主義とはなにか。第2に、第二言語学習者にとって負担を極小化するための条件とはなにか。第3に、第一言語話者の事実上の権力とはなにか。第4に、少数言語をふくめた第一言語を生活文化の中核として維持していく権利、公教育をふくめた公的サービスを第一言語でうける権利、公的空間で第一言語をもちいる権利が、なにゆえ当然なのか、といった社会言語学的な基本的知見（それはとりもなおさず「せまい意味での言語権」であるが）が、エスペラント史をまなべば

15 　当人の英米語駆使能力はともかく、こういった俗流イデオロギーは大学の英語教員によってしばしばくりかえされている。一例として註18参照。

必然的にからまりついてくる[16]。学習者はもちろん、教授者自身が自己変革をせまられるのは、ほぼ確実であろう（逆にいえば、自己変革にいたらないのは、学習／教授が機能していないことを意味する）。

　もちろんこういった知的契機は、少数言語をまなんでもえられるばあいがおおいが、少数言語を教授できる教員層を大量に確保することは事実上不可能である。また第二言語としての適合性の問題自体が意識化される（「なんのために、この言語をまなぶのか」など）といった次元では、おおくの言語が不適切であり、学習にムダがおおいだろう。そして具体的な少数言語の危機的状況について事例学習するにしても、エスペラント学習のあとでも、なんらおそくないはずだ。エスペラント学

16　堀田英夫は「「どんな言語でもコミュニケーション及び思考の道具としてその言語を母語とする人にとっては同じ価値を持つ」という近代言語学の言語観をエスペラントの思想から理解できる」という論理をエスペラント学習の利点としてあげている［ほった1996: 295, 308-12］。しかし、この議論には、いくつかの論理的飛躍があって、説得的ではない。第1に「「どんな言語でもコミュニケーション及び思考の道具としてその言語を母語とする人にとっては同じ価値を持つ」という近代言語学の言語観」という前提自体があやしい。近代言語学の理念／方法論を履修したはずの言語研究者のおおくが、大言語に依拠し、しかも相当数が規範主義者である実態は、よくしられたところであろう。むしろ言語研究者自体における理念の不徹底という厳然たる事実こそ、社会言語学の内在的出発点とさえいえるのだから［ましこ2002d］。さらには、近代言語学の「言語の平等性」という理念は、学界内でのみ通用する（あるいは、たてまえ上共有していることになっている）きれいごとをのべたにすぎず、現実の非情な言語差別／序列をなんらゆるがすことができない無力さそのものともいえた。自分たち自身が差別主義者で理念を奉じえないのだから、ある意味当然といえば当然だったが［同上］。その意味では、現実社会は言語差別／序列こそ普遍的であるという厳然たる事実からまずは出発し、序列意識や規範主義を冷静に記述することで、おろかさを批判する社会言語学ないしは言語社会学になってはじめて、近代言語学の理念は実質化したともいえる［ミルロイ＆ミルロイ，＝あおき訳1988, ましこ2002d］。第2に、こういった理念において、近代言語学とエスペラント思想が一致することは異論のないところだとして、エスペラント学習が思想学習をともなう、あるいは定着に帰結するという保証などどこにもないという事実がある。もとエスペラント学習者で、理念とは無縁ないし、逆行する人生をおくっている人口は、それこそ無数といえよう。したがって、大学入試科目や検定試験などによって学習者を増大させることにやっきになってはなるまい。それは、単に「履修が楽だから」とか「点数がかせげそうだから」といった、理念なき学習者を急増させるおそれがあるからだ。エスペラントを試験科目にすることの是非はともかく、達成度測定は語学力だけではたりず、理念的理解も不可欠といえよう。

習は民族語とちがい、みわたすのに時間も労力もいらないから。「せまい意味での言語権」について整理された問題点を提示してくれるエスペラント履修は、「ひろい意味での言語権」といってよいのではないか。

　さらに、エスペラント学習を媒介に言語帝国主義のなかで突出した英米語の地位を再検討することは、「せまい意味での言語」権をこえた、社会言語学的覚醒をもたらすとかんがえられる。

　戦後日本の英米語教育の大衆化は知の民主化をもたらしたと同時に、英米語至上主義を前提とした言語生活の日常化もうみだした。英米語教育の大衆化は、「英会話学校」の隆盛がうらがきするとおり、日本人の英米語の平均水準を劇的に改善することはなく、むしろ英米語依存症ともいうべき劣等感をはびこらせ、同時に英米語起源の「外来語」ぬきには日常がたちいかないかのようなふんいきをかたちづくった。つまり中学校の義務化と高校の事実上の準義務化がもたらしたのは、英米語履修の事実上の義務化であり、それが（必要性や能力を度外視した教育制度ゆえ）広範な劣等感の「貯水池」を制度化し、結局のところ、エリート層でさえ不充分な英米語駆使能力と相対的な優越感しか形成できないといった悲喜劇をもたらした。その直接の結果こそ、「シャドウ・ワーク」（イリイチ）としての英会話学校と、英米語起源の「外来語」への集団ヒステリー的な依存状態といえよう。学歴エリート層のおおくが、「よみかきはともかく、はなせない」となやみ、不安感におののくありさまだ。実際、大衆との差異化装置としてはたらいているのは、英米語起源の「外来語」を駆使して、あたかもあらたなことをかたっているかのように演出する「技能＝詐術」であって、現代日本における文化資本上の格差／序列の主要な基準とは、英米語系カタカナ語の駆使能力なのだ［ましこ 2002d］。こういった集団神経症ともいうべき英米語依存症状況を、論理的に相対化するための理論装置をエスペラント学習と理念は、提供してくれるであろう。

　エスペラント学習は英米語の国際語としての地位を再検討し、現状への根源的な疑義をもたらす本質をかかえている。まず「英会話学校依存症候群」や「米国留学信仰」などへの冷静な態度がはぐくまれるだろう。また、日本語のなかに、ぬきがたくくいこんだ英米語起源の「外来語」への態度変容もうみだすはずである。これらは、有力欧米語を軸とした文化資本によって学歴や（公務員／民間企業の）選抜試験がくみたてられてきた構造に本質的な打撃をあたえ、日本の階級・階層構造の

質を、徐々にではあるがくみかえていくにちがいない。無知にねざした、あさはかな「英語第二公用語化」論などが到底浮上しえない社会も、もたらされるはずである。

5. おわりに

このようにみてくると、エスペラント学習が、日本語の漢字表記からの解放同様、ある意味深刻な変革の駆動力をはらんでいるからこそ、エリートのみならず大衆も、無意識的な拒絶反応をしめすのだとおもわれる。したがって、公教育にエスペラントを導入することは、現状では、さまざまな抵抗が予想される。エスペラント普及の障害となった、さまざまな言語イデオロギーの存在にとどまらず、現体制を劇的に変革したくないという共有された姿勢が、これまでにない論理も動員した反動としてあらわれるかもしれない[17]。

しかし、逆にいえば、エスペラント教育が公教育、そして大学などの教養科目としてごく普通に提供されるようになったときは、まったく別原理の社会環境にかわっているはずである。なぜなら、前述したとおり、文化資本としての第二言語知識の大小、そして英米語由来・経由の「外来語」の知識の大小による差別／序列化が基盤をうしなっていくからである。したがって（単なる語学趣味としてのエスペラント学習者でない）覚醒したエスペランティストは、以上のべたような変革の途上にある現代社会を徐々につきうごかす駆動因にほかならないし、そういった自覚をもった運動・実践がもとめられるといえよう[18]。

17　社会変革は、当然既得権をもつ集団にとっての喪失をともなうので（具体的に、どの層がどの程度の損失をこうむるかは予想不可能だが）、表明されただけで、はげしい攻撃がくわえられるのが普通だ。エスペラント運動への抵抗／反動がつよいとしたら（現状では知識層だけにとどまるのが実情だろうが）、それはそれだけ深刻にうけとめられていることの証左ともいえる。漢字表記の非合理性を指摘する言語学をはじめとする諸理論への、はげしい攻撃＝反動のかくされた動機については、ましこ［1997＝2003c, 2002c］など参照。

18　エスペランティストが理念普及の運動にすこしでもかかわるときに、あつい壁としてたちはだかるのは、大衆の無知ないし半可通にもとづいた偏見であろう。そして、この「大衆」概念には、オルテガらが提起した次元での知識人がふくまれるのである。

くりかえしになるが、広義の言語権には、第二言語/第三言語を自由にまなぶ権利、あるいは、おしつけられない権利がふくまれるはずである。さらにいえば、言語権のなかには、エセ言語学/民族学的な俗流イデオロギーを注入されない権利もふくまれるのではないか？　客観中立をかたりながら英米語への屈服を合理化するフロリアン・クルマスや英米語＝「地球語」論を臆面もなく展開するデイヴィッド・クリスタルらの議論、あるいは「英語第二公用語化」論をおしつけられない権利、琉球語消滅論/アイヌ語消滅論など悪質なイデオロギーをきかないですむ権利である［クルマス 1987, 1993, クリスタル 1999, ましこ 2002a, d］。なぜなら、そういった論理を批判力が充分でない学齢期にきかされれば、まるめこまれる危険性がたかく、抵抗がのぞめないからだ。少数言語の潜在的継承者たちはもちろん、日本語話者のような大言語集団の一員さえ、英米語＝世界語/地球語論にふりまわされるぐらいだ

　しかも、それは、言語論を展開する評論家はもちろん、社会言語学者さえも無責任な非難をおこなっているのだから（トラッドギル［1975］など）、やっかいな問題といえよう。たとえば、英米語教員でもある評論家の柄谷行人は、アメリカが国家として没落することはあっても、英米語が没落することはありえないという、ありがちな予想をくりかえすばかりか、エスペラントの失敗を必然的なものとして、きってすてる。いわく、人工的なばかりでなく、基本的にヨーロッパ語にちかく、非ヨーロッパ人には習得が困難だったからだと。しかも、そういった舌の根もかわかぬそばから、むしろ英米語のほうが実際につかわれていて、世界語として機能しているとまでいう［からたに 2002: 35-6］。つまり、柄谷によるエスペラントの失敗論は、自己矛盾をきたし破綻しているのだが、その自覚はないらしい（社会言語学者であるはずの、トラッドギルまでも同類なので、なさけない）。しかも柄谷は、英米語が外国人に習得困難であることを解消するために、エスペラントやピジンにならって人工的に整理したかたちで世界語にするという構想を展開している。いわく、きわめて困難だが国際機関なら可能だ。英語国民もあわせねばならない。この世界語は習得が困難でなく、さほど不平等はおきないはずだ。少数言語もかえって、いきのこるだろう……と、あきれた楽観主義を開陳する［からたに 2002: 36-7］。エスペラントの基本的理念をすべてのっとった「アングラント（Anglanto）」とでもよぶべき夢想であり、もっとも洗練され悪質な反エスペラント論といえよう。既存の体制にはひどくあまく、現状を変革しようとする理念には少数派であるという現実だけをもって無効を宣言するという、露骨な「二重の基準」を保守派はくりかえしてきた。マルクス派や社会言語学者のなかにも、こうした「かくれ保守」が大量にまぎれこんでいるとおもわれる。そして、公教育が、科学の知見にねざすことで俗流イデオロギーから市民を解放する責務をおっているとするなら（それは現状では羊頭狗肉でしかないが）、こういった評論家や社会言語学者などが例外的にしかうまれないよう、俗論にまどわされない教員育成が急務のはずである。

から[19]。われわれは無用な劣等感から解放される権利をもつのであり、それは、ひろい意味での言語権と不可分であろう。

そして、そうした言語権を基本的人権として擁護する論理とは、エスペラント思想や社会言語学が長年にわたって蓄積してきた遺産のなかに豊富にある。そういった広義の言語権思想に、公教育でエスペラント学習を通じてふれ、みずからをふりかえる機会をあたえられることは、世界化がすすむ空間のどこでも確保されるべきであり、公教育を充分に提供するだけの財源をもつ日本列島では、当然保障されるべきカリキュラムといえよう。

日本で活動するエスペランティストは、言語権概念の普及につとめながらエスペラントの理念をみずから強化し（抵抗勢力に無視／抑圧されないだけの自力をたくわえ）、また公教育体制のなかに積極的にはたらきかけることがのぞまれる。

19　エスペラント学習からえられる言語権思想や社会言語学的素養は、そうしたイデオロギーへの「ワクチン」になるから、並行した「反面教師」的素材としてとか、「ワクチン接種」後とりくむべき課題としてあつかわれるのなら、このましいともいえるが。ただし、国民国家のイデオロギー装置を無自覚にになうのが、平均的な教員層、教科書執筆者層であるという現実から推測すれば、これも期待うすというべきかもしれない［ましこ 1997=2003c, 2002a］。すくなくとも「国際化社会」のなかで、中立的な「国際英語」を布教しているはずの英語教員たちのおおくが、英米語という規範体系にからめとられ、事実上「パクス・アングリカ（Pax Anglica; Angla Paco）」の喧伝に加担してきたことをかんがえれば、積極的な批判運動なしには、なにもはじまらないだろうことはたしかだ。逆にいえば、こういった、めぐまれた公教育を実現しえるような教員層が形成されたときには、国民国家も国際社会も、根本的に変革され、国境線＝入国管理体制、国籍／市民権概念、少数派概念なども一変しているにちがいない。それは、エスペランティストをふくめた人権重視指向の世界市民の希望とかさなるであろう。

第3部

配慮と分離の政治経済学

第3部は、日本列島上の少数者の位置づけ＝政治性をめぐる議論で構成されている。

　第10章および補論と第11章は、安保体制の矛盾を集中的にになわされてきた沖縄島周辺の「戦後史」を軸にした論考群である。通史教育とその背景としての史学の政治性、「国語」教育を自明視する公教育など、「想像の共同体」が前提としてうたがわなかった多数派日本人の鈍感さについては、20年ごしで批判的検討をつづけてきた。琉球列島とは、その「自明性」の矛盾の凝集点といえた。そういった批判的議論を展開するために、適宜、法的・政治学的議論は援用してきたが、第10章〜第11章では、地政学をたてにとって、違憲状態を隠ぺいする卑劣な体制をより直接的に批判した論考である。知識人とか教育者とか、そういった未成年者・学生むけのイデオロギー装置とその分担者の問題よりも、官僚や政治家という、より直接的な政治判断のにないての非道ぶりを問題にした。もちろん、これらの議論の正当化・合理化には、裁判官や法学者など、法曹周辺がかかわっているのであり、その意味では、かじた［1988］が問題にした「テクノクラシー」論の一連の議論の延長線上にあるものといってよい[1]。

　障碍者層に関しては、表題「障がい者文化の社会学的意味」とは対照的に、その内実が「一枚いわ」とは到底いえない多様性にみちあふれているという現実に焦点をあて、また、心身の状態という当事者に内在する諸条件には、本質的問題があま

---

[1] たとえば、「北海道開発局」の成立経緯をあきらかにした、ばんの［2003］などもあきらかにしているとおり、地域のあたまごしでくりかえされる官僚組織間のせめぎあいばかりが問題なのではない。「北海道」および「沖縄県」には、成立当初から植民地経営という、九州〜本州周辺では通常浮上しない政治経済学的諸問題があったし、国際政治がからんだ地政学的おもわくが常時からまりつく。人事や予算措置をふくめた立法過程自体が、ほかの都府県とは異質なするどい政治性をおび、単なる内政問題、地域問題にはおさまらない性格をかかえている。琉球国を実力行使をもって強制的に「沖縄県」とした歴史的経緯にはじまって、琉球列島が政治性をおびない時代などなかった。その意味では、「北海道開発局」同様、「沖縄振興局」がらみの諸事実の政治的背景が全面的に整理される必要がある。「沖縄開発庁」と「沖縄総合事務局」という、各省庁のよりあい所帯がかかえていた官僚制の諸問題、族議員と地方ボスの協力・対立の構図等々、地方自治法が事実上「地方支配法」であり、旧自治省が「地方支配省」としてしか機能しなかったという、「1984年」（オーウェル）的なグロテスクな構造の凝集点が「復帰」後の沖縄県であった事実は、米軍基地集中という問題にとどまらない病理をしめしているからである。

りなく、むしろ、それをとりまく「健常者」の意識とその産物としての政治経済・文化的制度こそ、「問題」の所在であるとする、いわゆる「社会モデル」といわれる、障害学の基本的視座を紹介する。障碍者層をとりまく支配的状況（ヘゲモニー）とは、結局のところ、障碍者層をとりまく「健常者」＝多数者の構築物にほかならない。女性学の相当部分が、「男性性」の批判的検討であり、女性学⊃男性学であるように、障害学⊃健常学なのである[2]。

　これら障害学的な「健常者」論は、もちろん、文化論にとどまらず、身体論・アイデンティティ論や政治経済学的議論へとつらなる、多面的・多層的問題群の総体である。その意味では、「沖縄人の地位」問題や「戸籍制度」等とあわせて、少数者＝多数者論としての議論[3]を、また、本務校等で展開してきた講義テーマとからんで、スポーツ・パフォーマンスなど競争・トレーニング論や、健康論をまじえて、たと

2　まつなみ［2001］は、「女性解放運動／女性学が女性に対して持つ意味と男性に対して持つ意味は、（理念的には「両者の解放は同時進行だ」とは言われても）実際には異なる。女性学の知見は必然的に、「男性とは、男性性とは何か」を問う「男性学」を生み出したが、その経過や、両者（女性学と男性学）の関係は、決して単純なものではない。新しい「知の運動」としての障害学も同様である。障害学は「健常者とは、健常性とは何か」を問わずにはおれない学問である。また、こうした「学」の必然として、担い手についての議論がある。障害学の中心的な担い手の中に障害者がいることは必須であるが、障害学は「障害学の視点」を持とうとする健常者を排除してはいない（例えば本論で紹介する長瀬や杉野は健常者である）。だが「健常者」の位置や役割はいかなるものなのか、といった議論は、海外の障害学でもなされてきたし……、日本の障害学メーリングリスト上でも展開されている。今のところ「健常学」が現実化する兆しはないが、近い将来には、より鋭く「健常者性を問う」学問の必要性が意識され、独立した「健常学」が立ち上がるかもしれない」とのべている［まつなみ2001, 注53］。

3　在日コリアン、琉球列島住民やアイヌ民族など北方少数民族関係者のアイデンティティや、それをとりまく学問の政治性については、ましこ［2000a, 2002a, d, 2003c, 2008c］などで何度もとりあげてきたが、いわゆるマイノリティ論を全面的にのりこえる必要性を痛感する。「多数者」学として、女性・性的少数者、わかもの・未成年、障碍者などからみた「オトコ／異性愛者／成人／日本人」論を、いずれ総合的・体系的に議論してみたい。意識しているのは、ヴィンセント／かざま／かわぐち［1997］、いしかわ／ながせ編［1999］、キム［1999］、パク［1999］、いしい［1999, 2001, 2003, 2005］、ふじい／いしい［2001］、まつもと／ふじい／いしい［2001］、いしかわ／くらもと編［2002］、かわぐち［2003］、のむら［2005, 2007］、よしだ［2005, 2007］、カク［2006］、しんじょー［2007］、よこつか［2007］、うえき［2008］、やかび［2009］、および、やかびほか編「沖縄・問いを立てる」シリーズなどである。

えば第4部などとして、あわせて展開すべきであることは、あきらかである[4]。しかし、ここでは、拙速におちいることは自制して、つぎの機会にゆずりたい。

4 　一般読者むけではあるが、前項がらみでは、すでに、ましこ［2000a=2007, 2005a, 2008c］などで、わかもの論・論、少女論・論、アスリート論、日本人論・論をとおして、「オトコ／異性愛者／成人／日本人」論を部分的に論じるとともに、健康論・スポーツ論を展開しておいた。これらは、間接的ではあるが、障がい者論や病者論とからむものであり、労働市場や社会的地位などとの関連性を射程にいれた議論になっている。

第10章

新憲法＝安保体制における受苦圏／「受益」圏の分離・固定化としての琉日戦後史

「復帰」をはさむ、２つの４半世紀に貫徹する「１国２制度」

1. はじめに[1]

　たとえば、本土戦後史において重要な意味をもつ日本国憲法の成立は、沖縄にとってはいったい何であったのか。戦後の沖縄に、戦後民主主義は存在しなかった。もしかりに存在したとすれば、それは本土における戦後民主主義とは異質なものであった。憲法に保障された民主主義とは異なり、無権利状態のなかから形成された独自の民主主義であった。

　また、日本国憲法は、平和憲法という別名を定着させている。しかし、戦後の沖縄は、一貫して軍事支配のもとに置かれてきた。平和憲法を成立せしめた諸条件のなかで、軍事支配下の沖縄は、いかなる意味をもつ存在であったのか。

　このような観点から考えれば、沖縄戦後史は、日本戦後史の虚構を写しだす鏡であるといえる。だがそれは、たんなる鏡として存在したわけではない。

---

[1] 本章は、『沖縄関係学研究論集』（第3号，沖縄関係学研究会，1997）所収（pp.21-34）の同名の論考に加筆修正したものである。ただし、ほかの章以上に初出時がさかのぼるため、初出時の時間的ズレはもちろん、政治的文脈もかなりの程度異同が発生しているため、注記は基本的に別稿といってよい。かなりの加筆があるだけでなく、初出時の第4節「おわりに」が改題されているとおり、記述が初出の原形をとどめない程度まで改変されている箇所など、事実上別稿の部分がすくなからずある。

沖縄人民の闘いは、しばしば、本土人民の闘いの質を問いただす役割をみずから担った。
　　　　　　　　　　　　　　　　　　　　　　　　　　　［なかの／あらさき 1976］

2.「施政権返還」(1972年)＝《ふしめ》[2]によってわけられる２つの４半世紀

　「新憲法」施行（1947年5月3日）後の60年余は、「施政権返還」（1972年5月15日）という《ふしめ》によって、2つの4半世紀とそれ以後に3分することができる。「本土」住民、とりわけ為政者たちは、琉球列島住民が「祖国復帰」運動というかたちをとったこともあって、当然の「施政権」が「返還」されたかのような意味づけをおこなっているようだ[3]。しかし、沖縄戦直後の合州国軍政はともかく、「新

2　前項とからむことだが、初出時は、1997年6月1日と、まさに、新憲法施行50年直後であり、「施政権返還」（1972年5月15日）は、まさにその半世紀をほぼ2分する《ふしめ》にあたっていた。そのため、少々、時代がかった調子の文章が初出時には頻出したが、10年以上経過した現在ふりかえっても、そして自民党が完全に下野するという戦後史の大転換期をへてなお、「かわらなさ」を確認しなければならないのは、実にこころぐるしいかぎりである。この「かわらなさ」を確認する行為とは、おのれの無力さの確認行為という、実になさけない現実を直視する作業であり、「十二支がひとまわりするあいだ、おまえはなにをやっていたのか？」と、とわれることを意味する。当時は生活におわれ、近年は勤務さきなどの日常におわれて、米軍基地周辺へとあしをはこぶことが激減してしまった自分は、安保体制に対して、地球に対する蚊のような微力さで、体制を微動さえさせられずに、構造的暴力に間接的に加担しているという、実にみじめな無力感をあじわうはめになる。死票をつみかさねるだけで、日米両政府に対して、「選挙結果」というかたちで「追認行為」に加担するとは、不本意であっても、政治的現実であり、おのれの無力さに、ほかならない。いま一歩ふみこんだいいかたをあえてするなら、本章をふくめた論考など、すでにかかないですむような政治情勢がうまれていなければならなかった。『イデオロギーとしての「日本」』のあとがき等で何度かなげいたとおり、現状が全然かわっていない状況、もっともよんでほしい、いいかえれば「同志」および周辺の読者層ではない部分、とりわけ大学や高校などの教員層に対してほとんど影響力をもちえなかった（反応もかんばしくなかった）という無力さこそ、本章および本書が、いまかかれなければいけないという現実をうきぼりにしているということだ。その意味で、本章にかぎらず、本書全体は、日常的な教育・執筆活動によって、ちいさな運動の波紋の基点にさえなりえていないという政治的現実に対する自己批判でもある。

3　こういった、実質的な「失地回復運動」（いうまでもなく、第二次世界大戦での敗戦

憲法」施行からの4半世紀は、「新憲法」のカヤのソトにあったこと、しかも1947年には、いわゆる「天皇メッセージ」によって、琉球列島が合州国軍政のもとに4半世紀、あるいは半世紀以上にわたっておかれることがあっても、反共などの目的上日米両支配層にとって利益になるという見解が、ヒロヒトらによってしめされていた[4]。つまり、「新憲法」施行とは、政治情勢次第では半世紀以上にわたって、軍事的植民地としての沖縄島周辺がその適用外におかれることを意味すると、すくなくとも支配層中枢部には、はっきりとイメージされていたと。したがって、この「構想」のもと、「施行」からほぼ5年後の、いわゆる「サンフランシスコ平和条約」[5]第3条による列島きりはなし＝米軍支配の追認があったという事実をまず確認しておく必要がある。しかも、「平和条約」は、日米安全保障条約[6]とセットであり、「本土」ではムリな軍用地の強制使用が軍政下の琉球列島では自在にできるというカラクリ[7]、西太平洋にかぎれば列島へのシワよせが前提となった「平和」であった。合

によって、琉球列島・小笠原諸島等を「うしなった」ことの「復元」運動）は、「本土」がわに明確な自覚がなかろうが、外部からは明白な「レコンキスタ」としてうつる。しかし、せっかく「沖縄県」として併合＝実効支配しておきながら、その翌年には、うりわたすような挙にでた明治政権以来の「伝統」か、「領土」へのこだわりは、ひよりみ的で、恣意的で、一貫性、大義などを感じられないのが、本邦歴代政権の実態＝実体である［ましこ2002a: 30-5, 66, 103］。

4 「沖縄メッセージ」とも。「天皇メッセージ」（1947年）については、おきなわけんこーぶんしょかん［2008］、あけたがわ［2008: 114-25］、しんどー［2002］など。

5 「日本国との平和条約」（Treaty of Peace with Japan 1951年9月8日署名、1952年4月28日発効・公布）。

6 いわゆる「旧安保」（日本国とアメリカ合衆国との間の安全保障条約、1951年9月8日同日署名）。「第一条　平和条約及びこの条約の効力発生と同時に、アメリカ合衆国の陸軍、空軍及び海軍を日本国内及びその附近に配備する権利を、日本国は、許与し、アメリカ合衆国は、これを受諾する。…」（「日本国とアメリカ合衆国との間の安全保障条約［昭和27年条約第6号］」『中野文庫』、http://www.geocities.jp/nakanolib/joyaku/js27-6.htm）。これらの条文をよむかぎりでは、「本土」と琉球列島との位置づけにちがいがないようにみえるが、マッカーサーらの「沖縄要塞化」構想や、それをうけた吉田茂らの「安保・沖縄構想」等、「平和条約」および「安保条約」をとりかこむ政治的文脈は、あきらかに、両者を別個の存在としていることがわかる［あけたがわ2008: 102-58］。

7 前項同様、軍用地の接収などに関して、日・琉両列島における、明文化された規定の差はみられない。しかし、「平和条約」19条「(a)　日本国は、戦争から生じ、または戦争状態が存在したためにとられた行動から生じた連合国及びその国民に対する日本国及びその国民のすべての請求権を放棄し、且つ、この条約の効力発生の前に

州国主導のもと、「独立」をとりもどし国際社会に「復帰」したことが、どのくらいさいわいだったかはおくとして、琉球列島を世界戦略・安全保障という「守護神」に「犠牲」としてささげることでなりたったのが、「戦後日本」であり、「新憲法」のもとで再出発したはずの「平和主義」の本質であった事実は、もう一度確認するにあたいする。

そして、さらなる問題は、「施政権返還」（1972年5月15日）以降の4半世紀の意味である。

たとえば、「祖国復帰運動」の中心的スローガンであった「平和憲法下の祖国日本へ帰ろう」というイメージ。軍政のもとでうばわれていた平和をおいもとめる自由、戦争に加担しない権利が、憲法9条などによってもたらされるだろうという期待・希望が運動をささえていたことは事実である。ベトナム戦争の出撃基地・後方そのもの（「悪魔の島」）であった1960年代の体験。「銃剣とブルドーザーによる土地接収」として記憶される1950年代。核兵器や毒ガスなど、ABC兵器の不安。アメリカ兵による凶悪犯罪や重大事故。これらから解放され、安全・平和・郷土がかえってくるだろうという希望が、うねりをつくったのだ。しかし、現実の基地返還は遅々としてすすまず、整理統合がおきる際には軍雇用者の解雇がともない、「本土」の基地機能が移転するなど、軍用地単位面積あたりの「集中度」はますばかりだった。平和をおいもとめる自由、戦争に加担しない権利が保障されるどころか、「世界の憲兵」をもって任ずる合州国の世界戦略にますますふかくとりこまれ、せなかあわせに、先制攻撃のまととなるおそれがたかまるという、おもってもみなかった事態がすすんだわけである[8]。

日本国領域におけるいずれかの連合国の軍隊又は当局の存在、職務遂行又は行動から生じたすべての請求権を放棄する」という条項は、実質的に沖縄島・伊江島で接収された軍用地への請求権放棄を、しいるものであった。

8 　フィリピンのクラーク基地の撤収が、沖縄島などへの「整理統合」としてシワよせされたことも、それだけ「重要度」がたかまったことを意味するし、湾岸戦争をはじめとしたPKO／PKF（国連平和維持活動）の行使によって、「極東の安全」を目的としたはずの安保体制の位置づけは、「アジア太平洋」、さらには「世界」へと、はどめをうしなっていった［あらさき 1996b: 161-4］。いずれにせよ、在沖米軍の主力部隊である海兵隊は、なぐりこみ組織であって、現地沖縄島・伊江島はもちろん、日本列島の「専守防衛」目的とは正反対なのだから、シャレにならない。そして、こういった強化されつづける帝国主義的性格があらわだからこそ、軽薄な直感でしかな

もともと、戦争を放棄することをうたった憲法が、軍隊および軍事同盟を基盤としているという、法的ヌエ[9]状況が1950年代にはじまっていることはいうまでもない。しかし、「施政権」外にある琉球列島でのみ米軍の「フリーハンド」[10]がまかりとおるのだという、「異法」地域、ないし「憲法」適用の例外という、いいのがれは可能だった。ところが、1972年以降は、同一の「施政権」のもと、中央政府が外国軍を傭兵あつかいするための条件づくりを、〈辺境〉地域に集中して処理するというかたち＝ひらきなおりに転じた。実効支配がアメリカ軍政にあっても、潜在的主権という理念はぬぐえず、しかも軍政＝異民族支配である72年以前なら、「島ぐるみ闘争」は民族主義的反発を核とすることができた。しかし、72年以降は、米軍用地の強制使用の条件整備までも、中央政府が、アメリカのかたがわりをするよう、とってかわられた。代議制度をとおして代表を中央議会におくりこんでいる以上、中央議会とそれに責任をおう官僚機構＝中央政府が「全国の民意」の実現をはかっている、という構図の、約100分の1の影響力しか行使できなくなった。地域の利害を追求する行為が、ときとして「地域エゴ」よばわりされる始末になった[11]。72年以

　　いものの、2001年9月11日の「アメリカ同時多発テロ」以降は、修学旅行をはじめとして、大量の予約キャンセルが続出した。「在沖米軍基地周辺にもテロがあるかもしれない」という「風評」のせいである。米軍基地を大量におしつけておいて、安全保障と自然ほか観光資源だけはつごうよくツマミぐいしようという連中が、かんがえそうな「あさぢえ」である。ほどなく、疑心暗鬼でかってにデマにおどっていただけと「自覚」したのか、単に「失念」しただけなのか、米軍基地を直視しない「観光客」はちゃんともどっていった。あきれた「ごつごう主義」である［ましこ2002a］。"NIMBY"の典型例であると同時に、ハワイ・グアムなど米軍基地と「共存」するリゾート地の本質に無自覚な「大和人」らしい感覚といえる。

9　「平家物語などで、源三位頼政に射殺されたという怪物。頭は猿、体は狸、尾は蛇、脚は虎に、それぞれ似ていたという…から転じて…得体の知れない人物のこと」（大辞林 第二版）。「ライオンの頭と山羊の胴体、蛇の尻尾を持つ」（ウィキペディア）とされる、ギリシア神話の「キマイラ」と通底する奇怪さの意。

10　米軍は、沖縄戦直後の数年間は、軍政というタテマエによって「ハーグ陸戦法」をたてに、軍用地の占有・接収を正当化していたが、1950年前後からは、単なる「布令」による合理化だけではたりないという認識をもちあわせており、「黙契」という擬制をもちだすことで、強引な占有を正当化した［あけたがわ2008: 159-65］。

11　実際、事実上沖縄を「ねらいうち」にした、駐留軍用地特措法の「改正」時（1996年）に対する、じもとからの批判に対して、国会などでは、日米安保の堅持を強調し、安保反対派を「極めて少数の」「はっきり国益に反する」存在であるとした上で「沖縄はもちろん日本の一部でございまして、日本という大きな船の中の一つでござ

前なら、民選の琉球民政府要人は、無力ながらも直接現地司令官たちと交渉が可能だったが、それは外交交渉を独占的ににになう外務省等中央政府だけのパイプをハミでた、越権行為とされるようになった。いや、かりに中央政府が交渉を黙認しても、じもとの代表が現地司令官たちやアメリカ政府からは、「日本の内政問題の次元のことで、当方はあずかりしらない」という、「正論」でかわされてしまう。一方、「爆音訴訟」など、基地被害を司法にゆだねようとしても、「米軍機の飛行さしとめ等

います。沖縄というところは例えばエンジンルームに近くてうるさくて暑い、だから不公平だということでございまして、その負担をある程度みんなで分けようということをやっているわけでございますけれども、完全に分けられるはずのものでもございません」(1997/04/16参議院公聴会、賛成の参考人岡崎久彦)といった、露骨なおしつけ合理論が展開された(ウィキペディア「駐留軍用地特措法」2009/10/26 11:33確認)。表現をボカしているが、要は、くりかえされたきた「沖縄を甘やかすな」論の一種である。「本土」住民や議員・官僚などが、NIMBY (Not In My Back Yard) =ホンネを、「地政学」や「米軍の事情」などをもちだして合理化し、「本土」移転をこばみ、事実上「現状維持」をつづけてきたこと、問題をさきおくりしてきたことは、あきらかだ。もちろん、政府・自民党などが全員「沖縄を甘やかすな」論で、ひらきなおってきたわけではない。「特措法改正」当時は、野中広務の配慮ある発言があったし、なにより、「施政権返還」の重要人物(山中貞則 1921-2004)は、つぎのような配慮のある答弁をしていた。

　「私どもは沖縄を甘やかすなんという考えは持っておりませんし、そのような記事が出ましたので、私はだれが言ったのだと言って、閣僚を一人一人つかまえて聞いてみたのですが、はっきり自分が言ったという閣僚はおりませんでした。私たちは沖縄にそんなことを言えた義理ではないと思うのです。私どもの今日の祖国の繁栄の陰に忍従と屈辱の二十数年を過ごしてきたわれわれの同胞沖縄県民そのものをわれわれが甘やかすななどという気持ちの片りんだにも持ってはならない。幾ら償っても、また心から幾ら償いを感じても償い切れるものではなし、どのような努力をしても失なわれた二十五年が戻ってくるものではありません。私どもは祖国全体、政府全体として真心の限りを尽くして、政府に対する不信があるならばそれを除いていただく努力をし、政府の努力に対して足らない点の御叱正があるならば甘んじてそれを受けて、結論になりますが、あなたがおっしゃった雇用形態の改善、これをすみやかに実現させ、同時にこれと裏表の関係として、本土政府の身銭を切ってでも沖縄全軍労の退職金の不足分については措置をしていきたい、こういうことをもって最後のお答えとしたいと思います」(第063回国会　沖縄及び北方問題に関する特別委員会　第3号、1970年3月6日)。

　ちなみに、山中は、初代沖縄開発庁長官であり、名誉県民となっている。「地政学」をもちだして「米軍の事情」を正当化できると信じている「労作」として、カルダー[たけい訳2008]。もっと冷徹に戦争のバランスシートを整理したものとして、ポースト[やまがた訳2007]。

は、国内法規をこえた条約の次元の問題」と、判断を放棄されてしまう。日米双方は、たがいに責任転嫁するポーズによって、「担当」を「タライまわし」にすることで、卑劣な責任回避をきめこむ。「琉球民政府」から「沖縄県」へときりかわったことによって、交渉権をかえってうばわれるという、奇妙でヤッカイな構図におちいったのである[12]。

要するに、①「施政権返還」以前の沖縄島以南は、「新憲法」のソトに意図的に放置されることで、「新憲法」体制という欺瞞的・偽善的な「平和」を演出する緩衝地帯として、②「返還」以降は、「新憲法」のウチにかかえこまれながら、事実上の「二重の基準」＝「異法」地域としておしとどめられることで、安保体制＝平和主義という偽善・欺瞞のヌエ状態の最重要拠点として機能し続けたということだ。軍用地の「合法的」確保がムリになると、急にルール変更をいいたて、「特措法改正」をもちだした中央政府／大政翼賛体制的与野党[13]。

かれらは、「県民のこえ」をおさえこむために、経験上ムチだけではたりないと、さすがに学習ずみだったらしく、それこそ、さまざまなアメをシャブらせ「依存症」状況を維持しようと画策した[14]。また、批判がでることを予想して、アメをふくめた「1国2制度」導入が特措法「改正」との、「とりひき」材料ではないのだと大合唱した。しかし、「安全保障」という大義名分のもと、つみかさねてきた「1国2

---

12 いや、「施政権返還」以前から、アメリカの軍事植民地という本質の「主犯」は、米国政府ではなく、米国政府に責任転嫁することで「アリバイ」を演出してきた日本政府であったのが、「返還」によって、本質がむきだしになったのだといえるかもしれない。

13 「大政翼賛」というイメージは、保守派の重鎮で衆院安保条約土地使用特別委員会の委員長だった野中広務（自民党幹事長代理〔当時〕1925- ）が「この法律がこれから沖縄県民の上に軍靴で踏みにじるような、そんな結果にならないことを、そして、私たちのような古い苦しい時代を生きてきた人間は、再び国会の審議が、どうぞ大政翼賛会のような形にならないように若い皆さんにお願いをして、私の報告を終わります」と、「特措法改正」時のふんいきにクギをさしたことでも、当事者たちに充分意識されていたことにも、あらわれているとおもわれる（ウィキペディア「駐留軍用地特措法」2009/10/26 11:33 確認）。ちなみに、反対にまわったのは「共産、社民、新社、沖縄社大、二院など」わずかであり、与党の自民党はもちろん、現在の民主党に合流した「新進、民主、さきがけ」も賛成にまわった〔同上〕。

14 「アメ」のかずかずは、たとえば、『沖縄タイムス』の記事をウェブ上に保存した、「脱基地のシナリオ」（2006/01/01〜、『特集　基地と沖縄』http://www.okinawatimes.co.jp/spe/k_index.html）の、特に「第2部・振興策　光と影」など。

制度」は、「施政権返還」の前後いずれでも一貫して維持されてきたのである。「平和憲法」体制がはらむ、ヒカリとカゲの固定化という意味で。

3. 4半世紀「新憲法」のソトにあった琉球列島への「本土」のまなざし

　1947月5日3日から1972年5月14日までのほぼ4半世紀、「新憲法」のソトにあったとはいえ、いわゆる「本土」と同一の法体系のもとにあった時期が実際どのぐらいあったのか？　近代日本の統一的法治のもとにおさめられた1879年4月1日[15]と、「本土」の廃藩置県（1871年8月29日）との時間差の政治的意味はおもい。くわえて、「本土」の廃藩置県に対応する「琉球処分」が、露骨に武力を動員しなければ抵抗を排除できなかったこと、地租改正（1873年）という中央集権的税制が実施されることなく、しばらく「旧慣」が温存されたことなど、体制変革すべてが別次元にあった[16]。

　これらの点で、「外地」と称された、のちの植民地／委任統治領とはちがって、「内地」と位置づけられたとはいえ、旧蝦夷地と同様、当初から特別あつかいが自明視されていたこと、旧支配層の明白な抵抗があり、それが歴代中華帝国との冊封体制を背景としていた点では、旧蝦夷地とも別格な「領土問題」の次元に位置していたことはあきらかである[17]。のちの「沖縄戦」が、「本土決戦」の時間かせぎのための

15　武装警官と軍隊をおくりこんで、3月27日に首里城あけわたしを強要。琉球藩を廃し沖縄県を設置する「廃藩置県」を通達。同年「琉球藩ヲ廃シ沖縄縣ヲ置ク」（1879年4月4日　布告第14号）によって正式に「置県」、全国に布達した。

16　「廃藩置県」自体は、「王政復古」につづく「クーデタ」であり、詔勅をいいわたされ失職した在京の藩知事＝旧藩主たちにとっては、「寝耳に水」だったろうが、抵抗をこころみたふしはない。最後の士族の反乱である「西南戦争」（1877）でさえも、後方支援などの面からみれば、中期的展望さえない絶望的な抵抗だったわけで、不平士族の階級的不満は遍在的であったとはいえ、旧藩主層が上京させられた時点で、帰すうは決せられていたというべきであろう。不平士族の反乱全体が階級的解体・没落への不平不満を基盤とした抵抗にすぎず、たとえば分離独立を前提とした蜂起でなどなかった点が、後述する旧琉球士族の抵抗とまったく異質だといえる。

17　旧蝦夷地が、いわばアングロサクソンによる現地住民を圧倒する大量移民と同様の少数民族化＝同化吸収をうみだしたのに対して、「沖縄県」統治にのりだした官憲／

〈すていし〉として当然視され、しかもその「犠牲」を中央政府がむくいる姿勢をみせなかった＝むしろ「恩をあだ」でかえしたこと、いわゆる「トカゲのシッポきり」に、自覚がはばかられ抑圧された異民族視がはたらいていなかったはずがない。単なる辺地差別ではないことを再確認しておくことに意味があるだろう。

　そうであっても、「祖国復帰運動」の精神的支柱が「平和憲法」体制の希求と「異民族支配」からの解放であったことに呼応した、「本土」知識人たちの認識は、戦後の政治的現実として無視できない。日本政府中枢部の政治判断とは別に、「本土」知識人たちの大半は政治的左右にかかわらず、琉球列島の所属を、「おなじ憲法下にない」「異民族支配」というとらえかたで「復帰運動」を支持した[18]。琉球列島が「新憲法」のもとにくみこまれることが日本支配（「ヤマトユー」）の再来であり、米軍支配の洗練化／陰湿化でしかないという問題提起がなされるのは、「復帰」が政治日程化することで、政治的視座によっては「返還」の本質＝日米政府の政治的おもわくを客観視できるようになった時期だった。しかも、それが可能だったのは、現地知識人／運動家の一部の見解、それを敏感につかんだごく一部の「本土」知識層にすぎなかったといってよかろう。かりに「施政権返還」があらたな「琉球処分」の一種にすぎないという状況判断が決定的少数派でなく、しかも政治日程化する相当以前に政治的位置をそれなりにしめていたなら、「復帰運動」の本質はもとより、展開そのものも相当変質していたにちがいない。「復帰」以降の虚脱感／失望感が、あれほどひどくはなかったはずだからである。すくなくとも、ひとときは「期待」をかけた層があつかったといえよう[19]。

　　　教員、および寄留商人たちは、数的にあきらかに少数であった。また、「人口比」にとどまらず、旧蝦夷地や千島列島・カラフトなど、オホーツク海地域や、日清戦争後に植民地化される台湾などは、近代直前に国民国家の基盤となる政治的統一の条件を用意できないでいた点で、それらの植民地化は、旧琉球国の併合とは、あきらかに異質といえる。旧王国を併合した経緯もふくめると、支配形態としては、韓国併合後のエリート支配と通底していたといえよう。

18　前述したとおり、それがかりに本質的に「レコンキスタ」の一種にすぎず、平等な位置づけにもとづいた同胞意識だったかどうかは、あやしいが。

19　もっとも、運動を積極的にになったわけではない民衆が背景には大量に実在し、かれらは政治的事態の本質を直感的ではあるが、的確につかんでいたという推定も可能である。たとえば、「復帰運動」の資料ほりおこしにもかかわった中里効は、「祖国復帰運動は沖縄が祖国復帰すれば平和憲法の下の沖縄になり核も軍事基地もない平和な沖縄になると宣伝していた。でも強大なアメリカ軍基地があり、ベトナム戦争

ここで、「本土」知識人らの「おなじ憲法下にない」という問題のたてかたによる「復帰運動」への支持の問題性を整理しておこう。
　実は、「返還」の政治日程化後ではあるが、1970年4月の段階で、大江健三郎は「沖縄問題は終った」と「おおかたの日本人がいう事態」がくることを憂慮していたし、おなじく8月、中野好夫／新崎盛暉は「平和と権利を求める闘いが、基地の強化と権利の否定をもって応えられた以上、「復帰」が実現したところで沖縄問題は終らない。新たな闘いがいまはじまったばかりなのである」と宣言していた［おーえ1970: 225, なかの／あらさき1970: 191］。「復帰」さえ実現すれば「沖縄問題」がおわりをつげるかのような「本土」の貧困な認識、それとせなかあわせの安保認識／憲法認識を、少数ではあるがごく一部の知識人は、いちはやくみぬいていた。それは、「返還」の政治日程化前後の「本土」の琉球認識の致命的ユガミをうつしだしたばかりか、「返還」後の「問題」の風化＝構造的本質も、おそろしいばかりに「予言」していた。
　それにもかかわらず、琉球列島住民（おもには、教職員層とその影響下にあった層にかぎられるだろうが）が新憲法体制を実際以上に美化し、「復帰」に過大な期待をいだいてしまったことは、新憲法体制を実際ににになっている「本土」住民への過大な期待＝幻想とせなかあわせであった。本章冒頭にひいたとおり、「沖縄戦後史は、日本戦後史の虚構を写しだす鏡」であった。しかも「だがそれは、たんなる鏡として存在した」わけではなく、「本土人民の闘いの質を問いただす役割をみずから担った」のである［なかの／あらさき1976: 2］。つまり、「本土人民の闘い」が発す

の最中であり、中国・ソ連とアメリカとの緊迫した対立の国際状況で祖国復帰運動家の主張が実現するとは大多数の沖縄の人々は信じていなかった。それでも復帰運動を支持したのは日本に復帰すれば生活が向上するという確信があったからである。沖縄は独立するには領土は小さい。そして資源は無であるし土は赤土で農業には向いていない。沖縄が独立すれば貧困国になると信じている人が圧倒的に多い。貧困脱出の願望が祖国復帰運動を支えた」、「戦後の共通語励行・君が代・日の丸の三点セットの運動の根底にあるのは生活が向上するには沖縄が日本の一員になるしかないという日本従属論である。それは公務員や教員に根強く、彼らが主流となって復帰運動が推進されたのは彼らにとってメリットが大きかったからである」と痛烈に批判している（『沖縄タイムス』2007/05/27,「反復帰論は復帰論と同じ穴のむじな」http://blog.goo.ne.jp/hijai/e/38d9beb5f0a7555ff14a68631c283346, 『品格より民主そして自由』2007/05/27=2009/10/26 11: 45確認、より再引）。

る「復帰運動」への熱烈なシンパシーの構造的ユガミ——問題の本質をとらえそこね、わすれさっていくだろう本質——は、すでに「虚構を写しだす鏡」にさらされていたはずであった。しかし、過大な期待——それはもちろん過酷な米軍支配の産物だけれども——は、みずからがせっかくてらしだしたはずの「醜い日本人」像からめをそらし抑圧する作用を残念ながらうみだした[20]。

中野好夫／新崎盛暉らがすでに指摘していたとおり、「復帰運動」と呼応していた「差別論」は、政治権力による意識的な施策をみおとした、「いわれなき差別」論であり、いいかえれば「制度的平等化（法の下の平等）」「本土なみ」志向のきらいがあった。「だが、逆にいえばそれだからこそ、本土ジャーナリズムに歓迎されることになったのである」。沖縄からの"告発"という名の"訴え"に暖かい"同情"と深い"理解"を寄せる本土の善意は、決してみずから痛みを感じる必要のない優越感の裏返しとして存在しえたからである。ある意味ではそれこそが差別を支える意識状況であった」。もちろん、「いわれなき差別」論は、「沖縄総被害者論」とともに運動のなかでのりこえられ、「沖縄における戦争責任の問題や復帰運動のもつ思想的弱さに対する批判を通して、日本に内在する構造的な差別を糾弾していく方向が追求された」。しかし、「形式的な復帰や、言葉のうえでの連帯を否定した"闘い"の思想」がうまれていったとされる「沖縄における「復帰（返還）」にたいする深刻な問い返しが、本土における議論にほとんど反映していなかったこと」、そしていまだに反映していないことはあきらかだろう［なかの／あらさき1970: 196-201］）。「本土」住民のおおくにあっては、自分たちに「内在する構造的な差別」に無自覚なまま「形式的な復帰や、言葉のうえでの連帯」のポーズをしめせればまだいいほうで、米軍基地問題が自分たちと無関係だとおもいこんでいる圧倒的多数が実在し

---

20 「醜い日本人」の初出は、たぶん、もと琉球大学教授・沖縄県知事の大田昌秀の同名の書物の表題によっておなじみになったものである［おーた1969=2000］。心理学者岸田秀が論文「国家論」で指摘した性格神経症のモデル——個人的な強迫神経症のメカニズムは集団レベルにも適用できる——を、安里哲志は、琉日関係にあてはめた。父親からの虐待を愛情と誤認すること＝苦痛の抑圧なしには成長できなかった女性が、父親同様の残酷な——実は愛情のかけらもない——男性にしかこころひかれず、「父親が自分を実は愛していたのだ」という架空の個人史を確認しようと、一方的恋慕・破局をくりかえすという性格神経症のモデルを、安里は、琉球＝神経症患者、日本＝父親、という構造にあてはめたのである［あさと1994: 28-30］。

たことも否定できない事実である[21]。

　たとえば、『沖縄戦後史』の著者のひとりが続編としてあらわした『沖縄現代史』の一節は、「本土」住民の偽善者ぶりをするどくうつ。

21　いや、鹿児島以北の住民で、米軍基地の発着時の爆音を経験していない層の大半は、日常感覚として、無関係な生活を自明視しているし、数年ごとの投票行動が、沖縄の米軍基地集中を維持させてきたという政治性を自覚できていないだろう。なお、きわめて私的な話題だが、小学生高学年当時（1970年前後）、アマチュア無線と郵便切手収集のちょっとした流行期にあたっていた。それは「施政権返還」が政治日程化した時期とほぼかさなっていた。当時の「本土」のふんいきをしめす象徴的なできごとは、琉球地域の無線局のコールサインと、琉球切手が廃止されるので、交信カード（QSL）と琉球切手を確保しよう、といったキャンペーンであった。琉球地域のコールサインが記されたQSLカードを記念に収集するために交信・カード交換をしておこうといった無線家たちの「趣味」自体をわるくいうことはできないかもしれない。しかし、琉球切手の収集をあおるようなふんいきは、そうはいかない。

「1971年から1973年にかけて「復帰により今後発行されなくなる」と本土の一部業者が煽り、投機目的で新規発行される切手を求めて大行列ができるなど社会現象化した。ついには郵便局の前に本土からの買付業者が群がり、正価の3倍もの値段で買い取っていったケースもあった。こうして集められた切手は本土の百貨店等で販売され、実態とかけ離れた高額な値段で取り引きされた。たとえば1958年の「守礼門復元記念」切手は200円で購入できるものが10枚シートが1万円以上に切手投機業者の手で販売されていた。全盛期には投機を煽る本なども多数出版されるなどしたが、1973年5月頃から大暴落し、大きな損失を抱える者が続出した。それらの中にはお年玉を使い果たした小学生などもおり、社会問題となった」（ウィキペディア「沖縄切手」2009/10/26 11:33 確認）。

そだった家庭環境では、「琉球」地域と交信可能な周波数帯のアンテナをはるユトリなどなかったし、切手収集を「投機」目的でおこなうことのいかがわしさは、こどもながらにも感じていたから、双方とも無縁ではあった。しかし、「琉球」という地域が「沖縄県」となることで「区域」がなくなるという情報にふれながら、なにも感じることはなかった。すくなくとも両親をふくめたオトナ世代から、「沖縄のひとたちとはアメリカ軍に支配されていて、かわいそうだ」といった水準の同情さえも、みみにした記憶がない。まして、「沖縄に基地がおしつけられて、ひどいんだ（ひどいことを日本人はしているんだ）」といった差別構造・自己批判的な指摘など、あったとはおもえない。政治闘争が紙面にのり、大田昌秀らの告発本が一部でブームとなる一方、大半のオトナたちの「沖縄」認識など、この程度のものだったと推測できる。筆者の周辺の成人世代が特別に低水準であったとはおもえない。すくなくとも、「趣味」の世界とはいえ、QSLカードや琉球切手をあつめておこうといった、不見識であるばかりか、不謹慎でさえあるキャンペーンがおどったはずがないのである。

(1957年6月におこなわれた）岸‐アイゼンハワー共同声明のなかで米側は、日本から一切の地上戦闘部隊を撤退させることを確約した。それは、東京にあった極東軍司令部を廃止し、極東全域の米軍をハワイの太平洋統合軍に統合するという軍事戦略再編成の一環であったが、同時に日本における反米感情の沈静化を狙うものであった。

　日本から撤退した地上戦闘部隊、とりわけその中心勢力をなす東富士の第3海兵師団などは日本ではない沖縄に集中した。旧安保条約の成立から60年安保改定のころまでに、日本の米軍基地は4分の1に減少したが、沖縄の米軍基地は約2倍に増えた。現在沖縄島北部にあるキャンプ・シュワーブ、キャンプ・ハンセン、北部訓練場など、沖縄基地の半分以上を占める海兵隊基地は、1950年代後半から60年代の初めにかけてつくられたものなのである。

　1995年から96年にかけて、沖縄米軍基地の整理・縮小問題が論議されたとき、キャンプ・ハンセンにおいて行われていた「県道104号越え実弾砲撃演習」を全国5カ所の自衛隊演習場に分散することになり、それぞれの地域から「反対」という声があがったが、1950年代後半、日本にいた海兵隊が当時日本ではなかった沖縄に移動するときは、島ぐるみ闘争に対する一定の共感があったにもかかわらず、「沖縄移転反対」などという声は、本土ではまったくおこらなかったことを指摘しておくことも、無駄ではないであろう。

[あらさき1996b: 13-4]

　要するに、「60年安保改定」への革新がわのはげしい抵抗は、純粋な平和運動とはいえず、ナショナリスティックで「生活保守主義」的な側面を否定できない。巨大迷惑施設の一種である外国軍基地が自分たちの視界（生活空間）からきえされば、それで「満足」してしまうような、「巨大迷惑施設」が、よりたちばのよわい地域へとシワよせされていくことには問題を感じないような運動の本質（="NIMBY"）をかかえていたと。

　新崎盛暉は、1976年時点ですでに、岸‐アイゼンハワー共同声明のねらいが、「一方では本土の反米闘争のほこ先をそらすことにあり、他方では、沖縄の闘争に現実の壁の厚さを知らしめて、両者を分断することにあった」と指摘していた。それは当然「沖縄への基地のしわ寄せ」「という印象をあたえ、沖縄の民衆の間に孤立

感を深めていく一つのきっかけとなった」[なかの／あらさき 1976: 106]。沖縄現地では、「安保改定」のころすでに、日米の交渉のかけひきのなかに、「大戦中「本土防衛」の名のもとに沖縄を「鉄の暴風」にさらして本土の被害を避けたのと同じような「ずるさ」＝ホンネをみてとっていた［同上: 115-7］。対照的に「本土」では、そういったまなざしにきづかなかったらしい。そして、こうした構造的差別の拡大傾向と、その明確な意図（「分断」して支配せよ…等）を中心課題として、「本土」住民にかたりかけたジャーナリスト／研究者はどのくらいいただろうか。「本土」住民の無関心／無神経は、ジャーナリスト／研究者をふくめた言論界と戦後教育体制がかたちづくった構造的産物であり、まさに日米政府のおもわくどおりに「分断」支配は推移した。

　さらにいえば、すでにのべたことのくりかえしになるが、1952年4月28日の「平和条約」が琉球列島の米軍支配を追認したことは、憲法の「基本的人権の尊重」を停止させることを意味し、「布令」というジョーカーをきることで、軍用地の接収・強制使用が自由にできる体制を追認することだった。また、同時に発効した日米安保条約は、「不動の不沈空母 Okinawa」を前提とした軍事同盟だったが、1960年の「改定」で新安保体制にうつったことの意味はおもい。「新安保条約」第10条は、後半のただしがきで、「この条約が十年間効力を存続した後は、いずれの締約国も、他方の締約国に対しこの条約を終了させる意思を通告することができ、その場合には、この条約は、そのような通告が行なわれた後一年で終了する」としているからである。つまり、日本政府が安保条約を不要ないし有害であると判断すれば、終了の通告をおこなうことができるのが1970年6月23日からということになる。論理的には1971年6月23日以降は安保体制はおわっている可能性があった。逆にいえば、40年にもわたって日本政府は安保体制を必要であると主体的に決断してきたわけであり、再三くりかえされた衆議院選挙によって日本国民は、以上の判断を追認してきたことになる。

　「本土」住民が、米国の「核の傘」もふくめて安保体制によって国際的な安全保障が維持されていると信じ、そのための負担をおうというなら、スジはとおるが、その大半を国土の1%にはるかにみたない狭小な2島におしつけるという体制を、「民主制」という政治制度をもって維持してきたのである。得票率等複雑な要素を度外視して単純な有権者の分布でまとめてしまうなら、99%の有権者が1%の「民

意」の動向など無視するという圧倒的多数の横暴をもって。そういった、明確な悪意をもって、"NIMBY"を投票に託した選挙民は少数派だっただろうが、基地被害の黙殺・無関心などあきらかな過小評価がなければ、そして、視野のそとへときえた米軍基地の存在という、まさに「分断」戦略に「マインドコントロール」された住民が大半をしめないかぎり，どうみてもでてきようがない選挙結果が40年にもわたってつづいてきたことは、否定できまい。

4. 「新憲法」のもとにはいった琉球列島の4半世紀と「本土」のまなざし

　したがって、1971年6月23日以降の1972年5月15日に「沖縄返還」が実現したという経緯の政治的意味は、かぎりなくおもい。
　まず、中野好夫／新崎盛暉らの「本土戦後史において重要な意味をもつ日本国憲法の成立は、沖縄にとってはいったい何であったのか」というといかけは、基本的には琉球列島が「新憲法」外部におきざりにされてきたという政治的経緯を前提にしたものである［なかの／あらさき 1976: 2］。いわば、琉球列島を外部におしとどめないかぎり成立しえなかった「新憲法」体制という皮肉な逆説を中野らは指摘しているのである。しかし、「新憲法」のモトにおさめられたはずの35年以上をへた沖縄島周辺の現状をみすえるとき、それはさらなる逆説をはらんだ矛盾をみてとることができよう。「新憲法」のモトにおさめたはずの沖縄島以南を事実上「異法」地域（≒憲法の適用外）におしとどめ、基地支配と被害という安保のツケをおしつけつづけたままだったからである。常軌を逸した法的解釈を平然とくりかえしてきた土地契約および強制使用の実態。根拠となる法制度がまったくかけてしまって米軍による占有が事実上まかりとおるという、法治国家の体をかなぐりすてた状況さえうみだされた[22]。新崎の『沖縄同時代史』や『沖縄現代史』に紹介されている権力が

---

[22] 「1995年、一部の地主が賃借契約の更新を拒否し、大田昌秀沖縄県知事（当時）も土地強制使用の代理署名を拒否したため、賃借契約が切れた1996年4月からの1年間は日本国による不法占拠状態となった」（ウィキペディア「楚辺通信所」2009/10/26 11: 22確認）。

わのぶざまなたちまわりをみて、「国家存続のためにはしかたがない」とか、「国際条約は憲法をふくめた国内法に優越する」といった論理・法理をもちだすやからは、暗黒時代を合理化する「神学者」といってさしつかえなかろう。

それにつけても、中野らの「沖縄戦後史は、日本戦後史の虚構を写しだす鏡である」というフレーズは、むねをつく。そして、あとぢえではあるが、『沖縄戦後史』の「あとがき」はつぎのように予言的であった。

> 戦後沖縄の歴史は、まことに多難な歴史であった。そして、1972年5月の沖縄返還によって戦後沖縄の歴史は終りを告げたが、それはけっして沖縄の多難な歴史が終ったということではない。復帰後沖縄の現実は、苦渋に満ちている。　　　　　　　　　　　　　　　　　　　　　　　［なかの／あらさき1976: 219］

ところが、それから20年後には、つぎのような政府広報（外務省／防衛庁／内閣官房）が全国紙にのった[23]。沖縄問題に当面の決着がついたとの「合意」のもとに、中央政界が選挙戦に突入していく直前にである。

> 沖縄の問題は、日本の問題です
> 私たちは沖縄の豊かな自然、美しい海を知っています。
> 沖縄に暮らす人々の笑顔を知っています。
> でも、日本にある米軍施設・区域（共同使用を除く）の
> 約75%が沖縄県に集中していることを知っていますか。
> その面積が沖縄県全体の約10%、沖縄本島の約18%を占めることを知っていますか。
> 沖縄県は、そしてそこに暮らす沖縄の人々は、
> 長い間、この大きな負担を担ってきました。
> いうまでもなく、沖縄にある米軍基地は、
> 日本の安全やアジア太平洋地域の平和と安定にとって
> 重要な役割を果たしている日米安保体制を支える基盤として

23　たとえば『朝日新聞』(1996/09/26)。

必要不可欠なものです。
このような中で、どうすれば沖縄に暮らす人々の負担を軽減することができるか。緊急の課題です。
私たち国民一人ひとりがいま一度。
沖縄の米軍基地問題を日本全体の問題として考えてみましょう。

　この政府広報（全国75紙掲載）が、具体的にどの範囲での広報キャンペーンだったか、たしかめることをおこたってきてしまったが、ひとつだけたしかにいえることがある。文面上、広報対象として沖縄県民・沖縄島周辺出身者が想定されていないらしい点である。このメッセージは、論旨の展開・文脈からわかるとおり、「沖縄の米軍基地問題」についてあまりかんがえたことがない、そして基礎知識がない、「沖縄に暮らす人々」以外へおしえさとしているという姿勢があきらかだ。しかし、冷静にこの政府広報を再検討してみれば、「沖縄の米軍基地問題」が政治的に注目をあつめているなかで発せられたにしては、不自然・異様なメッセージというほかない。

　たしかに「日本にある米軍施設・区域」の「約75％が沖縄県に集中していること」「その面積が沖縄県全体の約10％、沖縄本島の約18％を占める」という事実認識に基本的なあやまりはない。しかし「どうすれば沖縄に暮らす人々の負担を軽減することができるか」が「緊急の課題」というのは、あきらかな事実誤認か、あきらかに悪質なデマである。もし、軍用機がもたらす爆音、基地に起因する爆発・火災・汚染・凶悪犯罪などの基地被害を念頭においているとしたら、50年以上にわたって「緊急の課題」が放っておかれたということになるからだ。基地にまつわる深刻な問題はおびただしくくりかえされてきたのであって、「緊急の課題」として浮上するという構図は、原理的にありえないのである。かりにありえるというなら、それまで深刻な問題の山積状態に全然きづかなかった、あるいは、きづいている人物・組織がありながら、それが政治的な理由等でかくしとおされていたということになる。

　かりに、前者＝深刻な問題の山積状態に全然きづかなかった人物が、「知っていますか」などといいだすなら、啓発広報の対象と大差ない「五十歩百歩」状態であったことの白状にすぎない。せいぜいゆるされるのは、ジャーナリストや研究者が

「発見者」「報告者」として、同主旨のことをのべるぐらいであろう。しかし、それも「不明をはじる」といった姿勢とともにであって、まちがっても、「知っていますか」などとえらそうにいえるようなすじあいにない。すくなくとも、行政当局がとれる姿勢でないことは確実だ。

　また、後者＝深刻な問題の山積状態にきづいている人物・組織がありながら、それが政治的な理由等でかくしとおされていたとするなら、「組織犯罪」と「内部告発」のたぐいであり、このばあいも広報キャンペーンにはなじまない。「隠蔽」「情報操作」という「組織犯罪」に対する自己批判と謝罪でなければならないのだから。

　いずれにせよ、政府広報として「沖縄県関係者」以外に啓発キャンペーンを展開するような構図にはなじまないのであって、その意図は不明・不可解である。そして、こういった政府広報に、きびしい批判があつまったというはなしは、不思議なことにきかない。それ自体も不可解である。「沖縄の問題は、日本の問題です」という、そのコピー自体は「正論」そのものである。しかし、その主旨＝経緯および政治的含意を理解できるものであれば、以上のような構図から、広報内容のような展開には、なりようがない。「長い間、この大きな負担を担ってきました」というなら、それをゆるし、あるいはおしつけてきた当事者がいうセリフとしては、「ぬすっとたけだけしい」というそしりをまぬがれまい。米軍基地集中とは、政府・自民党が法体系と得票をもとに、主体的にえらんできた安保体制という政治的選択の結果であって、たとえば、自動車公害・事故や生活廃水問題などのような責任の所在が特定しにくい性格のものとは異質である。

　もともと、「日本にある米軍施設・区域（共同使用を除く）の約75％が沖縄県に集中している」という事実をふせてきたのは、ほかならぬ政府自民党であった。基地の不当な集中は、関係者から再三指摘され批判をあびてきたのである。そして、自衛隊基地を一時借用することを「共同使用」と称し、それをふくめることをもって沖縄には全国の4分の1強しか存在しないかのような演出をこらしてきたのは、ほかならぬ政府当局であった。「共同使用を除く」という作業をあえてさけるという統計処理をもって、米軍専用基地が全国の4分の3も集中していることをかくし、「共同使用」こみによれば、全国の35％をしめる北海道の比率をしたまわるというイメージをでっちあげた意図はなにか？　沖縄に不当に米軍基地が集中しているという現実を国民にふせることで、その不当性をかくしとおし、問題を過小評価させ

たかったのにちがいない。そういった情報操作の当事者自身だった当局が、一転して、したりがおで「約75%が沖縄県に集中している」という事実を強調する、あるいは緊急の課題」などといいだすのは、卑劣以外のなんなのだろう[24]。

ところで、こういった、意図がどこにあれ厚顔無恥そのものの政府広報が「沖縄県」関係者のめにふれたばあい、どうなるであろう？「広報」の主旨・趣旨は全部「釈迦に説法」にすぎない。じもとむけの「点数かせぎ」になどなるまい。むしろ、表題だけ「正論」なのに完全に竜頭蛇尾。自己批判のない厚顔無恥ぶりをみせつけられて、いきどおる読者ばかりではないか？ だから、沖縄県は意図的に配信さきからはずしたかもしれないが、東京／神奈川、大阪／兵庫を中心に相当数の「沖縄県」関係者がくらしているのである。かれらの激怒・失望をよばないとでも、おもったのだろうか？

いや、県民や全国にちらばる県関係者全員や、安保体制に敏感な層を全部総計しても、人口比としては、世論形成・選挙動向などに影響をあたえることはありえないから、「それ以外の多数派に「政府は誠実にやっている」というイメージを注入できれば政治的には充分」といった計算づくで広報をながしたのだとしたら、そして、それが、直後におこなわれた、はじめての小選挙区比例代表並立制による「第41回衆議院議員総選挙」[25]を意識したものであるとすれば、露骨な政治介入というか、

---

[24] 沖縄県企画開発部が発行した『100の指標からみた沖縄県のすがた』(1991年3月)がとりあげる「土地利用（米軍基地面積）」は、沖縄県総務部知事広報室の『米軍及び自衛隊基地関係資料集』にもとづいたとされるけれども、これが政府（当時）のさしがねぬきに、地方政府が主体的に処理した数値統計とはおもえない。同様の問題は、新崎盛暉が『沖縄現代史』でとりあげている [あらさき1996b: 29-30]。ちなみに、現在の沖縄県政は保守派によるものだが、ウェブ上に公開された「100の指標からみた沖縄県のすがた」(2007年10月, http://www.pref.okinawa.jp/toukeika/100/2007/100.html) も、「土地利用」の(3) 米軍基地施設面積」は、「米軍及び自衛隊基地」といったかたちで合算されており、沖縄県（236713千平方メートル）、北海道（344631千平方メートル）と、沖縄の現状を過小評価しようという意図は継続中である。おなじ巨大迷惑施設とはいえ、日米地位協定によって事実上「治外法権」化した米軍用地周辺と、自衛隊基地とでは、その被害には質・量のおおきな差があるわけで、それを単純合算して提示しようという政治的意図は、あからさまである。「専用施設」としての在日米軍施設の面積および比率は、「在日米軍施設・区域（専用施設）都道府県別面積」（防衛省, http://www.mod.go.jp/j/defense/chouwa/US/sennyousisetutodoufuken.html) といった統計によらねばならない。

[25] 1996年10月20日。

卑劣な世論操作というほかあるまい。

　そして、みおとしてはならないことが、さらに2つある。第1に、さきの政府広報に関心をもった層が実際どの程度いたのかということ。関心をもった層がいたとして、以上のようなメッセージの自己矛盾・破綻と、「発信者」の言行不一致にきづいたか、という点である。おそらく、大半は、興味ももたずよみとばし、かりにもったにしても「政府は誠実にやっている」と、しっかり情報操作の結果に洗脳されていたのではないか？

　第2に、こうした情報操作は政府だけが責任をおうのではなく、じもと以外の地方紙もふくめた全国のメディア総体が、全体でになってきた構造の産物だという事実である。たとえば、政府広報をひきうけた『朝日新聞』は、政府の姿勢を卑劣・不誠実・不見識などと判断すれば、敢然と拒否することが可能であった。地方紙も、じもとが米軍基地等をせおっていない地域の紙面の大半は、安保体制における沖縄問題などを、ほとんどとりあげてこなかったはずである。このように、米軍基地問題を地域問題としてとりあげる一部の地方紙などをのぞけば、これら政府の情報操作に間接的にせよ加担してきたのが、全国のメディア体制なのである。

　安保体制が、国土の0.3％ほどしかしめないほぼ2島に米軍基地の4分の3もおしつけているというヒズミについては、こころあるひとびとが以前から再三批判をくりかえし展開してきたのである[26]。しかし、「本土」住民のおおくは、1995年以降浮上した普天間飛行場移転問題で、はじめて数値を意識させられるなど「はつみみ」だったはずである。要するに全国紙や米軍基地と縁どおい地方紙の大半は、それ以前、こういった遍在構造を強調して報じたことがないのである。一時的にふれたにせよ、全国民の意識を根本的にかえ、加害者性を充分に自覚するよう気迫をもった

26　おおくのばあいは、「本県は国土面積のわずか0.6％にすぎない狭隘な県土面積に全国の米軍専用施設の約75％が集中しており、これら米軍基地は県土面積の10.2％、特に人口、産業が集中する沖縄本島においては、実に18.4％を占める異常な状況下にある」（沖縄県）といった公式見解がよくひかれる。しかし、米軍基地の機能のほとんどは沖縄島・伊江島2島に集中しており、それは沖縄のほぼ半分しかしめない以上、「国土面積」との比較であれば、「0.3％」という比率こそ実態をしめしており、狭義の基地被害という意味では、沖縄のばあい、中部・北部に特に遍在しているといえるわけで、「受苦圏」は、沖縄県内でもかぎられているという点で、地域の利害はことなるのである。国土における米軍基地の集中度の格差については、ましこ[2008c: 118]参照。

キャンペーンを継続したことがない。政府がみずからの非道ぶりをかくそうと、事態が過小評価されるよう統計数値の操作をおこなうといった、組織犯罪というべき体質をうたなかった共犯性もふくめて、1995年ごろから米軍基地関連記事が急増した紙面は、ジャーナリズム精神とは正反対の偽善主義・便乗主義・ひよりみ主義というほかないだろう。「うえからの圧力で、小さたかった記事がほうむられた」といった一線記者の一部以外、実は政府を批判できるたちばにないのである。

　1995年再燃した「沖縄のいかり」に対して、政府・自民党の一部は、「沖縄の負担比率を6わり台までへらさないかぎり、なっとくはえられないだろう」とかたったときく。しかし、かりに本気でないアドバルーン発言にしても、これら発言者たちは、「算数」ができないのだろうか？　6わり台とは、たとえば75％の1わり前後を他府県に移転するということを意味する。しかし、「『県道104号越え実弾砲撃演習』を全国5カ所の自衛隊演習場に分散することになり、それぞれの地域から『本土移転反対』という声があがった」という指摘ひとつとってもわかるとおり、自衛隊基地周辺地域でさえも、「過重負担」などと、ねぼけたことを平気で主張するような「平和ボケ」こそ、他府県の感覚なのだ。一部「演習」ではなく、沖縄の米軍基地面積の約4分の1をしめるキャンプ・ハンセン規模の面積が移転するなどといった構想があがったとしたら、いくつぐらいの自衛隊基地であれば「分担」するつもりになるのだろう。しかし、キャンプ・ハンセン全域が移転しても、沖縄：「本土」≒3：2になる程度で、1％にとおくみたない小島に濃縮するような非道からすれば、6わり台といった「現実主義」さえも、「改善」とは到底いいがたいのは事実だ[27]。しかし「事実」は、「演習」の移転を既存の自衛隊基地周辺地域さえ拒絶するありさまなのだ[28]。

27　「1わり」の移転だけで、「沖縄」：「本土」は、およそ2：1にちぢまるのであって、その程度のうけいれさえ拒絶する「本土」の非情、それさえおおごとになってしまっていることの現実は、それだけ、沖縄島周辺に異様な集中が継続中だということを意味するのだが、自衛隊基地周辺の住民さえも、そういった「共感」をもてないらしい。日本人の「同胞」意識とは、「その程度」といえよう。

28　「沖縄の米軍基地問題を日本全体の問題として考えてみましょう」という政府広報は、「助成金」という「アメ」として、うけいれ地域・機能をふやしたかもしれない。防衛施設庁（当時）が、「在日米軍再編計画への同意がないことを理由に、2005年より3年計画で予定されていた岩国市役所庁舎改築事業への国からの補助金（元々は1996年の沖縄に関する特別行動委員会（SACO）での合意に基づく沖縄・普天間飛行場か

特措法「改正」当時、「基地のシワよせ」をただそうとしない無神経さと、それをくりかえさせてきた報道・歴史教育のねもとをたださないかぎり、1995-7年とつづいた「基地問題」はみるみる風化していくにちがいない。それでは、日米両政府が日琉人民の基地利害について「分断」をはかったことで（受益圏があるかどうかは別として）受苦圏だけが分離／固定化していった構造の再生産であり、そういう事実の抑圧の歴史の反復があるだけであろう。「成田空港建設の過程にはあやまりがあった」と政府がみとめたような悲喜劇がまたくりかえされるのだろうか……、といった指摘をした。実際には、「風化」こそおきなかったが、偽善・矮小化・さきのばし、といった欺瞞と厚顔無恥が横行するようになった十数年ということがいえそうである。

5. 駐留軍用地特別措置法「改正」の意味再考

　駐留軍用地特別措置法「改正」案は、「衆参ともに、9割前後が賛成の圧倒的多数での可決」[29]という、「翼賛」体制をおもいださせるふんいきをかかえていたことを与党の中心人物のひとりさえ指摘していた状況は、すでにのべたとおりである（註13）。軍用地の収用委員会の有名無実化など、憲法違反を感じさせる「ねらいうち」（憲法95条違反[30]）の強引なやりくちには、さすがに批判がつよく、「本土」メディアのおおくも、まゆをしかめてみせた。しかし、「本土」メディアの論調も、それにつよい異論をとなえなかった「本土」住民も、それらの非道＝近過去の民意の疎外体に異をとなえて、次回選挙以降で当時の賛成議員たちを大量落選させることはな

　　らの空中給油機移転を受け入れる見返りによるもの。なお普天間受け入れ自体は米
　　軍再編の途中段階であり、この時点で完了していない）を凍結し、2007年度予算に
　　計上しなかった」（ウィキペディア「在日米軍再編」2009/10/26 11: 11確認）といった、
　　「ムチ」の現実もふくめて、「受苦圏」の動向を詳細に検討する必要がありそうだ。
29　ウィキペディア「駐留軍用地特措法」（2009/10/26 11: 33確認）。
30　日本国憲法第95条「一の地方公共団体のみに適用される特別法は、法律の定めるところにより、その地方公共団体の住民の投票においてその過半数の同意を得なければ、国会は、これを制定することができない」。憲法95条違反をふくめて、違憲状態を諸相から分析した法学者による論集として、うらた編［2000］など。

いだろうとおもわれたが、事実そうなった[31]。当時賛成票を投じた議員たちの一部が失職したのは、2009年衆議院選挙という、措置法「改正」案審議当時の記憶などさだかでない時期まで、さきおくりされたわけだし、大勝した民主党ほかのベテラン当選議員たちの相当部分は、当時賛成票を投じた層とかさなるはずである。つまりは、1996年当時の民主制の実態に　時異をとなえたようにみえた有権者たちが、選挙をとおした「民意」というかたちでそれを表現したことは、皆無だったといえる。有権者による無差別普通選挙＝形式的人気投票の集積という、新憲法＝普通選挙下の戦後日本において、制度上、近過去の民意の疎外体は次回選挙で自浄作用がはたらくはずだったが、措置法「改正」案に賛同した議員たちがそのせめを結局とわれることはなかったのである。

　すでに99％の有権者が1％の「民意」の動向など無視するという圧倒的多数の横暴＝実質的な違憲構造について指摘しておいたが、それらはすべて、過疎地や被差別集団など迷惑施設をこばむことが困難な地域、戦後入植した開拓農民など基盤がよわい層などが、「ねらいうち」されてきた構造と通底している。環境社会学周辺があきらかにしてきたとおり、受苦圏の分離／固定化は、広大な受益圏と膨大な受益層が受苦圏からとおくはなされている構図を基盤としている。産廃処理場など"NIMBY"が自覚されているならまだしも、原子力発電所や米軍基地などは、そういった「良心」のうずきさえももたせない「分離／固定化」＝差別を前提としており、受益圏・受益層は、日常意識・生活から完全に忘却して加害者意識をもたずにいるという悪循環構造がある。もちろん、政官財の「悪意」あるエリート層・実務官僚たちにとっては、有権者による無差別普通選挙＝形式的人気投票の集積をひきだして、「民主制」による決断がなされている＝族議員／実務官僚たちの「作文」が合法的に承認されたという「おすみつき」をえるためにも、「世論」が「無関心」「無責任」にとどまる必要性を痛感している。そして、アリバイ的にジャーナリズムごっこをしてみせるマスメディアが「ハイパー独裁」（田中宇）の共犯者として、

31　このあと、第42回（2000年）、第43回（2003年）、第44回（2005年）、第45回（2009年）、と3度の衆議院選挙がおこなわれており、後述する西村眞悟（1948-）は第45回（2009年）で落選したものの、第43回（2003年）では民主党公認で当選しているし、第42回（2000年）、第44回（2005年）は小選挙区でやぶれはしたものの比例復活当選（自由党→民主党）している。選挙区の有権者は、拒否したつもりかもしれないが、最近まで「自浄作用」は機能しなかったというべきだろう。

日本列島の多数派を「マインドコントロール」してくれないことには、ことがはこばない[32]。そのためには、「記者クラブ」制度をはじめとした、メディアの「翼賛体制」化が不可欠である。……といった、図式が浮上するだろう。政権交代によって登場した、いわゆる「民主党政権」がどういった方向にすすむかは流動的ではあるが、すくなくとも、反体制勢力から「政府・自民党」と一括して批判をあびつづけてきた戦後保守政治の本質は、以上のような構造ぬきには、まったく機能しなかったはずである。

　おそらく、受益圏・受益層の政治経済的な利害および精神衛生と、中央政府／マスメディアの存立基盤とは、以上のような矛盾を現実暴露せず、隠蔽・抑圧しておかないと維持できない本質をかかえている。つまり、意識的／無意識的な利害の一致にもとづいた、多層的・多面的な「共犯関係」が成立してきたにちがいない。いわば、〈ききたくない層〉と、〈きかせたくない層〉の、あうんの呼吸である。つまり、「ハイパー独裁」とは、立証しづらいかたちで構築される権力犯罪＝詐欺行為による集団催眠を、多数派である「受益層」が演出・陶酔する、醜悪な政治経済＝文化体制ということができよう。

　こういった醜悪な「ハイパー独裁」のほころびは、特措法「改正」といった深刻な事態の本質が紙面に反映されないかぎり露呈しない。露呈しても、すぐにわすれさられる。たとえば、つぎのような「ほころび」は、ずっと記銘しておく必要がある「証拠」であろう[33]。

　特措法「改正」審議のために衆議院におかれた安保条約土地使用特別委員会（委員長・野中広務自民党幹事長代理〔当時〕）の参考人質疑で、参考人のひとりは、琉球新報／沖縄タイムス両紙の報道姿勢が区別がつかないほど、にかよっており、しかも両者の編集幹部に一坪反戦地主がいることを非難して、「沖縄の声」を代弁

---

[32] ちなみに、「マインドコントロール」という非難を展開したのは、保守系議員たちである。自分たちが、マスメディアを「翼賛」的に動員した「ハイパー独裁」にもたれかかってきたはずなのに、笑止千万というべきだろう。「九九％のシェアを持つ二つの新聞（琉球新報と沖縄タイムス）によって、それも反戦地主になっている幹部のもとにある新聞社が発行する新聞によって沖縄の心がマインドコントロールされておる」（1997/04/09衆議院日米安全保障条約の実施に伴う土地使用等に関する特別委員会公聴会、新進・西村眞悟……」（ウィキペディア「駐留軍用地特措法」2009/10/26 11: 33確認）

[33] 対象は、前項と一部かさなる。

していない偏向報道だといいはなった（1997年4月9日）。さらに、西村眞悟（新進党：当時）は、それへの質疑で、両紙によって「沖縄」県民が「マインドコントロールされている」とか、「言論が封殺されている」などと誹謗中傷して、県出身議員の反発をかった[34]。「オキナワをあまやかすな」論の新種だったといえるし、地域メディア＝偏向論という、高度に悪質な議論だったといえそうだ。

みのがしてはならないのは、「全国紙」に登場した時期である。参考人質疑での発言は4月9日なのに、報道は1週間後の16日。前日の15日に沖縄タイムス朝刊にタイムス労組が意見広告をだしたこととの、だきあわせだったのである。これは、4段記事（600字弱）が読者にみすごされないようにという深慮遠謀だったかもしれないが、「意見広告」など、インパクトがある関連記事がみつからなかったばあい、紙面でのあつかいがどうなっていたか微妙だったともいえる。地方紙を「マインドコントロール」などと非難することは、議事録からの削除要求がでて当然の知的水準・悪質さであり、それを報ずるのは全国紙の責務だとおもわれるが、地元紙とのパイプのある有力紙が、読者の一部である「リベラル層」むけにポイントかせぎ（スタンドプレイ）をしたと、とられてもしかたがあるまい。沖縄県選出議員の「本土のマスコミがほとんど伝えてこなかった歴史の中で、地元の二紙が伝えている事実によって、県民は、まだ民主主義が生きていることを実感できた。マスコミの大切さが身にしみる」というコメントは、国会・県紙首脳部はもちろん、取材した全国紙記者や読者である他府県有権者の本質をきびしくうつものであった。しかし、かぎられた紙面の限界があるとはいえ、記事の行間からは、全国紙記者の自己批判・動揺などの心理が、どこにもみられないものだった[35]。

34 『朝日新聞』（1997/04/16）。「県民は反対の声しか取り上げない地元2紙にマインドコントロールされている」（「改正特措法成立　基地問題の今後〈1〉」『沖縄タイムス』1997/04/18）

35 沖縄タイムス労組のだした意見広告とは、特措法「改正」への「理解」をもとめた「政府広報」（1997/04/10「米軍への施設・区域の提供は、日本が果たさなければならない責任です」）への批判である。
「米軍への施設・区域の提供は、日本が果たさなければならない責任です。
沖縄県の地域や自然・文化に合わせた経済発展を図る沖縄振興策を進めています。
沖縄の米軍施設・区域の整理・縮小等に全力で取り組んでいます。
沖縄の米軍施設・区域内の民公有地（ママ）の99.8％、土地所有者の90.6％が賃貸契約を結んでいます」「970410　米軍への施設・区域の提供　政府広報」（『在沖米軍

新崎盛暉は、日本マスコミュニケーション学会1994年春季大会（琉球大学）の分科会で、若泉敬もと京都産業大学教授が暴露した核兵器もちこみ容認の極秘メモ問題が話題となったことを指摘している［あらさき1996a］。米軍機墜落事故頻発[36]で再燃する沖縄では、核もちこみ疑惑が大々的にとりあげられたのに、全国紙では産経新聞以外がほとんど関心をしめさなかったことが問題視されたのである。それに対して、全国紙OBのある学会員は、若泉敬が右翼政治学者としてしられていたこと、岩国基地などに核兵器があることは公然の秘密であることから、とりあげるにあたいしないと判断したからであって、沖縄紙にくらべて問題意識が欠如しているわけではない、といった、いいわけをしたらしい。さきに紹介した全国紙記事の報道姿勢の偽善性と通底するものがみてとれるだろう。新崎は、学会でのやりとりを充分

　　　基地・沖縄戦　新聞記事（別館）』2008年10月24日）
　　　　1年ぶりの、またしても厚顔無恥な「政府広報」が、よりによって『沖縄タイムス』紙面にものるという事態に反発したものだった。組合がわが「無期限スト」をうったのに、会社当局が「掲載」をおしとおしたため（会社役員内部にも反対論はあったが）、5日おくれの「抗議声明」となった。こういった、地域紙内部での、はげしいせめぎあいの政治性の深刻さを報じた全国紙の編集部は、充分理解していただろうか？　たとえば、朝日新聞社労組は、同様な事態に直面したばあいに、「無期限スト」をうち、それで抗しきれなかったばあいは、「抗議声明」として、自社紙面に「意見広告」をだして、政府はもちろん、会社当局を批判するといった、勇敢な姿勢をつらぬけただろうか？　あるいは、「政府広報」をのせることに強硬に反対する重役がでて、その事実が外部にモレたりするだろうか？　あの厚顔無恥な政府広報をタレながした会社の社風からして、労組にも期待は到底かけられないであろう。

36　死傷者がでるなど、大事故となった事件（宮森小学校米軍機墜落事故―1959年、沖国大米軍ヘリ墜落事件―2004年など）でもないかぎり、軍用機の小事故が頻発している沖縄では、おおきくとりあげられないことがすくなくない。全国紙はもちろん、地元紙の1面などでとりあげられていないからといって、沖縄で米軍機事故がまったく発生していないなどとおもいこむのは、事実誤認である。たとえば、つぎのような記述を参照。
　　「＞ガスマスクを着けて作業
　　あれは揮発した燃料が有害だからですよ。
　　見慣れない人には勘繰りたくなる様な格好でしょうが、あの格好は航空機消火作業の基本的な格好です。
　　沖縄で米軍機が墜落するのは年に1回程度ですが、火を噴いて堕ちずに基地に着陸するのは年に4〜5回はあります。
　　そのたびにあの格好で消火してますので、沖縄ではかなり見慣れた姿です。……
　　2004.08.18 17:43」（「米軍機、市街地墜落の意味」『極東ブログ』2004/08/16 コメント欄）

追及しきれなかった地元2紙をきびしくとうているが、全国紙に継承されてきた偽善性・欺瞞性は論外といえよう。

　これらの「ほころび」は、全国紙のかかえる偽善性・欺瞞性に警戒的であり、それこそ無自覚な「マインドコントロール」装置にほかならないという構造を明確に認識していないかぎり、みえてこない。ましてや、"NIMBY"的な既得権死守のための「悪意」さえ自覚できず、「沖縄の問題は、日本の問題です」といった政府広報の本質的な偽善性・欺瞞性にきづかない程度の無関心にとどまる層は、記事の存在さえみのがしそうだ。なにしろ、視野にはいったことのない経緯など、「世界」に不在なのだから。「ハイパー独裁」の住民たちは、憲法違反を無視する国会議員による「改正」作業というグロテスクな実態(「日本型民主制」)をうつことがない全国紙の「共存・対立」という、「マインドコントロール」装置の内部にまどろみつづける。所詮「ひとごと」でアリバイ的にジャーナリズムを演出するだけの「イデオロギー装置」の一種の集団催眠に惰眠をむさぼりつづける以上、「普天間基地問題」だとか、「環境アセスメント」「嘉手納統合案」といった「時事用語」自体が、なにを意味するのか、いつまでも「ひとごと」であり、報道がとだえた瞬間(ニュース番組が話題をかえただけでも)わすれさるような程度の「関心事」でしかないだろう。アリバイ的にジャーナリズムによって「ハイパー独裁」の共犯関係を生業にできるメディア関係者にとっては、視聴者・読者は自分たちと同程度に無責任で無知ないし厚顔無恥な俗物たちであってほしい。集団催眠をといて、「沖縄の問題は、日本の問題です」というコピーの真意・含意を理解しようとしない＝できない人物以外の住民たちが発言力をもち、世論形成に一定以上の影響力をもちだしたとき、その取材姿勢はもちろん、過去の社の体質や国民全体の植民地主義が露呈するのは、是非ともさけたいのである[37]。

　「本土」住民の「ハイパー独裁」にまどろむ様子は、たとえば1999年の特措法の再「改正」のときのメディアの報道姿勢や視聴者・読者たちの無関心ぶりとか[38]、

37　「植民地主義者」たちの実態・本質については、のむら[2005]、なかの ほか編[2006]、のむら編[2007]など。
38　「米軍用地特措法の再改悪に対する抗議声明
　　本日、参議院本会議でいわゆる地方分権整備のための法律が、自民党等の多数により可決された。同法案は、衆参両議院において十分な審議もないままに採決されたものである。

「普天間飛行場」問題がほとんど前進せず、むしろ迷走をつづけただけという特措法再「改正」以来の10年間で再確認できるだろう。

ところで、「施政権返還」当時、リベラル／左派が、はずかしげもなくくちばしった「本土の沖縄化」という「復帰」への不安＝"NIMBY"的な生活保守主義。その「生活保守主義」の土台がゆさぶられようとしている。新崎らに指摘されてきた戦後民主主義の虚妄／欺瞞ゆえに、自壊作用としてその空洞化を否定できなくなっ

> この「地方分権」一括法案は、地方自治法「改正」を軸に、全部で475本の法律を「改正」の対象にしたものである。これは、我が国の法律全体約1600本の中の3分の1に及ぶ大規模なものであり、その中には住民の権利や自治体の事務に重大な影響を及ぼすものも少なくない。
>
> このような大量の法律の「改正」について、国民にその内容や問題点について十分知らされることのないまま、世論に問うこともせずに採決を急いだ政府の姿勢は殊に異常という外なく、議会制民主主義の上でも絶対に許されるものではない。
>
> この法律により、機関委任事務は廃止され、その多くが「法定受託事務」となったが、中には、国の直接行う事務に変わった（も）のも少なくない。米軍用地特措法の改悪がこれである。
>
> 米軍用地特措法の再改悪は、国民の財産を強制的に取り上げ、自治体と住民を戦争に動員する仕組みを作る最大改悪法である。新ガイドラインで日本政府が米側に誓約した米軍用地の提供は、この米軍用地特措法の再改悪によって確保される仕組みとなった。
>
> 今回の改悪法は、従来、市町村長や県知事に委託されていた「代理署名」「公告縦覧」を奪い取り、収用委員会の権限を大幅に減縮し、土地所有者の抵抗を押さえ付けようとするものである。
>
> われわれは、憲法違反の米軍特措法の下においても、土地所有者に求められた権限を最大限に活用し、政府による強制使用に真っ正面から対決して闘ってきた。その中で「裁決申請却下」の輝かしい成果を勝ち取ってきた。
>
> 今回の改悪は、反戦地主らのこの闘いの成果をないがしろにし、沖縄の軍用地主を全て政府の言いなりにしようとするものであるが、われわれはこのような卑怯な企みを断じて許さない。
>
> いかなる悪法の下においても、反戦の旗を高く掲げ沖縄から米軍基地を一掃するまで闘いの炎を熱し続けていくことを誓い、今回の一連の改悪法について断固抗議するものである。
> 1999年7月8日
> 沖縄軍用地違憲訴訟支援県民共闘会議
> 権利と財産を守る軍用地主会（反戦地主会）
> 一坪反戦地主会
> 反戦地主弁護団」［おきなわ・ひとつぼはんせんじぬしかい　かんとーぶろっく，1999］

てきたということである。安保体制の「ささげもの」として、とおく南西地域「辺境」に受苦圏をおしとどめることで、新憲法体制の「ヒカリ」の部分を「享受」してきたはずの「本土」＝「受益圏」も、「9・11テロ」「米軍再編」などの現実をまえに「カゲ」がさしてきたというわけだ。戦後体制を主体的に選択してきた日本政府も、東海村臨界事故（1999年）[39]や新潟県中越沖地震での東京電力柏崎刈羽原子力発電所3号機火災事故（2007年）などで露呈した、各電力会社や関係機関の無為・無策・欺瞞などが露呈することで、原発事業のみなおし作業をするポーズをとるほかなくなった。「本土」大衆は日米の軍事基地周辺を例外として、いまだ米軍基地問題を「ひとごと」としつづけている。「沖国大米軍ヘリ墜落事件」どころか、半世紀まえの「宮森小学校米軍機墜落事故」という大惨事をはるかにこえるような深刻な事態がひきおこされるまで、「本土」大衆は虚妄の平和（近年は不安まみれであろうと）をまどろみつづけるのであろうか？　ひょっとすると、それは、ことによると、「覚醒」と「後悔」につづいて、とりかえしのつかない「永遠のねむり」がおとずれるような、最悪の展開となるかもしれないが、それはだれにもわからない[40]。

39　りんかいじこのたいけんおきろくするか［2001］、つちだ ほか［2003］など。もともと原子炉周辺で展開される労働環境は、人権を無視した、危険きわまりないものであるという実態を告発したものとして、もりえ［1979, 1989］など。

40　反原発運動の諸勢力が再三指摘してきたように、ヨーロッパ大陸など地盤が堅固であるのとは対照的な「地震」集中地帯としての日本列島に原子力発電所を大量に建設するというのは、技術信仰というなの狂気というほかない。一部のブロガーなどが指摘するとおり、浜岡原発をはじめとして、各原子力発電関連施設は制御不能な「原子爆弾」を何発も配備しているようなものである。電力各社や政府機関は、再三「安全」を「保証」し、耐震設備等をほこってきたが、人為的ミスに起因する「臨界」を完全に封殺できないことは、東海村臨界事故等で露見したし、火災予防体制・消火システムが、外部の消防署との連携等をふくめて、まともに整備されてなどいなかったことや耐震設計などデタラメだったことは、新潟県中越沖地震時の震災がらみで、全部露呈してしまった。電力各社は、「想定外」の震度にあわてて、耐震強度を数倍にあげたのである。しかし、これら「どろなわ式」の「対策」も、一部ブロガーが批判するとおり、震災時対策として、自動緊急停止装置が用意されているという現実ひとつとっても、完全な自己矛盾をきたしているし、関係者にはその自覚がまったくないのである。

　「原発直下でのマグニチュード6.8の地震にも「耐震」が確保されているというのなら、その地震の際にも緊急停止させずに、通常通り発電しつづけろ、ということです。

　そういう設計にしてあるなら、あぁほんとに「耐震」なんだな、と安心できます.

だって万が一のことが許されない原発にとっての「耐震」ってそういうことでしょう？
　しかし実際は直下でM6.8の地震が起きれば，原子炉は自動で緊急停止します．
　そういう設定にしてあるのは，（送電線を含む）なんらかの故障や破損を前提としているからです．
　しかし原発は，飛行機の離陸と着陸同様，停止時と起動時がもっとも危険です．
　直下M6.8の揺れの中で，なんらかの故障や破損を抱えた条件下での原子炉停止というのは，車輪が出ないまま着陸するとか，揚力が足りず近くの川に着水するとかいう話に相当すると思います．
　あの「ハドソン」級の奇跡が求められるのです．
　直下M6.8の揺れの中での原子炉停止というのは，一か八かの「賭け」の領域への突入であり，もはや「耐震」の問題ではないのです．
　しかし，自動停止させる設計になっているということは，すなわち「耐震」（不備）の問題なのです．」［かさい2009］
　また、さかんに某国を仮想敵国とみなした「原発テロ」対策の演習がくりかえされてきた。しかし、原発を「原爆」化する程度の「テロ」は、一般市民でさえ決行可能な水準にすぎないもので、実にハードルがひくい、おさむい安全管理状況だとのこと［かさい2007］。専門家が、これら脆弱性に無知なはずもなく、対策費や演習のかずかずは、ほかに目的があるとみるべきであろう。税金の拠出の正当性はもちろん、情報統制をおこなうことで国外に責任転嫁し、真のリスクから市民の視界をとおざけ、国内の有害無益な不安をあおるという点で、権力犯罪以外のなにものでもなかろう。

第10章 補論

日本国憲法下における沖縄人の地位

代理署名拒否訴訟「沖縄県第三準備書面」を素材にした日本国憲法再読

1. はじめに

　「冷戦構造崩壊で、かえって国際情勢は不安定化した」といった「地政学的」総括は、よくみみにするが、まるで核戦争の危機による「均衡」をなつかしんでいるようでさえある。実際、スターリニズムによる殺りく／抑圧の解消をのぞけば、事態が悪化した空間がすくなくないことも事実だが（ブッシュ政権を軸にした国際関係や環境政策の逆行などは、その典型である）。
　このことは、沖縄島／伊江島をはじめとする米軍基地の位置づけにもあてはまるだろう。冷戦構造がくずれさることで基地周辺の負担がかるくなったのかといえば、まったくそうではないからだ。1992年前後からの二度目の「沖縄ブーム」はもとより、95年以降の政治情勢（普天間基地返還計画、県内移設案、沖縄サミット……）をみても、事態はむしろ「ゴルディウスの結び目」のような隘路とうつる。この状況は、東アジア情勢が激動する昨今、ある意味で異様ではないか？　中国ロシアの周辺／周縁部分で沸騰（あるいは伏在）する民族問題の進行状況と比較して、沖縄県／伊江島（日本の国土の1000分の3）に集中する米軍基地問題の「かわらなさ」は、「原因」を一度整理しておく必要があるだろう。
　以下展開するのは、1996年に最高裁判決で沖縄県敗訴が確定した、いわゆる「代

理署名拒否訴訟」の原審（福岡高裁那覇支部）に提出された「沖縄県第三書面」[1]の再読である。沖縄島以南に適用されて35年をこえる日本国憲法の意味を再検討するために、この作業は不可欠とおもわれるからである。もちろん、こういった議論は、被告弁護人や憲法学者など公法学研究者などが、解決ずみ、解説ずみのことかもしれない。しかし、管見では一般的な媒体には（沖縄県でもちいられる検定教科書はもちろん資料集等にも）みかけない[2]ようなので、判決から10年以上、初出から5年以上をすぎた文章を基本的にいかすかたちで再録することとする[3]。

1　「沖縄県第三書面」をはじめとして、原告沖縄県がわの主張は、たとえば、『沖縄苦難の現代史——代理署名拒否訴訟準備書面より』（岩波書店、1996年）などとして活字化されているが、現在では、問題の風化の結果というべきか、古書店市場・図書館等でしか活字形式では確認できないのが現状である。別に、初出時（後述）に、こういった事態を意識していたわけではないが、初出時の注記でふれたとおり、データは「沖縄米軍用地強制使用　訴訟関係資料」（http://www.jca.apc.org/~runner/oki_sosyo/）によっている。そのため、たとえば『沖縄苦難の現代史』等の文献の引用ページ等の記載などをともなっていない、一種異様な体裁をとっていた。しかし、結果として、いわゆる「リンクぎれ」「更新」「編集不足による誤記・事実誤認」などが多発し引用等にむかないとされてきたウェブページがいまだ無効にならず、安定的に維持されていること。岩波書店といった有力書店が、しなぎれを放置し、復刊されることはまずなかろうという市場原理の作用とは、皮肉な現実をしめしているといえよう。
2　1996年当時の『琉球新報』『沖縄タイムス』等での記事に、沖縄県関係者ほかによる「違憲」論が発表されていることは、もちろんである。たとえば、「「在沖米軍基地は違憲」大田知事、最高裁大法廷で意見陳述」（『琉球新報』1996/07/10）など。しかし、本稿のように、沖縄県敗訴後の保守県政下における公教育・広報等で、1972年の施政権返還以降の基地の布置状況全般が「違憲」であること、それにまったく無知・無自覚である日本国民の大半という構図を断定しているのを確認できたことがない。
3　本稿は、『うらそえ文芸』第8号（浦添市文化協会文芸部会、2003年5月）所収の小文に加除修正をくわえたものである。本文の骨子等には、おおはばな改編をくわえていないが、注記部分は事実上別稿であることを、おことわりしておく。初出時の政治状況との異同だけでなく、発表媒体が、沖縄島中南部中心の読者を想定していることとの差異も、勘案した結果である。

2. 背理法により、「沖縄人[4]を日本人にふくめない」現状を論証する

第10条　日本国民たる要件は、法律でこれを定める。

第11条　国民は、すべての基本的人権の享有を妨げられない。この憲法が国民に保障する基本的人権は、侵すことのできない永久の権利として、現在及び将来の国民に与へられる。

第13条　すべて国民は、個人として尊重される。生命、自由及び幸福追求に対する国民の権利については、公共の福祉に反しない限り、立法その他の国政の上で、最大の尊重を必要とする。

第14条　すべて国民は、法の下に平等であつて、人種、信条、性別、社会的身分又は門地により、政治的、経済的又は社会的関係において、差別されない。

第29条　財産権は、これを侵してはならない。
　２　財産権の内容は、公共の福祉に適合するやうに、法律でこれを定める。
　３　私有財産は、正当な補償の下に、これを公共のために用ひることができる。

以上は、日本国憲法第3章「国民の権利及び義務」の一部である。周知のとおり、1972年5月15日、施政権が日本国政府に返還されて以降、沖縄島以南の琉球列島住民は基本的に日本人のはずである[5]。そうであるならば、うえの5つの条文からみち

4　本稿では、沖縄県民とはことなった意味で、もっぱら沖縄島周辺住民という意味で「沖縄人」という呼称＝分類をもちいている。その意味では、「うちなーんちゅ」という、沖縄島住民などの自称＝アイデンティティともズレがある。ここでは、本文中でものべているとおり、「沖縄県／伊江島（日本の国土の1000分の3）に集中する米軍基地問題」という特異性を、鹿児島以北の「ヤマトゥ」と対照することで、住民＝政治主体を、沖縄人／日本人という、二項対立図式に2分した。もちろん、双方にそれぞれくらす他府県出身者／沖縄県出身者の存在や、双方に混在・競合するだろう政治的利害対立などを戦略的に捨象した。

5　もちろん、アメリカ兵やその家族、宗教・教育・興行等で来日している外国籍住民が少数いるが、与論島以北に血統上・生育上の出自をもつ少数部分をふくめて、住

びかれる結論とは、日本人にほかならない沖縄人は、基本的人権を「侵すことのできない永久の権利として」「享有」するのであり、「法の下に平等であつて」「差別されない」し、当然「財産権」もおかされてはならないことになる。では、歴史的現実はどうだろう？

「沖縄県三準備書面」には、「第八 米軍基地のもたらす違憲状態」という箇所がある（以下『違憲状態』と略記）[6]。その最終部分「必要最小限度を超える本件各土地の財産権制約」(pp.377-380) は、つぎのようにはじまる。

> 沖縄の米軍基地は、沖縄戦終結後、住民を収容所に押し込めている間に土地を取上げ、さらには、銃剣とブルドーザーによって住民から土地を強奪して形成されたものであるが、この強奪による土地使用は、明らかにハーグ陸戦法規に反する違法な財産権侵害であった。

この指摘は、きわめて重要だ。なぜなら、サンフランシスコ平和条約も、米軍支配下で布令にもとづきくりかえされた強制執行も、国際法上の正当な根拠をなんら

民の大半は、「日本国籍」のはずである。ちなみに、法的には「日本国民」とは、「戸籍簿」に登録されているはずの市民、および皇族をさすようだが、あたかも「国民」以外には「人権」上の権利制限があって当然といった論理構成を、日本国憲法自体がとっていることの問題性が、定住外国人の識者などから指摘ずみであることは、重要である（たとえば、尹健次などは、再三、英文憲法草案には"人民"などとしか訳しようがない"people"だった部分が、「国民」へとかきかえられ、それはおもに「外国籍」者を除外する意図があったとのべている）。第一線官僚による運用上の恣意的解釈など、人権意識の低水準体質などに単純に帰せられるものでなく、すでに日本国憲法の立脚点たる「人権」概念、「国民」概念自体に、致命的欠陥があるということを意味するのだから。であるとすれば、そういった「国民」の周縁部分の議論は、小熊英二『〈日本人〉の境界』などが対象化するべき層に限定されるはずで、施政権返還後の沖縄島住民などには本来無縁なものであるはずだった。しかし、後述するとおり、現実にはそうではないのである。派遣労働者や女性たちが労働市場・人事等で、さまざまな差別をあじわってきたのと同様、沖縄島周辺に集中した米軍基地に起因する諸問題は、まさに憲法の人権概念から除外された住民が経験してきた現実なのであった。ちなみに、小熊は、現地沖縄の反発がはげしくなればなるほど日米政府が基地返還に応じる可能性がたかくなる、といった楽観的予想（政治コスト論）を主張することで、自身にとって所詮米軍基地問題が「ひとごと」でしかないという認識を露呈した［おぐま1998: 764-5］。

[6] 「沖縄県三準備書面」pp.285-380

もたないことをのべているからである。かりに実効支配と現実的占領状態が事実としてあったにしろ、法的に不備な支配である以上、アボリジニの土地権などと同様、通常の時効概念などにとらわれずに遡及的に原状回復がなされるべき性格の問題ということになる[7]。

　そして、つづく部分では「沖縄の本土復帰に際しても、米軍によって違法に侵害された財産権の回復はなされなかった」ことが指摘される。「日本国憲法前文は」、「国は国政の受託者として、これを国民の福利のために行使すべきものとしている」のだから、「憲法が保障する基本的人権が侵害を受けている場合には、それを回復すべく、権限を行使しなければならない責務をおう」のであり、「沖縄県民の財産権の全面的回復を実現させる責務をおっていた」と。「米軍の土地使用は国際法上許されないものであり、その所有権者は米軍に対して返還を求める正当な権利を有していたのであるから、その返還が実現されるよう努力することこそが国の沖縄県民に対する義務であった」し、「復帰によって、沖縄県民の憲法上の権利の実現を妨げる法的障害がなくなった」以上、「国はこれを実現しえた筈」なのに、「国はこの義務を怠った」のである。「米軍の土地利用のために、「公用地法」で五年間、「地籍明確化法」でさらに五年間、その後は駐留軍用地特措法によって、国自らが土地を取上げて米軍に使用させ、沖縄県民の権利制約が継続されてきた」(pp.378-9)と。日本政府の売国奴的／植民地的性格がうきぼりにされたといえよう。

　　　これまで、沖縄県民は五〇年以上もの長期にわたって財産権制約を強いられてきた。民法六〇四条は、賃貸借契約の存続期間は二〇年を超えることはできないと規定しているが、沖縄県民はその意思に反して、民法の定める最長期間の二倍をこえて土地を取り上げられ、これからも継続されようとしている。特定の国民に対してのみ、このような財産権制約を押しつけることは、

---

[7]　「日本政府は1951年に締結したサンフランシスコ平和条約19条（a）項によって、米軍に対する……一切の請求権を放棄させる措置をとった」とか、「沖縄返還協定によって沖縄県民の対米請求権は包括的に放棄させることとなった」［きっかわ2005: 51-2］といった、当時の政治的・法的決着によって、私的な権利が全部消滅したと断言することはできない。政治的・法的に「放棄させる」措置が決められ、住民がしたがわされたからといって、そこに潜在している諸権利がまったく復旧不能であるということにはなるまい。

> 到底、正当化されうるものではない。沖縄県民に対する加重負担を解消する努力を五〇年余の長期間にもわたって怠ったうえ、財産権制約を今後も継続することは、明らかに本件各土地の所有権に対する必要最小限度の制約を超えるものと言わなければならない。
>
> 　この制約の限度という点から見ても、本件各土地に財産権制約法令を適用することは許されない。　　　　　　　　　　　　　　　　　　　　(p.380)

と、しめくくられる『違憲状態』は、とても論理的なスキがあるようにはみえない。しかし高裁判決はもとより、最高裁では、よりたちいった論理で原告敗訴となったことは、周知のとおりである［あらさき1997: 112-4］。何人もの論者がのべてきたとおり、「はじめに結論＝合憲ありき」で、根拠はあとでこじつけたのだから、原告の論点は恣意的に無視される。

　その意味では、

> 　なぜ、戦後五〇年以上、復帰からでも二〇年以上を経過しても、沖縄の米軍基地は一向に整理縮小されないのか。それは、国が米国に対して沖縄の基地整理縮小を働きかける努力を怠ったからである。沖縄県民に対する人権侵害を見過ごしてきたからである。　　　　　　　　　　　(pp.379-80)

という箇所などは、判事の理性に期待するだけ無駄な展開だったかもしれない。なぜなら、「大和人」の大半は「施政権返還」が政治的に解決したと判断した途端、レコンキスタ（失地回復運動）の達成感でみちたりてしまい、米軍基地を集中的に負担してくれる沖縄島／伊江島を便利な空間としてつごうよく「忘却」、しばらく視界からはずしていたからである［ましこ 2002a］。ある意味、米軍基地をおしつけておける空間をうしないそうになってはじめて、あわてて基地縮小の「努力」をアリバイ的に演出するようになったのが、あの1995年以降の「返還交渉」なのだ[8]。

8　もちろん、これと並行して、「島田懇談会事業」（1997-2007年度）をはじめとした「振興計画」がいろいろと追加されたことは、それが巨大迷惑施設に対する補償にほかならないことを露呈させているといえよう。戦後沖縄における、いわゆる保守県政が、これら補償事業にむらがる建設業などにささえられた政治経済体制であることは、

もともと「努力を怠った」というのは、努力義務をわずかでも自覚しているばあいにあてはまる表現であって、むしろ「大和人」の大半は無自覚に、そして政治エリートのばあいは意識的に、おしつけつづけることを自明視していたといえよう。
　ともあれ、『違憲状態』は、ほかにも重要な論点をたくさん提示している。
　たとえば、日本政府は「公共性」をたてにとるが、「日本国が米国に駐留軍用地を使用させることが許されるか否かという次元で用いられる「公共性」概念と、米国に軍用地を使用させるために個人所有の土地を強制使用することができるか否かという次元で用いられる「公共性」概念には質的な相違があり、前者が肯定されれば、後者も当然に肯定されるという関係は存在しない」(pp.346-7) し、「自衛隊基地用地取得のために、個人の財産権を制約して公用収用することは認められていない」のと同様、「日本国憲法に外国軍隊の駐留目的のための人権制約を認める条項が一切存しない以上、仮に外国軍隊の駐留自体が憲法によって禁止されていないとしても、少なくとも、外国軍隊の駐留という目的のために、基本的人権を制約することは許されない」というのである (pp.352-3)。憲法13条の「生命、自由及び幸福追求に対する国民の権利については、公共の福祉に反しない限り、立法その他の国政の上で、最大の尊重を必要とする」を逆用し、権利制限＝私有地の強制収用／使用を合理化しようとする政府の論理は完全に破綻しているわけだ。
　また、「日米安保条約には、「日本国において施設及び区域を使用することを許される」（六条）とのみ規定され、日本国が米国に対して、土地・施設の使用権限を取得して、実際に使用させなければならない義務は、文言上、何ら規定されていない。すなわち、「条文の文言通りに解釈するかぎり、米軍が在日米軍基地を設置することを「許す」も「許さない」も、日本国の自由」［ほんま1994: 17］としか理由不能である以上、日米安保条約の規定は、「日本国が米国に対して、日本国内に軍事基地を設置することの許可を与えることが出来るということが定められているに過ぎない」。そして「対等な独立した国家の間で、自国の軍事基地を他国に設置することができないことは、領域主権の原則上、当然」なのだから「米国が、日本国内の土地を取得や賃借しても、条約に基づいて日本国の許可を得なければ、その土地を軍事基地として使用することはできない」わけだ。もちろん「地位協定にも、日

　　　周知の事実であるが、1995年以降は、基地面積の縮小という「大義名分」がこれにかわるという、一層異様な構図を出現させた。

本国が土地の使用権原を取得して米軍に提供しなければならないという義務を定めた条項は存在しない」(pp.354-6)。

沖縄島／伊江島を特定して土地収奪する権限をもたないし、まして占有権を外国政府にかってに譲渡する権限などない日本政府の「法治国家」論は笑止千万、モジどおり「売国的」性格を露呈しているといえよう。

さらには、日本政府は憲法第98条第2項「日本国が締結した条約……は、これを誠実に遵守することを必要とする」として、安保条約および地位協定にしたがう義務があるのだと主張するが、『違憲状態』は、同一文中で政府がつごうのわるい「確立された国際法規」という箇所だけ意識的にはずして論理のすりかえをおこなっていることを暗に指摘したうえで、「国際連合憲章、世界人権宣言、国際人権規約、対日平和条約等……諸条約や宣言は、国際社会の構成員によって一般的に承認され、普遍性を持つ「確立された国際法規」であり、強国によって事実上弱小国に押しつけられる可能性のある単なる個別の条約に優越するものであるから、米軍用地のために個人の意思に反して財産権を強制剥奪することこそが、憲法九八条二項に反するものというべき」とする (pp.363-4)。政府の主張は恣意的な解釈というほかない。

そして、「他の都道府県と異なり、沖縄県に米軍基地を偏在させるという不平等な扱いは、合理的なものかどうか」についても、同様である。日本政府は「我が国が日米安保条約及び地位協定上の義務を履行するために」「沖縄に米軍基地を置く必要がある趣旨のことを述べており、この必要性をもって、不平等状態を生じさせる合理性があるかのような説明」をおこなっているが、「日米安保条約及び地位協定上の義務を履行する必要性のみをもって、この不平等状態を正当化するような合理的な理由とは到底なりえない」と (p.340)。

また、政府がもちだす「沖縄県が日本列島の南西端に位置するから日米安保条約の目的を達成する地理的条件を満たしている」といった地政学的論理も、「なぜ南西端なら地理的な条件を満たしているのか、他の都道府県ではどうして地理的条件を満たしていないのか、なぜ沖縄県に米軍基地を偏在させるのかについて全く理由がない」と (p.341)。『違憲状態』が指摘するとおり、沖縄への米軍基地の集中は歴史的経緯だけが原因であって、地政学的理由は、あとぢえによる「こじつけ」にすぎない。

新崎盛暉ものべるとおり、以上のような正論がはねかえされる司法が弄する「論

理」とは、「三百代言的詭弁」にすぎず、「三権分立の虚構」が露呈したというほかなかろう[9]。立法府においては、国会議員の大多数によって、翌1997年の4月17日「米軍用地特措法」が改正されたことを、いま一度確認しておくことは不毛であるまい[10]。まさに「三権分立」ならぬ「三権癒着」の構図がつづいてきたという政治的現実の木質をみつめなおすために。

　もし、おそくとも1972年5月15日以降、沖縄人が日本人あつかいをうけていたなら、こういったことがおきたであろうか？[11]　そして1995年以降も、米兵らによる凶悪犯罪がなくならないまま、10年以上も放置されただろうか？[12]　「沖縄担当大使」が離任会見でわざわざ「在沖米軍関係者1人当たりの犯罪発生率は、沖縄県民よりも低い」[13]などと、米軍基地内の事件数をふくめていないと批判をあびたよう

9　あらさき［1997: 114］。憲法76条第3項「すべて裁判官は、その良心に従ひ独立してその職権を行ひ、この憲法及び法律にのみ拘束される」は、在沖駐留米軍基地問題にかぎらないが事実上空文化しているといえよう。

10　「特措法改正」時の問題点については、ましこ［1997=2003c］、あらさき［1999: 38-9］など。『違憲状態』もとりあげているとおり、沖縄への米軍基地集中の施策は、憲法95条「一の地方公共団体のみに適用される特別法は、法律の定めるところにより、その地方公共団体の住民の投票においてその過半数の同意を得なければ、国会は、これを制定することができない」という規定に明白に違反するし、「米軍用地特措法」改正は、ひらきなおりといえよう。米軍の意向にこたえるために沖縄をねらいうちにした「特措法」改正に賛成した議員（自民、新進、民主、さきがけ……＝当時）が、2009年成立した「民主党政権」の議席とどの程度一致するのか、普天間飛行場返還問題での政治的位置もふくめて、議員個々人の見解の異同を再検討する必要がありそうだ。

11　沖縄人を美化し、「日本」の理想かのごとくかたる大和人こそ、くせものである。美化は、所詮みずからがいやされるための手段であり、異文化集団に対するばあい、オリエンタリズムの一種・変種にほかならないのだから。「ナビィの恋」や「ちゅらさん」ブームなどの政治性については、めどるま［2001］、たなか・やすひろ［2002a, b］、のむら［2002, 2005］、ましこ［2002a］など参照。

12　犯罪というよりは重大事故とよぶべきかもしれないが、いわゆる「沖国大米軍ヘリ墜落事件」（2004年8月13日）なども、米軍基地が一般市民の居住・生活空間に隣接しているからこそおきた、いいかえれば、世界でも沖縄でしかおきなかっただろう事件といえるだろう。そして、日米地位協定から米軍がわは当然視し、日本政府も追認するほかなかったようだが、事故現場を沖縄県警にかかわらせず、「証拠」とよべるような大半のものを処理してしまった憲兵たちの所業は、一種の権力犯罪のたぐいであり、後世、「植民地」情況の象徴としてふりかえられるだろう。

13　「「何のための沖縄大使」か？　懐疑の声」（『朝日新聞』マイタウン沖縄，2004/12/11）。

な「米軍擁護」論をなぜのべたりしたのか？ つぎの代の大使の離任会見でも、米軍ヘリ墜落事件に対して「米軍に常に抗議するのではなく、双方通行の対話をしていただきたいという気持ちを持っている」、「在日米軍人は日米安保条約のもと、日本とかアジアの平和と安全を守る使命をもっており、必要が生じれば自らの生命を危険にさらすことを覚悟している。彼らの立場に思いをいたしてほしい」といった、露骨な「弁護」論を展開してなぜはじないのか？[14] 韓国で発生した「議政府米軍装甲車女子中学生轢死事件」（2002年）後の「軍キャンプ内の軍事法廷」での「無罪評決」にたいする日本国民の関心のひくさが、沖縄県内とは好対照だったことも、ある意味当然か？ 在韓米軍も在沖米軍も、おなじく「極東」の安全保障を確保する不可視の「用心棒」として位置づけられているだろうから[15]。

このようにみてくると、本章冒頭で、集中する米軍基地問題の「かわらなさ」の「原因」を一度整理しておく必要があるだろうとのべておいたが、その一部は、「沖縄人を日本人にふくめない」という抑圧された（つまり、もはや明確には自覚されていないだろう）「大和人」の自他意識といえよう[16]。

ほかにも「「最近では1人当たりの事件発生率では在沖縄米軍の方が沖縄県民より低くなっている」（「「県民より発生率低い」 橋本大使が米軍の事件で」『共同通信』2003/01/14）といった記事など。

14　前掲「「何のための沖縄大使」か？ 懐疑の声」。前項の「犯罪発生率」論は、3代目大使の橋本宏の離任会見（2003年1月）、「ヘリ墜落事故」擁護論は、4代目大使の沼田貞昭の離任会見（2004年12月）である。

15　もちろん「思いやり予算」をはじめとして、日本政府が税金から拠出して負担する駐留経費は、おためごかしの「みかじめ料」の色彩もこいが、官僚／保守政治家の一部はあきらかに、核武装の実現不可能性を前提にした「核の傘」論にたっている。ちなみに、沖縄に集中する主力部隊である海兵隊は、いわゆる「なぐりこみ」組織であって、専守防衛といった方向での自衛戦とは全然反対の攻撃的性格が特徴であり、沖縄現地はもちろんのこと、日本列島の防衛のための組織でないことは、あきらかだ。しかも、極東有事などのための部隊ではなく、イラクなど中東有事のために配備されていることも周知の事実である。「核の傘」論はともかくとして、在沖駐留米軍が日本の安全保障のために配備されているかのような「用心棒」論は、根底から成立しないものである。かりに、原油の安定供給のための中東への戦略的配備というのであれば、外国軍＝米軍の行動であれ、その後方支援をおこなうことが自明視されている自衛隊（日本軍）の位置づけからして、「国権の発動たる戦争と、武力による威嚇又は武力の行使は、国際紛争を解決する手段としては、永久にこれを放棄する」という憲法第9条と明白に抵触することは、まちがいない。

16　大和人のこのような「一貫した」「売国的」行動は、対米関係ぬきには分析しつくせ

3.「違憲状態」をのりこえるために

　このように、「大和人」はあきらかな違憲状況を放置し、構造的差別のうえに「安全保障」体制を「享受」していることになる（「実益」はともかく、地政学的試算など「リスク論」的な次元で）。もちろん、保守勢力の得票率がつねに5わりをこえるわけではない以上、「大和人」の過半数が積極的に「安保体制」を支持してきたとはいえないかもしれない。しかし、政治改革にしろ財政改革にしろ、さまざまな懸案と比較したときに、沖縄島／伊江島への米軍基地の集中状況を解消するという課題が、主要な政治問題としてとらえられてこなかったことだけは確実である。道義的に「総懺悔」しただけでは、なんの意味もないが、「総懺悔」にあたいする卑劣さは、はっきりしている。

　もともと、沖縄戦とその戦後体制としての米軍占領体制に対して、賠償金および慰謝料を長期債務としてしはらいつづける責務をおっている「大和人」なのである[17]。軍用地代や予算上の特別措置といった「はからい」でことたりると、とらえ

　　　ないし、対策もたてられないことは、いうまでもない。とりわけ、前ブッシュ政権にもみられた攻撃的姿勢は、冷戦期／解体後、そして「9・11テロ」後も通底するアメリカ帝国の必然的行動様式ともいえそうだ。近代日本およびアメリカ建国のユガミと日米関係の集団神経症的状況をモデル化している、きしだ［1982a, b, 2001］など参照。また、あたかも「9・11テロ」後にかかれたかのような既視感さえおぼえる良心的知識人の自国描写としては、ジョンソン［2000］など。

17　沖縄戦での惨禍についての「清算」としては、「沖縄県民斯ク戦ヘリ　県民ニ対シ後世特別ノ御高配ヲ賜ランコトヲ」としめくくられた大田實海軍中将（1891-1945）の自決直前の打電内容と、沖縄戦後史の対比がしばしばかたられてきた。「特別ノ御高配」どころか、サンフランシスコ講和条約第3条に象徴されるとおり、琉球列島をアメリカ政府への供物として供することで、独立を回復し国際社会に復帰したのである。発効日である1952年4月28日をもって、「4月28日」が現地住民から「屈辱の日」とよばれてきたことは、条約の本質を端的にしめしているといえよう。戦略持久戦として、「本土決戦」準備のための「時間かせぎ」＝「すていし」として位置づけられた沖縄島周辺は、それだけで、戦後補償の対象となるべき理由となるはずだが、「水際作戦」という選択肢を排し、しかも無用に非戦闘員をまきこんでの地上戦の長期化など、「賠償」「補償」は、沖縄戦への貢献度などとは無関係に用意されるべき本質をそなえていた。しかし、サンフランシスコ講和条約は、沖縄島周辺を領土的に半分放棄するようなものであったばかりでなく、「戦争から生じ、または戦争状態が存在したためにとられた行動から生じた連合国及びその国民に対する日本国及びその国

ること自体、カンちがいなのだ。しかし「大和人」のカンちがいは、すでにみたように、違憲状態の放置＝不作為の主体が自分たちなのだという自覚を完全にかいたものである。こういった無自覚な「有権者」の「支持」のうえにたった中央政府である以上、道理をつくして説明をくりかえすとか、矛盾をといつめるといった作業のほとんどは徒労におわる構図があった。なにしろ、基本的には人口比にもとづいて代表者が国会に登院できるような制度である以上、議院内閣制のわく内でのみ正論を展開しても、ほとんど功を奏さないにちがいない[18]。おそらく、三権とも議席の100分の1前後しか沖縄人の代表者をみとめる必要性を感じないだろうし（民主制の原則から、機械的平等が自明視されるだろうから）、発言量・影響力も100分の1前後でよいとみなしてかんがえているだろう（自覚はないだろうが）。

民のすべての請求権を放棄し、且つ、この条約の効力発生の前に日本国領域におけるいずれかの連合国の軍隊又は当局の存在、職務遂行又は行動から生じたすべての請求権を放棄する」〔19条(a)〕という条文によって、米軍による不当な接収等も全部、なきねいりさせるようせまる、日本政府の非情さを露呈させている。「恩をあだでかえす」とは、まさに、このことだろう。「琉球処分」直後に割譲することも辞さなかった、いわゆる「分島」問題（1880年）などと同様、政治情勢次第で、どこからでも「シッポきり」する発想がずっと継続中なのかもしれない。「領土」としても愛着などなく、単なる地政学的な計算上の位置づけしかしていない中央官僚たちにとって、そのうえでくらす現地住民も戦略・戦術上の「素材」にすぎず、沖縄戦前後でのあつかいはもちろん、戦後の処遇も、ある意味必然的な位置づけだったともかんがえられる〔あけたがわ2008、ましこ2002a〕。

18　沖縄島周辺のおかれてきた非道ぶりと、住民の苦渋の心理への配慮をしめしたものとして、「特措法改正」通過後の委員長報告で「この法律がこれから沖縄県民の上に軍靴で踏みにじるような、そんな結果にならないようことを、そして、私たちのような古い苦しい時代を生きてきた人間は、再び国会の審議が、どうぞ大政翼賛会のような形にならないように若い皆さんにお願いをして、私の報告を終わります」と苦言を呈した、野中広務（1925-）のような存在も無視はできない。しかし、これなども、おおもの与党政治家が、沖縄島周辺の経緯に充分理解をもっていたという、「ガスぬき」の機能をはたしただけだろう。野中が、たとえば沖縄選出の自民党議員をなかせるようなセリフをはいたとして、沖縄島周辺をねらいうちした「特措法改正」は、日米両政府による米軍用地確保を「合法化」しつづけ、現に軍事同盟の不可分の要素として機能しつづけているのだから。たとえば衆議院の小選挙区300に対して、4議席と、かれらがありつける質問時間等は充分すぎるぐらいだと判断されるだろうが、比例代表制選出者もふくめて、たかだかヒトけた台をこえることはなく、それは、いわゆる「NIMBY」を代表する数百名の他府県選出議員たちのバリアのなかに、のみこまれるのである。

したがって、以上のような構造をかえるには、「カンちがい」をつづける「大和人」に反省させ、「はじいらせる」ほかない。もちろん、「大和人」全員が「改心」することはありえまい。しかし、「新しい歴史教科書をつくる会」編の一連の「教科書」の採択が微々たるものにとどまってきた程度には、侵略戦争を反省しているのが、「大和人」の平均水準、ないし「最頻値」となっているというのも、たしかな現実であろう。東アジア／東南アジア諸地域からの批判を「うるさい」と感じる層でさえも、アジア太平洋戦争がたいへんな惨禍をもたらした事実、植民地支配を苦痛と感じる現地住民がいた事実までも全否定することはマレなのだ。たとえば自民党所属の大和人議員、その支持者でさえそうなのだ。「大東亜戦争」（当時の日本政府による自称）などと、植民地解放闘争としての性格を信じる層でさえも、その一部にはあやまりがふくまれていた、とみとめるほかないところまでは、おいつめられ、すくなくとも「反省」したフリはするまでになった。この事実は、実におもい現実であり、逆にいえば、沖縄戦以降の現代史の意義について「大和人」に反省をせまることは充分可能なはずである[19]。そのためには、「大和人」の覚醒した層を拠点に、半覚醒層を拡大していくよりほかなかろう[20]。今後の半覚醒層の量的・質的充実と覚醒層の量的拡大の責務は、もちろん「大和人」自身にある。「沖縄人」の告発をうければ、世論がうごかないような体質からの脱却とともに[21]。

　日韓併合以降、朝鮮戸籍へと一方的に編入した現地住民＝朝鮮系日本人（当時）

19　「琉球処分」以降の近代史については、絶望的かもしれないが。
20　本文は、初出時に、つぎのような記述がつづく。ここでは、初出時の発表媒体との差異をかんがえて、本文からはずした。また、本文で、この註記番号箇所以降につづく記述は、初出時には存在しない加筆部分である。
　　「……本論考は、その準備＝議論の整理作業と位置づけたい。以上、「沖縄人」というカテゴリーを戦略的に設定し、「大和人」とあえて二項対立的にかたってきた（首都圏京阪神在住の関係者の存在も捨象して）。無論、筆者はまぎれもない「大和人」のひとりである。以上のような卑劣な体制に抗するべく、選挙権はできるかぎり行使してきたが、9わり以上が死票となってきたのも事実だ。あまりに無力であり、間接的にせよ加害者がわにたっていることをはじいるばかりであるが、いまは、死票にならない日がくるよう、等身大の運動をくりかえすほかないと、肝に銘じている」。
21　近年、沖縄島周辺の植民地状況を批判する文献は急増した。めどるま［2001, 2005, 2006］、のむら［2002, 2005, 2007］、こーぶんけん［2005］、よしだ［2005, 2007］、なかざと［2007］、にしたに／なかざと［2008］、ふじさわ［2008］、あけたがわ［2008］、みやぎ［2008］、とりやま［2009］など。

に対して、外国人登録令（1947年）、サンフランシスコ講和条約（1952年）と、公民権を一方的にうばっていった戦後の日本政府は、戦前期をとおして、東シナ海にせよ、オホーツク海域にせよ、太平洋海域にせよ、現地住民の意向など無視して一方的な国境線設定と国民編入をくりかえした[22]。つまり、国際情勢のなかで、大陸中国・ロシア・アメリカなどと、「交渉」をとおして、国境線をかえ、所属する住民の範囲を恣意的にきりかえたのが戦前・戦後史をつらぬく、「一貫した」「国籍」政策なのかもしれない。しかし、定住する外国籍市民にもさまざまな権利を保障するのが当然の現代、公権力をもって「国民」化した層への一貫した責務の維持は当然のことだ。まして、「沖縄戦」と「米軍基地」という二重の「負債」をおった日本政府と日本国民が、沖縄島周辺をはじめとする南西諸島にうけおわねばならない。

22　資料集的につかえるものとして、おぐま［1998］、教育社会学・知識社会学的な観点からの概観として、ましこ［1997=2003c］など。

第 11 章

イデオロギー装置としての戸籍

戦後沖縄にみる戸籍制度周辺の諸矛盾を中心に

1. はじめに[1]：日本の戸籍制度の特異性

　戸籍という登録制度がかなり特異な管理制度であり、同様のシステムが機能している／していたのは、わずかに東アジアの数地域、しかも帝国日本が植民地化した制度的遺産を戦後体制がひきついだにすぎないという歴史的事実・経緯はあまりしられていない[2]。基本的に、欧米諸国などでは、国家ないし自治体に福祉的サービスなどを要求するために、個人が自発的に登録することをもって、関係当局が現実を把握するというのが実態である[3]。

1　本章は、『社会科学研究』第25巻第2号（中京大学社会科学研究所、2005年）初出の「戦後沖縄にみる戸籍制度周辺の諸矛盾」を加筆修正したものである。ただし、註記および「おわりに」は事実上別稿といってさしつかえない。
2　さとー・ぶんめー[2002]のように、「戸籍」という登録簿の本質を「身分関係を軸にした国民全体の登録制度」とみなしたばあい、戸籍は、日本、韓国、台湾にのみの存在するという見解もある［さとー 2002: 25］。しかも韓国は2008年1月1日から、「国籍及び家族関係登録制度」へと移行し「戸籍制度」を廃止、台湾は国民党が敗北して以来、運用停止状態にある。
3　さとー[2002]によれば、社会主義国および旧社会主義国などには、現代日本における外国人登録のような、「構成員全員に登録義務を課し、それが実際に成功している国」があるようだが、「個人単位の直接登録」であり、家族関係などの身分登録ではなく、個人の身分証明として携帯を義務づける目的とみられる［同上: 26］。また、「北欧やアジア新興国などにはコンピュータによる構成員の総合管理システムであ

しかも、戸籍の特異性は、定住する核家族を理念とする、非常に抽象的・観念的な身分登録制度であることは、工学者の一部も認識し、指摘もしてきた。たとえば、西原惇は、つぎのようにのべる。

> 日本法上、戸籍は民法上の現実の家族的共同生活と離れた抽象的・観念的な夫婦・親子（旧法上は家団体）の一括身分登録であり、推定力と公証力を有する。そして、戸籍に記載される本籍は、この観念的・抽象的な夫婦・親子（家団体）の所在場所を示すものであるが、これは法律上は先祖の墓や郷里等とは全く無関係に、しかも現実の家族的共同生活の本拠地としての住所とも無関係な、戸籍の所在する市町村及びその者の戸籍の綴り込まれている戸籍簿における位置を示す。換言すれば、戸籍事務の管掌地を意味するにすぎない。したがって、戸籍を有し本籍地を特定の場所に定めているとしても、日本国籍を有することと身分関係の存在を推定し公証しうるのみであり、その場所ないしその場所を含む一定地域内に居住している事実や永住する意思を有するものではない。　　　　　　　　　　　　　　　　[にしはら1975: 639-40]

この結果、関係者のあいだでは、ものわらいのタネになってきたように、「東京都千代田区千代田一番（旧江戸城＝皇居所在地）」を本籍地とするものが多数存在し、さらには、日本政府の実効支配がおよんでいない「北方領土」であっても、「実在する地名地番」であれば、本籍地をおくことがゆるされ、むしろ政府が転籍を推奨しているとさえきく[4]。

る」「国民総背番号制」「に近いものが見受けられ」るが、戸籍制度本旨とはことなる[同上: 27]。日本の戸籍制度を管理支配装置として評価したといわれるヒトラーがドイツに導入した「家族手帳」は、「身分関係登録が居住関係登録にリンクされて」いて、これが「現在、夫婦単位の「家族簿」に発展」しているが、管理しているのは州であり、中央政府ではない[同上: 26]。このようにみてくると、名実ともに「戸籍」風の全国管理が機能し永続が自明視されているのは、日本だけということがいえそうだ。なお、スイス・オーストリアの身分登録については、まつくら[2004: 206-35]。

[4] 「釧路地方法務局」のウェブページ「北方領土に関するしごと」にある、「戸籍に関するしごと」という項目では、「北方領土のうち、歯舞群島への転籍届については早くから受理が認められていましたが、他の三島については、昭和58年4月1日に施行

観念的存在でしかない「架空の住民」が登録されるぐらいであるから、「一括身分登録」が「現実の家族的共同生活と離れた抽象的・観念的な夫婦・親子」関係を記載したものへと、しばしば変質する性格のものであることは、必然的なながらともいえよう。たとえば、実質的には完全に破綻した婚姻関係とか、一生法律婚にふみきらなかった人物が永年父母と別居したままであるとか、同様に永年独立したまま音信不通の兄弟姉妹であるとかをおもいうかべればよかろう。遺産相続が法的に問題化するような例以外には、完全に空文化した登録といってよい。
　政府が実効支配できない諸島に、居住の実態はもちろんのこと、なんのゆかりもない人物が、単なる国民意識の登録として形式的に「本籍地」を取得するという珍妙な行為を、行政上法的処理しなければならないとされた根室市長。これなどにも

された「北方領土問題等の解決の促進のための特別措置に関する法律」により、戸籍事務管掌者に根室市長が指名され、戸籍事務が再開されました」とある。ちなみに、「北方領土問題等の解決の促進のための特別措置に関する法律」(公布：昭和57年8月31日法律第85号、施行：昭和58年4月1日)には、「北方地域の村の長の権限に属する事務」として、
「第11条　当分の間、北方地域(歯舞群島を除く。以下この条において同じ。)に本籍を有する者についての戸籍事務は、他の法令の規定にかかわらず、法務大臣が北方領土隣接地域の市又は町の長のうちから指名した者が管掌する。
2　当分の間、北方地域に本籍を有する者についての住民基本台帳法(昭和四十二年法律第八十一号)第九条第二項の規定による通知及び同法第三章に規定する戸籍の附票に関する事務は、他の法令の規定にかかわらず、総務大臣及び法務大臣が北方領土隣接地域の市又は町の長のうちから指名した者が管理する。
3　前二項に定めるもののほか、当分の間、北方地域の村の長の権限に属する事務のうち政令で定めるものは、他の法令の規定にかかわらず、北海道知事が北方領土隣接地域の市又は町の長のうちから指名した者が行う。
4　前三項の事務を行うにつき必要な事項は、政令で定める。」とある。
　皇族および狭義の関係者以外にくらすはずのない「皇居」の所在地を「本籍地」とする、多数の「架空の住民」をも正式に受理するぐらいの度量をもってきた政府であるから、国土愛にもえた国民が「架空の故地」に転籍することを擁護するのも、当然の理といえよう。また、すでに閉鎖されてしまったウェブサイトとしては、「北方領土の住民になろう！」というものがあり、「現在、北方領土の村には住民票を置くことはできませんが、戸籍(本籍)を置くことができます」などとして、具体的てつづきを教示していた［ましこ 2005: 88-9］。中央政府が、末端の市町村役場まで動員して、「転籍」運動にかたいれしていることは、あきらかであろう。「転籍」の実態としては、「「北方四島に本籍」170人超　16年以降急増、択捉が最多」(『産経新聞』2009/02/22)など。

しめされているように、戸籍簿は、戦前の旧戸籍時代にみとめられていた「戸主」を「筆頭者」と名称変更し、「三代戸籍」を廃止して「核家族」モデルとするイメージを全国民に浸透させようとした、とみなされても、いたしかたないような登録システムといえそうである[5]。

5 　もちろん、旧民法における「戸主権」にあたるものを、現行民法の「戸籍筆頭者」はもちあわせていないし、新旧の戸籍法を、それぞれの基礎法としての新旧の憲法／民法とてらしたときに、よってたつ基本理念がまったくことなり、はっきりとした断絶がみてとれる。しかし、住民票の「世帯主」同様、いわゆる「主人」を頂点とあおぐ「家族」や「世帯」がある、という理念がひきつがれないかぎり、このような呼称は不要であったこともまた事実である。たとえば「代表」といった代替案は当然ででしかるべきであった。そして、さとー［2002］が指摘するとおり、「世帯を代表する「世帯主」には初めから世帯員の届出を代行する資格」が付与されている（住民基本台帳法第26条）［さとー2002: 235］。単なる検索作業の便のための形式的名義人とはいえないであろう。実際、新戸籍作成時に両性の合意にもとづいて、一方の氏を共有することとされているにもかかわらず、ほとんどの夫婦は夫の氏をえらんでいることがしられている［さわだ2000: 124］。労働者所得の男女の平均水準がおよそ２：１といわれる現状にかんがみれば、男性である「主たる生計支持者」が戸籍筆頭者と世帯主をかねることとなり、対外的な一家の代表者として認識されることは、自明の理である。たとえば、被害者である学童が報道されるばあい、当然のように「保護者（＝父親名）の長女」などと記述されること、PTAや塾などの生徒名簿の「保護者」欄が当然のように父親名で記載されてきたことなどをみても、これはあきらかだ。幼稚園・小学校などの「父母会」「保護者会」なるものの実働構成員のほとんどが母親である現実と、平日の昼間につごうをつけられる女性層を自明の前提にした公教育の暗黙の性別役割分業観は「両輪」であるにもかかわらず。「世帯概念」なるものが、法学者にあっても、家イデオロギーをひきずったイメージの産物にすぎないことは、つぎのような例をみても明白であろう。

　　「父に所得がなく、長男の扶養親族で、長男が主として生計を維持する場合は長男、夫が不具廃疾等のため無収入で妻が主として世帯の生計を維持する場合は妻、父と長男が世帯生計を維持しているが父の所得が長男の所得より少ないときでも、父が社会通念上世帯を代表するときは父が世帯主である。外国人と日本人の混合世帯では、事実上外国人が世帯主であっても、外国人は本法の適用を受けぬため、日本人世帯員のうち最も世帯主に近い者を世帯主とし、実際上の世帯主たる外国人氏名を備考として記入しておく」［たにぐち1986: 450］。

　　ここにみてとれるのは、「外国人」の排除をともなう、事実上の「家長」概念（＝「社会通念」という、あいまいなイメージに依存するほかない）の存続である。また、「夫婦と未婚の子」を基本として構成される、いわゆる「三代戸籍禁止の原則」は、戦時中の1943年にまとめられた『日本身分法要綱案』の構想の実現にすぎず、それは、戸主と同居しない家族の実態を戸籍と寄留簿が把握できず、選挙権問題や徴兵制度に矛盾がふきだすことから、「世帯」という生活実態にあわせた把握・管理を当

ともかく、皇室関係者と「皇統譜」に記載することで「戸籍」から除外する制度や、外国籍の定住者を排除しつつ「外国人登録制度」をもって管理しようとの発想にもとづいた「戸籍」制度[6]は、「人的適用範囲」という次元で、「臣籍簿」とみなされてもしかたがない本質をいろ␣くもっている[7]。
　このような特異なシステムは、当然、␣種独特の諸問題をかかえることになる。本章は、戦後沖縄の戸籍制度周辺に事例をもとめて、システムとしての根本的矛盾を再検討しようというこころみである。

　　局が必要としていたからだという［さとー 2002: 51-3, 123-5］。戸籍簿の機能の空洞化に対応すべく、寄留制度の延長線上で住民登録制度が戦後成立したことについては、戸籍法の専門家自身がよく自覚しており、そもそも近代戸籍制度が近代社会ゆえの人口の流動性という根本的矛盾をかかえるという皮肉／逆説も認識していることがうかがえる［たにぐち 1986: 446-7］。

6　入管法等の一部改正法と「住民基本台帳法の一部を改正する法律」が2009年7月15日に公布され、3年以内にあらたな「在留制度」へと移行、「外国人登録制」は廃止されることとなった。その結果「外国人住民についても住基法の適用対象に加えられ」「住民票が作成され、日本人住民と外国人住民の住民票が世帯ごとに編成され、住民基本台帳が作成されること」となった（総務省「外国人住民に係る住民基本台帳制度について」）。しかし、これは住民基本台帳という制度の劇的改編という意味でしかなく、戸籍制度へ波及する性格のものではない。

7　さとー［2002: 54-7］参照。また、戸籍／皇統譜／外国人登録の三者関係については、「象徴天皇制にとって戸籍とはなにか」［さとー 1996: 13-42］の特に22ページの図解参照。旧植民地出身者（おもに在日朝鮮人／台湾人およびその子孫）と戸籍については、やわた［1996: 43-70］参照。1923年の朝鮮戸籍令によって、「おなじ日本人」のなかに明確な差別をもちこんだ日本政府は、戦後も、たとえば「戦傷病者戦没者遺族等援護法」（1952年）の「戸籍法（昭和二十二年法律第二百二十四号）の適用を受けない者については、当分の間、この法律を適用しない」という附則第二項により旧植民地出身者を排除した。「当分の間」という文言を恣意的に解釈し不当に放置してきたのである［やわた 1996: 47-50］。「外国人登録令」（1947年）、「外国人登録法」（1952年）等によって分類される層については、ほかにもさまざまな排除の論理が展開されてきた。なお、旧植民地出身者およびその子孫については、日本籍の人物との渉外関係がおびただしくくりかえされてきたわけで、戸籍／国籍関連の類書は、そこへの着目をわすれないのが普通であった。しかし、たとえば、戦前の旧制度と戦後の新制度との非連続性を解説する書物のなかには、朝鮮戸籍の問題を完全に無視した記述もみうけられる。たとえば、「戸籍を訂正する上で今なお旧法の知識が必要である」としつつ、「中華民国人が日本人の養子になったのち離縁した場合」に言及しながら、いわゆる「内地人戸籍」のことのみに議論をとどめている例などは、やはり不自然といえよう［おーさと 1995］。

2. 施政権返還後の、いわゆる無国籍児の事例をめぐって

2.1.「集団無責任」体制としての実務家集団

　1970年ごろ、米軍統治下の沖縄[8]で誕生し、父母がゆくえしれずになった姉弟[9]。
　姉は両親とも沖縄人だったが法律婚ではなく、出生当時母親は米軍関係者男性と婚姻による米国籍を取得しながら、米国での出生届をおこたったうえ出奔、ゆくえしれずとなった。その結果無国籍。本人は、小学校時代に養護施設で事実をしった。「養護施設から相談を受けた民間団体、国際福祉相談所（宜野湾市）は、まず出生届を施設から出させ」「外国人登録をさせた」。新聞報道によれば、住民票もなかった。法務局にただすと、「母親を捜し出せば、米国籍を取れるかもしれない」という回答だったが、2年たってもみつからず、相談所にあらためてといあわせると、「帰化を申請して、日本国籍をとったらどうか」といわれ、申請にふみきった。弟は横浜でアルバイトぐらしをしているが、中学時代事件にまきこまれ補導歴となっている点を法務局が問題視し、障碍となっている（1990年ごろ）。この事例のてん末についてはおさえていないが、1990年前後は施政権が返還されてかなりたっている以上、国際私法上の問題はあるにしろ、純粋な国内問題といえる。
　ところが、ある法学者によれば、この姉弟の無国籍状態は、不幸なケースではあっても、法務局など関係当局を一方的にせめるのは酷であるという［おくだ1997: 90-2］。
　①まず、合州国は出生地主義をとるので、母親が米国籍だったという事実だけでは、こどもの米国籍の保証はない。姉弟の誕生に母親の合州国での充分な居住歴が証明できなければ、所在確認行為自体がムダだったかもしれないと。

8　1972年5月14日まで、沖縄島以南の琉球列島は、「沖縄」ではなく「琉球」という行政区分とされていたが、ここでは「沖縄県」として施政権返還されることが自明視されていた時期にあるという点も考慮して、「沖縄」、住民は「沖縄人」と便宜的によんでおく。
9　『朝日新聞』1991/01/07朝刊。

②つぎに、法務局が帰化申請をすすめたのは、出生による国籍取得が不可能だったからだとかんがえられる。なぜなら、姉弟の母親が米国籍である以上、血統主義をとる日本の国籍法は、ふたりに日本国籍をあたえないし、母親の合州国での充分な居住歴が証明できそうにないふたりに、合州国が国籍をあたえるとはおもえないからである[10]。

③「そもそも出生による国籍取得が未確定の段階で、日本への帰化を勧めるわけにはいかない」[11]。前述したとおり、血統主義をとる日本の国籍法は、米国籍だった母親からうまれたふたりに日本国籍をあたえない[12]以上、国籍認定をもとめる相手方は合州国政府であって、日本政府ではないからだ。

④「「出生による国籍取得」でも「帰化による国籍取得」でもどちらでもよいから、またアメリカ国籍であろうが、日本国籍であろうが、どちらでもよい。ともかく日本政府が国籍を与えてくれなかったから、けしからんというのは少し乱暴な気がする」[13]。

法律上の整合性を追究する法学者や手続き上の一貫性をもとめるほかない実務家の実感なのであろう。しかし、こうした解釈は、法学者や実務家の解釈など、つゆしらされることもなく毎日をおくり、なによりも、みずからの法的地位がまったく政府等に保護されていない＝「すきま」状態にあるという経緯・状況をしらされることなくそだった未成年に、法務当局のおちどを責任転嫁する論理といえよう。「自己の行為によることなく不利益をうけることはない」という近代法の原則にも完全に反しているのだから[14]。

10　ここの一文に対応する箇所は、おくだ［1997］にはない。「市民運動家の側からの問題提起を想定した」問答集と著者がのべているので、想定読者には解説が不要とかんがえているのであろう。実質的にこの論理を補足的に展開しているのは、後述する国籍法2条3号の適用の適否を論じた箇所である［おくだ1997: 94］。ちなみに、合州国国籍法は、子の出生にさきだち通算10年以上（しかも、そのうち5年以上は14歳に達したのち）、合州国および海外属領に事実として居住していたことを要件としているというから［えがわ／やまだ／はやた1985: 65］、この事例のばあい、米国籍である母親をさがしだすこと自体が無意味だったといえよう。
11　おくだ［1997: 91］。
12　この一文にも対応する箇所は、おくだ［1997］にはない。
13　おくだ［1997: 91-2］。
14　「権利は不断にたたかい、かちとらねば維持・改善されないもの」といった、個人主義的権利論は、あくまで知識層への法哲学的説教としてのみ有意義なのだし、「法の

それはともかく、各国の国籍法は、居住者が無国籍状態におちこむことをさけるよう配慮された論理をもっている[15]。日本のばあいも、国籍法2条3号は「日本で生まれた場合において、父母がともに知れないとき、又は国籍を有しないとき」に日本国籍とすると規定している。「血統主義の国籍法のもとでは、父母の国籍によって、子どもの国籍が決まるが、父母が両方とも行方不明であったり、無国籍である場合には、子どもの国籍を決定することができない」。そのようなばあいに対応するために、国籍法2条3号は「日本で生まれたことを理由として、すなわち例外的に生地主義を加味して、日本国籍の取得を認めること」［おくだ1997: 91-2］になっている。
　しかし、さきの事例のばあい、母親が行方不明ではあっても、特定されている以上、「父母がともに知れないとき」にはあてはまらないし、母親が米国籍であることも特定されている以上、「（父母が）国籍を有しないとき」でもない。だから、機械的に条文が適用されれば、さきの事例の姉弟は、すくわれないことになる。しかし、フランス・イタリア・スペイン・ベルギーなどのばあいは、無国籍にならないよう条項がもりこまれているという［おくだ1997: 94］。要は、日本の国籍法に、無国

　　　　無知は違法性を阻却しない」といった原則が正当なのも、あくまで充分な周知努力
　　　　が関係当局および公教育で実践されてのはなしである。
15　これは、いわゆるパターナリズムによる人権保障の一種というよりは、徴兵制度などもふくめた、国民国家の論理的要請としての、「全人類の総国民＝分割化」の結果とおもわれる。いいかえれば、法務省など国籍を管轄する実務官僚などの手続き上の論理にとどまらず、国民国家は本質的に、陸地に「無主地」をみとめたがらないのと同様、無国籍者や多重国籍者を基本的にゆるしたくないのである。だから、各国当局が国籍登録制度の「すきま」におちないように極力配慮するとは、個々人の人権を徹底的に保護しようという善意というより、法的に捕捉できない存在（≒自国民でも外国籍でもない存在）を地球上から根絶したいという、各国当局の恣意・努力の産物なのだとおもわれる。そうでなければ、たとえば日本政府が、「児童の権利条約」などにもとづいて外国籍児童の学習権を保証する必要性を感じとることなく、外国籍住民には自文化を維持・継承する権利があり、義務教育制度の適用にはなじまない、といった論理で、放置主義を合理化してきたことの説明が困難である。たとえば文部科学省の官僚たちは、日系ブラジル人の教育は、保護者とブラジル政府に責任があるのであって、無修学者がどれほどいようと、日本の責任ではないといった、態度をとってきたわけだが、これは、血統主義にもとづく国籍法にもとづいて、日系ブラジル人二世は外国籍者なので、保護義務をもっていないと、自信をもって黙殺をきめこんだのであろう。日本国内の未成年者が公教育等で教育を享受できたかどうかという問題も、かれらにとっては、あくまで国籍概念で「わりきり」可能であるとおもえたのである。

籍児を構造的にうみだす国際私法上のすきまがあることを法律関係者が充分認識してきたことをしめしている。

そして、こういった立法上の欠落は、単に例外的な事例にのみ生じる矛盾であり、運用上無視できる微細な不備とは、到底いいがたいものといえよう。このような不備が永年放置されてきたばかりでなく、さきにのべたとおり、日本列島在住者全員に周知する努力がはらわれてなどいないことは、明白である。たとえば、さきの事例の姉のばあい、小学生時代にしらされていたということであるから、養護施設の職員は無国籍がさまざまな権利喪失をもたらすことを1980年ごろには認識していたはずだし、それにさきだって、就学督促がとどかないことをふくめて、戸籍・住民票に登録されていない事実も把握していたにちがいない。しかもそれらの時期は、基本的には施政権返還後とかんがえられる[16]。しかし、当人が国籍取得や帰化申請などに積極的にうごきはじめたのが80年代後半以降であることをみても、養護施設や教育委員会、市役所や法務局などの関係者たちが、権利獲得のための具体的打開策にうってでることなく、事態を放置していたことは、ほぼ確実といえよう。要は、本人たちが法的な権利主体であるという自覚が生じた10代後半になって、ようやくおもいこしをあげて、およびごしながら対応をはじめたということであろう。

このようにみてくると、法学者が「ともかく日本政府が国籍を与えてくれなかったから、けしからんというのは少し乱暴な気がする」などと、個人的見解をもって政府当局などを擁護するのは、無責任のそしりをまぬがれまい。関係当局はもちろん、周囲のおとなたちが法的な無権利状態を真剣に憂慮し、本人に状況を充分理解させて打開策を模索してこなかったからこそ、10代後半にさしかかってはじめて、本人があがき、周囲にいかりをぶつけたものとおもわれる。法解釈論として、「親の本国の国籍法によって、子どもが国籍を取得できないケースは、国籍法2条3号によって救済されない」[おくだ1997: 94]といった、客観的たちばをうそぶくのは完全に「ひとごと」であり、無責任というべきであろう。

ましてや、

---

16 すくなくとも1970年には、施政権返還が政治日程として具体化していたわけで、すでに日本国憲法下にくみこまれたのち、どのような法的な移行措置が必要かは、琉日双方の実務官僚がすりあわせ作業にはいっており、事例にあるような無国籍児の存在にかれらが無知だったとは、到底かんがえにくい。

> ……弟は、同じく無国籍だが、中学生の時の補導歴が問題となって、「素行が善良であること」という帰化条件（国籍法5条1項3号）に該当しないと判断された。もちろん、帰化の不許可決定に対しては、裁量権の濫用を利用して、裁判で争うことが可能であるが、……わが国では、まだ帰化申請者が最終的に勝訴した例はない。　　　　　　　　　　　　　　　　［おくだ1997: 92］

とのべるにいたっては、「ひとごと」の極といえよう。この論理をもってすれば、定住外国人などを「素行不良」などを理由に「本国」に「送還」したような論理をもって、不法滞在者として収監できるといった結論さえもみちびけるのだから。

　こういった法学者の感覚は、国民／在日外国人の秩序を自分たちが維持しているといった自負をもっているらしい法務官僚など、一線官僚＝実務家の管理者意識と共通のものをみてとることが可能であろう。移民労働者のこどもであっても、学習権をはじめとした基本的人権を保障すべきであるとされる時代である[17]。たまたま出生時に母親が米国籍だったとはいえ、父母とも沖縄在来の島民であることが特定できていてなお、「帰化申請がなければ、日本国籍はみとめられない」といい、「素行不良だから難色をしめして当然」、「帰化申請不許可に対する不服は形式的に訴訟にうったえることができるだけで、かちめがない」といった、責任転嫁がまかりとおるのは、どうしてだろう。

2.2. 戸籍簿と住民登録の癒着

　以上のような事態の原因の一端として、戸籍簿という家族登録制度の法社会学的機能は無視できないとおもわれる。たとえば、旧自治省は、地方自治体に対して、「戸籍のない者の住民登録をするな」という通達を1989年にだしたという［さとー 2002: 228］。本来住民登録は地方自治体の自治権に属する業務にほかならず、戦前の内務省の下部組織としての地方行政ではなくなった戦後のたてまえがある以上、住民登録業務は、旧自治省／総務省の委託業務などではないのであって、通達などに

---

[17]　あつかわれている事例は80年代後半かもしれないが、この法学者の解説書は、90年代後半のものであることに着目。

よって自治体を指揮・指導するような権限にはなじまない。各自治体は、したがうすじあいにないので、この違法な通達にそむいているところが半数ほどだったという［さとー2002: 230］。逆にいえば、のこり半分は、通達にしたがって住民登録を拒否していたことになる。

　　戸籍がない子が住民登録をする場合、住民基本台帳には出生届の制度がありません。転入でもないので、実際に住んでいるにもかかわらず住民登録のない者に対する職権記載の手続きによることになります。これは自治体が実態調査をし、居住の確認をするもので、実態調査の契機は国民健康保険への加入、国民年金の支給、学齢児の入学など。出生届の不受理もその一つと考えられます。
　　実際、どの役所にも本籍が不明で戸籍の存在が明らかではない住民がいるもので、彼らの登録（本籍欄は「空欄」または「本籍不明」）もしてきています。子どもについても登録は可能（本籍欄は「空欄」または「出生届未済」）で、実際そうしてきました。したがって、戸籍のない子を登録するな、という総務省の通達は許しがたいものなのです。　　　［さとー2002: 231］

　このような、制度上本来別個の登録システムが、上意下達で編成がえされ、住民の権利保障の趣旨がほねぬきにされてきたのだ。さきにとりあげた姉弟の事例も、時間の前後はともかく、旧自治省の意をくむような窓口の姿勢が住民登録をさまたげたと推測できる。前述したとおり、養護施設と小学校の関係者が無国籍という事態を把握していた以上、学齢期にさしかかった姉弟の住民登録の件も当然浮上していたはずだからである。しかも、姉弟の学齢期には施政権返還が完了しており、形式上、完全に「異法状態」から脱していたことに着目すべきであろう。
　ちなみに、この姉弟以外に、米軍関係者男性と現地女性とのあいだの無国籍児童が大量に存在していたことは、よくしられた事実である。にもかかわらず、長期にわたって事実上放置されていた［えがわ ほか1989: 65］。おそらく、学齢期に養護施設や保護者による就学てつづきは、なされたものの、住民登録をふくめた戸籍法／国籍法関連のいっさいが、さきおくりされたものと推測される。
　後述するとおり、沖縄現地では、沖縄島をはじめとして、おおくの地域で戸籍が

消失するなど、滅失戸籍があいついだ[18]。施政権返還以前については、滅失戸籍の再製作業がめざされながらも、さまざまな遺漏があり、潜在的には日本国民とみなされていた琉球列島住民の戸籍登録の一元化問題とからんで、さまざまな問題をかかえていた[19]。しかも、米国民政府布令第68号「琉球政府章典」(1952年4月1日施行)での統治対象者「琉球住民」の定義は、つぎのように、戸籍制度を前提としたものだった。

> 第三条　琉球住民とは、琉球の戸籍簿にその出生及び氏名の記載をされている自然人をいう。但し、琉球に戸籍を移すためには、民政副長官の許可を要し、且つ、日本国以外の外国の国籍を有する者又は無国籍の者は、法令の規定による場合の外、琉球の戸籍にこれを記載することができない。……[20]

無国籍児として出生したばあいの明確な規定がおちているが、窓口がこの条文を機械的に適用したばあい、無国籍＝無戸籍となり、住民登録も不要と処理された公

18　1944年10月10日の「10・10空襲」をかわきりに、1945年7月15日までに、2市3町43村120928件にもおよぶという［おきなわたいむすしゃ1970: 437-8］。琉球政府法務局長経験者も「調査では、沖縄群島内にあった48の市町村の戸籍がほとんど全部滅失したということになって」いるとした［くがいほか1970a: 21］。
　「戸籍は正副二通作成し、正本は市町村役場に備え、副本は監督区裁判所に保存されていたが、正本副本とも焼失したのであった。戸籍が滅失した場合は、その理由、年月日、帳簿名、冊数などその他必要事項を記載し、監督区裁判所に申報し、監督区裁判所はこの申報があったときは、必要な調査をした後、その再製または補完の方法を司法大臣に具申しなければならなかった（旧戸籍法施行規則9条）。しかし、戦禍の激化しつつある沖縄においては、その余裕もなく、滅失戸籍を再製できないまま占領下におかれ終戦となった」［にしはら1975: 606］。
　なお、この「旧戸籍法施行規則9条」は「大正三年戸籍法施行細則」では、第33条にあたるとかんがえられる［にほんかじょしゅっぱんほーれーへんさんしつ2001: 809］。また、現行の「戸籍法施行規則」で対応するのは第9条である［同: 195-6］。
19　にしはら［1975: 606-22］。
20　なんぼーどーほーえんごかい［1972: 185］、「琉球政府章典」（東京大学東洋文化研究所　田中明彦研究室「データベース「世界と日本」日本政治・国際関係データベース」）

算がおおきい[21]。戸籍制度という家族を自明のように一体視した登録制度ではなく、身分の個人登録制度であったら、このような放置はなされなかったのではないだろうか。

それはともかく、日本の国籍法には、つぎのような規定がもりこまれることで、事後的ではあれ、無国籍児が日本国籍を取得できるような救済措置がとれることになっている。

> 第八条　次の各号の一に該当する外国人については、法務大臣は、その者が第五条第一項第一号、第二号及び第四号の条件を備えないときでも、帰化を許可することができる。
> 　一　日本国民の子（養子を除く。）で日本に住所を有するもの
> 　二　日本国民の養子で引き続き一年以上日本に住所を有し、かつ、縁組の時本国法により未成年であつたもの
> 　三　日本の国籍を失つた者（日本に帰化した後日本の国籍を失つた者を除く。）で日本に住所を有するもの
> 　四　日本で生まれ、かつ、出生の時から国籍を有しない者でその時から引き続き三年以上日本に住所を有するもの[22]

前述の姉弟のばあい、この4号の規定で充分対応できたはずなのである[23]。しかる

21　施政権返還後は「沖縄県」として日本国に再編入されることになる「琉球政府」であるが、「琉球政府行政組織法」（1961年）第3条の「行政事務局の所掌事務」にある、「法務局」が、「(2) 戸籍、登記、供託および住民登録に関すること」と規定されていることは、実質的に「法務省」として機能していたとかんがえられる［なんぽーどーほーえんごかい1972: 704］。ちなみに、「市町村自治法」（1953年）は、日本「本土」で施行された地方自治法のひきうつしであるので、「住民、滞在者その他必要と認める者に関する戸籍、身分証明及び登録等に関する事務」といった文言については、同様に位置づけるほかなかろう。現在のように都道府県に出向しつつ自治体の動向を監視・通報・統制しているとかんがえられる官僚や官僚出身の首長といった媒介項をはさまずに、指導規制がおこなわれていたのであろう。

22　法務省民事局「国籍法」（ウェブページ）。

23　国籍法における「外国人」とは、第4条「日本国民でない者（以下「外国人」という。）は、帰化によつて、日本の国籍を取得することができる」という規定から、無国籍者も当然ふくむと解釈できる。実際、法務省民事局第五課国籍実務研究会が編

に、実質的には、ふたりの権利保障のための処理はいっさいなされなかったわけだ。

くりかえしになるが、法務省管轄の戸籍登録制度と、地方自治体が独自に運営してきた住民登録とは、別個の存在である。しかし、自治体のまどぐち業務担当者らしい人物は、おなじ実務経験者である佐藤文明らとまったくことなった認識をもっていることが、つぎのような匿名掲示板のかきこみでは、明白である。

    ［479へのレス］Re: 住民票ってどうなるの？ 投稿者: タイタイ 投稿日: 2003/04/11（Fri）19:28:48
      こんにちは、そしてはじめまして。それが専門の者です。お尋ねの件ですが、基本はこうです。
    ①日本国籍の人は必ず戸籍がある。(管轄:法務省)
    ②戸籍に基づいて住民票は作成される。(管轄:自治省)
    ③日本国籍を持ってない人で在日している人は、全て外国人登録原票に記載される。(管轄:法務省)
      よって、フィリピン国籍の●●●は③に該当します。
      また、住民票に記載されるには日本国籍が必要ですから、唯一の方法は帰化（日本国籍取得）になります。ただ、帰化の手続きは、異常に面倒ですので時間は相当かかります。覚悟しておきましょう。例外なども多々存在しますので、ご興味がありましたら、お近くの法務局でお聞きになってください。[24]

自治体の担当者の一部、すくなくとも「戸籍のない者の住民登録をするな」といった通達に疑問をはさまないような自治体のばあいは、戸籍簿→住民票という、「論理関係」「因果関係」が自明視されているし、実務もそのように制度化されていると推測できる[25]。「戸籍に基づいて住民票は作成される」と断定しているところなど、

    集した「実務相談」と称するマニュアルは、「無国籍を解消する趣旨から、日本で生まれた無国籍者に対しても簡易な帰化条件により日本国籍が取得できるようになりました（国籍法8条4号）」とこたえている［ほーむしょー1993: 2］。
24 http://www.sanmateo2.com/yybbshtml2/13.html 当事者の固有名はふせた。
25 こまかいことをいうなら、①については、皇族という例外があることは、いうまでもない。しかし、実務上でいえば、非常にわかりやすい分類といえよう。

その倫理は明白である[26]。そして、日本に施政権が返還されるとして、着々と法制度上のすりあわせ作業が実務家間でなされていた1970年前後、「戸籍簿→住民票」という実務上の「因果関係」も当然のようにもちこまれていただろう。無国籍児として、戸籍に登録されたなかった姉弟には、住民登録関連のてつづきも当然のようになされず、その後も放置されたとかんがえないと、つじつまがあわない。

とりあげた事例は、現地住民でありながら嫡出子でなく、しかも母親が特定されたうえで日本国籍を喪失していた[27](しかも、ゆくえしれずだし、出生地主義をとる米国籍だった)という、かなり特殊なものである。したがって、それと、相当数にのぼった米軍関係者がらみの無国籍児とは経緯がかなりちがう。しかし、母親が米国籍を容易に取得でき、しかも男性をおって合州国にわたってしまって、その後不明という経緯は、米軍占領下の沖縄島周辺ならではの構造的産物として、基本的性格が通底していることはいうまでもない[28]。

---

26 佐藤ら、法的根拠をしりつくした実務経験者とはことなり、担当者のおおくは、法務省/総務省の恣意的な解釈をうのみにして制度運用を日々実践しているとかんがえられる。戸籍簿がその信頼性において十全でないがゆえに「日本国籍の存在を推定させる証明資料にとどまり、公信力を有しない」こと[えがわ ほか1989: 45]、「どの役所にも本籍が不明で戸籍の存在が明らかではない住民」がいて、それらに対しても、おおくが住民登録をみとめてきた[さとー2002: 231]という事実をみても、戸籍→日本国籍の証明→住民登録という「自明性」は幻想である。それなのに、おなじ法学者でも、「戸籍は、ある人が日本国民であるかないかを証明する役割をもっています」と、市民むけに断言しているのは、こういった幻想・神話への無自覚かつ犯罪的な加担といえよう[やまだ/つちや1999: 56]。
27 厳密にいえば、潜在的な「日本国籍」というべきだろうが。施政権返還以降は、自動的に日本国籍・沖縄県民といった法的身分をえた現地住民である以上、「日本国籍」といって、とりあえずよかろう。
28 もちろん日本のばあい、1984年に父母両系血統主義へとあらためられるまでは、重国籍防止をむねとした父系血統主義であり、父親が日本国籍をもたないかぎり、基本的に子に日本国籍があたえられないことになっていた。そして、これが沖縄での大量の無国籍児誕生にからんでいたことは、いうまでもない[きんじょー1981, えがわ ほか1989: 58, 65, おくだ1996: 19-20]。しかし、本章では、戸籍登録の現代的機能を批判的に再検討する目的などから、旧制度に焦点をすえなかったし、米軍関係者男性と現地女性とのあいだにうまれた、いわゆる「アメラジアン」問題も検討しなかった。沖縄島周辺における「アメラジアン」の現状については、うえさと[1998]、てるもと[2001]、マーフィ・しげまつ[2002]など、経緯については、ふくち[1980]など参照。特に父系優先主義の国籍法下の沖縄における無国籍児をめぐる簡易帰化制度については、きんじょー[1981]参照。

いずれにせよ、米軍関係者がらみの無国籍児が1979年4月には国会で問題化しているし、そのことをとりあげた法律書が1989年に刊行されているという現実は、なんとも皮肉である。一線の実務家たちのおおくが、制度のすきまにおちこんでしまう少数の事例に非常に鈍感であり、まさに官僚主義的／機械的な文書処理でことたれりとしてきたことが、よくわかる。そして、すでにのべたとおり、それに対する国際私法の専門家も制度の早期是正に積極的ではなかったことも、あきらかといえよう[29]。

---

[29]　　なお、ふくち［1980］は当事者に充分同情的な視点にたっていると同時に、現在の人権水準からすれば、かなり問題のある表現が散見されるが、それははからずも執筆当時の当事者たちをとりまく現地の視線を反映した歴史的資料ともいえる。
　　国籍法改正議論がたたかわされた1980年代には、沖縄をふくめた無国籍児問題がそれなりに浮上していた。しかし、それは、父系優先の血統主義が女性差別であるとか、旧植民地出身者の位置づけなどが、議論の軸であって、沖縄で深刻な無国籍児問題を本質的に解消しようといった性格を基本的にもっていなかった。たとえば、こばやし［2008］のつぎのような指摘を参照。
　　「1984年になると、国籍法改正議論は大詰めの段階に入り、関連法にもいくつかの改正の動きがみられた。そのうちの「国籍選択制度」は、父母からの国籍継承で「二重国籍」になった子どもが20才～22才の間でどちらかの国籍を選択する制度である。これは、結局、出生による国籍取得を「暫定的」なものとみなし、「完全な」日本国籍取得制度を別に設けるのと同じであった。沖縄に関連がある改正案のポイントは、国籍法改正にともなう経過措置の条件である。すなわち、1985年1月1日時点で（1）20才未満（2）出生時に母が日本国籍で、現在も日本国籍（母死亡の場合は死亡時に日本国籍）（3）以前に日本国籍だったことがない、という条件である。1950年国籍法の父系優先血統主義は、男女平等の原則にたった精神の憲法に抵触しており、経過措置を憲法の制定時である1947年にまで遡るべきか否かが議論になっていたが、政府は、1950年国籍法の合憲説にたち、遡及期間を1965年までとした。そして、1985年1月1日時点で、1965年以前に生まれた沖縄の20才以上の「無国籍」者には、「簡易帰化制度」で対応するとした。つまり、1985年国籍法によっても、子どもの年齢によって国籍継承が不可能な場合が存在することになったのである。とりわけ、沖縄の「無国籍児」とその母親にとって、この年齢条件は過酷なものであった」。
　　「政府は、憲法制定時の1947年に遡ることができない理由として、1952年の「講和条約」締結以前に遡ると、朝鮮半島や台湾などの旧植民地出身の人びとにまで日本国籍取得要件が及ぶ可能性をあげている。したがって政府は、あくまでも「女子差別撤廃条約」批准による国内法整備にもとづいて「国籍法」改正をするのであり「違憲」を根拠に「国籍法」を改正するのではないという主張を崩さなかった。そのためには、1965年以前に誕生した沖縄の20才以上の「無国籍」者も含む人びとを「国民」から「排除」する必要があった。1985年の国籍法は、かつて、朝鮮半島出身者を無理やり「箱」へ「包摂」し、戦後、「箱」から一方的に「排除」して切り捨てた

3. 沖縄戦による「滅失戸籍」再製がうきぼりにするもの

3.1.「臨時戸籍」の位置づけ：照射する官僚主義＝一元性至上主義

　前述したとおり、いわゆる沖縄戦（1945年）と、それにさきだつ「10・10空襲」（1944年）により壊滅的打撃をうけた沖縄島をはじめとして、おおくの地域で戸籍が焼失するなど、滅失戸籍があいついだ。

　戸籍法（旧法）第15条／戸籍施行細則第33条も、戸籍法（現行）第11条／戸籍施行規則第9条も、戸籍滅失について市町村長は管轄官庁に報告義務をおい、また司法大臣／法務大臣が「再製」「補完」について必要な処分を命令／指示することを規定している。そして、たとえば戸籍法（現行）第8条／戸籍施行規則第8条が、正本／副本2部を市役所ないし役場／管轄法務局ないし地方法務局が分有し、かぎのかかる耐火性をもった保管場所におさめることを規定していることをみても、双方とも焼失することは基本的にありえないという想定があるといえよう。

　しかし、地方の中心都市にとどまらず、役所・役場と管轄官庁は近距離に並存する。沖縄戦で戸籍簿の正本／副本双方が焼失したことをみても、核攻撃をふくめた無差別爆撃や大震災などによって双方の保管場所が壊滅することが充分予測できることはいうまでもない。戸籍施行規則第8条は、「戸籍簿及び除籍簿は、施錠のある耐火性の書箱又は倉庫に蔵めてその保存を厳重にしなければならない」としているが、被爆／大震災等のまえには基本的に無意味であろう[30]。また、もえやすい「紙」という書記媒体ではなく、1994年以降導入された「磁気ディスク」等による正本／副本とて、想定される事態は同様のはずである。

　それはともかく、沖縄戦においてのちに「鉄の暴風」とよばれ、島のかたちがかわったともいわれる米軍の猛攻撃がくわえられた。「戸籍簿の疎開」などの措置を

　　のと同様に、今度は、同じ「〈日本人〉の母」から生まれながら、1985年時点で成人か否かによって、「〈日本人〉の子ども」のカテゴリーの内部に「国籍」という境界線を暴力的に引き直したものでもあった」。

30　ちなみに、広島市のばあいは、戸籍簿はあらかじめ疎開させ、焼失をまぬがれたようである（「広島原爆戦災誌」第3巻）。

用意していなければ、戦災をのりこえて戸籍簿を完全に修復することなど原理的に不可能であり、戸籍制度は壊滅的な打撃をうける。このような当然ともいえる事態に対して、広義の法曹（実務家・法学者）たちは、「公証力」をうんぬんする。たとえば、沖縄島での滅失戸籍の復元作業についての、つぎのような指摘は重要である。

> 戸籍制度は、戸籍に記載される資格を有する者を日本国籍者に限り、しかも日本国籍者のすべてを戸籍に記載する建前である。したがって、戸籍は一面国籍を公証する資料である。ところが、日本国籍者たることを証明するのは、旧戸籍法（法26号）上の戸籍（47・12・31まで）と新戸籍法（法224号）に基づく戸籍（48・1・1以降）である。占領後、沖縄在住者が日本国民たることを公証する戸籍とは、沖縄関係戸籍事務所で編製された戸籍であり、沖縄における戸籍整備法及び戸籍法に基づく戸籍には、法的な国籍の公証力はないといわなければならない。それは沖縄法令は日本法令ではないからである。沖縄関係戸籍事務所には復帰時点に5933件の戸籍しか存在せず、これらは殆どが本土在住者のものであるという実情であったため、法的には公証力を有しない沖縄戸籍が、実際は公証力を有するものとして機能してきた。
> 　　　　　　　　　　　　　　　　　　　　　　　　　［にしはら 1975: 636-7］

なんという、形式論理であろうか。かりに再製作業が順調ではなく、遺漏・誤記・誤解・虚偽などがすくなくなく、かつ形式が「本土」の戸籍簿とちがおうとも、類似の身分証明を実質的にになっている当地での登録簿の実在。対照的に、非常に遺漏がおおく、しかもごく一部の情報[31]しか捕捉しえていない、それこそ臨時的な福岡法務局沖縄関係戸籍事務所の仮戸籍[32]。後者が当然のように正式な文書とされる

31　「復帰時に福岡法務局から引継ぎを受けた仮戸籍は24183件、本戸籍は5932件であり、両者を合わせても沖縄戸籍数の5分の1たらずでしかない」とされる［にしはら 1975: 611］
32　しかも、西原自身、「また、次のような諸事情により確実性が乏しいものであった」とし、「再製資料がなく、専ら記憶に基づく申請が多かつたこと」「連絡確認の困難」「照会、指示における適正の欠如」「沖縄関係戸籍事務所への仮戸籍申請の重要性に対する沖縄在住者の認識の欠如」などをあげている［にしはら 1975: 611］。しかし、こ

のは、つぎのような官僚制の一元志向であった。

> 今次大戦により、日本本土においても戸籍簿を滅失した市町村があったために、司法省では、戸籍簿の再製が困難な場合は、仮戸籍を調整させることとした。実質的に行政権が及ばなくなった沖縄住民に関しては、日本政府は、民事局長通牒（45・8・28 民事特甲350号）により、沖縄に本籍を有する本土在住者の保護を期するため、これらの者の沖縄県下に備付の戸籍簿・寄留簿等は、他地域に搬出保全の事実がない限り、すべて滅失したものと解し、監督区裁判所に申報具申して速に仮戸籍を調製することとした。(中略) 日本政府の福岡司法事務局の出張所として設置された沖縄関係戸籍事務局が取扱うことになった（48・10）。それと同時に、居住場所を問わず、沖縄在籍者全員について仮戸籍を調製することとなったのである。
>
> このことは、沖縄が政治・行政上日本政府から分離されたとはいえ、日本政府側は、……日本戸籍法（新法昭和22・12・22、法律第224号）上の本籍を定めうる地域であることを前提としていることを意味している。また、全沖縄在籍者に関する日本政府の戸籍事務管掌者は、沖縄には地方自治法が適用されないため、本籍地たる沖縄の市町村ではなく、沖縄関係戸籍事務所長であることとされたのである。したがって、1946年9月19日より沖縄で調整された臨時戸籍は、日本戸籍法上の本戸籍でも仮戸籍でもなく、もちろんその謄抄本も日本法上は全く効力のないものであったといわなければならない。
>
> 　　　　　　　　　　　　　　　　　　　　　　　　　　　［にしらは1975: 610-1］[33]

こういった広義の法曹たちの感覚は、まさに国民国家日本とその法体系を自明視した姿勢にもとづくものである。しかも、そこで追求されている合理性が形式的な一貫性・一元性であり、実質的合理性をはなはだかいていることは、いうまでもない。旧江戸城跡地や「北方四島」を本籍地とするような空虚な登録を黙認するよう

　　　れらは当然予想されることであり、むしろ、こういった「確実性」の欠如をもって、なお現地の登録簿以上の公証力を当然視する広義の法曹たちの感覚マヒこそ問題であろう。

33　なお、初出時の誤記を訂正してあるので、多少の異同がある。

な形式的合理主義であり、自己目的化したシステム存続のための存続、曲芸的な合理化といえよう[34]。

佐藤文明が批判するような次元でいえば、滅失戸籍を補完しようとした、当時の臨時戸籍は、住民登録もかねた身分関係登録簿であり、住民管理の道具にすぎなかったかもしれない[35]。しかし、すくなくとも、福岡に設置された「沖縄関係戸籍事務局」の仮戸籍より質・量ともに圧倒的に充実していたはずの現地の臨時戸籍が不当に過小評価され、あたかも前者が公証力を有するかのような論理は倒錯している[36]。

ともかく、こういった戸籍簿記載事項の公証力問題は、実務官僚／国民双方の意識＝共犯関係の致命的問題点をうきぼりにしたといえよう。おそらく「まちがい／

---

34 西原惇によれば、1950年代なかばに、琉球政府章典のもとでの戸籍法改正が琉日実務者のあいだですすめられたが、「滅失戸籍の再製作業」が「本土在住者」についていきづまると、日本政府は「なしくずし的に戸籍行政事務の一元化をはかるという方針を打出し」、戸籍整備「作業のためには、本土の戸籍専門家の技術的援助が必要であるという名目下に、毎年一回法務省より専門家が派遣」され、また「本土在住の沖縄在籍者に関する戸籍届出書等が、本土市町村に提出されたときに」、沖縄関係戸籍事務局所長や本籍地市町村上に関係書類を送付させるなどの措置がとられた」［にしはら 1975: 621］。

35 西原惇によれば、「臨時戸籍事務取扱要綱は、寄留法（大正3・3・31 法律27号）の趣旨に基づいて、次第に強化されてきた市町村により臨時的に行われた戸籍の整備手続きであり、一面においては仮戸籍であるが、ニミッツ布告によりその存続を認められた旧戸籍法（大正3・3・31 法律26号）に基づく戸籍再製手続ではなかったのである。沖縄中央政府としては、生存者のみならず、死亡者の氏名、本籍、死亡年月日、場所、死亡者が家族であるときは戸主の氏名、戸主の死亡者との続柄なども記載せしめ、戸籍簿、世帯簿、養護院入院者名簿、除籍簿の謄抄本をも交付することにしている。これらは変則的ながら、ある程度戸籍制度の機能を果たすことを目的としていたといえる。したがって、この臨時戸籍は、人口動態調査及び配給台帳として、また同時に応急的、変則的な身分登録簿としても意図されていたとみてよかろう。しかし、臨時戸籍は、その……形式が横書きの縦連記式であり、現住所も記載することになっているために、住民票と類似している。しかも、戸主を中心としてその家族の身分関係も記載することになっているために、身分登録と住民登録の二つの機能をもつものといえるが、主体は住民登録に相当するものとの見方が存在する。また、原住地市町村で作製され、家族以外の同居者につき、別に世帯簿を作製し、不在者家族調査を行っている点に着目して、住民登録に相当するものとはいえないとみる見解も存在する」［にしはら 1975: 608］。

36 沖縄在籍者の戸籍が事実上の二元性をもってしまい、さまざまな実務上の混乱をひきおこしていたこと、それらの収拾が終了しないまま施政権返還をむかえてしまった経緯については、にしはら［1975: 643-4］参照。

いつわりは少々あっても例外的であり、他の書類の追随をゆるさない公的な証明書類」といった、信仰ににた両者の姿勢に立脚した戸籍制度の根本的矛盾である。

3.2. 通称ほか個人名の共存状態

　戸籍制度をひきつごうとしたがゆえに戦後沖縄でしばしばみられた事態は、滅失戸籍の再製作業の難航だけではなかった。たとえば、沖縄で続発したのは、氏名の変更である。1960年代をとおして、「珍奇」「難読」「通称」などを理由とした改姓の申請が100件前後、改名は300件以上みとめられるといった事態が、臨時戸籍調整の経緯もあいまってひきおこされた［にしはら 1975: 648-9］。もともと、沖縄県は琉球列島の薩摩藩による分断支配をひきついで、しかも軍隊と武装警官をおくりこんで王府から王族を強制排除するというかたちで成立した。日本列島内部での地域差とは比較にならない文化的断絶は、国民国家形成にともなう中央集権志向のうらがえしとして激烈な差別・同化政策をもたらした。戦前から数度の波状として運動化した改名改姓のうごきは、こういった帝国日本という体制の公然非公然の差別・同化と、大和（鹿児島以北）出身の具体的人物からの対面的な差別とがあいまってうまれた、必然的な反応であった[37]。

　たとえば、地元紙には、つぎのような記事が掲載された。

　　　山内（沖縄市）／9割占めた比嘉姓／戸籍整備法のおり改める／同姓同名が多くたびたび混乱

　　　沖縄市の南西部に位置する山内。かつてはヤマモモの産地として知られ、広い山々が連なる農村地域だった。青々と緑が茂る旧暦の三月には「ムムサングヮチ」といって、ヤマモモの収穫で活気づいたという。戦前、ここ一帯のほとんどを比嘉姓が占めていた。しかし、大戦で失われた戸籍の整備が進

37　旧琉球国を強制的に併呑するかたちで「沖縄県」を設置した帝国日本の差別的態度は、さまざまな政策・実践によって、「大和風」に同化しようとしつつ、同時に同化運動の成果を不充分として差別をくりかえすという体質を戦前・戦後をとおして維持してきたといえる。そして、それらは現地エリートをますます同化志向にはしらせるという再生産構造をうみだした。これら「沖縄県」をめぐる同化と異化のせめぎあいについては、おぐま［1998］、ましこ［1996c, 1997=2003c, 2002a, d］ほか。

められ、山内の比嘉姓は青山や内田、吉田、広山、吉村、宮森、豊田……などに改姓された。それにしても、ウチナーンチュにしてみれば"本土風"の名前ばかり。このネーミングの由来は？

　戦争で消失した戸籍を再整備するため、1953年に制定された戸籍整備法に基づき、各市町村ごとに戸籍調査委員が委嘱された。当時、その委員でもあった沖縄市文化協会顧問の青山洋二さん(80)＝市諸見里＝も改姓組の一人。「山内だけでも同姓同名が四人もいた」と振り返る青山さんの旧姓は比嘉政紹。同じ姓が多かっただけに、名前に屋号を付けて呼ぶのが常だったという。こうした不便さや戸籍整備に伴って改姓が広まり、各門中で改姓の話し合いが進められた。……

（「なかがみ姓氏（ネーミング）図鑑（10）」『沖縄タイムス』2001/02/15朝刊21面）[38]

　地域社会について少々知識がある研究者なら周知の事実とおもうが、琉球列島にかぎらず、村落の家族名がほぼ一種類しかない、たとえば「字」全体一姓といったこともあるというのは、それほどめずらしくない。自然村の延長線上にある村落内で、たがいが屋号でよびあうのも、ごく普通だった、ときには、父と息子が事実上襲名するようなばあいもあった。したがって、同姓同名による実生活上の混乱うんぬんというのは、実は、決定的な理由にはなりえない。それを改姓の理由にあげたのは、当事者たちに無自覚な動機があり、それを無意識のうちに隠蔽する合理化（防衛機制）とかんがえられる。実際、前述したように、1960年代をとおして、ほぼ300件をこえていた改名容認理由には、「同姓同名」が相当数あるが[39]、改姓理由は、「珍奇」「難読」「通称」のみで約9わりをしめてしまうのであり、同姓同名は改姓理由として少数であったと推測できる［にしはら1975: 648］。要は、改名さえしてしまえば、同姓同名という「混乱」はさけられるわけで、一家あげて改姓する理由などないわけだ。

　実相の一端は西原惇ものべるとおり、「沖縄の氏に独特のものが多く、しかも難

38　ウェブ版『沖縄タイム』から（http://www.okinawatimes.co.jp/spe/naka20010215.htm）。記事中の「市諸見里」は、「字諸見里」の誤記とおもわれる。

39　漸減はしていくものの、60年代初頭は2わりをしめ、終盤に5％程度におちつくものの、1963-7年は10％前後をしめつづけた［にしはら1975: 648］。

読であるため、本土との交流が多くなると本土風の通称を用い、結局は珍奇、難読、通称の永年使用を理由に改氏」したのだと概括してよいだろう［にしはら1975: 648-9］。しかし、実際には、人口比はすくないものの「珍奇、難読」の氏など全国におびただしく存在し、それらが「共通語風の通称」を他地域住民のために併用するといったことはないのであって、要は、被差別感や現実の被差別体験が、「珍奇、難読」という孤立感を実際以上につよめたのだとかんがえられる[40]。さらにいえば、「本土との交流が多くなると本土風の通称を用い」たという背景説明も微妙な問題をかかえている。なぜなら、この事例の舞台である沖縄市は、1960年代ベトナム戦争に従軍した軍人兵士たちの慰安施設が集中していた「コザ」をふくむ地域である。「コザ」の住民にとって、地元民以外に接触する第一の層はアメリカ兵であり、「日本人にはひとりもあわなかった」という地元出身者の記憶さえあるほどだ。でかせぎや進学などで、短期的に単身「本土」にわたった人物自身が多数派とはいいがたく、まして、地元にとどまった層が一家をあげて氏をかえたくなるほど「本土との交流が多くなる」ことは、基本的にありえなかったはずだ[41]。

　それはともかく、明治政権が欧米諸国の「司法的同一性」理念を移植することで、宗門人別改帳などの身分登録制度を近代的に改編しようとした「壬申戸籍」(1872年) 以下、一連の戸籍簿の系譜。それは、あくまでも徴税・兵役・治安維持などの対象として「臣民＝国民」を分類／登録／管理することを目的とした近代官僚制上の書記体系であった。しかるがゆえに、政府権力は、個々人を完全に同定／検索できるような、唯一の個人名表記を必要とした[42]。しかし、琉球列島では「慣習上年輩

40　ましこ［2003c: 118-20］参照。もちろん、琉球列島以外でも、東北など、標準語の音韻体系とは異質な在来語を継承してきた地域で、固有名詞に対内的呼称と対外的呼称に若干のズレがでる、ないしユレが生じていることは、ありえるだろう。しかし、沖縄県や奄美群島など以外の出身者が、「他地域のひとには通じないから、別のよみかたを通称としよう」とか、「他地域のひとがおどろくような氏をやめよう」といった配慮をすることは、かんがえられない。

41　氏をかえたくなるほど「本土との交流が多くなる」ことは、京阪神や京浜地域などに「移民」した層については、あてはまるだろう。しかし、この事例は、あくまで地元にとどまった層での改姓であることに着目したい。

42　わたなべ［2003］参照。「明治31年戸籍法」(1898年6月15日法12号) がフランスなどの身分登録にならっていること、ほか、壬申戸籍以前の登録内容・趣旨がおおきくことなったことについては、たにぐち［1986: 9-10］参照。なお、たにぐち［1986］や、ひさたけ［1988］など歴史的概観をこころみたものは、総じて前近代と近代の

者は戸籍名の他に通称（童名）を有する者がかなりあり、他人は戸籍名を知らないという場合も稀ではないという社会的背景」が改名の理由（通名の「永年使用」）にあげられているように[43]、複数の呼称が並存し、しかも法律上の「正式名（漢字かなまじり表記）」が社会的にほとんど機能していないような実態さえ戦後もつづいていたのである。

　いや、戸籍上の「正式名」とはことなった「通称」が日常の主軸として機能し、しばしば呼称が複数共存し、ときには「戸籍上」の表記が本来の呼称とはちがったものとして、固定化してしまうという実例は、なにも琉球列島だけの特殊な現象ではなく、近代の日本列島のごく一般的な現象であった。たとえば、有名な「西郷隆盛」という人名関連の、つぎのような記事は重要だ。

　　西郷吉兵衛隆盛の長子。名（諱）は元服時には隆永（たかなが）、のちに武雄、
　　隆盛（たかもり）と改めた。幼名は小吉、通称は吉之介、善兵衛、吉之助と
　　順次変えた。号は南洲（なんしゅう）。隆盛は父と同名であるが、これは王
　　政復古の章典で位階を授けられる際に親友の吉井友実が誤って父吉兵衛の名

非連続に鈍感であり、あたかも古代から「戸籍」という制度が連綿と継承されてきたといったイメージ、いいかえれば天皇制イデオロギーと同質の歴史観にまどろんでいるようにおもわれる。たとえば、谷口知平は『戸籍法』を二度おおはばに改訂していながら、つぎのような時代錯誤的記述を本文冒頭で30年ちかくにわたってくりかえしている。
　「実質的に戸籍は人民を校し調役を科する目的で崇神天皇12年（紀元575年）に設けられたのに始まる。雄略天皇（1130年代）の時、漢漢より帰化した蕃民を括出して伴造を定めたときに秦氏の民凡そ92部18670口あったといわれ、顕宗天皇の元年（1145年）……」［たにぐち 1986: 1］
　年号が「紀元」でかかれているばかりでなく、「日本書紀」自体であとづけられる戸籍に相応する記述をさかのぼっても、せいぜい6世紀であり、通常いわれる「庚午年籍」とその前身は7世紀後半なのであるから、谷口の戸籍の起源論らしきものはすべて神話的記載といって過言でなかろう（差別的な歴史的表現も改善されていない）。それとせなかあわせであろうが、琉球列島ほか、日本列島周辺の諸地域の固有名詞など生活文化に対する配慮もほとんどなく、大和文化が全国に均質的に展開されてきたかのような論理を自明視したものがおおいのは問題［ましこ 2002a, d, 2003c］。

43　にしはら［1975: 649］参照。しかし、後述するように、「童名」などの通称が日常的にもちいられ、地域や組織内で主流であるなどの事例は、なにも琉球列島だけの特殊事情ではなかった。むしろ、琉球列島住民にそう誤解させてしまったのは、差別構造だったことに着目すべきである［ましこ 1996c, 1997=2003c 2002d,］。

を届けたため、それ以後は父の名を名乗ったからである。一時、西郷三助・菊池源吾・大島三右衛門などの変名も名乗った、本名は8代目西郷吉兵衛隆永と言う。

(ウィキペディア「西郷隆盛」)[44]

諱は、朝廷との関わりが生じるような階層以外は、実生活で使うことが滅多になかったため、周囲の者が諱を知らなかったり、後世に伝わらないことも起こった。「西郷吉之助平隆永」(さいごうきちのすけたいらのたかなが) は、親友の吉井友実が父の諱「隆盛」を彼のものと勘違いして朝廷に奏上してしまったため、新政府の公文書では「平朝臣隆盛」、戸籍令以降は「西郷隆盛」と呼ばれるようになってしまったという逸話が知られる。

……

　東アジアではアニミズム的な背景から、避諱(ひき)と言って、実名である諱を他人が呼ぶことを嫌う習慣があった。日本でも同位もしくは目下の者からの呼称として仮名(けみょう)と呼ばれる通称が発達した。

　男性の場合、こうした通称には、太郎、二郎、三郎などの誕生順(源義光の新羅三郎、源義経の九郎判官等)や、武蔵守、上総介、兵衛、将監などの律令官名がよく用いられた。後者は受領名や自官の習慣と共に武士の間に広がり、百官名(ひゃっかんな)や東百官(あずまひゃっかん)に発展した。

　紫式部や清少納言、春日局のように、女性も通称で呼ばれた。枕草子を書いた清少納言は、父清原元輔が少納言であったことから清原の「清」を取って名付けられたと言われており、これらは「女房名」と呼ばれる。

　また、政所・御台所といった女性の呼称や、上皇の○○院という呼び名も、直接名を口にするのを避けて居所で呼んだところに由来する通称である(詳しくは仮名(通称)の頁を参照)……

(ウィキペディア「人名」)[45]

「仮名(けみょう)は江戸時代以前に諱を呼称することを避ける為に便宜的に用いた通称のこと。

……

44　2009/10/26 12:00確認。
45　2009/10/26 12:12確認。

中国や日本などでは、人間の実名にあたる諱をもって自他を呼称する事を避ける避諱の風習があった。よって、天皇・皇族・公卿は尊称又は官職をもって呼称した。取り分け将軍家・大名以下の武士においては官位が無い場合は仮名をもって呼称した。

　仮名には太郎・次郎等の生まれた順にちなんだ呼び名や、官職にちなんだ「〜兵衛」「〜左衛門」「〜右衛門」「〜之介」「〜助」「〜之丞」「〜之允」「〜之進」等といった仮の名を用いるようになる。室町時代以降になると、大名などの主君が朝廷の許可を経ず、被官や家臣に対して独自に受領名（官職）を授ける風習が生まれ（その文書を「官途書出あるいは受領書出」「官途状」と謂う）、自ら勝手に官名を称する自官という風習も生まれた。さらにそうした風習が転じて戦国時代から朝廷の官職体系には存在しない官名風の通称（例えば、作左衛門尉）も主君から家臣に対して授与する（その文書を「仮名書出」と謂う）ものまで登場する。総じて四等官を除いた百官名や東百官等がそれらであり、武士を呼称する場合の呼び名として確立されていった。

　なお実名である諱と仮名の区別は、明治3年12月22日の太政官布告「在官之輩名称之儀是迄苗字官相署シ来候処自今官苗字実名相署シ可申事」と、明治4年10月12日の太政官布告「自今位記官記ヲ始メ一切公用ノ文書ニ姓尸ヲ除キ苗字実名ノミ相用候事」及び、明治5年5月7日の太政官布告「従来通称名乗両様相用来候輩自今一名タルヘキ事」により、諱と通称を併称する事が公式に廃止されており、今日では人名として諱・仮名の区別なく命名されている。
　　　　　　　　　　　　　　　　　　　　（ウィキペディア「仮名（通称）」）[46]

　こういった複数の個人名の共存は、大陸の中華帝国の文化的植民地として律令制などを移植した日本列島の支配層にとって、ごくあたりまえの事情であった。のちに、近代的な戸籍制度をはじめとした「司法的同一性」の護持者につらなるであろう層が、むしろ複数の呼称を必要としていた。いってみれば、近代的な戸籍登録は、前近代的な個人名の複数共存状態を否定／抑圧することでようやく成立した制度であった。「国民」創出のためには、地域社会とか身分集団といった中間組織を媒介

46　2009/10/26 12: 34 確認。

せずに、直接的に国家権力が個人を捕捉しなければならなかったからであろう[47]。

ともあれ、こういった通称・本名問題は、「臣籍簿」たる「戸籍制度」から強制的に排除し、「外国人登録」等の対象へときりかえてしまった在日朝鮮人／台湾人についても通底するものであった。とりわけ在日朝鮮人については、よくしられるとおり、通名としての日本名を日常的になのる層が8わり以上にものぼり、同胞同士の呼称まで日常的に日本名であったりすることがしられている[48]。かれらが日本国

---

[47] もちろん、これはあくまで理念上の次元にすぎず、ひとびとの日常には、愛称や役職名など、さまざまな呼称が並存している。国家権力がもっとも細部までいきとどいたはずの総力戦体制にあってさえ、それらを完全に抑止することは不可能だっただろう。夫婦ほか性愛関係や親子関係、幼児・学童間での呼称が、法律上の戸籍名でなどないだろうことをみれば、あきらかだ。それは、おそらく、オーウェルのえがいた『1984年』のような究極の監視社会＝ディストピアのようなものでも夢想しないかぎり、実現しない本質をもっている。

[48] 少々以前のデータであるが、「民団新聞」(在日本大韓民国民団，2001/04/04)によれば、「2000年度在日韓国人意識調査中間報告（抜粋）」として、
「本名使用
　日本社会で生活していく上で約半数が通名（日本名）使用で生活し、本名（民族名）使用は13.4％、両用（状況によって使い分け）が35.6％となった。
　本名だけで生活している人は少数派にすぎないことがわかる。(1994年の「在日韓国人青年意識」では12.4％、97年「在日韓国人社会成層と社会意識全国調査」では11％)。
　ただ、若年になるにつれて「韓国名だけを使っている」人の割合が逓減しているわけではない。「両用」の割合は若年になるにつれて逓減しているが、逆に「ほとんど通名だけを使っている」は逓増している。これは、「両用派」から「本名」か「通名」かに二分化する傾向へと変わりつつあることを示すものだ。
　また、本名使用者の割合では、専門職、高学歴、高収入者が多い……」とある。
　「ほとんど通名だけを使っている」が5わり前後で逓増傾向にあり、「専門職、高学歴、高収入者」を中心とする、いわば自信のある層をいま一方の層として、「本名」か「通名」かに二分化する傾向へと変わりつつある」という動向が、いわゆる「帰化」者の増大と並行して、どううごいているかは、慎重に判断する必要がある。しかし、右派や保守層からの差別はともかく、多数派日本人の「最頻値」「平均値」周辺の層で在日差別がめだたなくなってもなお、『GO』（金城一紀、2000年）のような作品が話題をよんだということは、差別が「過去形」にはなっていないこと、「専門職、高学歴、高収入者」でないと、民族名をなのりづらい風潮がのこっているということだろう。歴史意識や食文化・冠婚葬祭など民族意識とからまる諸相において、周囲の多数派日本人と大差ない生活実態にある層が急増しているにしても、いわゆる"passing"現象から自由でないのが、かれらの実態であり、それは、同性愛者など性的少数派と通底する問題構造をかかえているといえよう。容貌上可視的でないかれ

籍を取得し、通名をそのまま正式呼称として戸籍簿に登録すれば、形式的には民族的な「吸収同化」が完了したということになろう。しかし、外国人登録原票に通名がかきこまれ、希望すれば市町村役場からの通知が通名で送付されたりしてきたことをみても、個人が公私にわたって複数の呼称をもちいることは、別に異様なことではないのだ。

　そして、滅失戸籍の再製に際して、いきのこったひとびとが周囲の人物の戸籍簿記載の「本名」などしらなかったという現実こそ重要だろう。法律上の「本名」という記載自体が、日常からうきあがった「諱」とにた空疎な記号でしかないばあいが以外にすくなくないという普遍的真理をうきぼりにしてくれる。なにしろ、沖縄島をはじめとして、琉球列島のしまじまの在来の固有名詞は、大和風の表記／呼称と、漢字かなまじり表記という媒体上の連続性はあっても、あきらかに異質であり、断絶があった。沖縄戦後もしばらくは、「大和」化されきっていない言語文化が日常的に脈々といきていたのだから［ましこ 1996c, 1997=2003c, 2002a, d］。

4. おわりに

　以上みてきたように、戸籍制度は、近代日本とその植民地とされた地域にのみ通用した登録システムとして世界に特異であり、また個人のプライバシーを家族単位で管理／追跡しようという権力的／差別的な装置[49]として、早急に改善／解体されるべき存在であるにとどまらない。住民登録制とセットにした国民総背番号制な

　　　らが"passing"行為にでるとき、周囲の多数派日本人からめだたないために、民族名をふせるという選択になるのは、ごく自然なことだろう。いずれにせよ、5わり程度は日本名を通名としてほとんどとおし、民族名だけでとおせるのは、7～8人にひとり程度であるという現実は、おもたい。かれらの民族意識の動向だけで説明はつかないだろう。

49　いわゆる「部落地名総鑑」事件であれ、「行政書士らが興信所へ大量の戸籍を密売」した事件であれ、興信所や探偵社等が、「身元調査」と称する個人情報のあらいだしをうけおって、被差別部落出身などの差別に加担できたのも、戸籍簿等の閲覧制度があったからにほかならない（部落解放同盟東京都連合会「資料室―差別事件の資料室」など http://www.asahi-net.or.jp/~mg5s-hsgw/）。母子家庭等、婚姻関係の有無など、血統問題のプライバシー侵害も、戸籍制度ぬきには、かたれまい。

どの究極の管理支配装置（外国人登録システムとしては、実現しているもの）にならないかぎり、管理方法としても矛盾にみち、空洞化しやすく、機能不全を本来的にかかえる宿命をおびている。それは、紙という、前近代から近代にかけて官僚制書記システムをささえてきた物理的媒体が、たとえば、戸籍正本／副本いずれもが「磁気ディスク」ほかにとってかわられ、あるいは電子的情報の流通ネットワーク上に吸収されて、必要なときのみ印刷されるといった事態に完全に移行しても、本質的にはおなじであろう。

　むしろ、コンピューターネットワークがその検索機能を極限まで合理化し、現在の戸籍附表や住民基本台帳までもが完全に「国民総背番号制」に変質するなどの事態が生じたときこそ、問題の本質が露呈するのではないか？　個々人の「司法的同一性」を国家が完全に掌握しようという野望がほころびをみせるといったかたちで。なぜなら、「外部」からさまざまな集団・個人が流入し、また「外部」へと流出していくことに、強制力をもった規制をくわえようとしても、完璧を期すことは原理的に不可能だし、震災ほか不測の事態でネットワークが壊滅的な打撃をうけるリスクを回避すべく、完璧なバックアップ制度を完備することには、ムリがあるからだ。膨大な維持コストをはらってまで、一元的に処理しつづけることの正当性はあやしいし、それをのぞんでいるのは、実務官僚や支配層の一部にすぎないとかんがえられる。

　しかし、『1984年』（オーウェル）のえがきだした監視社会を、単なる既存の社会主義体制の陰惨な戯画としてではなく、監視社会＝検索権力の恐怖とみなしたばあい、それは空想上のディストピア（「ユートピア」の存在しない空間という原義の直系）としてではなく、現実社会の寓話という含意をよみこむことが可能となる。そうかんがえると、完全な監視・管理・規制は不可能にしても、当局が危険視する人物が特定され情報収集される、あるいはロバート・オハロー『プロファイリング・ビジネス　米国「諜報産業」の最強戦略』のように民間企業が個人情報をかきあつめるといった、「監視社会」（デイヴィッド・ライアン）という把握が重要になるだろう［オハロー, ＝なかたに訳2005］。このような悲観論にたったとき、実務官僚や支配層の一部にすぎない「妄想」のたぐいが、現実化するおそれは、否定できない。すべての個人情報を完全に把握できることはなくても、あらゆる個人がプライバシーをはぎとられて、平穏な日常生活ができない程度に破壊的な探索・暴露の標的に

なるという危険性という意味では、現在機能不全をきたしているシステムが合理化されたときの悪夢は、充分『1984年』的空間を出現させかねない。たとえば「住民基本台帳ネットワーク」については、最高裁判決が合憲をくだしたが、ネットワーク内部へのクラッキングのリスクはともかく、自治体関係者によるデータもちだしなど、個人情報の流出を完全に封殺することなど原理的に不可能である。裁判官などが、安全・安心をうたおうと、それは、かれらが原発の安全性について専門家でもないのに、原発依存派系の議論・データのみ擁護しようとする姿勢と大差ないだろう。

ともかく、こういった戸籍制度の根本的矛盾をうきぼりにするのは、「在日外国人」や琉球列島に出自をもつひとびとなど、「外部」「周縁」から実体的市民権をかちとってきたひとびとの日常生活であることは、いま一度強調しておこう[50]。そして、もちろん、そこには戸籍制度をはじめとした、同化／異化装置が作動し、さまざまな差別を生じさせているという文化摩擦がからまっていることは、いうまでもない。

このようにかんがえてきたとき、個人の尊厳をそこなわないよう、公権力によるプライバシー捕捉に制限をくわえるのであれば、戸籍制度は廃止し、住民登録と福祉行政／税務行政などの管理簿を監督官庁／地方公共団体が分有するという形式におちつくほかないであろう。

---

[50] こまかなコスト問題でいえば、固有名詞の漢字表記もあげられる。戸籍簿は当初、てがきを前提としたアナログ的制度であった。であるがゆえに、「正式」とはみなされない書体や誤記などもそのまま登録され、「公文書」としてひとりあるきしていった。コンピューターのもじコード表にすべてを登録することができないことは、もちろんである。「旧字」などもふくめた異体字などもふくめて実務官僚の頭痛のタネである。そのためであろう。外国籍の人物が日本籍を取得したばあい、旧漢字による登録は禁じられているし、「常用漢字表・人名漢字表」のなかだけで選択するほかないようだ（ウェブサイト「苗字　その真実」の「真相その2」　http://rokusan.comoj.com/ln2.html）。

第12章

障がい者文化の社会学的意味

1. マイナーな知識としての障がい者文化[1]

　従来、社会学が障がい者[2]を対象化するとき、生活機会（life chance）という視点

1　本章は、『解放社会学研究』12号（日本解放社会学会、1998年）所収の同名の論文を再録したものである。初出時には、「です・ます」調での文末だったが、今回の収録に際して、周囲の章との調和をかんがえ文末表現をあらためた。また註記を中心に調整をはかったほかは、少々の加筆修正があるが、論旨に変化はない。表記については、わかりづらいものや固有名詞／歴史的事項などをのぞいて、訓よみによる漢字表記をなるべくさけている。ローマ字は英米語正書法もしくはエスペラント語でしるしたものである。

2　「障害者」という表記自体が、「健常者」を基準とした差別的ニュアンスをひきずっていることはあきらかだ［いわくま1998］。本章では、「障害者」という表記をさけ、また「障碍者」という一般的でない表記でもなく、ラクによめるだろう「障がい者」をえらぶこととした。「「障害者」の意味での「障害」の表記は1949年の身体障害者福祉法の制定を機に一般的に使われるようになった。同法律では、「障害」、「障礙（碍）」のうち、「礙（碍）」が当用漢字の使用制限によって法律では使えなくなったことにより、「障害」という語が採用された。なお「碍」は「礙」の俗字である……。「障害」、「障礙」はいずれも当用漢字制定前から同じ"さわり・妨げ"という意味の熟語として漢和辞典に掲載されていた……が、現在のような"身体の器官や能力に不十分な点があること"という特定の意味ができたのは後年のことである」（ウィキペディア「障害者」）といった、文献学的詳細にはふみこまないこととする。また加齢とともに心身上の「困難」をかかえるのは普通で、さらに傷病による後遺症もかんがえれば、だれにとっても「あすは、わがみ」といえるだろうが、あえてグル

から記述／議論するのが大半だったし、その正当性もうたがわれることはすくなかったようにおもう。しかし社会学ないし人類学が、障がい者の生活機会でなく生活世界を対象化するなら、「非障がい者」とことなった生活文化をいき、生活世界へもちがった意味づけをしているのではないか、という学問的意義がうかびあがってくるだろう。

　バーガー／ルックマンが、A. シュッツをひきながら知識社会学の性格を特徴づけたことはよくしられている。「知識は社会的に配分されており、この配分のメカニズムは社会学の主題になりうる。そして実際、われわれは知識社会学と呼ばれる学問をもっている」［バーガー／ルックマン, ＝やまぐち訳1977: 25］。障がい者の生活文化は、まさに大半の「非障がい者」には配分されていない知識によってなりたっているといえるだろう。障がい者を、満員電車／作業現場などではほとんどみかけないことはもちろん、公道／学校／商店街などにも、実際の人口比からは不自然にマイナーなことは、再三指摘されてきた。この、一般人＝「非障がい者」の視野にないという全体構造こそ、「障がい者が、なにをのぞんでいるか、しってほしい」といった関係者の発言が再三でてきた背景といえるだろう。

　この多数派社会の「無知」が構造的にくりかえす「生活機会」の不足＝不当さが、「活動家」周辺の社会学者たちをいらだたせ、それを告発する「使命感」こそ研究をささえてきたといってもいいだろう。この「知識」のかたよりは、もちろん福祉政策／実践の問題点や、「一般人」の認識不足／差別のみなもとであり、またその産物でもあるのだが、そうした不均等自体が「社会的事実」といえそうだ。バーガーは別の作品で、「社会学的発見という経験は地理的移動を伴わない「文化衝撃」である」とのべている［バーガー, ＝みずの訳1989: 37-8］。障がい者と、その生活文化は、家族の「保護」のもと、社会学者のとなりにひそんでいることさえありうるのだから、まさに地理的移動をともなわない文化衝撃となりえるだろう。それは、階級階層論や差別意識論と同様、社会学者の所属集団自体への反省的視線の素材として機

ープわけすることで議論を鮮明化した。もちろん、現段階の「障害学」の分野では、高齢者のかかえる心身の障碍は、障害者手帳をもつ一般的な意味での障がい者と連続性をもっているという認識で一致している。「要支援者は要介護者とことなり、施設サービス（施設に入所しての介護）をうけられない」といった行政上の区分ではなく、ひろい意味での「障がい者」を「要支援者」とよぼうといううごきもあるが、ここでは、たちいらない。

$$\bar{A} \cap B \cap C$$

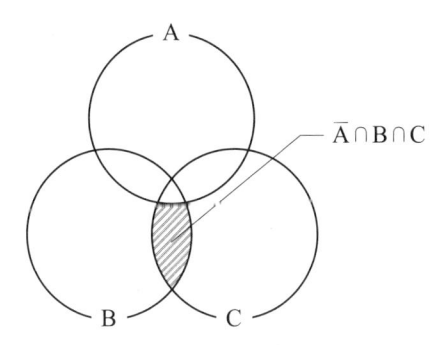

(ベン図：A、B、Cの3つの円、$\bar{A} \cap B \cap C$ の部分に斜線)

能し、バーガー流にいえば「体裁の良い世界観」をはぎとることで多数派がかおをしかめるかもしれない、もうひとつの現実を暴露するにちがいない。

　さらに、かならずしも差別問題とぴったりかさなるとはかぎらない「文化衝撃」が障がい者文化の発見にはあるという、知識社会学的論点を強調しておく意味はあるだろう。定住コリアン＝当事者である社会学者が、民族的少数派研究とは、A：差別研究、B：エスニシティ研究、C：アイデンティティ論という3つの次元の和集合（$A \cup B \cup C$）であって、民族的同一性（エスニック・アイデンティティ）を対象化する $\bar{A} \cap B \cap C$ の可能性など、A：差別研究は、民族的少数派を対象化するときの必然的要素とはならない、という指摘をしている［キム 1996: 22-4］[3]。障がい者問題をとりあえず日本列島上にしぼったとき、在日外国人のばあいはともかく、そこに障がい者文化を「異民族性」になぞらえるのは、どういった了見か、という批判もきこえてきそうだ。

　さしあたってここでは、先天性の聾者たちの手話コミュニティという文化ネットワークが「別言語による国内少数民族意識」とでもよびたくなるような「民族性」

3　もちろん、社会学が蓄積してきた調査倫理の問題を軽視していい、といいたいのではない。調査行為の暴力性に敏感な社会学者の「社会調査とは被調査者に対する権力行為」という見解が妥当なものである以上、当事者でない研究者は「搾取型調査」におちいらないよう、基本的に「還元型調査」をあくまでもおいもとめるべきだろう。たとえば社会学者の一部が、「還元型調査」をめざしながらも、それが直接差別解消においかぜになるような成果をねらうことはおこがましい、と禁欲的にのべたことを、後続の研究者が免罪符的に利用してはいけないだろう。みやもと／あんけー［2008］、こーりつだいがくほーじんやまぐちけんりつだいがく［2008］など。

をそなえていて［ましこ 1996a, b］、それをとりかこむ多数派社会からの差別／抑圧を議論からはずして人類学的にとりくんでも、膨大な作品群が予想できる。なぜなら、先天的な完全聾者は、かきことば日本語を共有してはいても、はなしことば日本語を共有化しているとはいえず、それはバイリンガル文化をいきているといって、なんらさしつかえないから、とだけこたえておこう。そうなると、社会学者が包含関係でしめしたモデルは、あながち障がい者意識／文化に適用不能とばかりもいえないだろう。

2. 障がいゆえの文化と社会的文脈ゆえの文化

　障がい者の生活文化は、障がいによるなかば必然的な要素と、周囲の「非障がい者」＝多数派社会がもたらす要素とに、わけてかんがえるべきだとかんがえられる。

2.1. 障がいと技術革新

　もちろん、前者においても、技術水準／社会システムが変化することで、「必然」的要素でなくなるものもたくさんあるだろう。たとえば、手話と肉筆しかメディアが利用できなかった時代の聾者は、視界からはずれたあいてに対しては、だれかひとづてにたのむか、手紙／電報のような媒体しか利用できなかったのに、現在の先進諸国ではファックスやポケットベル、コンピュータなどをつかうことができる。以前なら下半身マヒのひとには、自動車運転はムリだったが、現在なら、すべて「かたて」で操作できるよう改造が可能だし、逆に両腕がきかなくても、両足が器用なら、すべて「足動」で操作も可能になる。しかも、義足などの交換をうまくこなすことで、以前の自分のあしのときよりも絶壁などをのぼる技術がたかまったというひとさえいるようだ。パラリンピック出場選手も一般人の運動能力をはるかにしのぐひとがすくなくないし、こうした障がい者は「サイボーグ」化しているといってもいいだろう［ましこ 2005a］。

　しかし、完全に聴力をもたずにうまれたばあいは、音声言語をはじめとする、オトの世界とは基本的に無縁にそだつわけだ。盲聾重複障がいとして誕生しないかぎ

り、オトにたよらない、視覚的にとぎすまされた生活世界がくりひろげられるのは当然といえるであろう。こえをかけるのではなく、かた／テーブルなどをたたく。トイレにいくときなど、男女とわずはっきりとことわって席をたつ。なかまうちでは、身体上の視覚的特徴をあだなとしてしばしばもちいる。表情がよめる程度の距離／あかるさがあれば遠方／騒音／無音下でもかわされる手話。こういった聾文化ともいうべき独自性は、聴覚と基本的に無縁な生活世界が必然的にもたらしたものといえるだろう[4]。

　また、点字文化、センサーとしての歩行杖、音声ワープロなども、視覚にたよれない盲人や強度弱視者が、聴覚／触覚に特化した文化にいきつくほかなかったことのあらわれといってさしつかえないだろう。

2.2. 多数派社会による規定

　しかし、障がい者が日々くりかえしている生活文化は、かならずしも「障がい」がもたらすある種必然性をもつかたちではなく、かのじょら／かれらをとりまく「非障がい者」＝多数派社会がもたらしたとしか、かんがえられないことが、かなり

4 　手話言語学にとりくむ研究者の一部は、よびかけのための「肩叩き」や「机やテーブルを強く叩く」聾者たちの行動パターンを文化とみなすことを疑問視している。難聴者もすることがおおく、聾文化というよりも「耳が聞こえないことからくる行動にすぎない」という見解が聾教育関係者におおいことを紹介している［かんだ 1996: 70-1］。たしかに、聾者のあいだで世界的に共通するからといって、聾文化の典型とみなすことには問題があるだろう。手話ネットワークに「言語的国境」があるとおり、文化らしさは、地域性／歴史性にあるのであって、聾に普遍的な側面より、各聾者ネットワークが独自に共有している文化項目こそ、むしろ聾文化とよぶにふさわしいはずだからだ。しかし同時に「耳が聞こえないことからくる行動にすぎない」という聾教育関係者の見解も、社会学的／人類学的文化概念などになじみのないひとの了見のせまい把握といえるだろう。聴者のがわでなれるまで、不作法／失礼などとうけとめられたり、ショックをうけたりするという文化のミゾと、摩擦が現実にある以上、手話などと同様に、ひろい意味での聾文化とみていいとおもう。ろう者によれば、かたのたたきかたで聾者か聴者かがわかるそうだから、これをみても、文化とみないほうが不自然だろう［よないやま／たき 1996: 222］。ちなみに、交通量のおおい道路をはさんでの会話、あれる海上で苦もなく甲板上で合図しあう漁船員など、聾者および聾者主導の空間が手話をメディアとしているからにほかならない。これは、音声の限界から解放された文化といえるだろう。

ある。

　たとえば、重度の身体障がい者があまりであるかない（＝非・障がい者がであわない）という現実は、「公共輸送に依存せず、まちもあるかない」といった障がい者「独自の生活文化」があるわけではない。もし満員の車両に数席しかない「優先席」などではなく、優先車両をもうけるとか、ストレッチャーのままで楽にのりおりできるひろいドアをつけたり、自動昇降機などを一般化すれば、障がい者／非・障がい者の人口比まではいかないにしても、予想をはるかにこえた障がい者がまちに登場するにちがいない。都市空間（いまや日本列島の農村も、世界レベルでいえば都市社会の一部といっていいだろう）の設計に対する福祉思想と予算配分の貧困が、かのじょら／かれらの生活機会を抑圧しているにすぎないのだ。「でたくてもおっくうになる」状況、そして自宅や施設などでの介助者による「保護＝管理」の実態が生活様式を規定しているのだから。大学が大衆化したといわれながら、依然として障がい者にほとんどであわないという現実も同根である。

　コンピュータが発達するまえに、ハリ／マッサージなどしか、くらしのかてがみつからなかったという現実も、単に幕藩体制期に盲人集団を統制するために身分制度をつくったという歴史的経緯からだけでは説明できないだろう。社会の「おにもつ」としてその能力を有効活用しようとせず、ただ保護／管理／排除の対象としてだけあつかってきた、近代社会全体の風潮が規定してきた「職業文化」にすぎない[5]。

2.3. 多数派にとっての「常識」への妥協

　さらに問題としてみえにくいのは、多数派社会が障がい者に対して無自覚におしつけている規範／美意識が反映した生活様式である。かりに先天全盲だけのコミュニティがあったなら（それは、H. G. ウェルズ「盲人国」がえがきだしている）、外見の美醜／粋不粋といった価値観は存在しなかったはずだ。しかし現実には、中途失明者にかぎらず、自分の外見にきくばりをおこたらない盲人はすくなくない。くちべにや服のコーディネートに時間をさく女性のおしゃれごころという点で「非障

---

[5] 日本列島独自の盲人の生活戦略および、象徴的存在としての「あんま」についての史的スケッチとしては、すぎの［1997: 264-7］など。

がい者」と大差ないことは、たとえば、盲人の生活を解説した啓発本『朝子さんの一日』などにもしめされている［ながはら／おーなか1993］。めのみえる周囲のひとびとの視線を意識したくふうが、衣裳のいろあいを意識したタンスの収納とか、化粧品えらびなどの生活文化として定着しているわけだ。これらは、非・障がい者なみ水準＝成人らしさを要求されたことによるコストといえる[6]。もっとも「障がい者」役割イメージ＝「保護されるべき幼児あつかい」におしこめられることのほうがやっかいだが[7]。

---

[6] 盲人がバカにされないように、みなりにきをつける戦略をとることを、杉野昭博は非盲人にばれないためにではなく、「「うわべで人を判断する」という晴眼者社会の価値観に対する痛烈な皮肉と考えることもできる」として、「彼らがすべて健常者文化の規範」とか「価値観を、内面化していると判断するのは性急である」としている［すぎの1997: 261］。しかし、面従腹背していさえすれば、多数派の規範／価値観を内面化していない、ともいえないだろう。むしろ多数派の規範／価値観を面従腹背で実践してみせる、少数とはいえない層を総動員することによって、多数派社会は成立しているといえるのではないだろうか？　しぶしぶにしろ、バカにしながらにしろ、非盲人むけのみづくろいはやはり妥協であり、規範／価値観の内面化なのでは？

[7] こうした視覚障がい者の外見への視線ばかりでなく「障がい者らしく、けなげにいきる」という、おしつけられた禁欲主義という監視の力学も深刻な問題である。たとえば、障がい者が結婚や共同生活すること、さらにコドモをつくることへの圧力は、再三指摘されてきた。障がい者女性のすくなくない部分が、子宮摘出手術を強制されたり、だまされて施術されてきたわけだ。「障がい者には生命の再生産の権利がない」。「わるい遺伝子はのこすな」などといった能力主義／優生思想による差別である。また、点訳文書に娯楽用のもの自体がすくなく、ポルノなど皆無にちかい、という指摘もある［ふじた1982: 104-33］。点訳／対面朗読の大半が女性であることもあって、ボランティアの羞恥心がこういった事態をかたちづくってきたという面はあるだろうが、「盲人が性欲をもつなんて」といったきめつけが非・障がい者である福祉関係者に共有されていたからこそ、こうした問題が軽視されてきたとかんがえられる。「ポルノ映画がすきだ、などと、ウワサをたてられたら、マッサージ業などでは致命的」だという告白など、わらいごとではすまない。出版物のディジタル刊行が常識化していないこととせなかあわせではあるが、「保護あっての障がい者らしく、ひかげでいきろ」といった差別意識による監視が感じとれるだろう。こういった無自覚な差別意識にもとづく禁欲主義の強制＝監視の構造は、実は「こどもあつかい」にねっこがあることが、わかる。「セックスやポルノはだめ」。「ひとりあるきはあぶない」。これらのくちぶりは、いずれも愛情／善意のなのもとの「おせっかい型保護主義（paternalism; patriarkisomo）」であり、自分で状況判断し主体的に行動を選択する自己決定原理になじまない存在だときめつけているわけだ。もともと非・障がい者でさえ、患者やくわりは幼児あつかいにちかく、十分な説明による理解と同意がな

また、点字は基本的に表音主義かながきに対応した、きわめて合理的なシステムで、助詞の「は」とか「へ」とか非合理な長音表記といった歴史かなづかいのなごりをほとんどふりすてているが[8]、多数派日本人への文書は音声ワープロソフトを駆使して、漢字表記として表現する。同音異義語が異常におおくて、非・障がい者自身、しばしば混乱／誤用をくりかえしているシステムに、盲人たちは必死な適応をせまられる（異文化として、おもしろがるひともいるようだが）。また漢字を理解しなければ多数派日本人のかきことばが理解しきれないと、漢点字など修得困難なシステムへとひきこむ圧力もあるようだ。漢字文化に一度は適応した中途失明者なら、非・障がい者と連続した文化にこだわりがあるだろうから、適応への熱意も理解できるが、先天的な全盲で視覚的なモジという概念自体が理解できないひとびとさえも、からめとっているようにおもわれる［ましこ 1993a, 1994b］[9]。

　それから、音声という概念自体が理解困難な重度難聴者にまで補聴器／人工内耳などの科学技術を駆使して、はなしことば世界にひきこもうとする教育／福祉関係者のとりくみも、自足的な手話共同体への敵意を感じる[10]、ともかく「きこえる社会にかかわりたい」という欲求をもつ重度難聴者や聾のひとびともすくなくないようだ。くちのかたちでオトをよみとろうとする努力には原理的にムリがあるのだが、そういった「聴者化」志向と無縁な聾者は、「自分がきこえない」ということの意味、社会的文脈での位置が理解できず、しばしば「不便である」「不幸である」といった認識をもちあわせていないのと対照的だ［ましこ 1996a, b］。音楽がかもしだす振動をたのしむという、あらたな文化の可能性も否定はできないが、「きこえる集団が

　　いがしろにされてきたのだから、当然かもしれない。
8　助詞の「を」だけは、のこしてしまっているが。
9　点字のシステムを「めあき」にもひろめることで、かきことば日本語が革命的に合理化されること、日本語ワープロが漢字変換をするまえの「かながき段階」がわかちがきされれば、そのまま点字に転換できることは、ましこ［1993a: 159-61, 165-8, 175］など。
10　とはいえ、耳鼻科医たちのなかにも手話や聾文化の主張を理解し、補聴器や人工内耳を拒否するたちばも尊重されねばならない、とする論者がいることは無視できない。「聴覚障害者が聴者、聾者いずれのcommunityを選ぶかは大人では本人の意志で決まるものの、幼児は自己決定の能力がないため親が代わって選択することにな」り、「子供の人権を考えると、この選択は相当に慎重でなくてはならない」とも論じている［たなか・よしさと 1995: 593］。聾文化の伝達、共同体の再生産、自己決定権などとからまる複雑な問題／利害の所在にきづいていることはあきらかだ。

やっていることをなるべくおなじようにたのしみたい」といった志向性に批判的な聾者グループもある。聴者と聾者が一緒にたのしむ音楽といったもよおしで「同時法的手話」を歌曲とあわせて演ずるというスタイルに、疑問を感じさせられる[11]。

　盲／聾とくらべて、重度身体障がい者には、周囲に対する意識のありようがだいぶことなるひともいるようだ。たとえば、食事のときも全面的に介助させるのではなく、できる範囲で自分でたべる。そのとき「犬食い」スタイルにみえても、ともかく「皿に顔をつけて食べるほうが、人に食べさせてもらうよりはるかにおいしいらしい」とわからせてしまう障がい者のひらきなおりは、それ自体が尊厳をもつのではないか ［いしかわ 1992: 123, あさか ほか 1995: 158-9］。しかし、これはひどくマレな例なのではないだろうか？　少数派は、多数派からのまなざしをくぐりぬけるために「印象操作」においこまれる傾向があるといえるだろう ［いしかわ 1992, 1996］。非・障がい者に、きらわれたくないとおもいこまされ、周囲の視線が要求するとおりのふるまいをみにつけていく。おおくの障がい者の生活文化は、多数派＝非・障がい者が自明視している秩序／規範／美意識などにかなり規定されているのではないか。そしてそれは、この節の冒頭でのべたような、必然的な要素とは異質で、むしろ本質と矛盾するようなイビツなかたちにねじまげられているばあいが、すくなくないのではないか？　その意味でも、多数派のまなざしが影響をあたえているらしい障がい者の生活文化には、きちんとしたメスをいれる必要があるかとおもわれる。

2.4. 障がい者文化の自立性と差別意識

　また、非・障がい者は、「障がい者は保護しないかぎり、やっていけない」という先入観とともに、「障がい者の生活水準は、非障がい者の努力のたまもの」というおもいこみがあるとおもわれる。たしかに、もたらされた点字を日本版に翻案し

11　おそらく聾者の手話のリズムと、歌曲用のはなしことばのリズムとは、まったく別次元であって、それが視覚的シンフォニーをかなでるとはおもえない。手話をまじえたパントマイムを聾者が演じて、それを音声解説ないし字幕スーパーつきで聴者もたのしむとか、手話をもとにしたダンス／パフォーマンスなどをもっと大々的にやるといった企画ならよくわかるのだが。音楽についてのラディカルな聾文化主義にたつ当事者の見解については、ビエンヴニュ［＝きむら訳 1996: 363］参照。

たのは、盲教育にたずさわる非盲人だったし、聾文化の中核である日本手話も、漢字の字形をはじめとする音声日本語の影響をぬきにはかたれないことは事実だ。しかし、日本手話をおしえたのが、聾学校の聴者教師でも手話サークルの聴者ボランティアでもなかったように、障がい者文化を「非障がい者」が考案し教育した、つまり、ほどこし、あてがったように理解することには問題がある。盲人用のコンピュータ技術や日本手話の自生性が象徴するように、障がい者が「非障がい者」の保護／援助によって生活文化を維持／発達させてきたといった史観は基本的にうたがってかかるべきだろう。史上の文化はすべて、自足的に構成要素をはぐくむことはなく、他文化をとりいれ変質させてきたものの集合体だった。そして、ある文化がよそからとりいれた要素が不純だとか、単なる「サルまね」だといった非難がナンセンスであるように、障がい者の生活文化に「非障がい者」の生活様式からとりいれたもの、たすけをかりてあみだしたものもあるからといって、それが自立していない、保護を要する文化だときめつけることはあやまりだ。こういった、障がい者の生活文化＝自立性の欠如ときめつけがちな態度は、「保護されるべき幼児あつかい」の産物だとおもわれる（註7も参照）。

3. 障がい者の多様性とネットワーク
3.1. 聴覚障がい者のなかの異質性

　聾文化の独自性を主張するひとびとから提起された問題として、「聴覚障がい者」という〈ひとくくり〉をやめてほしい、という主張があった。たしかに先天的に完全な聾としてそだったひとと、成人後に失聴したひととは、すくなくとも、存在の両極にあるらしいことは、すぐに理解できるだろう。一方で、聾者のネットワークのなかにいるかぎりなんの不便も感じず、「障がい者」という「自覚」をもちあわせないひと。他方でそれまでつかえた聴力をうしなって、所属していた「はなしことば共同体（speech community; palorakomunumo）」からきりはなされて孤立感をつのらせる。筆談と、なれない「同時法的手話」をとにかく総動員してコミュニケーションをはかる。両者を、「聴覚障がい者」とひとくくりにして、福祉行政の対象とすることにはムリがあるだろう。また、手話通訳などのサービスについても、基本

的に別個の対応をもとめられるはずだ。そして、双方が「おなじ聴覚障がい者」として連帯感をもつことはむずかしいし、すくなくとも「おなじ集団」というなかま意識はもてないだろう。前者は聾文化共同体の住人であるのに、後者は聴者社会からとりこぼれながらも聴者文化のほとんどをひきずっていて、聾文化に新規参入しているともいえないからである。だからこそ前者からは、「われわれ聾者は、聾文化の構成員＝文化的異民族なのであって「聴覚障がい者」ではない」という自己意識＝アイデンティティさえ主張されるわけだ［きむら／はせがわ／うえのー 1996］。これについては、脳性マヒのひとびととの対比でのちにくわしく論じることとする。

3.2. 視覚障がい者のなかの多様性

　盲人かどうかの境界線を測定することも存外むずかしく、測定法や統計のとりかたでその人口もかわってしまうようだ［スコット, ＝キムほか訳1992: 61-81］。

　といっても、はなしことば共同体の一員として、視力の有無／強弱は関係ないのだから、たとえば先天性の完全盲と中途失明者とで、「生活文化」が異質だということはないだろうと一見おもえる。しかし、たとえば先天性の完全盲やごく幼少期に失明したひとびと[12]と、多数派文化を充分吸収した中途失明者とでは、かきことば文化への距離感という点で決定的にことなるとかんがえられる。はなしことばがかわされるときに文脈によって同音異義語が区別できることから、先天的な全盲であっても、漢字語の識別ができるだろうことは予想ができる[13]。しかし漢字という

12　定住朝鮮人青年姜進哲（カン・チンチョル＝仮名）氏のばあいは、眼球を摘出する手術を5歳でうけるまで、ごくわずかとはいえ視力がのこされ、アカ／アオ／キ／クロ／シロなどの基本的な原色の記憶はあるようだが、日朝いずれのモジ文化も関係なく視力をうしなったはずだ［ふくおか1995: 89］。
13　ワープロ・ソフトに登録されている漢字語には、音声での説明をうけることで対応できるだろうが、たとえば「仮空」「頭骸骨」「侵入禁止」「疎縁」などといった変換ミスがフロッピーやコンピュータ通信でおくられてきたとき、それがどのようにダメなのか、よくわからないのではないか。これらの「誤字」は、漢字文化になじんだ多数派日本人自身がしばしばまちがうたぐいのものであり、たとえば「頭骸骨」といった変換ミスは、文節変換によっては、いかにもでそうな語構成をしている。そして、おそらく、こういった変換ミスは、入力した本人が画面でみおとしてしまえば、プリントアウトしたあとの校正でもみすごしてしまい、たとえば音声化や検索などの際盲人に混乱をあたえるとおもわれる［ましこ2003c: 110-1］。

視覚イメージは本質的に理解不能だとおもわれる。国／國といった異字体の存在はピンとこないだろうし、「渡辺」の「辺」の異字体がたくさんあるなどといったら、おどろくにちがいない。

　また漢点字など、大衆的にはまったく非実用的なシステムはともかく［ましこ 1993a: 159-60］、点字自体がラクラクだれでもみにつくものではないようだ。少々ふるいデータだが、身体障害者手帳をもつ視覚障がい者約30〜5万人前後（〜1990年代）のうち、点字をよめるのは3〜5万人ほどと推計されている［ふじた 1982: 45, すぎの 1997: 263-4］。おそらく、盲学校など障がい児教育の専門的指導をうける機会を逸すると、「点字文盲」になってしまう可能性がたかいのだろう。障がい児教育が義務化されていない時代に年少期をすごした高齢者はもちろんのこと、成人となってからの中途失明者のおおくが点字「文盲」なのではないか。唯一の新聞である『点字毎日』は週刊なので、ラジオ／テレビが情報収集の中心になるとはいえ、先天性の全盲と成年期以降の中途失明を両極として、メディア利用の実態は、「視覚障がい者」とひとくくりにできない、ひろがりと質的断絶をかかえこんでいると、かんがえられる[14]。

3.3. 身体障がいの実態のバラつき

　身体障がいのばあいも、パラリンピックの選手と、意志表示の唯一の手段がまばたきであるといった重度の障がい者を両極として、その生活世界には決定的な差異があることは、いうまでもないだろう。視聴覚障がい以上に、おおきなスペクトルにバラついていると、かんがえられる。車椅子で自由にうごきまわり自動車運転までするひともいれば、電動車椅子で町内をどうにか移動できるひと、ストレッチャーを介助者におしてもらわないかぎり移動できないひととでは、生活空間に対する認識がまったくことなるだろう。排泄／入浴／食事など日常生活すべてのプロセス

14　『点字毎日』以外に、『点字しんぶん赤旗』があるが、月刊であり政党機関紙の点字版である。ちなみに、初出時の記述が、あべ［2006: 146］などで批判されたとおり、「視覚障がい者」のなかにおける「弱視者」層を軽視してはならないし、たかはし／ふくしま［2009: 36］が指摘するとおり、「盲ろう者」層は、失明・失聴の条件が先天か後天か、順序がどちらかなどの経緯のちがいで、おびただしい分化をみせることもみのがせない［たかはし／ふくしま 2009: 36］。

がことなった原理によってすすめられ、常識とされる条件という点でも、共通点がすくないかもしれない。

3.4. 障がいごとのグループ／ネットワークの差異

　以上みてきたとおり、障がいごとの各グループ同士が異質であるだけでなく、内部分化もはげしいことがわかる。さて、ここでもうひとつかんがえるべきこととして、各グループがそれぞれにかたちづくるネットワークの質がことなるだろう点だ。
　たとえば、点字がわかる盲人同士は点字郵便によるネットワークをつくるだろうし、音声ワープロや電話をつかったコミュニケーションによって、非・障がい者ともつながるだろう。ハリ／マッサージや、コンピュータによる労働でくらしをささえるばあいがおおいことから、関連業界のひとびととのつきあいがおおいことはいうまでもないだろう。自転車や自動車を自分では運転できない[15]ことから、「足」の確保という点でのサービスの利用が、行動様式を相当規定していることも、みのがせないだろう。
　一方、聾文化に根拠をおくひとびとは、ネットワーク内で濃密なコミュニケーションをくりかえす一方で、中途失聴者や福祉関係者とは、文書のかたちでの最小限の交流にかぎられるのではないかとおもわれる。日本手話にしろ、「同時法的手話」にしろ、聾学校での人脈が卒業後も、つよいきずなでむすばれることは、しばしば強調される点だ。ときには「排他的」とみなされるような求心力が、そこには感じられる。聴者と聾者との結婚は90％が離婚におわるという見解もあり［ソロモン，＝すぎやま訳1996: 174］、生活感覚があわないという認識が当事者にはつよいとおもわれる。盲人同士のほうが生活のリズムがあって便利といった志向からカップルをかたちづくるひとびとは、さほどおおくないとかんがえられるので、ここにはたらいている求心力＝一種の排他性は注目にあたいする。ただ、公共機関や集会などでの手話ボランティアによる通訳作業とか、カウンセリングは手話文化に精通した聴者を

15　定住朝鮮人青年の姜進哲氏の、こども時代のあそびの記憶でわかるとおり、失明していても自転車は運転できなくはないようだ。周囲からの反射音などから自分の相対的位置の見当がつくからだ［ふくおか 1995: 90］。しかしそれはもちろん私有地内などのはなしであって、自転車で公道にでて用事をすませられるわけではない。

ある程度は組織化したネットワークということはできる。中途失聴者などを中心に、これらボランティアをあてにしているひとびともすくなくないことは、おさえておく必要があるだろう。

　それに対して、かるい身体障がいのばあい、人脈などに文化的特徴は特にはないとおもわれる。しかし障がいがおもいばあい、家族／施設／介助者ネットワークのいずれをえらぶのか、という、生活文化の決定的な相違がうまれるだろう。視聴覚障がい者がそれぞれのメディア・ネットワークでむすばれるのに対して、重度の身体障がい者は、家族／施設の管理＝支配からの、自由＝解放をかちとろうという選択をした時点で、生活介助の人材をたばねるネットワークを必然的にくみたてることになる。障がい者と社会学者の合作『生の技法』のえがく世界だ［あさか ほか 1995］[16]。

　もし、これらの生活文化のなかで共通点があるとすれば、全盲者と重度身体障がい者がまちなかを移動するために、みずしらずの通行人を利用するという文化だろうか？

　これは、組織的なネットワークではなく、自然発生的に他人の善意を活用するというアドリブ性に本質があり、社会福祉の理念の定着という点で共通するとはいえ、介助ネットワークとは異質なものといえるだろう。

　このようにみてくると、障がいの質／程度によって、とてもひとくくりにはできない生活文化の相違があると同時に、それにからまる人的むすびつきの質も、かなりのちがいをみせることがわかる。こういった関係性の異質性も、各「障がい者文化」の独自性ということができるだろう。とりわけ、かなり自足的＝自閉的な聾共

16　この本が対象とする、いわゆる重度の全身性障がいは、日本列島のうえでは千人ぐらい（障がいの程度が同様のひとびとは、ほかに多数いるはずで、ここでは、あえて「自立生活」をえらびとっている層の人口という意味だが）、その生活も「障がい者全体の平均像からは離れたところにある」ような存在は、多数派集団からみたときに「周辺」にあるだけでなく、「障がい者」集団のなかでさえ、「周辺」に位置するといえるだろう。そこに焦点をなぜあてるかは、「はじめに」という部分に説明があるが、家庭／施設からの自立という生活様式とその身体性が、相互に依存するほかない人間存在の本質をうきぼりにしているところがおおきいとおもわれる。演劇／プロレス興行／自立生活支援／ピア・カウンセリングなど、重度身体障がい者のネットワークについては『現代思想』1998年2月号（vol.26-2）、「特集　身体障害者」参照。

同体と、多数の介助ボランティアをつねに維持しなければならない重度障がい者は、障がい者と縁どおい非・障がい者にとっては、同様にマイナーだろうが、生活空間をかたちづくっている関係性のネットワークが対極にあるとさえいえるとおもわれる。

4. 文化の維持と多数派社会

　以上、「障がい者」という「例外」とひとくくりにされがちな存在がかかえる多様性に焦点をあてて、それぞれの①生活文化と、②周囲との関係性を検討してきた。では非・障がい者とは異質な諸文化は、どのように維持されているのだろう？

4.1. 家族ほか地域社会の障がい者文化への影響

　文化、とりわけ生活文化は、（社会全体の技術水準や流行などの影響もさることながら）生活者としての両親など先行世代の規定する部分（民族、階級・階層、生業、性別……）が相当おおきいといえそうだ。市場の論理の侵食作用がどれほどすすんでも、将来生活文化に集団差がなくなることはないだろう。障がい者文化のばあいは、地域や家庭はどのように影響するだろうか？

　第2節でのべたとおり障がい者文化には（技術水準の推移による変動があるにしても）基本的には必然的なものと、周囲の多数派社会＝非・障がい者が「障がい者」をつつみこみ、おいこんでいる部分にわけることができる。前者については家庭全体が「障がい者」であるとか、地域社会の大半が「障がい者」であることはかんがえにくいので（そうであるなら「障がい者」が「問題」化しないはず）、家庭／地域の影響がつよくでることは、なさそうにおもわれる。たとえば、聾者の90％程度は聴者を両親としてそだつそうだから、大半の家庭では、オヤ世代の生活文化と、本人の「障がい者」としての生活文化には断絶があるといっていいだろう。実は、聾者の社会化＝聾文化の内面化は、おもに聾学校の生徒同士のつながりや、スポーツ大会など他校との交流がはたしているようだ。聾文化運動の中心人物のひとり木村晴美氏のそだった家庭のように、家族全員がすべて聾者であるといったケー

スのばあいは少数なのだ［きむら／いちだ 1995a, きむら 1996, ましこ 1996a, b］。生活文化の伝達／維持が、家庭／地域以外の機関／ネットワークによって、になわれているわけだ。視覚障がいや身体障がいほかのばあいも、おおくは障がいが遺伝するわけではないのだから、同様のことがあてはまるといえるだろう。むしろ「障がい児」が誕生し、あるいは事故／疾病などで障がいをおった事態に、心理的／物理的にそなえができていなくて、あわてる家族のほうがおおいはずだ。したがって、「障がい者文化」が「障がい者」個人の個性をこえた本質をもっているとしたら、本人の障がい自体と、家族「以外」の多数派＝非「障がい者」がもたらすものといえるだろう。つまり、現在の「障がい者文化」のおおくは、①「特殊教育」の義務化、②統合教育、③福祉施設という空間、そして、④おなじ障がいをもつ当事者、⑤教員／福祉職員、⑥介助ボランティアという関係者、等々とのかかわりがうみだすものと、いってよいとおもわれる。

4.2. 盲人／聾者にとっての近代公教育の意義

　まず、視覚／聴覚など感覚障がいのばあい、近代公教育が国民教育のあみのめを障がい者にかけるまでは、障がい者同士のネットワークだけが生活技法のみなもとであり、生活文化もそこでつちかわれたことであろう。幕藩体制期に按摩／三味線などを生業とする盲人文化＝座頭／瞽女などがそれにあたるだろう。当時、塙保己一のような「みみ学問」による大学者が誕生したことも、そんな伝統の延長線上にあるし、幕藩体制期以前から口承文芸をになった琵琶法師なども、あげておいていいだろう[17]。

　それが、盲教育／聾教育が国家的にとりくまれるようになると、点字／自立歩行技術や口話／手話（聾者の自生的なものではないもの）など生活技法があてがわれるようになる。とりわけ、障がい者教育が福祉的な恩恵ではなく、国民としてうけ

17　盲人の驚異的な記憶力が伝統的な障がい者文化であるとの認識は、ききがたりについてつよい関心をたもちつづけた柳田国男が『平家物語』のなりたちにからめて論じている［やなぎた 1947=1990a: 20, 69-71, 1946=1990b: 100-2］。黙読が一般化する近代がくるまで非識字層は音読してもらってものをたのしむのが一般的であり、それは同時に盲目の口承文芸継承集団の消費層とかさなっていたのだ。中世以来の盲人によるギルド制については、前掲、すぎの［1997: 264-7］。

る義務／権利であるという思想が一般化する段階になると（日本列島では戦後徐々にだが）、義務教育化がすすむ。この段階になると、障がい児に最適なカリキュラムをほどこしているという肯定的見解と、一般児童から隔離して労働力確保にさまたげになる存在の排除＝隔離なのだという否定的見解が対立する時代がやってきた。

しかし、聾教育でいえば、口話教育によって音声言語イメージを注入し、かさことばにも習熟させることがほとんどうたがわれないという点（「聴者による、聾者のための学校」[かなざわ1996]）では、資本主義批判のたちばにたつかどうかのちがいでしかなかったかもしれない。しかし、先天的な聾者たちは、その手話を禁止さえした聾学校という空間を結果的には逆用して（休憩時間／放課後／クラブ活動／寄宿舎生活など）、地域の手話を拡大再生産し、OGOBによる地域ネットワーク形成のための不可欠のシステムとしていった。一方、手話を禁止するのは聾教育の理念に反するという思想がひろまってくると、自生的な手話ネットワークにはとらわれず（手型だけは拝借する）はなしことばに対応する「同時法的手話」とか、さまざまな聾者／聴者間コミュニケーションのための技法が、口話教育とからみあって、聾教育に導入されるようになる。「同時法的手話」によって、講義がおこなわれる大学さえうみだされた。これは、聾文化の独自性／自律性にこだわるひとびとにとっては、在来の自生的秩序への介入であり、世代間の断絶や聴者化志向による劣等感などといった混乱をもちこむものとしてうつった。一方既存の「特殊教育」が障がい者の隔離＝排除だと批判する勢力の議論は、普通学級への「統合」を意味するだけでなく、聾者共同体からの、ひきはなしにつながる議論であり、これも問題をかかえていた［きむら／いちだ 1995a, b、きむら 1996、ましこ 1996a, b、ながせ 1998］。他方、難聴者（重度でないばあい）や中途失聴者への聾学校のとりくみは、合理的に生活技法をおしえている側面もあるといえるだろう。事実、中途失聴者や難聴者のもちいる「手話」は、聾学校のとりくみぬきには、ありえないものとおもわれる。

盲学校のばあいは、点字や歩行技術など、自立してくらすための合理的な技法を、比較的めぐまれた条件でまなべる空間として、機能してきたのであり、近代公教育制度がなかったら、これほど盲人が活躍することはかんがえにくかったはずだ。しかし、これは聾教育とはちがった意味ではあるが、盲人の生活世界への介入となる側面もなかったわけではない。たとえば、まえにのべた漢字文化への適応をせまる圧力だ。点字は幼少期に失明した人物が考案した。そしてそれが実用化され、発想

が世界中で応用された段階で、あきらかに盲人の独自のモジ世界が自律的に展開することを意味したが、盲学校は、漢字点字までステップアップさせようとか、ワープロをつかうときは漢字に変換しようといった多数派社会への適応＝妥協をすすめる装置としても機能してきたわけだ（もちろん関係者は善意である）。これは、識字学級が漢字文化へのとりあえずの適応をうながすのと同質なものをもっている [ましこ1997=2003c]。

また、社会学者がききとりをした定住朝鮮人青年、姜進哲（仮名）氏のように民族学校が盲学校を用意するユトリがなかった時代状況が、寄宿舎生活＝朝鮮語コミュニティからの離脱という副産物をうんでしまう例もあげられるだろう[18]。

このように、視覚／聴覚障がいのばあい、聾学校／盲学校の「義務化」にしろ普通学級への「統合」にしろ、障がい児たちの生活文化に決定的な影響をおよぼすものとかんがえていいだろう[19]。それが教員／関係者のプランどおりの結果かどうかは別にして。もちろん、「同時法的手話」などは、音声言語に習熟しているもののほうがみにつけやすいばあいがあり、ときには「聴覚障がい者」よりも聴者のほうが、うまいということさえ、あるそうだ。また、ひどいばあいには、聴者が聴覚障がい者の「手話」がまちがっている、といった「指導」をおこなうケースさえあるそうで、まるで、森鴎外の『舞姫』で踊り子に標準ドイツ語を指導する日本人エリートとそっくりだ。つまり、すくなくとも聴覚障がい者にとっては、聾学校教員／手話ボランティアという聴者集団の文化的影響を無視することはできない。とりわけ自生的な手話をもたない中途失聴者にとって、聴者の展開する「同時法的手話」の空

---

18 盲学校は聾学校や朝鮮学校などと同様、大半が大都市部にかぎられる。小学部段階では、ひとりあるきする技能も十分でないし、通学時間がながすぎるという事情などから、おおくが寄宿舎にはいるようだ。姜氏も土日帰省するだけで、近隣／民族学校で朝鮮語をみにつけるという機会をうしなってしまった［ふくおか1995］。
19 口話主義による既存の聾学校を批判的にとらえ、「バイリンガル・バイカルチュラルろう教育」を標榜したフリースクール「龍の子学園」。これを前身として、東京都の構造改革特区制度を利用した学校法人「明晴学園」が2008年4月に明晴学園幼稚部・小学部を設立させた（2010年4月からは中学部が開校）。これは、日本手話と書記日本語をもって教育言語とし、生徒をいわば言文2モードにおいて、バイリンガルにそだてようという、「ろう者の、ろう者による、ろう者のための初等・中等教育」ということができる。公立学校として展開してきた聾学校をふくめて、今後の動向におおきな影響をあたえるとおもわれる。

間はもはや不可欠の要素であるし、聴者による教育システム、辞典編纂、新語開発などは、日常生活に直撃をくわえる性格をもつものといえるだろう。とすれば、「言語的少数派である」という、「民族的」な主張の根拠をもたないひとびとこそ、問題は深刻かもしれない。

4.3. 全身性障がいにとっての収容施設の意義

それに対して、脳性マヒなど、全身性障がいのばあいは、収容施設や機能回復訓練施設など公的機関の教員／指導員たちの対応が、生活空間を規定しているといえるだろう。とりわけ、歩行／食事／排泄などの生活面での自立動作の能力がちいさく、介助者の手が不可欠のひとびとにとっては、決定的といえるだろう。そして、それらの空間で日常的にくりかえされてきている、心身への暴力（差別発言／暴行／セクハラほか）とか、管理や尊厳を無視した処遇（食事／排泄サービスのてぬき）を拒絶するひとが、少数ながら列島に点在する。そのことをおもえば、①公的機関による管理思想にもとづいた生活文化、②家族の介助による愛情＝からみとりがうみだす生活パターン、そして③介助ボランティアの募集と組織化自体もしばしばボランティアに依存するなど自立生活がうみだした生活文化には、質的な断絶があるといえるだろう。もっとも収容施設化した空間のばあいは、生活文化というよりも、生活機会の拘束／抑圧という現実でしかないかもしれないが。また、特殊教育が「義務化」されながら、実際には就学困難という判断で「就学猶予」がみとめられる可能性がたかい重度障がい者のばあい、生活文化に対して、養護学校のはたす機能はおおきくないのではないだろうか？　もちろん、以上のような収容施設であっても、なかまができ、たとえば出所後の自立生活での文化を共有するネットワークがかたちづくられることは、みのがせない［ながせ 1998: 208］。

4.4. 障がい者文化の再生産と多数派の視線

すでにのべたように、聾者のなかには「聾文化の構成員＝文化的異民族なのであって「聴覚障がい者」ではない」という自己意識＝アイデンティティさえ主張するひとびとがいる。日本列島でいえば、聾者ネットワーク／日本語正書法から疎外さ

れていなければすこしもこまらない。網膜上に展開される映像がかたちづくる世界のなかで、自足的にいきていける。「障がい者」であるとの「自覚」がもてず、特殊教育関係者や福祉関係者によってふきこまれた「自画像」に違和感があったところに、聾文化ラディカリストによる聴者文化からの「独立」が宣言されたわけだ［きむら／いちだ1995b］。こうしたひとびとにとっては、聾学校での口話教育が有害無益にみえることはもちろん、「普通学級への統合＝ノーマリゼーションがのぞましい」とか「聾学校への隔離排除は資本の論理」といった思想そのものが、聾ネットワークの解体にてをかすものとしかうつらない。両者とも善意からきている、聴者による無自覚な「抑圧」にほかならないのだ。当然、人工内耳による聴者化＝「母語」の注入は、聴者であるおや／多数派社会との接点がつちかわれて福音とうけとめられるのではなく、聾者のおや／ネットワークからひきはなす策動を助長する悪魔的な「医療技術」と理解されることとなる［ましこ1996a, b］。たしかに「きこえないことは不便」「孤立していてかわいそう」といった先入観をとりはらってみれば、口話教育や人工内耳で聴者化をうながすことは「おせっかい」であるおそれがでてくる。アイヌ／琉球を日本国民化（＝和人化／日本語人化）することの善としてうたがわなかった近代教育の功罪は、ようやく常識化してきたが、聾者についても同様の問題があることはあきらかだ［ましこ1996a, b］。

　ことは、聾者だけにはとどまらない。同性愛指向者は、「異常な」性文化といえるだろうか？　また性染色体上の性別と主観的性別に深刻な不一致がみとめられる「性同一性障がい」は、病気ないし障がいといえるのであろうか？　性転換手術希望者は、精神神経科の医療スタッフらによる「治療」が必要だろうか？　こういったジェンダーにかかわる指向は「障がい」に分類すべきではないとする意見は正論だが、これらの諸個人／集団が周囲の多数派から「異常」であるときびしい差別にさらされてきていることは、たしかだ。またこれら諸個人が、たまたまうまれてしまった特異な存在なのではなく、つねに一定以上のわりあいでうみだされる点でも、それは多数派からみた「性的障がい」というカテゴリーとみなしたほうがよさそうだ（差別をゆるさず、不利益をこうむる構造にあるばあいは、支援を制度化するなど）。同時に、こういった少数派文化が婚姻関係などによる家族形態をとっている事実をみるにつけ、諸個人は孤立した存在ではなく、相互にもとめあい／ささえあう、集団／ネットワークといっていいだろう。当然、同性愛者／カップル、そして

「性同一性障がい」者やそれをふくむカップルが、養子や生殖技術によりこそだてをし、あるいは年少世代との同居をおこない、同様の性自認／性的指向が伝達されれば、文化の伝達／再生産がおこなわれるであろう。保守的なひとびとは、犯罪者文化の再生産や障がい者による家族形成と同様、非難することだろうが（註10参照）。

5. 文化的アイデンティティと、ほかの障がいへの差別意識

　さて問題は、長瀬修氏らのように、「障がい者」分類をこばむ聾者が聾者以外に対して障がい者差別をおこなっているのではないか、という議論をどう位置づけるかだ。

5.1. 病理学的「障がい」概念の二重の基準

　いわゆる「聾文化宣言」をはじめとする、聾文化ラディカリストの論理構成が、「青い芝」など、脳性マヒ等による重度身体障がい者の主張とほとんど同様であること、つまり、両者の本質が、本人の状況をあるがままにうけとめ、「健常者」の水準にできるだけちかづきたいといった「リハビリテーション」思想をこばむ点で共通であることを指摘する。そのうえで長瀬氏は、木村晴美氏たちが、「青い芝」周辺で展開された論理とほとんど相似形であることにまったくふれないことを、いぶかるのだ。人工内耳をこばみ、敢然と聴者の両親との文化的断絶を当然視する態度は、「青い芝」の影響をうけたかどうかは別にして、障がい者の姿勢を思想にまでたかめた態度として、そしてその論理としても、通底することにふれて当然だろう。共通性を確認したうえで連帯の道を模索するかどうかは別として、障がい者運動に対して無知なのか？　いや、それは解せない。合州国の聾者教育や運動の思想史的な勉強はちゃんとしていて、多数派社会の差別意識や無自覚性についてもきわめて敏感にみえる。それなのに「オトのない世界は文化のかたであって、障がいではない」と主張するのは、「自分たちは、少数派文化にいきてはいても「五体満足」なのだから、障がい者と一緒にしてくれるな」という、いわば「病理学モデル」を

二重の基準でつかいわけた「障がい者差別」にあたらないか？　といいたいのだろう［ながせ1996: 46-51］。

　文化的自律をかたりながら、ある面で「非障がい者」たちと差別意識を共有しているという批判も可能であり、これは、筆者が以前批判した、①エリート性、②多数派からの自立度への疑念、③現代メディアとの不適応の問題、④手話へのほこりのうらがえしとしての、手話周辺文化への差別意識［ましこ 1996a, b］とならんで、かのじょら／かれらの思想の根本をとわれる議論だとおもわれる[20]。

5.2. 被差別存在としての共通性と連帯意識

　では、聾文化ラディカリストたちが主張する「じぶんたちを障がい者あつかいするな」が、もし「じぶんたちは障がい者とはちがうのだ」という意識をともなっていたら、連帯を拒否した卑劣な態度といえるだろうか？
　まず視覚／聴覚障がい、および「色覚異常」とか、「性同一性障がい」やマイナーな性的指向と、盲聾など重複障がいおよび重度の心身障がいの諸ケースとは、自己決定権において、それを実現する主体の条件が質的にことなり、同列に論じられないのではないか、という点だ。具体的にいえば後者は自立生活を維持するために介助者がかかせないが、前者は、社会環境次第で、「非障がい者」同様にくらすことが可能だからだ。第2節でのべたとおり「非障がい者」の能力を一部にせよ、おおきくしのぐひとびとがめずらしくないし、先天性のばあいは、「不便」という意識も「非障がい者」からおしつけられた面がすくなくない。
　もちろん障がい者の生活機会の「障害」として、多数派社会の本質を批判するとき、両者は少数派として通底する課題で連帯する領域がすくなくないとおもわれる。

---

[20]　以前も指摘した、①「聾文化宣言」をはじめとして、かきことばに習熟して高学歴をかちとり、外国文献や難解な思想書にもふれる層の思想表明でしかなくて、聾文化のなかにほんとにとどまる非エリートとの連帯はむずかしいのではないか、②既存のモジに依存せず、手話を基盤にした独自のモジがないと完全な文化的独立はしづらいのではないか、③動画を十分に送信できない現状では、ビデオレターを宅配するなど、メディアとして非効率では、といった論点、④また何人もが指摘している、同時法的手話など難聴者／中途失聴者にとってかかせないメディアを、不完全かつ不安定なピジン言語あつかいする差別意識［ましこ 1996a, b ほか］といった問題があげられる。

また、「重複障がい」以外の聾者に、別の障がい者への差別意識があって、そういう面で多数派＝「非障がい者」と本質的にかわらない側面も否定できないかもしれない。しかし「障がい者」相互の差別意識への批判と、「問題を同質の課題として連帯しなければならない」といった政治的判断とは、一応別次元にあるとおもわれる。聾者／色覚偏差／性同一性「障がい」／かるい「精神障がい」などは、多数派社会の寛容性がたかまれば、すぐさま「障がい」概念からはずせる可能性がたかいし、弱視／盲人／重度難聴やかるい身体障がいは、技術水準と社会福祉が整備されれば、メガネ／コンタクトレンズによる強度近視の克服と同様、生活機会を十分にひきだすことができるだろう。これらは、条件次第で介助者のたすけを基本的に必要としない日常生活をおくれるのだ。それと、介助者を日常生活、とりわけプライベートな領域まで必要とする障がい者とは別にかんがえることがむしろもとめられるのではないか。

　そして「障がい者ではない」との主張をもったとして「それなら政策的考慮は不要」といった、福祉＝「健常者のほどこし」論にしたがう必要もないはずである。「保護してやるから、おとなしくいうことをきけ」という多数派の議論にのることなく、当然の権利として、文化的自律性への尊厳の確保を主張していいはずだ。もちろんそうなれば「わたしたちは障がい者ではない」という反発もナンセンスになるのだが。

6. 障がい者文化に社会学がとりくむ意義

6.1. すぐとなりに共存する異文化としての「障がい者文化」の発見

　第1節でものべたとおり、「非障がい者」＝多数派にとって、障がい者の生活文化は日常の生活空間ととなりあわせた異文化であり、それに接触することは、「地理的移動を伴わない「文化衝撃」である」点でまさに「社会学的発見という経験」といえる。そして、障がい者研究がかならずしも差別（A）を対象化する必然性はない以上、障がい者文化（B）と障がい者アイデンティティ（C）の和集合の一部（B∪C）、とりわけ$\overline{A} \cap B \cup C$に焦点をあてる研究者の存在をみとめていいはずだ。

　たとえば琉球列島を対象化した社会学者の大半は、自分の差別意識／ノスタルジ

アを投影したオリエンタリズムの一種を地域への共感と誤解した民俗学の一部の悪習と同様の視線をひきずってきた。そのため、島民にしわよせされた安保体制、および抑圧された民族差別からめをそらした、非政治的研究中心の姿勢にアリバイをあたえてきた。社会学が、産業社会／国民国家以前の共同体を準拠わくとして近代社会を対象化するという本質をかかえている以上、伝統的／非産業的色彩をいろこくのこす琉球列島に、うしなわれた共同体イメージを投影することには必然性があった。非日本的／非産業的側面を紹介するだけで、産業社会日本を批判的にとらえる素材として意味があるという「アリバイ」になってしまったのだ。したがって、$\overline{A} \cap B \cup C$の強調は、差別／生活機会などにふれない政治性からにげた研究者の参入、特に、被調査者に還元がないだけでなく、ただ収奪的／抑圧的な調査をくりかえすおそれはみのがせない（註4参照）。

　しかし同時に、異文化研究のひとつとして、あるいはアイデンティティ論のフィールドとしてゆたかな地平がのこされていることもたしかであろう。そういった基礎研究が結果的に多数派社会を変質させ、障がい者諸集団の生活機会を改善できたら、とてもいいことだろう。心身障がい者や感覚障がい者のひとびとにとってくらしやすい社会システムは、老齢者／幼児／女性など、社会的弱者をふくめた社会全般の質がたかまるにちがいない（バリアフリー）。液晶などによる画面表示がふえることで、一部のひとびとには利用しづらくなった家電製品／コンピュータなどに、触覚／聴覚によって利用できる表示をそえること、表示記号をおおきくみやすくすること、音声化することなど、感覚障がい者への配慮はすぐ老齢者／幼児などへの利便性をたかめるはずだ（ユニバーサルデザイン）。

　介助者ネットワークがかかせない障がい者、通常の移動手段では困難をおぼえる障がい者の生活文化などの理論化も、老齢化がすすむ社会にとって、すぐさま還元される本質をもつだろう。やさしさ／ゆとりという視点なしにはたちいかない日常文化が多数派社会に一般的に紹介されることが、産業社会のヒズミをうつすカガミとなるはずだ。

　いや差別や社会問題などを改善するという社会改善／変革に直接やくだつ研究以外にも人間社会の多様性を再発見し、人間科学をゆたかにすることが期待できよう。たとえば先天盲のひとびとは、多数派社会への適応をはかる必要からの妥協はあるにしても、ヒカリとは基本的に無縁の生活世界といえる。ふれたカタチの美醜はあ

りえても、みため／色彩へのすききらいはないわけだ。美声をもとめる欲求はあっても「面くい」はないだろう（実際には、聴者の「このみ」がかなり影響するらしいが）。また聾者のばあい、自動車がうごいているという実感がつかめるため、振動が運転席にひびく車種をのぞむひともいるようだ。もちろん、盲人／聾者にとってのプライバシー感覚が、「非障がい者」とことなることは、容易に予想がつくだろう。盲人にとっては、みつめられる／のぞかれることより、たちぎきされることが侵害となるわけだ。聾者が集団のなかから席をはずすとき、たとえ女性がトイレにたつときでもことわる。また、よなかにしりあいのいえに約束なしででかけ、いえのあかりがきえていなければ訪問し、訪問さきもおどろかないといった感覚。さらには、入浴／トイレでも家族以外の介助を必要とする、自活する重度障がい者のプライバシー感覚はまさに異文化であろう。こども／わかもの／少女、老人、女性、そのほか、近年になって社会学／教育学が「発見」した対象と同様、多数派社会がかかえこんだ下位文化として、みのがせない領域のはずだ。

6.2. 当事者による理論化をうながす意義

　また、差別に直接焦点をあてはしない障がい者文化研究が一般化することは障がい者当事者による理論化を活発化するという副産物をうむだろう。
　アイヌ研究などが、当事者からもっと活発にでることがのぞましいのと同様、「障がい者」自身、またCODA（children of deaf adults 聾者のもとにうまれ手話／口語の二言語話者としてそだった聴者のこども）のように多数派との境界線上で媒介者となれるひとびによる、社会学的／人類学的研究が蓄積されることがのぞまれる。たとえば聾者による社会言語学的な作品は、その先駆的かつ象徴的なものといえよう［きむら1996, もり1995, 1996］。
　文化人類学などで、当事者による文化の分析（ネイティヴ・アンソロポロジスト）が一種独特な位置づけをなされてきたのは、白人が異文化を調査するという権力関係を自明としてきた歴史的経緯がもたらした問題といえるだろう。ただし、「ジョハリのまど」のモデルがあきらかにするとおり、当事者が全体状況について一番くわしいとはかぎらない以上［ましこ2005a］、外部者による批判が当事者に有益なこともあるだろう。「当事者以外は、くちだしするな」という当事者の批判は大半が

ただしいだろうが、その一方で、当事者至上主義という独善のおとしあなにも注意が必要だ［とよた1998］。その点で、もっとも内部事情にくわしい当事者自身が多数派社会に解説する作業は、生産的な相互批判がかわされるうえでの第一歩ではないか。そしてそのためにも、多数派社会への批判告発といったスタイルではかならずしもない、文化研究という分野として「障がい者文化」論が確立し、なかでも当事者＝社会学者がその牽引車となることがのぞましいとおもわれる。

おわりに

　本書は、博士論文に加筆し改題した『イデオロギーとしての「日本」』からかぞえて（改訂版等を除外して）7冊めの単著。一般に「研究書」と分類されるだろう単著としては、4冊めにあたる。

　本書に収録された諸論考は、おもに2000年代にはいってからの著者の問題関心であり、その一部をまとめて収録した。つよい連関をもったものにみえない、いわば雑誌類に発表したままの論文の「よせあつめ」のような印象をあたえるかもしれないが、「はじめに」でかいたとおり、筆者自身にとっては、対象領域すべてに通底する、ある「知的水脈」をみてとる問題群ばかりである。通底する問題群であるという直感にそうことによって、当然分析手法も主軸となるものがさだまってきた。

　たとえば、博士論文作成過程からすでに一貫して、「知識社会学」という方法論的視座を維持しているという自覚があった（たとえば、『イデオロギーとしての「日本」』補論1）し、「知識社会学」の下位単位として、通常自明視されてきた「科学社会学≒自然科学・科学技術の社会学」というわくぐみへの違和感を土台に、「人文・社会諸学の社会学」の構築・実践をこころがけてきた。学界等、公的空間であまり公言したことはないが[1]、実証史学の社会学版を「歴史社会学」と称する通念に抗して、「史的社会学」（historia sociologio）と位置づけ、公教育テキストや大衆版通

1　ましこ・ひでのり「縄文文化＝基層論の政治性：知識社会学としての歴史社会学」（関東社会学会第47回大会：1999年、早稲田大学、自由報告第4部会）という口頭発表は、そのかずすくない「公言」の例である。

史などの歴史記述の知識社会学的検討（教育社会学および科学社会学等々）をもって、「歴史社会学」(sociologio de historio) と称するたちばも、その一環である。

「はじめに」でかいたことを少々補足するなら、『イデオロギーとしての「日本」』は、国語科と地歴科という学校教科・入試科目の知識社会学的検討をとおして、背後にある無自覚なナショナリズム（「想像の共同体」を自明視した通史と国語の研究・教育）をアカデミズムにみてとるという二段がまえの科学社会学であった。たとえば、「日本通史（教育）の社会学」とは、「歴史社会学」(sociologio de historio) そのものだった[2]。

『イデオロギーとしての「日本」』にあい前後して発表し、『日本人という自画像』『ことばの政治社会学』という二冊の論集として収録された論考群も、「はじめに」で「それぞれ「日本通史」周辺、「国語」周辺の公教育・アカデミズム批判の具体的展開である」と評しておいたとおり、広義の「知識社会学」「科学社会学」といって過言でない。いや、単著でない『ろう文化』『朝倉漢字講座 漢字の未来』『地域をつくる』所収の論考も、みな広義の「知識社会学」「科学社会学」といっていいし、社会学系の一般書用にと、ひとりでかきおろした、『たたかいの社会学』『あたらしい自画像』『幻想としての人種／民族／国民』も、社会学文化圏の共通標語「常識をうたがえ」を基盤として、歴史・保健体育・社会・国語など学校教科と市民教育の実態＝イデオロギー性を批判する広義の「知識社会学」「科学社会学」をかかえこんでいる。

このようにみてくると、筆者は一貫して「知識社会学」「科学社会学」という対象領域・分析視座を軸に論文や時評を展開してきたと、ふりかえっておもう。批判的対象としてきたもののおおくに「知的水脈」をみてとったからこそ、こういった軌跡をたどってきたとかんがえられる。

学生時代からの知的遍歴をふりかえるなら、社会言語学や公教育批判周辺に関心をもって、それを社会学周辺の知的体系によって問題群をときあかそうと、あゆみをはじめた。つづいて、教育社会学によってたつトレーニングをへて、社会学周

---

[2] 一方、琉球列島ほか、民族的少数派の固有名詞（地名・人名）や、三重県尾鷲市の呼称などをとりあげて、標準日本語の規範的圧力と、地域住民のアイデンティティ変動を分析した箇所がある。これは、近現代の歴史事象を社会学的に分析したのであって、「史的社会学」といってよかろう。

辺の科目群を教授する非常勤時代を経験した。この時代に展開した論考は、民族的少数派のアイデンティティや公教育のカリキュラム、そして正書法をおもな素材としたものが軸となっていたが（1990年代）、現在の勤務校に着任したあと（2000年代）は、講義内容の比重の推移と、社会学的分析の政治性という、双方の理由から、問題意識と発表物の方向性と方法論に転換が生じた。『たたかいの社会学』や『あたらしい自画像』にみられるような、身体性・男性性・健康意識・情報操作などを意識した一般書・テキストの方向性、民族的少数派のアイデンティティ形成に深刻な影響をあたえる「日本人」意識の動向、日本語表記の障害学的再検討などである。一般書・テキストの方向性は、勤務校での担当の主軸が学部共通の教養教育として社会学的感覚をつたえる責務をになう日常と、スポーツ科学周辺の学生が受講生にすくなくないことがおおきい。一方、「日本人」意識[3]や、日本語表記の障害学的諸問題への比重の移行[4]は、過去のブルデュー／バーンステイン系の階級論的知識社会学（「文化資本」論）や、いわゆる「想像の共同体」論は、自明の前提としつつ、「均質」幻想にまどろむ多数派日本人の無自覚な暴力性を、いわゆる歴史認識とは別個の視座でとりあげる必要性を痛感したからである。

以上のような知的遍歴をふりかえっても、なお「知識社会学」「科学社会学」という対象領域・分析視座を主軸にあゆんできたことには、かわりがないだろう。

　本書は、「地球温暖化」など通説にそった「排出量取引」の自明視による市場原理の展開、生命工学をふくめた複製技術や生命への工学的介入の諸問題、「金融工学」の暴走等、市場原理による秩序の根本的矛盾、脳死移植問題ほか生命倫理・障害学周辺の議論の動向、環境リスクや社会的要因がもたらす心身の健康状態の社会疫学的問題群、序章でふれた医療リスクと利害団体の暗躍等の動向、入国管理をはじめとする「国民」の規定問題周辺の諸問題、功利主義的世界観や社会ダーウィニズムの支持層の属性解析等々、本来、あつかうべき巨大な問題群を放置したものにおわっている。

3　『日本人という自画像』『幻想としての人種／民族／国民』はもちろん、『ことばの政治社会学』も、日本人意識論をめぐる議論に終始しているといって過言でない。
4　『社会言語学』（「社会言語学」刊行会，2001年〜）所収の論考は、かならずしも日本語表記だけの議論に終始していないが、大半は、障害学的関心が背景にある。

それらのおおくは、おそらく著者の能力をこえるもので、近々にてがつけられるのは、二次的史料の整理程度かもしれない。しかし、学部生への教養教育の素材づくりに終始する日々のなかで埋没しようとも、うえに列挙した問題群のあいだに通底する構造が発見できるなど、教育・研究の双方に微力ながら貢献できる点が少々はあるだろうと楽観している。研究者として、実に不器用な時間配分に終始し、としをおうごとに粗雑なスケッチだけのありさまがかなしいが、『たたかいの社会学』でかいたことをふりかえって、「のこり時間との勝負」とはとらずに、ひとつでもおおく「結果」をだせればよいと、わりきれるようになった。

　最後になるが、既出論文の掲載を快諾いただいた、中京大学社会科学研究所および文化科学研究所、日本エスペラント学会、浦添市文化協会文芸部、そして、「社会言語学」刊行会および三元社のみなさまに、御礼もうしあげる。
　とりわけ「社会言語学」刊行会は、年報『社会言語学』の刊行にとどまらず、科学研究費補助金関係ほか、さまざまな活動で御一緒するメンバーとして、三元社のみなさんは、あらゆる学界で周縁部に位置する著者の単著すべてを刊行いただいた奇特な方々として、感謝の意をあらわす適当なことばがみあたらない。三元社はすでに20年の歴史をきざみ、『社会言語学』は2010年には10号め。前者は著者の博士課程進学以降の研究者人生のほぼ全体と、後者はその後半とかぶるものである。常勤ポストをえて10年め、40代最後のとしをむかえた区ぎりの時期をしめくくる意味で、本書の刊行は、のちに感慨ぶかいものとしてふりかえるときがくるだろう。10年後、また同様の御礼をささげることができるよう、無神論者ではあるが、こころよりいのるものである。

伊藤博文射殺から一世紀。パク・チョンヒ（朴正煕）射殺から30年めの日に新横浜駅で　　　　　　　　　　　　　　　　　　　　2009年10月26日

参照文献

1. 日本語文献は、50音順。
2. 文献の著者は基本的に、ひらがな表記で提示（一部、カタカナ）して、漢字表記等は補足する。
3. 家族名と個人名等が、区分できるときは、家族名をさきに、きれないばあいは、連続して表記。配列は、家族名中心。
4. 本文・脚注内では、省略した共著者・共編者の氏名等を一部おぎなっている（ただし、多数のばあいは割愛）。

ア行

あいはら・なつえ（相原奈津江），2005，『ソシュールのパラドックス』，エディット・パルク
あかがわ・まなぶ（赤川 学），1999，『セクシュアリティの歴史社会学』，勁草書房
あきやま・けんぞー（秋山賢三），『裁判官はなぜ誤るのか』，岩波書店
あけたがわ・とおる（明田川融），2008，『沖縄基地問題の歴史－非武の島、戦の島』，みすず書房
あさば・みちあき（浅羽通明），2000，『大学講義 野望としての教養』，時事通信社
あさか・じゅんこ（安積純子）／おなか・ふみや（尾中文哉）／おかはら・まさゆき（岡原正幸）／たていわ・しんや（立岩真也），1995，『生の技法―家と施設を出て暮らす障害者の社会学（増補・改訂版）』，藤原書店
あさひしんぶんしゃ（朝日新聞社），1998，『生活科学がわかる。』，朝日新聞社
あさと・てつし（安里哲志），1994，「「日琉同祖論」その可能性と不可能性～伊波普猷試論～」『あやみや』2号，沖縄市立郷土博物館
あさひしんぶん・しぶしじけん・しゅざいはん（朝日新聞「志布志事件」取材班），2009，『虚罪―ドキュメント志布志事件』，岩波書店
あつじ・てつじ（阿辻哲次），2004，『部首のはなし 漢字を解剖する』，中央公論新社
あべ・やすし，2002，「漢字という障害」，『社会言語学』2号，「社会言語学」刊行会
あべ・やすし，2003「てがき文字へのまなざし」『社会言語学』3号，「社会言語学」刊行会
あべ・やすし，2004，「漢字という権威」『社会言語学』4号，「社会言語学」刊行会
あべ・やすし，2006，「漢字という障害」，ましこ・ひでのり編『ことば／権力／差別―言語権からみた情報弱者の解放』，三元社（初出，2002，『社会言語学』2号，「社会言語学」刊行会）
あべ・やすし，2009，「言語という障害－知的障害者を排除するもの」『社会言語学』9号，「社会言語学」刊行会
あみの・よしひこ（網野善彦），1990，『日本論の視座』，小学館
あらい・かずひろ（荒井一博），2000，『文化の経済学―日本的システムは悪くない』，文藝春秋

あらい・たかあき（新井孝昭），1996，「「言語エリート主義」を問う」『現代思想』vol.24-5，青土社
あらさき・もりてる（新崎盛暉），1996a，『沖縄同時代史　第6巻』，凱風社
あらさき・もりてる（新崎盛暉），1996b，『沖縄現代史』，岩波書店
あらさき・もりてる（新崎盛暉），1997，『沖縄同時代史　第7巻』，凱風社
あらさき・もりてる（新崎盛暉），1999，『沖縄同時代史　第8巻』，凱風社
アルク，2009，『月刊日本語』，第22巻第8号（通巻260号，特集「どうなる？　外国人をめぐる国の動き」）
アルチュセール，L.，＝にしかわ・ながお（西川長夫）訳，1975，『国家とイデオロギー』，福村出版
あわの・まさお（粟野仁雄），2008，『警察の犯罪―鹿児島県警・志布志事件』，ワック
アンダーソン，ベネディクト，＝しらいし・さや（白石さや）／しらいし・たかし（白石隆）訳，1997，『増補・想像の共同体―ナショナリズムの起源と流行』，NTT出版
あんどー・ひこたろー（安藤彦太郎），1988，『中国語と近代日本』，岩波書店
いきまつ・けーぞー（生松敬三），1968，「「文化」の概念の哲学史」，つるみ・しゅんすけ（鶴見俊輔）／いきまつ・けーぞー（生松敬三）編『岩波講座　哲学XIII 文化』，岩波書店
いけうち・さとる（池内了），2008，『疑似科学入門』，岩波書店
いけうち・さとる（池内了），2009，「現代のパラドックス　大量消費・廃棄を煽るエコ」『中日新聞』（2009/08/05）
いけだ・きよひこ（池田清彦），1993，「ネオダーウィニストがダーウィンから学ばなかったこと：付録 竹内久美子氏の著書について」『現代思想』vol.21-2，青土社
いけだ・きよひこ（池田清彦）／かなもり・おさむ（金森修），2001，『遺伝子改造社会 あなたはどうする』，洋泉社
いしい・まさゆき（石井政之），1999，『顔面漂流記―アザをもつジャーナリスト』，かもがわ出版
いしい・まさゆき（石井政之），2001，『迷いの身体―ボディイメージの揺らぎと生きる』，三輪書店
いしい・まさゆき（石井政之），2003，『肉体不平等―ひとはなぜ美しくなりたいのか？』，平凡社
いしい・まさゆき（石井政之）／いしだ・かおり（石田かおり），2005，『「見た目」依存の時代―「美」という抑圧が階層化社会に拍車を掛ける』，原書房
いしい・わへー（石井和平），1991，「社会学のコミュニケーション論的転回」『年報社会学論集』第4号，関東社会学会
いしかわ・きゅーよー（石川九楊），1999，『二重言語国家・日本』，日本放送出版協会
いしかわ・きゅーよー（石川九楊），2001，『日本書史』，名古屋大学出版会
いしかわ・きゅーよー（石川九楊），2002，『「書く」ということ』，文藝春秋
いしかわ・きゅーよー（石川九楊），2003a，『ユリイカ 2003年4月臨時増刊号 総特集＝日本語』，青土社

いしかわ・きゅーよー（石川九楊），2003b，『文字〈創刊号〉』，京都精華大学文字文明研究所
いしかわ・きゅーよー（石川九楊），2003c，『日本語を問いなおす（NHK人間講座）』，日本放送出版協会
いしかわ・きゅーよー（石川九楊），2004a，『文字〈第2号〉』，京都精華大学文字文明研究所
いしかわ・きゅーよー（石川九楊），2004b，『「書」で解く日本文化』，毎日新聞社
いしかわ・きゅーよー（石川九楊），2004c，『文字〈第3号〉』，京都精華大学文字文明研究所
いしかわ・きゅーよー（石川九楊），2004d，『文字〈第4号〉』，京都精華大学文字文明研究所
いしかわ・きゅーよー（石川九楊），2004e，『文字〈第5号〉』，京都精華大学文字文明研究所
いしかわ・きゅーよー（石川九楊），2005a，『文字〈第6号〉』，京都精華大学文字文明研究所
いしかわ・きゅーよー（石川九楊），2005b，『日本語の手ざわり』，新潮社
いしかわ・きゅーよー（石川九楊），2005c，『縦に書け！―横書きが日本人を壊している』，祥伝社
いしかわ・きゅーよー（石川九楊），2005d，『「二重言語国家・日本」の歴史』，青灯社
いしかわ・きゅーよー（石川九楊），2006a，『日本語とはどういう言語か』，中央公論新社
いしかわ・きゅーよー（石川九楊），2006b，『文字〈終刊号〉』，京都精華大学文字文明研究所
いしかわ・きゅーよー（石川九楊），2007a，『漢字がつくった東アジア』，筑摩書房
いしかわ・きゅーよー（石川九楊），2007b，『書と日本人』，新潮社
いしかわ・きゅーよー（石川九楊），2008，『漢字の文明 仮名の文化―文字からみた東アジア（図説 中国文化百華）』，農山漁村文化協会
いしかわ・きゅーよー（石川九楊），2009a，『近代書史』，名古屋大学出版会
いしかわ・きゅーよー（石川九楊），2009b，『書く―言葉・文字・書』，中央公論新社
いしかわ・じゅん（石川准），1992，『アイデンティティ・ゲーム―存在証明の社会学』，新評論
いしかわ・じゅん（石川准），1996，「「障害個性論」の意味を考える」『解放社会学研究』10号，日本解放社会学会
いしかわ・じゅん（石川准），2006，「アクセシビリティはユニバーサルデザインと支援技術の共同作業により実現する」，むらた・じゅんいち（村田純一）編『共生のための技術哲学「ユニバーサルデザイン」という思想』，未来社
いしかわ・じゅん（石川准）／ながせ・おさむ（長瀬修），1999，『障害学への招待』，明石書店
いしかわ・じゅん（石川准）／くらもと・ともあき（倉本智明），2002，『障害学の主張』，明石書店
いしかわ・じゅん（石川准）／ながせ・おさむ（長瀬修）編，1999，『障害学への招待―社会、文化、ディスアビリティ』，明石書店
いしかわ・のりお（石川則夫）／おかだ・さとし（岡田哲）／もろほし・みちなお（諸星美智直），2002，『世界一難しい漢字を使う日本人』，トランスワールドジャパン
いしとび・かずひこ（石飛和彦），1997，「神話と言説」『教育・社会・文化』No.4，京都大学教育学部教育社会学研究室（http://www2s.biglobe.ne.jp/~ishitobi/kiyo1.htm）
いしわた・まさよし（石渡正佳），2002，『産廃コネクション』，WAVE出版
いしわた・まさよし（石渡正佳），2005，『産廃ビジネスの経営学』，筑摩書房

いちかわ・ちから（市川 力），2004，『英語を子どもに教えるな』，中央公論新社
いちのせ・けーいちろー（一瀬敬一郎）ほか，2001，『目撃証言の研究―法と心理学の架け橋をもとめて』，北大路書房
いちはし・まさはる（市橋正晴）／しかくしょーがいしゃどくしょけんほしょーきょーぎかい（視覚障害者読書権保障協議会），1998，『読書権ってなに―視読協運動と市橋正晴』（上下），大活字
いつくしま・ゆきお（厳島行雄）／なか・まきこ（仲真紀子）／はら・さとし（原聡），2003，『目撃証言の心理学』，北大路書房
いとー・なおき（伊藤直樹），2000，「文化概念小史」，文化論研究会編『文化論のアリーナ』，晃洋書房
いとー・よしあき（伊藤嘉昭），1994，『生態学と社会―経済・社会系学生のための生態学入門』，東海大学出版会
いとー・よしあき（伊藤嘉昭），2006，「社会生物学と人間の社会―竹内久美子批判と最近の動き」『新版 動物の社会 社会生物学・行動生態学入門』，東海大学出版会
いな・まさと（伊那正人），1999，『サブカルチャーの社会学』，世界思想社
いのうえ・ふみお（井上史雄），1989，『言葉づかい新風景』，秋山書店
いのうえ・ふみお（井上史雄），1999『敬語はこわくない』，講談社
いまお・けーすけ（今尾恵介），2004，『住所と地名の大研究』，新潮社
いまお・けーすけ（今尾恵介），2008，『地名の社会学』，角川学芸出版
イリイチ，I.，＝たまのい・よしろー（玉野井芳郎）／くりはら・あきら（栗原 彬）訳，2006，『シャドウ・ワーク―生活のあり方を問う』，岩波書店（初出，1982，岩波書店）
いわくま・みほ（岩隈美穂），1998，「異文化コミュニケーション、マスコミュニケーション、そして障がい者」『現代思想』vol.26-2，青土社
いわつき・けんじ（岩月謙司），2002，『女は男のどこを見ているか』，筑摩書房
いわまつ・けんきちろー（岩松研吉郎），2001，『日本語の化学』，ぶんか社
ウィリス，ポール，E.，＝くまざわ・まこと（熊沢 誠）／やまだ・じゅん（山田 潤）訳，1996，『ハマータウンの野郎ども』，筑摩書房
ヴィンセント，キース／かざま・たかし（風間 孝）／かわぐち・かずや（河口和也），1997，『ゲイ・スタディーズ』，青土社
うえき・てつや（植木哲也），2008，『学問の暴力』，春風社
うえさと・かずみ（上里和美），1998，『アメラジアン・もう一つの沖縄』，かもがわ出版
うえすぎ・まさゆき（上杉正幸），2000，『健康不安の社会学』，世界思想社
うえすぎ・まさゆき（上杉正幸），2002，『健康病』，洋泉社
うえのー・せーごー（上農正剛），1996，「ろう・中途失聴・難聴」『現代思想』vol.24-5，青土社
うえの・としや（上野俊哉）／もーり・よしたか（毛利嘉孝），2000，『カルチュラル・スタディーズ入門』，筑摩書房
ヴェブレン，Th.，＝おはら・けーじ（小原敬士）訳，1961，『有閑階級の理論』，岩波書店
ヴェブレン，ソースタイン，＝たか・てつお（高 哲男）訳，1998，『有閑階級の理論―制度の進

化に関する経済学的研究』, 筑摩書房
ウェルズ, H.G., ＝はしもと・まきのり（橋本槇矩）訳, 1991,「盲人国」, H.G. ウエルズ『タイム・マシン』, 岩波書店
うざわ・ひろふみ（宇沢弘文）, 1974,『自動車の社会的費用』, 岩波書店
うざわ・ひろふみ（宇沢弘文）, 1977,『近代経済学の再検討―批判的展望』, 岩波書店
うざわ・ひろふみ（宇沢弘文）, 1989a,『経済学の考え方』, 岩波書店
うざわ・ひろふみ（宇沢弘文）, 1989b,『「豊かな社会」の貧しさ』, 岩波書店
うざわ・ひろふみ（宇沢弘文）, 1992,『「成田」とは何か―戦後日本の悲劇』, 岩波書店
うざわ・ひろふみ（宇沢弘文）, 2000,『ヴェブレン』, 岩波書店
うすい・ひろゆき（臼井裕之）, 1998,「お前はワニか」『現代思想』vol.26-10, 青土社
うちなみ‐こが・あやこ（打浪〔古賀〕文子）, 2009,「障害者と情報アクセシビリティに関する諸課題の整理－情報保障の概念を中心に」『社会言語学』9号,「社会言語学」刊行会
うめざわ・ただし（梅澤 正）, 2001,『職業とキャリア』, 学文社
うめばやし・ひろみち（梅林宏道）, 1992,『情報公開法でとらえた在日米軍』, 高文研
うめばやし・ひろみち（梅林宏道）, 1994,『情報公開法でとらえた沖縄の米軍』, 高文研
うらた・けんじ（浦田賢治）編, 2000,『沖縄米軍基地法の現在』, 一粒社
えがわ・ひでふみ（江川英文）／はやた・よしろー（早田芳郎）／やまだ・りょーいち（山田鐐一）, 1989,『国籍法〔新版〕』, 有斐閣
えがわ・ひでふみ（江川英文）／はやた・よしろー（早田芳郎）／やまだ・りょーいち（山田鐐一）, 1997,『国籍法〔3版〕』, 有斐閣
エトコフ, ナンシー, ＝きむら・ひろえ（木村博江）訳, 2000,『なぜ美人ばかりが得をするのか』, 草思社
えびさか・たけし（海老坂武）, 1986,『雑種文化のアイデンティティ』, みすず書房
えんどー・としかず（遠藤寿一）, 2000,「〈性と文化〉の理解に向けて」, 文化論研究会編『文化論のアリーナ』, 晃洋書房
えんまんじ・じろー（円満字二郎）, 2005,『人名用漢字の戦後史』, 岩波書店
おーいーしーでぃー（OECD）編, ＝さいとー・さとみ（斎藤里美）ほか訳, 2007,『移民の子どもと学力―社会的背景が学習にどんな影響を与えるのか〈OECD-PISA2003年調査 移民生徒の国際比較報告書〉』, 明石書店
オーウェル, ジョージ, ＝しんじょー・てつお（新庄哲夫）訳, 1972,『1984年』, 早川書房
オーウェル, ジョージ, ＝たかはし・かずひさ（高橋和久）訳, 2009,『一九八四年（新訳版）』, 早川書房
おーえ・けんざぶろー（大江健三郎）, 1970,『沖縄ノート』, 岩波書店
おーさと・ともひこ（大里知彦）, 1995,『旧法 親族・相続・戸籍の基礎知識』, テイハン
おーた・としこ（大田季子）／たにあい・かよこ（谷合佳代子）／よーふ・ともみ（養父知美）, 1994,『戸籍・国籍と子どもの人権』, 明石書店
おーた・はるお（太田晴雄）, 2000,『ニューカマーの子どもと日本の学校』, 国際書院
おーた・まさひで（大田昌秀）, 2000,『醜い日本人』, 岩波書店（初出, 1969,『醜い日本人』,

サイマル出版会)
おーたに・やすてる (大谷泰照)/はやし・けーこ (林桂子)/あいかわ・まさお (相川真佐夫)
　　ほか編著, 2004, 『世界の外国語教育政策－日本の外国語教育の再構築にむけて』, 東信堂
おーの・ともや (大野智也), 1988, 『障害者は、いま』, 岩波書店
おーはし・やすし (大橋靖史) ほか, 2002, 『心理学者、裁判と出会う－供述心理学のフィールド』,
　　北大路書房
おーひら・みおこ (大平未央子), 2001=2009, 「ネイティブスピーカー再考」, のろ・かよこ (野
　　呂香代子)/やました・ひとし (山下仁) 編,『正しさ への問い－批判的社会言語学の試み』,
　　三元社
おーもり・みゆき (大森みゆき), 2005, 『私は障害者向けのデリヘル嬢』, ブックマン社
おかはら・まさゆき (岡原正幸)/いしかわ・じゅん (石川准)/よしい・よしあき (好井裕明),
　　1986, 「障害者・介助者・オーディエンス」『解放社会学研究』 1号, 日本解放社会学会
おかむら・たつお (岡村達雄), 1982, 『現代公教育論』, 社会評論社
おかむら・みちお (岡村道夫), 2000, 『日本の歴史 01　縄文の生活史』, 講談社
おきなわけんこーぶんしょかん (沖縄県公文書館), 2008, 「天皇メッセージ」 (http://www.
　　archives.pref.okinawa.jp/collection/2008/03/post-21.html)
おきなわ・ひとつぼはんせんじぬしかい　かんとーぶろっく (沖縄・一坪反戦地主会　関東ブ
　　ロック), 1999, 「米軍用地特措法　改悪・再改悪　関連資料」 (http://www.jca.apc.org/HHK/
　　Tokusoho/Tokusoho.html)
おきなわたいむすしゃ (沖縄タイムス社) 編, 1970, 『沖縄年鑑・1970版』, 沖縄タイムス社
おぎの・みほ (荻野美穂), 2002, 『ジェンダー化される身体』, 勁草書房
おくだ・やすひろ (奥田安弘), 1996, 『家族と国籍　国際化の進むなかで』, 有斐閣
おくだ・やすひろ (奥田安弘), 1997, 『市民のための国籍法・戸籍法』, 明石書店
おぐま・えーじ (小熊英二), 1998, 『〈日本人〉の境界－沖縄・アイヌ・台湾・朝鮮 植民地支配
　　から復帰運動まで』, 新曜社
おだなか・としき (小田中聰樹), 1993, 『冤罪はこうして作られる』, 講談社
おの・よしろー (小野芳朗), 1997, 『〈清潔〉の近代　「衛生唱歌」から「抗菌グッズ」へ』, 講
　　談社
オハロー, ロバート, =なかたに・かずお (中谷和男) 訳, 2005, 『プロファイリング・ビジネ
　　ス　米国「諜報産業」の最強戦略』, 日経BP社
おやなぎ・はるお (小柳晴生), 2005, 『大人が立ちどまらなければ』, 日本放送出版協会

カ行

ガードナー, マーティン, =いちば・やすお (市場泰男) 訳, 2003a,『奇妙な論理〈1〉－だまさ
　　れやすさの研究』, 早川書房
ガードナー, マーティン, =いちば・やすお (市場泰男) 訳, 2003b,『奇妙な論理〈2〉－なぜ
　　ニセ科学に惹かれるのか』, 早川書房
ガードナー, マーティン, =おーた・じろー (太田次郎) 監訳, 2004, 『インチキ科学の解読法』,

光文社

がいこくじんけんしゅーせーもんだいねっとわーく（外国人研修生問題ネットワーク），2006，『外国人研修生　時給300円の労働者』，明石書店

がいこくじんけんしゅーせーけんりねっとわーく（外国人研修生権利ネットワーク），2009，『外国人研修生　時給300円の労働者2』，明石書店

「がいこくじんろーどーしゃもんだいとこれからのにほん」へんしゅーいいんかい（「外国人労働者問題とこれからの日本」編集委員会），2009，『「研修生」という名の奴隷労働—外国人労働者問題とこれからの日本』，花伝社

かがくぎじゅつ・がくじゅつしんぎかいがくじゅつぶんかかいかがくけんきゅーひほじょきんしんさぶかい（科学技術・学術審議会学術分科会科学研究費補助金審査部会），2009，「科学研究費補助金「系・分野・分科・細目表」の改正について」，文部科学省（http://www.mext.go.jp/a_menu/shinkou/hojyo/1282801.htm，http://www.mext.go.jp/a_menu/shinkou/hojyo/__icsFiles/afieldfile/2009/09/02/1282801_1.pdf）

かがくぎじゅつしんこーじぎょーだん（科学技術振興事業団），2002，『調査票記入の手引き』

カク・キカン（郭基煥，カク・キファン），2006，『差別と抵抗の現象学—在日朝鮮人の"経験"を基点に』，新泉社

かさい・のぶお（Nobuo Kasai），2007，「「テロリスト」は誰？」，『SENZA FINE』（2007/11/11，http://senzafine.livedoor.biz/archives/50938408.html，2009/10/26 13:15 確認）

かさい・のぶお（Nobuo Kasai），2009，「「耐震」というなら大地震でも原子炉を止めるな」，『SENZA FINE』（2009/03/19，http://senzafine.livedoor.biz/archives/51265232.html，2009/10/26 13:20 確認）

かじた・たかみち（梶田孝道），1988，『テクノクラシーと社会運動—対抗的相補性の社会学』，東京大学出版会

かすや・えーいち（粕谷英一），1992，「社会生物学と新型のオールドタイプ人間論　竹内久美子批判1」『現代思想』vol.20-5，青土社

かとー・しゅーいち（加藤秀一），1998，『性現象論』，勁草書房

かどや・ひでのり（角谷英則），2001，「言語差別とエスペラント」『社会言語学』1号，「社会言語学」刊行会

かどや・ひでのり，2005，「言語権のひとつの帰結としての計画言語」『社会言語学』5号，「社会言語学」刊行会

かどや・ひでのり，2009，「識字運動の構造—同化主義・能力主義の再検討によるコミュニケーションのユニバーサルデザイン」『社会言語学』9号，「社会言語学」刊行会

かない・かずまさ（金井和正），1978，『英語教育解体』，現代書館

かなざわ・たかゆき（金澤貴之），1996，「聴者による聾者のための学校」『現代思想』vol.24-5，青土社

かなもり・つよし（金森強），2004，『英語力幻想—子どもがかわる英語の教え方』，アルク

かなもり・つよし（金森強）編著，2003，『小学校の英語教育』，教育出版

かなや・たけひろ（金谷武洋），2002，『日本語に主語はいらない』，講談社

かねがえ・はるひこ（鐘ヶ江晴彦），1986，「教育をめぐる平等と異質性」『現代社会学22』，アカ

デミア出版会
かみにし・としお（上西俊雄），2004，『英語は日本人教師だから教えられる』，洋泉社
かめい・たかし（亀井 孝），1980，「国語」，国語学会編，『国語学大辞典』，東京堂出版
からたに・こーじん（柄谷行人），2001，『〈戦前〉の思考』，講談社
からたに・こーじん（柄谷行人），2002，『日本精神分析』，文藝春秋
カルダー，ケント・E.，＝たけい・よーいち（武井揚一）訳，2008，『米軍再編の政治学　駐留米軍と海外基地のゆくえ』，日本経済新聞出版社
かわい・かおり（河合香織），2004，『セックスボランティア』，新潮社
かわい・みきお（河合幹雄），2004，『安全神話崩壊のパラドックス　治安の法社会学』，岩波書店
かわかみ・のりと（川上憲人）／はしもと・ひでき（橋本英樹）／こばやし・やすき（小林廉毅）編，2006，『社会格差と健康―社会疫学からのアプローチ』，東京大学出版会
かわぐち・かずや（河口和也），2003，『クイア・スタディーズ（思考のフロンティア）』，岩波書店
かわしま・りゅーた（川島隆太），2002，『読み・書き・計算が子どもの脳を育てる』，子どもの未来社
かわしま・りゅーた（川島隆太）／あだち・ただお（安達忠夫），2004，『脳と音読』，講談社
カワチ，イチロー／ケネディ，ブルース・P.，＝にし・のぶお（西信雄）ほか訳，2004，『不平等が健康を損なう』，日本評論社
かわべ・とよこ（河辺豊子）／おーなか・みちこ（大中美智子），1995，『朝子さんの点字ノート―目の不自由な人の心を知る本』，小学館
かわもと・たかし（川本隆史），1992，「利己的遺伝子への／からの反逆？　福祉国家をめぐる社会生物学の言説」『現代思想』vol.20-5，青土社
かんが・えるろー（管賀江留郎），2007，『戦前の少年犯罪』，築地書館
かんだ・かずゆき（神田和幸），1996，「ろう文化を考える」『現代思想』vol.24-5，青土社
きくち・さとし（菊池 聡），1998，『超常現象をなぜ信じるのか―思い込みを生む「体験」のあやうさ』，講談社
きくち・やすと（菊地康人），1997，『敬語』，講談社
きしだ・しゅー（岸田 秀），1982a，『ものぐさ精神分析』，中央公論社
きしだ・しゅー（岸田 秀），1982b，『続 ものぐさ精神分析』，中央公論社
きしだ・しゅー（岸田 秀），2001，『日本がアメリカを赦す日』，毎日新聞社
きたはら・やすお（北原保雄）編著，2004，『問題な日本語―どこがおかしい？　何がおかしい？』，大修館書店
きたはら・やすお（北原保雄）編著，2005，『続弾！　問題な日本語―何が気になる？　どうして気になる？』，大修館書店
きっかわ・ひとし（吉川 仁），2005，「沖縄における山林原野と法」『社会科学研究』第25巻第2号，中京大学社会科学研究所
キム・テヨン（金 泰泳），1999，『アイデンティティ・ポリティクスを超えて―在日朝鮮人のエ

スニシティ』，世界思想社
キム・ミョンス（金明秀），1996，「差別とエスニシティの潜在的因果構造：在日韓国人青年を事例として」『解放社会学研究』10号，日本解放社会学会（http://www.han.org/a/kaihou10.html）
きむら・ごろー（木村護郎），2001，「言語は自然現象か―言語権の根拠を問う」『社会言語学』1号，「社会言語学」刊行会
きむら・ごろー（木村護郎），2005，『言語にとって「人為性」とはなにか』，三元社
きむら・はるみ（木村晴美），1996，「ろうの民族誌」『現代思想』vol.24-5，青土社
きむら・はるみ（木村晴美）／いちだ・やすひろ（市田泰弘），1995a，『はじめての手話』，日本文芸社
きむら・はるみ（木村晴美）／いちだ・やすひろ（市田泰弘），1995b，「聾文化宣言」『現代思想』vol.23-3，青土社
きむら・はるみ（木村晴美）／はせがわ・ひろし（長谷川洋）／うえのー・せーごー（上農正剛），1996，「ろう者とは誰か／手話は誰のものか」『現代思想』vol.24-5，青土社
きむら・はるみ（木村晴美）／よないやま・あきひろ（米内山明宏），1995b，「ろう文化を語る」『現代思想』vol.23-3，青土社
きんじょー・きよこ（金城清子），1981，「国籍法違憲訴訟と簡易帰化制度―沖縄の実情を考える」『ジュリスト』745，有斐閣
きんすい・さとし（金水 敏）、2002，『ヴァーチャル日本語　役割語の謎』，岩波書店
きんだいち・きょーすけ（金田一京助），1992，『金田一京助全集 第三巻 国語学 II』，三省堂
グールド，スティーヴン，J.，＝すずき・ぜんじ（鈴木善次）／もりわき・やすこ（森脇靖子）訳，1998，『人間の測りまちがい―差別の科学史』，河出書房新社
グールドナー，A. W.，＝はらだ・とーる（原田 達）訳，1988，『知の資本論―知識人の未来と新しい階級』，新曜社
くがい・りょーじゅん（久貝良順）ほか，1970abc，「沖縄の法制および戸籍・土地問題等の変遷」（上中下），『ジュリスト』457，459，462，有斐閣
くの・おさむ（久野 収）／つるみ・しゅんすけ（鶴見俊輔），1956，『現代日本の思想』，岩波書店
くぼぞの・はるお（窪薗晴夫），2002，『新語はこうして作られる』，岩波書店
クリスタル，デイヴィッド，＝くにひろ・まさお（国弘正雄）訳，1999，『地球語としての英語』，みすず書房
クルマス，フロリアン，＝やました・きみこ（山下公子）訳，1987，『言語と国家―言語計画ならびに言語政策の研究』，岩波書店
クルマス，フロリアン，＝すわ・いさお（諏訪 功）ほか訳，1993，『ことばの経済学』，大修館書店
くれまつ・さいち（榑松佐一），2008，『トヨタの足元で―ベトナム人研修生 奪われた人権』，風媒社
グロース，ノーラ・エレン，＝さの・まさのぶ（佐野正信）訳，1991，『みんなが手話で話した島』，築地書館

くろさき・まさお（黒崎政男），2002，『デジタルを哲学する―時代のテンポに翻弄される"私"』，PHP研究所

ゲーレン，A., ＝かめい・ひろし（亀井 裕）／たきうら・しずお（滝浦静雄）ほか訳，1970，『人間学の探究』，紀伊國屋書店

ゲーレン，A., ＝ひらの・ともお（平野具男）訳，1985，『人間　その本性および世界における位置』，法政大学出版局

げんごけんきゅーかい（言語権研究会），1999，『ことばへの権利―言語権とはなにか』，三元社

げんだいしそーへんしゅーぶ（現代思想編集部）編，2000，『ろう文化』，青土社

げんぱつろーきゅーかもんだいけんきゅーかい（原発老朽化問題研究会），2008，『まるで原発などないかのように―地震列島、原発の真実』，現代書館

けんぼー・ひでとし（見坊豪紀），1976，『辞書をつくる―現代の日本語』，玉川大学出版部

コーディス，ミシェル／ヒューイ，デボラ／モラン，デイヴィッド，＝くりはら・ももよ（栗原百代）訳，2000，『相性のよしあしはフェロモンが決める』，草思社

こーぶんけん（高文研）編，2005，『沖縄は基地を拒絶する―沖縄人（うちなーんちゅ）33人のプロテスト』，高文研

こーりつだいがくほーじんやまぐちけんりつだいがく（公立大学法人山口県立大学），2008，『フィールドワーク実践ハンドブック　調査被害を考える』

こいで・ひろあき（小出裕章）／あだち・あきら（足立明），1997，『原子力と共存できるか』，かもがわ出版

こが・あやこ（古賀文子），2006，「「ことばのユニバーサルデザイン」序説―知的障害児・者をとりまく言語的諸問題の様相から」『社会言語学』6号，「社会言語学」刊行会

こくりつこくごけんきゅーじょがいらいごいいんかい（国立国語研究所「外来語」委員会），2007，「「外来語」言い換え提案― 分かりにくい外来語を分かりやすくするための言葉遣いの工夫」（http://www.kokken.go.jp/gairaigo/）

ここま・かつみ（小駒勝美），2008，『漢字は日本語である』，新潮社

こじま・いさむ（小嶋 勇）／ぜんこくろーじおもつおやのかい（全国ろう児をもつ親の会），2004，『ろう教育と言語権』，明石書店

こじま・あきら（児島 明），2006，『ニューカマーの子どもと学校文化』，勁草書房

こばやし・じゅんこ（小林淳子），2008，「1985年国籍法と沖縄の「無国籍児」問題―「排除」と「包摂」のはざまで」『人間文化創成科学論叢』第11巻，お茶の水女子大学大学院人間文化創成科学研究科

こやす・のぶくに（子安宣邦），2003，『漢字論　不可避の他者』，岩波書店

コラピント，J., ＝むらい・ともゆき（村井智之）訳，2000，『ブレンダと呼ばれた少年―ジョンズ・ホプキンス病院で何が起きたのか』，無名舎

こんどー・かつのり（近藤克則），2005，『健康格差社会―何が心と健康を蝕むのか』，医学書院

こんどー・かつのり（近藤克則），2007，『検証「健康格差社会」―介護予防に向けた社会疫学的大規模調査』，医学書院

こんどー・けんいちろー（近藤健一郎）編，2008，『沖縄・問いを立てる第2巻　方言札―ことばと身体』，社会評論社
コンラッド，G.，／セレニイ，I.，＝ふなばし・はるとし（船橋晴俊）ほか訳，1986，『知識人と権力：社会主義における新たな階級の台頭』，新曜社

サ行

さいとー・あつみ（斉藤厚見），2000，『英語発音は日本語でできる』，筑摩書房
さいとー・たかし（齋藤孝），2003，『からだを揺さぶる英語入門』，角川書店
さいとー・たかし（齋藤孝），2004，『CDブック　声に出して読みたい方言』，草思社
さかもと・としお（坂本敏夫），2006，『元刑務官が明かす　死刑のすべて』，文藝春秋
さかもと・としお（坂本敏夫），2009，『刑務所のすべて―元刑務官が明かす』，文藝春秋
さくま・たかまさ（佐久間孝正），2006，『外国人の子どもの不就学』，勁草書房
さくら・おさむ（佐倉統），2002，『進化論という考えかた』，講談社
ささはら・ひろゆき（笹原宏之），2006，『日本の漢字』，岩波書店
ささはら・ひろゆき（笹原宏之），2008，『訓読みのはなし―漢字文化圏の中の日本語』，光文社
サックス，オリバー，＝さの・まさのぶ（佐野正信）訳，1996，『手話の世界へ』，晶文社
さとー・じゅんいち（佐藤純一）／くろだ・こーいちろー（黒田浩一郎）編，1998，『医療神話の社会学』，世界思想社
さとー・じゅんいち（佐藤純一）ほか，2002，『健康論の誘惑』，文化書房博文社
さとー・しんじ（佐藤慎司）／ドーア・ねりこ（根理子）編，2008，『文化、ことば、教育』，明石書店
さとー・ぶんめー（佐藤文明），1996，『在日「外国人」読本【増補版】ボーダーレス社会の基礎知識』，緑風出版
さとー・ぶんめー（佐藤文明），2002，『戸籍って何だ　［差別をつくりだすもの］』，緑風出版
さとー・ぶんめー（佐藤文明），1996，「象徴天皇制にとって戸籍とはなにか」，さとー・ぶんめー（佐藤文明）ほか『戸籍解体講座』，社会評論社
さとー・みのる（佐藤稔），2007，『読みにくい名前はなぜ増えたか』，吉川弘文館
さなだ・しんじ（真田信治）／しょーじ・ひろし（庄司博史）編，2005，『事典 日本の多言語社会』，岩波書店
さわ・たかみつ（佐和隆光），1982，『経済学とは何だろうか』，岩波書店
さわだ・しょーぞー（澤田省三），2000，『家族法と戸籍をめぐる若干の問題』，テイハン
しば・りょーたろー（司馬遼太郎），1993，『この国のかたち 一』，文藝春秋
しぶや・けんじろー（渋谷謙次郎）編，2005，『欧州諸国の言語法―欧州統合と多言語主義』，三元社
しぶや・けんじろー（渋谷謙次郎）／こじま・いさむ（小嶋勇）編，2007，『言語権の理論と実践』，三元社
しみず・こーきち（志水宏吉），2008，『高校を生きるニューカマー』，明石書店
しみず・しゅーじ（清水修二），1994，『差別としての原子力』，リベルタ出版

しみず・しゅーじ（清水修二），1999，『NIMBYシンドローム考―迷惑施設の政治と経済』，東京新聞出版局

しみず・むつみ（清水睦美），2006，『ニューカマーの子どもたち』，勁草書房

しみず・むつみ（清水睦美）／こじま・あきら（児島明）編，2006，『外国人生徒のためのカリキュラム―学校文化の変革の可能性を探る』，嵯峨野書院

シャーマー，マイクル，＝おかだ・やすし（岡田靖史）訳，2003，『なぜ人はニセ科学を信じるのかⅡ―歪曲をたくらむ人々』，早川書房

シャラー，スーザン，＝なかむら・たえこ（中村妙子）訳，1993，『言葉のない世界に生きた男』，晶文社

しゅーかんきんよーび・へんしゅーぶ（『週刊金曜日』編集部），1997，『環境を破壊する公共事業』，緑風出版

ジョンソン，チャルマーズ，＝すずき・ちから（鈴木主税）訳，2000，『アメリカ帝国への逆襲』，集英社

しんかい・ひでゆき（新海英行）ほか編，2002，『在日外国人の教育保障―愛知のブラジル人を中心に』，大学教育出版

しんじょー・いくお（新城郁夫），2007，『到来する沖縄―沖縄表象批判論』，インパクト出版

しんじょー・いくお（新城郁夫）編，2008，『沖縄・問いを立てる第3巻 攪乱する島―ジェンダー的視点』，社会評論社

しんどー・えーいち（進藤榮一），2002，『分割された領土―もうひとつの戦後史』，岩波書店

すえもり・あきお（末森明夫），1996，「日本ろう文化の悲劇」『現代思想』vol.24-5，青土社

すぎたつ・よしかず（杉立義一），2002，『お産の歴史』，集英社

すぎと・せーじゅ（杉戸清樹），1999，「変わりゆく敬語意識」『言語』Vol.28，No.11，大修館書店

すぎの・あきひろ（杉野昭博），1997，「「障害の文化」と「共生」の課題」，あおき・たもつ（青木保）ほか編，『岩波講座文化人類学第8巻 文化の共存』，岩波書店

すぎもと・ひろあき（杉本裕明）／はっとり・みさこ（服部美佐子），2009，『ゴミ分別の異常な世界―リサイクル社会の幻想』，幻冬舎

スコット，ロバート・A.，＝キム・チーフン（金治憲）訳／みはし・おさむ（三橋修）監訳・解説，1992，『盲人はつくられる―大人の社会化の一研究』，東信堂

すずき・たかお（鈴木孝夫），1975，『閉ざされた言語・日本語の世界』，新潮社

すずき・たかお（鈴木孝夫），1985，『武器としてのことば―茶の間の国際情報学』，新潮社

すずき・たかお（鈴木孝夫），1999，『鈴木孝夫著作集5 日本語と外国語』，岩波書店

すずき・たかお（鈴木孝夫），2008，『新・武器としてのことば―日本の「言語戦略」を考える』，アートデイズ

すずき・やすお（鈴木康雄），2003，『英語現場―〈使える英語〉イナリンガル養成へ』，三元社

すずき・よしさと（鈴木義里），2002，『日本語のできない日本人』，中央公論新社

すずき・よしさと（鈴木義里），2003，『つくられた日本語、言語という虚構―「国語」教育のしてきたこと』，右文書院

スチュアート，ヘンリ，2002,『民族幻想論―あいまいな民族・つくられた人種』，解放出版社
すみ・ともゆき（角知行），2006,「漢字イデオロギーの構造―リテラシーの観点から」『社会言語学』6号,「社会言語学」刊行会
すみ・ともゆき（角知行），2009,「教科日本語における漢字のカベ―その予備的考察」『社会言語学』9号,「社会言語学」刊行会
セーガン，カール，=あおき・かおる（青木薫）訳，2000,『人はなぜエセ科学に騙されるのか』（上下），新潮社
セーガン，カール，=あおき・かおる（青木薫）訳，2009,『悪霊にさいなまれる世界―「知の闇を照らす灯」としての科学』（上下），早川書房
ぜんしんとものかい（前進友の会），2005,『懲りない精神医療 電パチはあかん!!』，千書房
そーむしょー・とーけーきょく（総務省統計局），2009,「家計調査 用語の解説」
　　http://www.stat.go.jp/data/kakei/kaisetsu.htm
ソロモン，アンドリュー，=すぎやま・なおこ（杉山直子）訳，1996,「デフ・イズ・ビューティフル」『現代思想』vol.24-5，青土社
ソン・ウォンチョル（成元哲）ほか編,2008,『健康を決める社会的要因の探索：社会疫学への招待』，三恵社
ソン・ヨンビン（宋永彬），2004,「韓国の漢字」，『朝倉漢字講座5 漢字の未来』，朝倉書店

夕行

たかおか・けん（高岡健）編，2002,『学校の崩壊』，批評社
たかぎ・こーたろー（高木光太郎），2006,『証言の心理学―記憶を信じる、記憶を疑う』，中央公論新社
たかぎ・じんざぶろー（高木仁三郎），2000,『原発事故はなぜくりかえすのか』，岩波書店
たかしま・としお（高島俊男），2001,『漢字と日本人』，文藝春秋
たかだ・りえこ（高田里惠子／高田里惠子），2001,『文学部をめぐる病い 教養主義・ナチス・旧制高校』，松籟社
たかだ・りえこ（高田里惠子／高田里惠子），2006,『文学部をめぐる病い 教養主義・ナチス・旧制高校』，筑摩書房
たかはし・かずみ（高橋和巳），1967,『悲の器』，新潮社
たかはし・かずみ（高橋和巳），1996,『悲の器―高橋和巳コレクション〈1〉』，河出書房新社
たかはし・のぶゆき（高橋信行）／ふくしま・さとし（福島智），2009,「盲ろう者のICT利活用における問題」，ふくしろーどーへんしゅーいいんかい（福祉労働編集委員会）編『季刊福祉労働』第123号（特集 情報保障・コミュニケーション支援），現代書館
たかはし・よしこ（高橋良子），1999,「武器としての敬語」『言語』Vol.28-11，大修館書店
たけうち・くみこ（竹内久美子），1994,『そんなバカな！―遺伝子と神について』，文藝春秋
たけうち・くみこ（竹内久美子），1995,『パラサイト日本人論―ウィルスが作った日本人のこころ』，文藝春秋
たけうち・くみこ（竹内久美子），1996、『賭博と国家と男と女』，文芸春秋

たけうち・くみこ（竹内久美子），1997,『BC! な話－あなたの知らない精子競争』，新潮社
たけうち・くみこ（竹内久美子），1998,『浮気人類進化論－きびしい社会といいかげんな社会』，文藝春秋
たけうち・くみこ（竹内久美子），1999,『小さな悪魔の背中の窪み－血液型・病気・恋愛の真実』新潮社
たけうち・くみこ（竹内久美子），2000,『シンメトリーな男』，新潮社
たけうち・くみこ（竹内久美子），2001,『浮気で産みたい女たち－新展開！ 浮気人類進化論』，文藝春秋
たけうち・くみこ（竹内久美子），2003,『遺伝子が解く！ 愛と性の「なぜ」』文藝春秋
たけうち・くみこ（竹内久美子），2004,『遺伝子が解く！ 男の指のひみつ』，文藝春秋
たけうち・くみこ（竹内久美子），2005,『遺伝子が解く！ 女の唇のひみつ』，文藝春秋
たけうち・くみこ（竹内久美子），2006,『遺伝子が解く！ 万世一系のひみつ』，文藝春秋
たけうち・けー（竹内 啓），1984,『無邪気で危険なエリートたち－技術合理性と国家』，岩波書店
たじり・えーぞー（田尻英三）ほか，2007,『外国人の定住と日本語教育 増補版』，ひつじ書房
たじり・えーぞー（田尻英三）編，2009,『日本語教育政策ウォッチ 2008』，ひつじ書房
たちばなき・としあき（橘木俊詔）ほか編，2007,『リスク学入門 1－リスク学とは何か』，岩波書店
たていわ・しんや（立岩真也），2004,『ALS 不動の身体と息する機械』，医学書院
たなか・かつひこ（田中克彦），1975,『言語の思想』，日本放送出版協会
たなか・かつひこ（田中克彦），1981,『ことばと国家』，岩波書店
たなか・かつひこ（田中克彦），1983,『法廷にたつ言語』，恒文社
たなか・かつひこ（田中克彦），1988,「言語政治学」，みた・そーすけ（見田宗介）ほか編『社会学事典』，弘文堂
たなか・かつひこ（田中克彦），1992,『ことばの自由をもとめて』，福武書店
たなか・かつひこ（田中克彦），1993a,『言語学とは何か』，岩波書店
たなか・かつひこ（田中克彦），1993b,『国家語をこえて－国際化のなかの日本語』，筑摩書房
たなか・かつひこ（田中克彦），1999,「敬語は日本語を世界から閉ざす」『言語』Vol.28-11, 大修館書店
たなか・かつひこ（田中克彦），2000,「公用語とは何か（特集 公用語論の視点：21 世紀日本の言語政策を考える）」『言語』vol.29-8, 大修館書店
たなか・かつひこ（田中克彦），2002a,『法廷にたつ言語』，岩波書店
たなか・かつひこ（田中克彦），2002b,「〈インタビュー〉日本のことばの未来のために」『環』Vol.9, 藤原書店
たなか・かつひこ（田中克彦），2003,『言語の思想』，岩波書店
たなか・かつひこ（田中克彦）／ハールマン, H.，1985,『現代ヨーロッパの言語』，岩波書店
たなか・しんや（田中慎也）ほか編，2009,『移民時代の言語教育』，ココ出版
たなか・やすひろ（田仲康博），2002a,「メディアに表象される沖縄文化」，いとう・まもる（伊

藤守）編,『メディア文化の権力作用』, せりか書房
たなか・やすひろ（田仲康博）, 2002b,「沖縄、リアリティの変容」『情況』（西紀 2002 年 6 月号）, 情況出版
たなか・よしさと（田中美郷）, 1995,「聴覚障害児の補聴器と人工内耳の選択」『JOHNS －耳鼻咽喉科・頭頸部外科－（Journal of Otolarymgology, Head and Neck Surgery）』（通巻 122 号, 1995 年 4 月：人工中耳・人工内耳）, 東京医学社
たなか・りょーた（田中良太）, 1991,『ワープロが社会を変える』, 中央公論社
たなべ・よーじ（田辺洋二）, 2003,『これからの学校英語』, 早稲田大学出版部
たにおか・いちろー（谷岡一郎）, 2000,『「社会調査」のウソ―リサーチ・リテラシーのすすめ』, 文藝春秋
たにおか・いちろー（谷岡一郎）, 2001,『確率・統計であばくギャンブルのからくり―「絶対儲かる必勝法」のウソ』, 講談社
たにおか・いちろー（谷岡一郎）／なかむら・しょーいち（仲村祥一）編, 1997,『ギャンブルの社会学』, 世界思想社
たにぐち・ともへー（谷口知平）, 1986,『戸籍法』（第 3 版）, 有斐閣
ちゅーこーしんしょらくれへんしゅーぶ（中公新書ラクレ編集部）／すずき・よしさと（鈴木義里）編, 2002,『論争・英語が公用語になる日』, 中央公論新社
つかはら・のぶゆき（塚原信行）, 2001,「言語権と言語政策評価―スペインの事例」『社会言語学』1 号,「社会言語学」刊行会
つだ・としひで（津田敏秀）, 2003,『市民のための疫学入門―医学ニュースから環境裁判まで』, 緑風出版
つだ・としひで（津田敏秀）, 2004,『医学者は公害事件で何をしてきたのか』, 岩波書店
つちだ・あつし（槌田 敦）／JOC りんかいじこちょーさしみんのかい（JOC 臨界事故調査市民の会）, 2003,『東海村「臨界」事故 国際最大の原子力事故・その責任は核燃機構だ』, 高文研
つちもと・ありこ（土本亜里子）／わたもり・としこ（綿森淑子）, 2002,『純粋失読』, 三輪書店
つちや・ひでお（土屋秀宇）, 2005,『学校では教えてくれない日本語の秘密』, 芸文社
つちや・ゆーいちろー（土屋雄一郎）, 2008,『環境紛争と合意の社会学』, 世界思想社
でぐち・まさゆき（出口正之）, 2000,「言政学（Lingua-politics）の提唱―言語境が生み出す文化貿易論」（http://www.r.minpaku.ac.jp/deguchi/linguapolitics.pdf）
でぐち・まさゆき（出口正之）, 2003,「外来語言い換え カタカナの利点忘れるな」『朝日新聞』（2003/8/21, 愛知 13 版 13 面「私の視点」）
てるもと・ひろたか（照本祥敬）編, 2001,『アメラジアンスクール―共生の地平を沖縄から』, 蕗薹書房
トゥレーヌ, アラン, ＝すさと・しげる（寿里 茂）／にしかわ・じゅん（西川 潤）訳, 1970,『脱工業化の社会』, 河出書房新社
ド・セルトー, M., ＝やまだ・とよこ（山田登世子）訳, 1990,『文化の政治学』, 岩波書店
としたに・のぶよし（利谷信義）／かまた・ひろし（鎌田 浩）／ひらまつ・ひろし（平松 紘）編,

2004,『戸籍と身分登録』, 早稲田大学出版局
とだ・きよし（戸田清）, 1994,『環境的公正を求めて―環境破壊の構造とエリート主義』, 新曜社
とよた・まさひろ（豊田正弘）, 1998,「当事者幻想論（あるいはマイノリティーの運動における共同幻想の論理）」『現代思想』vol.26-2, 青土社
トラッドギル, ピーター, ＝つちだ・しげる（土田滋）訳, 1975,『言語と社会』, 岩波書店
とりやま・じゅん（鳥山淳）編, 2009,『沖縄・問いを立てる第5巻　イモとハダシ―占領と現在』, 社会評論社

ナ行

なかい・ひさお（中井久夫）, 1990,『治療文化論』, 岩波書店
なかざと・いさお（仲里効）, 2007,『オキナワ、イメージの縁（エッジ）』, 未来社
なかざと・いさお（仲里効）／たから・くらよし（高良倉吉）, 2007,『対論「沖縄問題」とは何か』, 弦書房
ながせ・おさむ（長瀬修）, 1996,「〈障害〉の視点から見たろう文化」『現代思想』vol.24-5, 青土社
ながせ・おさむ（長瀬修）, 1997,「ろう児の人工内耳手術の問題点」『生命倫理』8号, 日本生命倫理学会
ながせ・おさむ（長瀬修）, 1998,「障害の文化、障害のコミュニティ」『現代思想』vol.26-2, 青土社
なかの・としお（中野敏男）／なみひら・つねお（波平恒男）／やかび・おさむ（屋嘉比収）／り・たかのり（李孝徳）編著, 2006,『沖縄の占領と日本の復興―植民地主義はいかに継続したか』, 青弓社
なかの・まき, 2009,「「漢字テスト」がうきぼりにするイデオロギー」『社会言語学』9号,「社会言語学」刊行会
なかの・よしお（中野好夫）／あらさき・もりてる（新崎盛暉）, 1970,『沖縄・70年前後』, 岩波書店
なかの・よしお（中野好夫）／あらさき・もりてる（新崎盛暉）, 1976,『沖縄戦後史』, 岩波書店
ながはら・たつや（永原達也）／おーなか・みちこ（大中美智子）, 1993,『朝子さんの一日』, 小学館
なかむら・けー（中村敬）, 1980,『私説英語教育論』, 研究社
なかむら・けー（中村敬）, 2004,『なぜ、「英語」が問題なのか？―英語の政治・社会論』, 三元社
なかむら・けー（中村敬）／みねむら・まさる（峯村勝）, 2004,『幻の英語教材』, 三元社
なだいなだ, 1970,『お医者さん』, 中央公論社
なだいなだ, 1974,『権威と権力』, 岩波書店
なつき・こーすけ（夏木広介）, 2005,『こんな国語辞典は使えない』, 洋泉社
なりさだ・かおる（成定薫）／さの・まさひろ（佐野正博）／つかはら・しゅーいち（塚原修一）編著,

1989,『制度としての科学』, 木鐸社
なんぽーどーほーえんごかい（南方同胞援護会）編, 1972,『追補版　沖縄問題基本資料集』, 南方同胞援護会
にーがたにっぽーしゃ とくべつしゅざいはん（新潟日報社 特別取材班）, 2009,『原発と地震―柏崎刈羽「震度7」の警告』, 講談社
にしえ・まさゆき（西江雅之）, 2003,『「ことば」の課外授業』, 洋泉社
にしたに・おさむ（西谷 修）／なかざと・いさお（仲里 効）, 2008,『沖縄／暴力論』, 未来社
にしはら・じゅん（西原 惇）, 1975,「戸籍法制の変遷と問題点」, みやざと・せーげん（宮里政玄）編『戦後沖縄の政治と法 1945-72 年』, 東京大学出版会
にのみや・しゅーへー（二宮周平）, 1996,「国籍法における婚外子の平等処遇」『立命館法学』250 号〈http://www.ritsumei.ac.jp/acd/cg/law/lex/96-6/NINOMIYA.HTM〉
にほんかじょしゅっぱんほーれーへんさんしつ（日本加除出版法令編纂室）, 2001,『戸籍法実務六法（平成 14 年版）』, 日本加除出版
にほんべんごしれんごーかい（日本弁護士連合会）, 2008a,『えん罪志布志事件 つくられる自白』, 現代人文社
にほんべんごしれんごーかい（日本弁護士連合会）, 2008b,『つくられる自白 ―志布志の悲劇― [DVD]』, 青銅プロダクション／新日本映画社
にほんりんしょーしんりがっかい（日本臨床心理学会）, 1980,『戦後特殊教育・その構造と論理の批判―共生・共育の原理を求めて』, 社会評論社
のむら・かずお（野村一夫）ほか, 2003,『健康ブームを読み解く』, 青弓社
のむら・こーや,（野村浩也）, 2002,「無意識の植民地と沖縄ストーカー」『神奈川大学評論』第 42 号
のむら・こーや（野村浩也）, 2005,『無意識の植民地主義―日本人の米軍基地と沖縄人』, 御茶の水書房
のむら・こーや（野村浩也）編, 2007,『植民者へ―ポストコロニアリズムという挑発』, 松籟社
のむら・まさあき（野村雅昭）, 1994,『日本語の風』, 大修館書店
のむら・まさあき（野村雅昭）, 2008,『漢字の未来（新版）』, 三元社
のろ・かよこ（野呂香代子）／やました・ひとし（山下 仁）編著, 2001 = 2009,『「正しさ」への問い―批判的社会言語学の試み』, 三元社

ハ行

バーガー, P.L., 1963, = みずの・せつお（水野節夫）／むらやま・けんいち（村山研一）訳, 1989,『社会学への招待』, 思索社
バーガー, P.L.／ルックマン, Th., = やまぐち・せつお（山口節郎）訳, 1977,『日常世界の構成―アイデンティティと社会の弁証法』, 新曜社
パク・イル（朴 一）, 1999,『"在日"という生き方―差異と平等のジレンマ』, 講談社
はしもと・おさむ（橋本 治）, 2005,『ちゃんと話すための敬語の本』, 筑摩書房
はしもと・まんたろー（橋本萬太郎）／すずき・たかお（鈴木孝夫）／やまだ・ひさお（山田尚勇）,

1987,『漢字民族の決断―漢字の未来にむけて』, 大修館書店
バス, デヴィッド・M., =かの・ひでゆき（狩野秀之）訳,, 2000,『女と男のだましあい―ヒトの性行動の進化』, 草思社
はまい・こーいち（浜井浩一）, 2006,『刑務所の風景』, 日本評論社
はまい・こーいち（浜井浩一）/せりざわ・かずや（芹沢一也）, 2006,『犯罪不安社会』, 光文社
はまだ・すみお（浜田寿美男）, 2001,『自白の心理学』, 岩波書店
はまだ・すみお（浜田寿美男）, 2002,『「うそ」を見抜く心理学―「供述の世界」から』, 日本放送出版協会
はまだ・すみお（浜田寿美男）, 2004,『取調室の心理学』, 平凡社
はまだ・すみお（浜田寿美男）, 2005,『自白の研究―取調べる者と取調べられる者の心的構図』, 北大路書房
はまだ・すみお（浜田寿美男）, 2006,『自白が無実を証明する―袴田事件、その自白の心理学的供述分析』, 北大路書房
はら・きよし（原 聖）, 1990,「訳者あとがき」, シュリーベン=ランゲ, ブリギッテ, =はら・きよし（原 聖）/かすや・けーすけ（糟谷啓介）/り・すー（李 守）訳,『社会言語学の方法』, 三元社
はら・ゆーじ（原 裕司）, 2001,『なぜ「死刑」は隠されるのか？』, 宝島社
はるはら・けんいちろー（春原憲一郎）編, 2009,『移民労働者とその家族のための言語政策―生活者のための日本語教育』, ひつじ書房
ばん・しょーじ（坂 昇二）/まえだ・えーさく（前田栄作）/こいで・ひろあき（小出裕章）監修, 2007,『日本を滅ぼす原発大災害―完全シミュレーション』, 風媒社
ばんの・あきひと（伴野昭人）, 2003,『北海道開発局とは何か―GHQ占領下における「二重行政」の始まり』, 寿郎社
ピーズ, アラン＆バーバラ, =ふじい・るみ（藤井留美）訳, 2001,『言葉でわかる「話を聞かない男 地図が読めない女」のすれちがい』, 主婦の友社
ピーズ, アラン＆バーバラ, =ふじい・るみ（藤井留美）訳, 2002,『話を聞かない男、地図が読めない女』, 主婦の友社
ピーズ, アラン＆バーバラ, =ふじい・るみ（藤井留美）訳, 2004,『嘘つき男と泣き虫女』, 主婦の友社
ビエンヴニュ, M. J., =こばやし・まゆみ（小林真由美）訳, 1996,「ろう者の誇り」『現代思想』vol.24-5, 青土社
ビエンヴニュ, M. J., =きむら・はるみ（木村晴美）/なりた・かずよ（成田一代）訳, 1996,「挑戦するろう者」『現代思想』vol.24-5, 青土社
ひさたけ・あやこ（久武綾子）, 1988,『氏と戸籍の女性史―わが国における変遷と諸外国との比較』, 世界思想社
ひじかた・とーる（土方 透）/ナセヒ, アルミン編, 2002,『リスク―制御のパラドクス』, 新泉社
フィッシャー, ヘレン・E., =よしだ・としこ（吉田利子）訳, 1993,『愛はなぜ終わるのか―結婚・

不倫・離婚の自然史』,草思社
ふくおか・やすのり（福岡安則）,1995,「"世界を広げたい"－視覚障害を持つ在日青年の聞き
　　　取りから」『解放社会学研究』9号,日本解放社会学会
ふくおか・やすのり（福岡安則）,1996,「技法としての生活史聞き取り（2）」『解放社会学研究』
　　　10号,日本解放社会学会
ふくしろーどーへんしゅーいいんかい（福祉労働編集委員会）編,2009,『季刊 福祉労働』第
　　　123号（特集 情報保障・コミュニケーション支援）,現代書館
ふくだ・ゆきお（福田幸夫）,2000,『だから、英語はできるようにならない』,三元社
ふくち・ひろあき（福地曠昭）,1980,『沖縄の混血児と母たち』,青い海出版社
ふじい・てるあき（藤井輝明）／いしい・まさゆき（石井政之）,2001,『顔とトラウマ―医療・看護・
　　　教育における実践活動』,かもがわ出版
ふじさわ・けんいち（藤澤健一）編,2008,『沖縄・問いを立てる第6巻 反復帰と反国家―「お
　　　国は？」』,社会評論社
ふじた・しんいち（藤田真一）,1982,『盲と目あき社会』,朝日新聞社
ふなばし・よーいち（船橋洋一）／すずき・たかお（鈴木孝夫）,1999,「英語がニッポンを救う」
　　　『論座』1999年12月号,朝日新聞社
ブラザー、ミリー、＝よないやま・あきひろ（米内山明宏）ほか訳,1996,「CODAとは何か」『現
　　　代思想』vol.24-5,青土社
ブルデュー,P.,＝いしい・よーじろー（石井洋二郎）訳,1990,『ディスタンクシオン Ⅰ・Ⅱ』,
　　　藤原書店
ブルトン,R.,＝たなべ・ひろし（田辺裕）／なかまた・ひとし（中俣均）訳,1988,『言語の地理学』,
　　　白水社
ヘイマー、ディーン／コープランド、ピーター,＝よしだ・としこ（吉田利子）訳,2002,『遺
　　　伝子があなたをそうさせる―喫煙からダイエットまで』,草思社
ベック,ウルリッヒ,＝あずま・れん（東廉）／いとー・みどり（伊藤美登里）訳,1998,『危険社会』,
　　　法政大学出版局
ポースト、ポール,＝やまがた・ひろお（山形浩生）訳,2007,『戦争の経済学』,バジリコ
ほーむしょー（法務省民事局第五課国籍実務研究会）,1993,『国籍・帰化の実務相談』,日本加
　　　除出版
ホイ、スーエレン,＝しーな・みち（椎名美智）訳,1999,『清潔文化の誕生』,紀伊國屋書店
ほしの・まさと（星野正人）,1996,「CODAから見たろう文化」『現代思想』vol.24-5,青土社
ほった・ひでお（堀田英夫）,1996,「言語学入門としてのエスペラント学習」『愛知県立大学外
　　　国語学部紀要（言語・文学編）』第28号
ポルトマン,A.,＝たかぎ・まさたか（高木正孝）訳,1961,『人間はどこまで動物か―新しい
　　　人間像のために―』,岩波書店
ほんま・ひろし（本間浩）,1994,「在日米軍基地と日本国国内法令：在日米軍地位協定と日本
　　　国国内法令の交錯上の基本的な若干の法的問題に関する考察」『駿河台法学』第7巻第2号,
　　　駿河台大学

マ行

マーフィ・しげまつ（重松），スティーヴン，＝さかい・じゅんこ（坂井純子）訳，2002，『アメラジアンの子供たち―知られざるマイノリティ問題』，集英社

マーモット，マイケル／ウィルキンソン，リチャード，G．，＝にし・さぶろー（西三郎）ほか訳，2002，『21世紀の健康づくりの10の提言―社会環境と健康問題』，日本医療企画

まえだ・まさひで（前田雅英），2000，『少年犯罪　統計からみたその実像』，東京大学出版会

ましこ・ひでのり，1993a，「差別化装置としてのかきことば―漢字フェティシズム批判序説」『解放社会学研究』7号，日本解放社会学会

ましこ・ひでのり，1993b，「カンジの　ギャク・キノー―かきことば・の　シャカイガク（1）」『和光大学人文学部紀要』第28号

ましこ・ひでのり，1994a，「「カンジ・フカケツ・ロン」の　しくみ―かきことば・の　シャカイガク（2）」『和光大学人文学部紀要』第29号

ましこ・ひでのり，1994b，「かきことば・おサベツ・のシュダン・にしないため・に―かきことば・のシャカイガク（3）」『解放社会学研究』8号，日本解放社会学会

ましこ・ひでのり，1996a，「『聾文化宣言』の知識社会学的意義」『現代思想』vol.24-5，青土社

ましこ・ひでのり，1996b，「おとのある社会／おとのない世界」『解放社会学研究』10号，日本解放社会学会

ましこ・ひでのり，1996c，「固有名詞にみる社会変動：近代日本語圏における漢字の潜在的諸機能」，『社会学評論』47巻2号，日本社会学会

ましこ・ひでのり，1997，『イデオロギーとしての「日本」』，三元社

ましこ・ひでのり，1998，「障がい者文化の社会学的意味」『解放社会学研究』12号，日本解放社会学会

ましこ・ひでのり，1999a，「社会学の盲点としてのことば―ことばの政治社会学」『年報社会学論集』4号，関東社会学会（ましこ［2002d］所収，「社会学の死角としてのことば」）

ましこ・ひでのり，1999b，「縄文文化＝基層論の政治性：知識社会学としての歴史社会学」，関東社会学会第47回大会（早稲田大学，自由報告第4部会）

ましこ・ひでのり，2000a，『たたかいの社会学』，三元社

ましこ・ひでのり，2000b，「金泰泳［著］『アイデンティティ・ポリティクスを超えて―在日朝鮮人のエスニシティ』」『教育社会学研究』67号，日本教育社会学会

ましこ・ひでのり，2001a，「言語差別現象論―「言語学の倫理と社会言語学の精神」の確立のために」『社会言語学』1号，「社会言語学」刊行会

ましこ・ひでのり，2001b，「「肌色」と「色盲」」『八事』No.17

ましこ・ひでのり，2001c，『増補イデオロギーとしての「日本」』，三元社

ましこ・ひでのり，2002a，『日本人という自画像』，三元社

ましこ・ひでのり，2002b，「言語社会学に関する若干の方法論的提案」，日本社会学会第75回大会報告（大阪大学）

ましこ・ひでのり，2002c，「現代日本における差別化装置としてのかきことば」『社会言語学』2号，「社会言語学」刊行会

ましこ・ひでのり，2002d,『ことばの政治社会学』，三元社
ましこ・ひでのり，2003a,「科学の対象としての文化・再考：文化の社会学序説」『文化科学研究』第14巻第2号，中京大学文化科学研究所＝本書第3章
ましこ・ひでのり、2003b,「社会科学の射程＝境界線再考：狭義の社会科学と広義の社会科学」『社会科学研究』第23号第1号，中京大学社会科学研究所＝本書第2章
ましこ・ひでのり，2003c,『増補新版 イデオロギーとしての「日本」』，二元社
ましこ・ひでのり，2004,「ことばの差別と漢字」，まえだ・とみよし（前田富祺）／のむら・まさあき（野村雅昭）編『朝倉漢字講座5 漢字の未来』，朝倉書店
ましこ・ひでのり，2005a,『あたらしい自画像―「知の護身術」としての社会学』，三元社
ましこ・ひでのり，2005b,「戦後沖縄にみる戸籍制度周辺の諸矛盾」,『社会科学研究』第25巻第2号，中京大学社会科学研究所
ましこ・ひでのり，2005c,「情報のバリアフリー」，さなだ・しんじ（真田信治）／しょーじ・ひろし（庄司博史）編，『事典 日本の多言語社会』，岩波書店
ましこ・ひでのり編，2006,『ことば／権力／差別―言語権からみた情報弱者の解放』，三元社
ましこ・ひでのり，2007,『増補新版 たたかいの社会学』，三元社
ましこ・ひでのり，2008a,「偽装リサイクル製品としてのフェロシルトと不法投棄の隠蔽工作」，おーはし・ひろあき（大橋博明）／あかさか・のぶお（赤坂暢穂）／ましこ・ひでのり，『地域をつくる―東海の歴史的社会的点描』，勁草書房
ましこ・ひでのり，2008b,「『岐阜県史』問題再考―産廃行政に関する「県史」等の記述の政治性―」，おーはし・ひろあき（大橋博明）／あかさか・のぶお（赤坂暢穂）／ましこ・ひでのり，『地域をつくる―東海の歴史的社会的点描』，勁草書房
ましこ・ひでのり，2008c,『幻想としての人種／民族／国民―「日本人という自画像」の知的水脈』，三元社
ましこ・ひでのり，2009,「「漢字テスト」がうきぼりにするイデオロギー」『社会言語学』9号,「社会言語学」刊行会
マンハイム，カール，＝すずき・じろー（鈴木二郎）訳，2000,『イデオロギーとユートピア』，未来社
マンハイム，カール，＝たかはし・あきら（高橋徹）／とくなが・まこと（徳永恂）訳，2006,『イデオロギーとユートピア』，中央公論新社
まつくら・こーさく（松倉耕作），2004,「スイス・オーストリアの身分登録制度」，としたに・のぶよし（利谷信義）／かまた・ひろし（鎌田浩）／ひらまつ・ひろし（平松紘）編『戸籍と身分登録』，早稲田大学出版局
まつなみ・めぐみ（松波めぐみ），2001,「『障害文化』論が多文化教育に提起するもの」（大阪大学大学院人間科学研究科修士論文，http://www.arsvi.com/2000/010300mm.htm）
まつもと・まなぶ（松本学）／ふじい・てるあき（藤井輝明）／いしい・まさゆき（石井政之），2001,『知っていますか？ ユニークフェイス一問一答』，解放出版社
みつの・ゆーじ（光野有次），1998,『バリアフリーをつくる』，岩波書店
みつの・ゆーじ（光野有次），2005,『みんなでつくるバリアフリー』，岩波書店

みやぎ・やすひろ（宮城康博），2008，『沖縄ラプソディ―"地方自治の本旨"を求めて』，御茶の水書房

みやざき・まなぶ（宮崎学）／おーたに・あきひろ（大谷昭宏），2004，『殺人率―日本人は殺人ができない！　世界最低殺人率の謎』，太田出版

みやざと・せーぜん（宮里政玄）編，『戦後沖縄の政治と法1945-72年』，東京大学出版会

みやざわ・やすと（宮澤康人），2002，『教育文化論』，放送大学教育振興会

みやじま・たかし（宮島喬）ほか編，2005，『外国人の子どもと日本の教育―不就学問題と多文化共生の課題』，東京大学出版会

みやもと・つねいち（宮本常一）／あんけー・ゆーち（安渓遊地），2008，『調査されるという迷惑―フィールドに出る前に読んでおく本』，みずのわ出版

ミルズ，C.W.，＝うかい・のぶしげ（鵜飼信成）／わたぬき・じょーじ（綿貫譲治）訳，2000，『パワー・エリート』（上下），東京大学出版会

ミルロイ，J.／ミルロイ，L.，＝あおき・かつのり（青木克憲）訳，1988，『ことばの権力―規範主義と標準語についての研究』，南雲堂

むらい・おさむ（村井紀），1989，『文字の抑圧』，青弓社

むらい・おさむ（村井紀），1995，『増補改訂 南島イデオロギーの発生―柳田国男と植民地主義』，太田出版

めどるま・しゅん（目取真俊），2001，『沖縄／草の声・根の意志』，世織書房

めどるま・しゅん（目取真俊），2003，『平和通りと名付けられた街を歩いて―目取真俊初期短編集』，影書房

めどるま・しゅん（目取真俊），2005，『沖縄「戦後」ゼロ年』，日本放送出版協会

めどるま・しゅん（目取真俊），2006，『沖縄 地を読む 時を見る』，世織書房

ももせ・たかし（百瀬孝）編，1990，『事典 昭和戦前期の日本―制度と実態』，吉川弘文館

もり・そーや（森壮也），1995，「手話の言語学に向けて―もうひとりのヘレン・ケラー」『現代思想』vol.23-3，青土社

もり・そーや（森壮也），1996，「手話とろう者のトポロジー　ろう文化の境界線」『現代思想』vol.24-5，青土社

もり・そーや（森壮也），1998a，「ろう文化における身体性と文化　順序性と同時性」『現代思想』vol.26-7，青土社

もり・そーや（森壮也），1998b，「手話、そしてろう者の眼に映る日本語の世界」『現代思想』vol.26-10，青土社

もり・ひろこ（母里啓子）／やまもと・ひでひこ（山本英彦）／はま・ろくろー（浜六郎），2004，『医者には聞けないインフルエンザ・ワクチンと薬　2005年版』，ジャパンマシニスト社

もりえ・しん（森江信），1979，『原子炉被曝日記』，技術と人間

もりえ・しん（森江信），1989，『原発被曝日記』，講談社

もんぶかがくしょー，2001，「科学研究費補助金「分科細目表」の改正について 系・分野・分科・細目表」http://www.mext.go.jp/b_menu/shingi/gijyutu/gijyutu4/toushin/011220/011220a.htm

ヤ行

やかび・おさむ（屋嘉比収），2009，『沖縄戦、米軍占領史を学びなおす－記憶をいかに継承するか』，世織書房

やかび・おさむ（屋嘉比収）ほか編，2008，『沖縄・問いを立てる第1巻　沖縄に向き合う－まなざしと方法』，社会評論社

やかび・おさむ（屋嘉比収）編，2008，『沖縄・問いを立てる第4巻　友軍とガマ－沖縄戦の記憶』，社会評論社

やぎ・ただし（八木 正），1989，『原発は差別で動く－反原発のもうひとつの視角』，明石書店

やすだ・こーいち（安田浩一），2007，『外国人研修生殺人事件』，七つ森書館

やすだ・としあき（安田敏朗），1997a，『植民地のなかの「国語学」－時枝誠記と京城帝国大学をめぐって』，三元社

やすだ・としあき（安田敏朗），1997b，『帝国日本の言語編制』，世織書房

やすだ・としあき（安田敏朗），1999a，『「言語」の構築－小倉進平と植民地朝鮮』，三元社

やすだ・としあき（安田敏朗），1999b，『〈国語〉と〈方言〉のあいだ－言語構築の政治学』，人文書院

やすだ・としあき（安田敏朗），2000，『近代日本言語史再考－帝国化する「日本語」と「言語問題」』，三元社

やすだ・としあき（安田敏朗），2002，『国文学の時空－久松潜一と日本文化論』，三元社

やすだ・としあき（安田敏朗），2003，『脱「日本語」への視座－近代日本言語史再考II』，三元社

やすだ・としあき（安田敏朗），2004，『日本語学は科学か－佐久間鼎とその時代』，三元社

やすだ・としあき（安田敏朗），2006a，『辞書の政治学－ことばの規範とはなにか』，平凡社

やすだ・としあき（安田敏朗），2006b，『統合原理としての国語－近代日本言語史再考III』，三元社

やすだ・としあき（安田敏朗），2006c，『「国語」の近代史－帝国日本と国語学者たち』，中央公論新社

やすだ・としあき（安田敏朗），2007，『国語審議会－迷走の60年』，講談社

やすだ・としあき（安田敏朗），2008，『金田一京助と日本語の近代』，平凡社

やなぎた・くにお（柳田國男），1990a，「口承文芸史考」『柳田國男全集8』，筑摩書房

やなぎた・くにお（柳田國男），1990b，「物語と語り物」『柳田國男全集9』，筑摩書房

やまぐち・よーじ（山口謠司），2007，『日本語の奇跡　〈アイウエオ〉と〈いろは〉の発明』，新潮社

やました・つねお（山下恒男），1977，『反発達論』，現代書館

やました・ひとし（山下仁），2001＝2009，「敬語研究のイデオロギー批判」，のろ・かよこ（野呂香代子）／やました・ひとし（山下仁）編著『「正しさ」への問い』，三元社

やました・ひとし（山下仁），2009，「日本の読み書き能力の神話－その隠蔽機能の解明と問題解決のための研究について」『社会言語学』9号，「社会言語学」刊行会

やまだ・としひろ（山田敏弘），2004，『国語教師が知っておきたい日本語文法』，くろしお出版

やまだ・とみあき（山田富秋），1986,「「一ツ橋病院」のエスノグラフィー」『解放社会学研究』1号，日本解放社会学会
やまだ・ゆーいちろー（山田雄一郎），2003,『言語政策としての英語教育』，渓水社
やまだ・りょーいち（山田鐐一），2003,『国際私法〔新版〕』，有斐閣
やまだ・りょーいち（山田鐐一）／つちや・ふみあき（土屋文昭），1999,『わかりやすい国籍法〔3版〕』，有斐閣
やまだ・りょーいち（山田鐐一）／くろき・ただまさ（黒木忠正），2004,『わかりやすい入管法〔6版〕』，有斐閣
やまもと・さだあき（山本定明）／あいかわ・みちこ（淡川典子），1992,『原発事故の起きる日―緊急避難はできるだろうか』，技術と人間
やまもと・としや（山本登志哉）ほか，2003,『生み出された物語―目撃証言・記憶の変容・冤罪に心理学はどこまで迫れるか』，北大路書房
やわた・あきひこ（八幡明彦），「戸籍制度と在日朝鮮人」，1996,さとー・ぶんめー（佐藤文明）ほか『戸籍解体講座』，社会評論社
よーだ・ひろえ（要田洋江），1986,「「とまどい」と「受容」―障害児受容過程にみる親たち」『解放社会学研究』1号，日本解放社会学会
よーだ・ひろえ（要田洋江），1999,『障害者差別の社会学―ジェンダー・家族・国家』，岩波書店
よこた・ひろし（横田弘）ほか，2004,『否定されるいのちからの問い―脳性マヒ者として生きて 横田弘対談集』，現代書館
よこつか・こーいち（横塚晃一），2007,『母よ！　殺すな』，生活書院
よしだ・けんせー（吉田健正），2005,『戦争はペテンだ―バトラー将軍にみる沖縄と日米地位協定』，七つ森書館
よしだ・けんせー（吉田健正），2007,『「軍事植民地」沖縄』，高文研
よしみ・しゅんや（吉見俊哉），2000,『カルチュラル・スタディーズ』，岩波書店
よしみ・しゅんや（吉見俊哉）編，2001,『カルチュラル・スタディーズ』，講談社
よないやま・あきひろ（米内山明宏）／たき・こーじ（多木浩二），1996,「ろう演劇と言葉」『現代思想』vol.24-5，青土社
よねもと・しょーへー（米本昌平），2006,『バイオポリティクス―人体を管理するとはどういうことか』，中央公論新社
よねやま・きみひろ（米山公啓），2000,『「健康」という病』，集英社

ラ行

ライアン，デイヴィッド，＝かわむら・いちろう（河村一郎）訳，2002,『監視社会』，青土社
ラプトン，デボラ，＝むとー・たかし（無藤隆）／さとー・えりこ（佐藤恵理子）訳，1999,『食べることの社会学《食・身体・自己》』，新曜社
ラミス，チャールズ・ダグラス，＝かじ・えつこ（加地 永都子）ほか訳,1982,『影の学問，窓の学問』，晶文社
ラミス，C.ダグラス，＝かじ・えつこ（加地 永都子）訳，2001,『C・ダグラス・ラミスの学問論』，

《リキエスタ》の会
りんかいじこのたいけんおきろくするかい（臨界事故の体験を記録する会），2001，『東海村臨界事故の街から―1999年9月30日事故体験の証言』，旬報社
リッツァ，ジョージ，＝まさおか・かんじ（正岡寛司）訳，1999，『マクドナルド化する社会』，早稲田大学出版部
リッツァ，ジョージ／まるやま・てつお（丸山哲央）編，2003，『マクドナルド化と日本』，ミネルヴァ書房

ワ行

わたなべ・かずひろ（渡辺和博）／タラコプロダクション，1988，『金魂巻―現代人気職業31の金持ビンボー人の表層と力と構造』，筑摩書房（初出，1984，主婦の友社）
わたなべ・かずふみ（渡辺一史），2003，『こんな夜更けにバナナかよ』，北海道新聞社
わたなべ・こーぞー（渡辺公三），2003，『司法的同一性の誕生―市民社会における個体識別と登録』，言叢社
わたなべ・しょーこー（渡辺照宏），1962，『外国語の学び方』，岩波書店

Merton, R.K.., The Matthew effect in science; The reward and communication systems of science are considered., Science. 1968 Jan 5; 159（810）: 56-63.
Tukahara, Nobuyuki, 2002, 'The Sociolinguistic Situation of English in Japan'（http://www6.gencat.cat/llengcat/noves/hm02tardor/internacional/a_nobuyuki.pdf）

[著者紹介]
ましこ・ひでのり
1960年茨城県うまれ。
東京大学大学院教育学研究科博士課程修了。
博士（教育学）。
現在、中京大学国際教養学部教授（社会学）。
主要著作、『日本人という自画像』(三元社, 2002年)
『ことばの政治社会学』(三元社, 2002年)
『増補新版 イデオロギーとしての日本』(三元社, 2003年)
『朝倉漢字講座 第5巻 漢字の未来』(朝倉書店, 2004年, 共著)
『事典 日本の多言語社会』(真田信治・庄司博史編, 岩波書店, 2005年, 項目分担)
『ことば／権力／差別』(三元社, 2006年, 編著)
『増補新版 たたかいの社会学』(三元社, 2007年)
『地域をつくる』(勁草書房, 2008年, 共著)
『幻想としての人種／民族／国民）」(三元社, 2008年)

知の政治経済学
―― あたらしい知識社会学のための序説

発行日	2010年4月25日　初版第1刷発行
著　者	ましこ・ひでのり ©2010
発行所	株式会社三元社
	〒113-0033 東京都文京区本郷1-28-36鳳明ビル
	電話／03-3814-1867　FAX／03-3814-0979
	郵便振替／00180-2-119840
印　刷	モリモト印刷株式会社
製　本	株式会社越後堂製本
コード	978-4-88303-266-2

国文学の時空 久松潜一と日本文化論
安田敏朗／著 ●2600円

「今に徹」して時代と調和的に構築された「国文学」が敗戦をのりこえようとした回路を検証する。

脱「日本語」への視座 近代日本言語史再考Ⅱ
安田敏朗／著 ●2800円

「国語」「日本語」の呪縛から逃れ、相互承認にもとづく社会的アイデンティティの構築に向けて。

日本語学は科学か 佐久間鼎とその時代
安田敏朗／著 ●2900円

「伝統的な国語学」から「科学的な国語学」=「日本語学」へ⁉ 科学的とはいかなる意味を持っていたのか。

統合原理としての国語 近代日本言語史再考Ⅲ
安田敏朗／著 ●2700円

繰り返される「日本語」へのポピュリズム的言説。その前提を明示し、「学」「研究者」のありようを問う。

國語國字問題の歴史
平井昌夫／著 安田敏朗／解説 ●8000円

戦前・戦中期の資料分析から「国語国字問題」の解決によって日本語の民主化をめざした名著の復刻。

「同化」の同床異夢 日本統治下台湾の国語教育史再考
陳培豊／著 ●5000円

「同化」政策の柱とされた国語教育と台湾近代化の諸問題を問い直す。台湾現代史構築の新たな試み。

台湾・韓国・沖縄で日本語は何をしたのか
古川ちかし、林珠雪、川口隆行／編著 ●2600円

三地域の日本語支配のあり様を検討し、現在に至るまでに、いかに脱却、変質してきたかを跡づける試み。

占領下日本の表記改革 忘れられたローマ字による教育実験
J・マーシャル・アンガー／著 奥村睦世／訳 ●2500円

当時のローマ字教育実験の実態に迫り、「押しつけられた表記改革」という神話を検証する。

中国語文法学事始 『馬氏文通』に至るまでの在華宣教師の著作を中心に
何群雄／著 ●2300円

キリスト教宣教師は中国語文法を、どのように構築しようとし、それを中国人はいかに受け入れたのか。

言語学と植民地主義 ことば喰い小論
ルイ゠ジャン・カルヴェ/著　砂野幸稔/訳　●3200円

没政治的多言語主義者や危機言語擁護派の対極にたち、「言語問題」への徹底した政治的な視点を提示する。

言語権の理論と実践
渋谷謙次郎＋小嶋勇/編著　●2600円

従来の言語権論の精緻な分析を通し、研究者と法曹実務家が新たな言語権論を展開する。

ポストコロニアル国家と言語 フランス公用語国セネガルの言語と社会
砂野幸稔/著　●4800円

旧宗主国言語を公用語とする中で、言語的多様性と社会的共同性はいかにして可能かをさぐる。

記号の系譜 社会記号論系言語人類学の射程
小山亘/著　●4600円

ボアス以来の人類学、パースからヤコブソンへと展開してきた記号論を融合した言語人類学とは。

記号の思想 現代言語人類学の一軌跡 シルヴァスティン論文集
マイケル・シルヴァスティン/著　小山亘/編　榎本剛士・古山宣洋・小山亘・永井那和/共訳　●5500円

社会文化コミュニケーション論による「言語学」の超克、そして「認知科学」、「人類学」の再構築。

[増補版] 植民地支配と日本語 台湾、満洲国、大陸占領地における言語政策
石剛/著　●2500円

日本語はなぜ「神」になったのか。戦前・戦中の言語政策の実態と日本人の言語観との関係を問う。

[新装版] 植民地のなかの「国語学」 時枝誠記と京城帝国大学をめぐって
安田敏朗/著　●2500円

植民地朝鮮、そこで「国」の名を冠した学問体系に絡め取られていった一国語学者の時代像を描く。

「言語」の構築 小倉進平と植民地朝鮮
安田敏朗/著　●3000円

植民地支配下、「民族語」構築に担った役割と国家統治体制のありようと言語・言語研究との関係を探る。

近代日本言語史再考 帝国化する「日本語」と「言語問題」
安田敏朗/著　●3300円

帝国日本は多言語性といかにむきあい、介入したか。〈いま〉を語るべき「日本語」を再構築するために。

ことばの政治社会学
ましこ・ひでのり／著 ●2600円

コトバの政治・権力・差別性を暴き出し、「透明で平等な媒体」をめざす実践的理論的運動を提起する。

ことば／権力／差別　言語権からみた情報弱者の解放
ましこ・ひでのり／編著 ●2600円

現代標準日本語の支配的状況に疑問を持たない多数派日本人とその社会的基盤に知識社会学的検討を。

うちなあぐち賛歌
比嘉清／著 ●2200円

書きことばとしての「うちなあぐち(沖縄語)」を「うちなあぐち」で綴る。日本語とのバイリンガル論集。

ことばとアイデンティティ　ことばの選択と使用を通して見る現代人の自分探し
小野原信善＋大原始子／編著 ●2300円

多文化・多言語社会における、「ことば」の選択と使用は、人々にとってなにを意味するのか。

言語にとって「人為性」とはなにか　言語構築と言語イデオロギー：ケルノウ語・ソルブ語を事例として
木村護郎クリストフ ●7000円

意識性を不可避的に含む「人為性」によって、社会制度としての言語がいかに構築されるのか。

欧州諸国の言語法　欧州統合と多言語主義
渋谷謙次郎／編 ●7000円

多言語多文化社会である欧州各国の言語関連立法を法文と解説で俯瞰し、その展望をさぐる。

Intercultural Communication　An Outline
Hidashi Judit／著 ●2000円

米社会一辺倒の異文化コミュニケーション研究の枠組みを乗り越えて、より豊かな国際理解への道を提示する。

批判的社会語用論入門　社会と文化の言語
ヤコブ・L・メイ／著　小山亘／訳 ●5500円

現実社会から遊離した「言語」研究の軛から「語用論」と「ことば」を解き放つ「批判的社会語用論」の全体像。

言語相互行為の理論のために　「当たり前」の分析
丸井一郎／著 ●3000円

「異なる」と「同じ」を作り出すもとは? 私であることの自明性を言語相互行為から解明(解体)する。

▼ことばと社会

[新版]社会言語学の方法
B・S＝ランゲ／著　原聖＋糟谷啓介＋李守／訳　●3000円

社会言語学を社会科学・思想史の中に展望した、知的な緊張に満ちた、すぐれた入門書。

周縁的文化の変貌　ブルトン語の存続とフランス近代
原聖／著　●2913円〈品切中〉

言語の継承、存続、変換過程、擁護運動などは文化的にどうとらえられるのか。ことばの文化史。

言語とその地位　ドイツ語の内と外
ウルリヒ・アモン／著　檜枝陽一郎＋山下仁／訳　●2913円

《言語》障壁。国際コミュニケーション、方言と標準変種など多様な視点から問題を明らかにする。

母語の言語学
レオ・ヴァイスゲルバー／著　福田幸夫／訳　●3107円

エネルゲイアとしての言語。母語の現象ではなく働きに本質を求め、言語と人間の根本問題に迫る。

「正しさ」への問い　批判的社会言語学の試み
野呂香代子＋山下仁／編著　●2800円

「正しい」日本語・敬語・ことばづかい、といった、その「正しさ」のからくりに迫る試み。

「共生」の内実　批判的社会言語学からの問いかけ
植田晃次＋山下仁／編著　●2500円

多文化「共生」の名のもとになにが行われているのか。図式化され、消費される「共生」を救い出す試み。

言語への権利　言語権とはなにか
言語権研究会／編　●2200円

マイノリティ言語の地位は？　消えてゆくのは「自然」なのか？　新しい権利への視点を提起する。

ことばと共生
桂木隆夫／編著　●2500円

言語権、民主主義、多文化、言語政策などさまざまな観点から多言語社会への展望を論じていく。